第2版

生活困窮者自立支援法

自立相談支援事業

従事者養成研修テキスト

自立相談支援事業
従事者養成研修テキスト
編集委員会　編集

中央法規

はじめに

平成27年4月から生活困窮者自立支援法が施行されて、7年の歳月が過ぎました。この間、全国の自治体や支援の現場においてさまざまな実践が重ねられてきました。あらためて、関係者の皆様のご尽力に敬意を表します。

生活困窮者自立支援制度は、「生活困窮者の自立と尊厳の確保」および「生活困窮者支援を通じた地域づくり」という二つの目標を掲げ、また、新しい支援のかたちとして「包括的」「個別的」「早期的」「継続的」「分権的・創造的」な支援を掲げました。

それにより、世帯が抱える複合的な課題をときほぐし、就労を含めた社会とのつながりの回復により生活向上を図り、本人の自己肯定感を回復していくとともに、地域の活力、つながり、信頼を強めることを目指してきました。

こうした法の理念のもと、全国の自治体や支援機関でさまざまな支援が重ねられてきました。

その後、平成27年の法施行後の状況を踏まえ、平成30年の改正法（生活困窮者等の自立を促進するための生活困窮者自立支援法等の一部を改正する法律）においては、法の基本理念の創設や生活困窮者の定義の明確化、任意事業の機能強化、支援会議の設置等が盛り込まれました。

また、令和2年春から続く新型コロナウイルス感染症の感染拡大を契機として、自立相談支援機関では相談件数の急増といった厳しい状況に直面し、「人と人のつながり」の大切さを再認識させられました。

自営業やフリーランスといった新たな相談者層、多様で複合的な課題を有する生活困窮者に対し、継続的な伴走型支援を行いつつ、関係機関や地域で活動する支援者等と一緒に、その人に合った包括的な支援を提供することがますます重要となります。

自立相談支援事業に従事する支援員（主任相談支援員、相談支援員、就労支援員）は、この制度に期待される役割を十分に果たすことが求められます。

本書は、自立相談支援事業に従事する各支援員のための養成研修テキストとして、制度の理念や各支援員に求められる倫理・基本姿勢、具体的な支援の方法などについて、実践的・専門的な視点から編集したものです。

各支援員には、本書を活用して、大いに支援の質を高めていただきたいと思いますが、その際、以下の点に留意していただきたいと思います。

第一に、質の高い支援を実践できるようになるためには、本書も含めさまざまな教材で積極的に学び、実践で活用し、そしてまた自ら考えるという一連のプロセスが不

可欠です。その際、本書の内容は、標準的、一般的な場合を想定して記述していますので、基本的な考え方について十分参照していただきながらも、単純に本書をうのみにしたりせず、具体的な対応を自ら考えていくことが必要です。また、本書に記載されていることを頭で理解するだけではなく、実際の行動に結びつけていく努力を継続していかなければなりません。

第二に、この制度が十分に機能するために、各支援員が実践力を高めることが不可欠ですが、それだけでは十分ではありません。制度は、個別の支援のほか、それを支える仕組みや枠組みなどから成り立っています。必要な予算を確保したり、基準やルールをつくり、使っていくといった、関係者による包括的な取組みも必要です。そのなかで、各支援員は、本書でふれられていないさまざまな知識を獲得し、地域の状況も理解し、制度全体を改善していくために関係者とともに行動していくことが大切です。

各支援員が一人ではなく関係者とともに行動すること、それは、複合的な課題に対し生活困窮者に包括的に対応するためでもあり、また、地域共生社会をそれぞれの地域で推進していくためにも不可欠です。その際は、誰もが完璧ではないということも念頭に置いて、支援の質の向上に向け、関係者それぞれの素晴らしい知見・経験を互いに持ち寄り吸収し、仲間たちと互いに研鑽していくことが大切です。

こうした点に留意しつつ、本書が自立相談支援事業に従事する各支援員に必要な基本情報を提供し、質の高い支援が全国で展開されるための一助となること、さらにはそれが、生活困窮者をはじめ、誰もが住みやすい地域共生社会の構築につながっていくことを祈念してやみません。

繰り返しとなりますが、この制度は、地域において、私たちがともに切り拓いていくものです。新しい支援のかたちを、それぞれの地域で創り上げていく喜びを皆で分かち合い、創造の輪を一歩一歩拡げていきましょう。

生活困窮者自立相談支援制度人材養成研修事業
企画運営委員会委員長
和田 敏明

目次

はじめに

第3章　生活困窮者支援に必要な視点

第４章　相談支援の展開

第6章　自立相談支援機関における就労支援

第7章　任意事業の展開

第8章　職員の資質向上と職場づくり

第1章

生活困窮者支援の基本的な考え方

生活困窮者自立支援制度
創設の背景

　平成25年12月6日、生活困窮者自立支援法が成立し、平成27年4月から全国で施行されています。本制度は、社会経済の構造的な変化に対応し、これまで十分でなかった生活保護受給者以外の生活困窮者への支援（第2のセーフティネット）を抜本的に強化するものです。本制度に携わるすべての関係者が、生活困窮者に対し法の趣旨に沿った支援を適切に行うため、本制度がどのような背景と経緯のなかで創設されたのか、まずはおさえておきましょう。

1　生活困窮者を取り巻く状況と課題

（1）経済構造の変化

　戦後日本は成長を続け、繁栄のなかで勤労世代の大多数が就労し、安心して働き続けることができる雇用システムを形成してきました。意欲をもって働く人がその手応えを感じ、生活を向上させる条件があったことが、高い勤労モラルを実現し、高度な産業国家として世界経済を牽引することにつながりました。

　しかし、1990年代以降は、バブル経済崩壊の影響が長期化し、構造的な景気低迷が続くとともに、完全失業率は上昇に転じ、特に長期失業者や若年層の失業者が増加しました。

　雇用形態についても変化がありました。全就業者に占める非正規雇用の労働者の割合が大幅に上昇し、近年は3割台後半を推移しています。非正規雇用の労働者は雇用が不安定であるばかりでなく、一般に正規雇用の労働者に比べて賃金が低いほか、能力開発の機会が十分に提供されていないことも指摘されています。また、給与所得者のなかで、年収が200万円以下の者の割合は近年横ばいで推移しており、令和2年には22.2％となっています。

　こうしたなかで、社会保険や労働保険といった「第1のセーフティネット」の機能が低下し、安定した経済的基盤や職業キャリアを築くことができず、将来の見通しをもてない生活困窮者が増加しているといわれています。

（2）社会的に孤立するリスクの拡大

　少子高齢化の進行や単身世帯、ひとり親世帯の増加といった世帯構造の変化など、

日本の社会構造も大きく変化しています。また、過疎化が進んだ地方部では地域コミュニティの維持自体が難しくなり、都市部においても、地域のつながりや近所付き合いの希薄化などが指摘されています。こうした社会の変化に伴い、社会的孤立やいわゆる「8050問題」（高齢の親と働いていない独身の50代の子とが同居している世帯に係る問題）などが大きな社会問題となっています。このほか、ニートと呼ばれる通学、家事を行っていない若年無業者やひきこもりも多くいます。さらに、失業者や非正規雇用の労働者にとっては、仕事を通じた人間関係の構築も難しくなっています。

　一方、生活困窮者の多くは多様な課題を抱え、さらに、その背景に複雑化・複合化した課題を抱えた家族が存在している場合もあります。複雑化・複合化した課題を有する生活困窮者やその家族に対し、対象者を明確に定める現行の福祉制度や支援システムは十分に対応できず、生活困窮者はますます孤立していくという状況もみられます。

　日本社会における多数の自殺者の存在も、こうした地縁や血縁、仕事を通じたつながりの希薄化、社会的な孤立の進行とは無縁ではありません。世帯構造の変化や地域のつながりの希薄化などにより社会的に孤立し、制度の狭間にもおかれた生活困窮者に対し、新しいセーフティネットを築いていくことが求められています。

（3）稼働年齢層を含む生活保護受給者の増加

　最後のセーフティネットである生活保護制度では、こうした社会経済の構造変化による影響が集約されて現れていると考えられます。戦後、ほぼ一貫して減少してきた生活保護受給者数は、平成7年を境に増加し、平成27年には現行制度下で過去最高となりました。その後は再び減少に転じ，令和3年10月には約204万人となっています。

　生活保護受給世帯を世帯類型ごとにみると、最も多いのは高齢者世帯ですが、高齢者世帯、母子世帯、傷病・障害者世帯のいずれにも当てはまらない「その他の世帯」も約15％を占めており、このなかには就労可能な稼働年齢層も含まれます。

　このため、生活保護については、これまで同様、生活保護受給者の生活を支える機能を着実に果たしつつ、同時に、稼働年齢層を中心にその自立をさらに支援する制度へと見直していくことが求められています。

（4）貧困の世代間連鎖

　生活困窮者支援を考える際に留意しなければならないのは、貧困の連鎖の問題です。ひとり親の子どもの貧困率は先進国のなかでも高くなっており、さらに、特に若年層

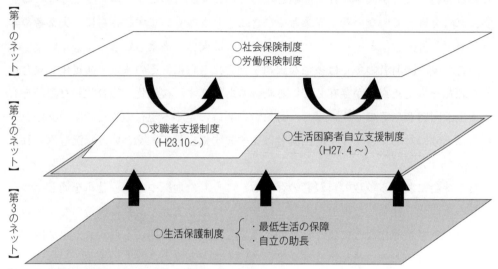

図表1−1　重層的なセーフティネットのイメージ

生活に困窮する者に対する重層的なセーフティネット

最後のセーフティネットである生活保護制度及び生活保護に至る前の段階での自立を支援する生活困窮者支援制度により、生活に困窮する者に対して、重層的なセーフティネットを構成している。

【第1のネット】
○社会保険制度
○労働保険制度

【第2のネット】
○求職者支援制度（H23.10〜）
○生活困窮者自立支援制度（H27.4〜）

【第3のネット】
○生活保護制度
・最低生活の保障
・自立の助長

【社会保障制度改革推進法】（平成24年法律第64号）　抜粋

（生活保護制度の見直し）
附則第2条　政府は、生活保護制度に関し、次に掲げる措置その他必要な見直しを行うものとする。
　一　不正な手段により保護を受けた者等への厳格な対処、生活扶助、医療扶助等の給付水準の適正化、保護を受けている世帯に属する者の就労の促進その他の必要な見直しを早急に行うこと。
　二　生活困窮者対策及び生活保護制度の見直しに総合的に取り組み、保護を受けている世帯に属する子どもが成人になった後に再び保護を受けることを余儀なくされることを防止するための支援の拡充を図るとともに、就労が困難でない者に関し、就労が困難な者とは別途の支援策の構築、正当な理由なく就労しない場合に厳格に対処する措置等を検討すること。

においては高校中退者を含む中卒者の貧困リスクが高くなっています。

　生活困窮に至る理由や背景にはさまざまなものがありますが、貧困の連鎖によって、子どもたちの本来の機会が奪われ、若者たちが自らの努力ではいかんともしがたい壁の前で人生をあきらめることがあってはなりません。

　こうした状況のなかで、第3、あるいは最後のセーフティネットである生活保護制度の見直しと、第2のセーフティネット[1]を手厚くするための本制度の構築が総合的に行われることとなりました（図表1−1）。

　法は、経済構造の変化や社会的孤立の拡大、生活保護受給者の増加、貧困の連鎖と

[1]
一般的に、社会保険や労働保険など雇用を通じたセーフティネットは第1のセーフティネット、生活保護は第3のセーフティネット、また、その間の仕組みは第2のセーフティネットと呼ばれています。

いった状況に対応し、生活保護受給者以外の生活困窮者への支援を抜本的に強化するものです。日本社会全体の構造的な変化に対応し、複合的な課題を有する生活困窮者への支援を行うため、包括的で抜本的な仕組みを創造することとしたものです。

　自立相談支援事業の各支援員は、本制度を効果的に運営するための中心となり、生活困窮者の自立支援のために重要な役割を担うこととなります。生活困窮者のなかには、さまざまな困難を抱えた人々がおり、簡単には出口が見つからないことも多々あるでしょう。こうした状況においても、相談に従事する人がなぜこの法律ができたのかを十分理解したうえで、高い理念を共有し、生活困窮者とともに考え、本人の状況に応じた包括的な支援を展開することにより、本人の失いかけた自信を取り戻し、その自立と参加を実現していくことが大切です。

2　制度創設および改正の経緯

（1）制度創設前の生活困窮者に対する制度・施策の状況

　このような生活困窮者を取り巻く状況のなかで、生活困窮者自立支援制度が創設される前もさまざまな取組みが行われてきました。例えば、リーマンショック以降、第2のセーフティネット構築の重要性が認識され、求職者支援制度が創設されました。また、離職により住居を失った人または失うおそれのある人へ家賃相当額の手当を支給する住宅手当制度（平成25年度からは「住宅支援給付」という名称）や都道府県社会福祉協議会による緊急小口資金・総合支援資金の貸付制度が実施され、さらに、地方自治体とハローワークが一体となった就労支援も進みつつありました。

　また、内閣府においては、さまざまな生活上の困難に直面している人に対し、個別的・継続的・包括的に伴走型の支援を行うパーソナル・サポート・サービスのモデル事業も行われました。このほか、一部の地方自治体や民間団体においては、生活困窮者の自立支援に先進的に取り組むところもあり、生活困窮者が自信を取り戻したり、一定数が就労に結びつくなど、効果をあげてきました。

　しかし、全国的には、生活保護に至る前の生活困窮者に対して体系的な支援を行う仕組みが整備されているとは言い難く、取組みの実施が一部の先進地域にとどまっているほか、人材やノウハウ、財源が十分でないなどの課題がありました。

（2）制度創設に向けた検討

　生活困窮者や生活保護受給者の増大という状況に対応し、本制度の創設および生活

保護制度の見直しを一体的に検討するため、平成24年4月、社会保障審議会に「生活困窮者の生活支援の在り方に関する特別部会」が設置され、12回にわたる審議を経て、翌年1月25日に報告書が取りまとめられました。

また、自民・公明・民主三党合意に基づく社会保障制度改革推進法（平成24年法律第64号）附則第2条においても、生活困窮者対策および生活保護制度の見直しに総合的に取り組むべきことが規定されました。

以上のような状況を踏まえ、厚生労働省では、本制度の創設に向け、地方自治体と協議を重ねるとともに政府内における調整を行い、本制度の立法化について関係者との共通理解を醸成してきました。

そして、平成25年の通常国会に生活保護法の一部改正案とともに「生活困窮者自立支援法案」が提出され、一旦、審議未了のため廃案になったものの、同年12月、臨時国会において可決成立され、その結果、平成27年4月からは、法に基づき、本制度が実施されることとなりました。

（3）平成30年改正

生活困窮者自立支援法（平成25年法律第105号）附則第2条において、施行後3年を目途として総合的に検討を加え、必要に応じて所要の措置を講ずることとされ、また、「経済・財政再生計画　改革工程表」（平成29年12月21日経済財政諮問会議決定）においても、本制度の在り方について、関係審議会等において検討し、その結果に基づいて平成30年通常国会への法案提出を含め、必要な措置を講ずる旨が盛り込まれました。

こうした経緯を踏まえ、平成28年10月に「生活困窮者自立支援のあり方等に関する論点整理のための検討会」が設置され、平成29年3月に論点整理を公表しました。その後、平成29年5月に、社会保障審議会に「生活困窮者自立支援及び生活保護部会」が設置され、11回にわたる審議を経て、同年12月15日に報告書がとりまとめられました。そして、平成30年の通常国会において、「生活困窮者等の自立を促進するための生活困窮者自立支援法等の一部を改正する法律」（平成30年法律第44号。以下「平成30年改正法」という。）が可決成立し、同年10月および平成31年4月に施行されました。

新制度においては、生活困窮者の定義を「就労の状況、心身の状況、地域社会との関係性その他の事情により、現に経済的に困窮し、最低限度の生活を維持することができなくなるおそれのある者」に見直すとともに、生活困窮者の自立支援の強化を図るため、

図表 1 — 2 生活困窮者等の自立を促進するための生活困窮者自立支援法等の一部を改正する法律の概要
（生活困窮者自立支援法関係）

改正の趣旨

生活困窮者等の一層の自立の促進を図るため、生活困窮者に対する包括的な支援体制の強化等の措置を講ずる。

改正の概要

生活困窮者の自立支援の強化（生活困窮者自立支援法）
(1) **生活困窮者に対する包括的な支援体制の強化**
　① 　自立相談支援事業・就労準備支援事業・家計改善支援事業の一体的実施を促進
　　・就労準備支援事業・家計改善支援事業を実施する努力義務を創設
　　・両事業を効果的・効率的に実施した場合の家計改善支援事業の国庫補助率を引上げ（1/2→2/3）
　② 　都道府県等の各部局で把握した生活困窮者に対し、自立相談支援事業等の利用勧奨を行う努力義務の創設
　③ 　都道府県による市等に対する研修等の支援を行う事業を創設
(2) **子どもの学習支援事業の強化**
　① 　学習支援のみならず、生活習慣・育成環境の改善に関する助言等も追加し、「子どもの学習・生活支援事業」として強化
(3) **居住支援の強化（一時生活支援事業の拡充）**
　① 　シェルター等の施設退所者や地域社会から孤立している者に対する訪問等による見守り・生活支援を創設　　等

施行期日

平成30年10月 1 日（ただし、(2)(3)は平成31年 4 月 1 日）

・自治体の関係部局で生活困窮者を把握した場合に、自立相談支援事業等の利用勧奨を行うことを努力義務化

・生活困窮者に対する支援に関する情報の交換や支援体制に関する検討を行うため、会議の構成員に対する守秘義務を設けた会議体（支援会議）の創設

・就労準備支援事業と家計改善支援事業の努力義務化など、自立相談支援事業、就労準備支援事業、家計改善支援事業の一体的実施の促進

・都道府県による研修等の市等への支援事業や、福祉事務所を設置していない町村による相談事業の創設

・学習支援のみならず、生活習慣・育成環境の改善に関する助言等も追加し、「子どもの学習・生活支援事業」として強化

・シェルター等の施設退所者や地域社会から孤立している者に対する訪問等による見守り・生活支援を創設する等居住支援の強化

などの措置が講じられました。

こうして創設された生活困窮者自立支援制度について、まず、その意義、目指す目標、具体的な支援の姿をみてみましょう。これらはいずれも、生活困窮者支援の根本的なあるべき姿、理念を形成するものです。

1 本制度の意義 ──重層的なセーフティネットの構築

生活困窮者自立支援制度が創設される前も、生活困窮者を対象とする支援策が存在し、それぞれ一定の実績をあげていますが、それらは、社会経済構造の大きな変化のなかでは、質、量ともに十分なものといえる状況ではありませんでした。

その結果、既存の制度による支援では十分に対応することができない生活困窮者が制度の狭間におかれ、その自立が困難となっています。

こうした状況を踏まえ、新たに創設されることとなった本制度は、生活保護に至っていない生活困窮者に対する第2のセーフティネットとして、包括的な支援体系を創設するものです。これにより、生活保護制度とともに、重層的なセーフティネットを構築し、また、生活困窮者が抱える課題が複雑化・複合化する前に、自立のための支援を提供することが可能となります。本制度が創設されるまで、生活保護制度以外では、生活困窮者に対する人的支援の枠組みは十分ではありませんでしたが、本制度に基づき、生活困窮者に対する包括的な支援の仕組みを、地域全体で創造していくことが大切です。

本制度と生活保護制度との関係

ここで注意しなければならない点は、本制度の創設後も、生活保護が必要な人には確実に保護を実施するという生活保護制度の基本的な考え方に何ら変更はなく、運用としても変わってはならないということです。本制度による支援を受けているかどうかにかかわらず、生活保護の申請をすることは当然に可能です。また、本制度を利用する生活困窮者のなかで、生活保護の適用が必要であると判断される場合には、福祉事務所と連携しながら、適切に生活保護制度につなぐことが必要です。法第23条においても、生活保護の適用となる可能性が高い人を把握した場合は、その人に対して、

生活保護制度についての情報提供等を行うことが定められています。

　なお、本制度では、子どもの学習・生活支援事業等を除き、生活保護受給者以外の生活困窮者が対象となりますが、生活保護受給者に対する各種事業と分断されることがないよう、一体的な支援を行うことが期待されています。

2　本制度の目指す目標

（1）生活困窮者の自立と尊厳の確保

　生活困窮者への支援を強化する本制度において、最も重要な目標は、生活困窮者の自立と尊厳の確保です。

　自立の概念には、健康や日常生活をよりよく保持する「日常生活自立」、社会的なつながりを回復・維持する「社会生活自立」、経済状況をよりよく安定させる「経済的自立」があります。ここで、「自立」という概念を構成する最も重要な要素は自己決定、自己選択です。サービスや支援を利用しないようになるということだけではなく、これらを上手に活用しながら自立するということも考えられます。本人の可能性を狭くとらえず目標を高くもちつつも、同時に、本人が抱えている課題やおかれている環境に応じて、自立の形は多様であることを十分理解することが必要です。

　また、本人の主体性を確保すること、すなわち本人が自分の意思で自立に向けて行動しようとすることをどのようにサポートするかという視点をもつことが重要です。本人の内面からわき起こる意欲や幸福追求に向けた想いが主役となり、支援者がこれに寄り添いその想いを引き出してこそ効果的な支援を進めることができると考えられます。本人の意向と異なる支援をむやみに行うのでは逆効果となりかねません。

　そして、生活困窮者支援に従事するすべての人が常に考えなければならないのは、生活困窮者本人の「尊厳の確保」です。これは、「すべて国民は、個人として尊重される」と規定している日本国憲法第13条をもち出すまでもなく、福祉施策においては常に重要な視点ですが、とりわけ生活困窮者支援の分野では、生活困窮者の多くが自信や自己肯定感、自尊感情を失い、傷つきやすくなっていることも考慮する必要があります。

　効果的な支援を可能とするのは、支援される側と支援する側の相互の信頼関係です。信頼関係を構築していくことは、ときに容易ではないかもしれませんが、丁寧に時間をかけながら対応することが重要です。万が一にも、支援の名の下に生活困窮者の尊厳と人権が侵されることがあってはなりません。また、支援者の専門家としての見

識・判断は重要ですが、相談者との間で、一個人として対等な関係性を保つことが重要です。

（2）生活困窮者支援を通じた地域づくり

　生活困窮者が自立に向けた歩みを進めていくには、自己肯定感や自尊感情を取り戻すことがまずは不可欠です。そして、自分の居場所を発見し、人との「つながり」を実感できることも必要です。このように、生活困窮者の自立を考えるにあたっては、居場所やつながりの形成など、個々人へのアプローチのみならず、地域に向けた取組みが必要となります。

　また、多様で複合的な課題を有する生活困窮者の課題解決のためには、相応の包括的な支援を用意することが必要です。

　そのためには、さまざまな分野や地域住民との連携が必要となります。生活困窮者の早期発見や見守りのためには、地域のネットワークを強化することも大切で、公的な制度だけで対応できない場合には、インフォーマルな支援や地域住民の力も必要です。これは、これまでも地域福祉の分野で進められてきた取組みで、これらを一層充実していくことが必要です。

　さらに、福祉の枠組みを越えた取組みも必要となります。就労に導く支援はもとより、地域では、生活困窮者の働く場や参加する場も必要になります。その際、生活困窮者の就労を、例えば農業の担い手不足を解決する手法として考えたり、地域産業の維持・振興と結びつけたりなど、地域課題を解決するという視点で検討することが大切です。これは、生活困窮者支援という観点から地域づくりをしていくことにほかなりません。

　地域においては、困窮状態から脱却した人が、今度は、自分と同じような困窮状態に陥っている人を支援する、つまり、「支援される側」から「支援する側」になることもあり、支援する側、される側という関係は固定的なものではないと考えられます。生活困窮者も、地域社会の一員として積極的な役割を果たしていくことが望まれます。こうして、それぞれの地域において支え合いの輪を広げていくことが大切です。

　本制度では、既存の社会資源を生活困窮者支援という新たな視点でつなぎ直し、不足すれば創造していくという作業を進めていきます。生活困窮者の支援を通して、さまざまな分野の社会資源の連携を促進し、また、これらの活性化を図り、行政、関係機関、地域住民等が協働で、いわば生活困窮者の支援を通じた「地域づくり」に取り組み、生活困窮者の支援に理解のある参加型包摂社会を創造していくことが重要です。

3　新しい生活困窮者支援の形

　生活困窮者のおかれた状況を踏まえれば、本制度を実践する際には、いくつかの点に十分配慮することが必要となります。ここでは「新しい支援の形」として、「包括的な支援」「個別的な支援」「早期的な支援」「継続的な支援」「分権的・創造的な支援」の5点を記述します。

　これらは、いずれも社会福祉の分野では大変基本的な事柄ですが、本制度においてはとりわけ支援の特徴として、前述した本制度の意義や目指す目標と併せて、生活困窮者支援に従事するすべての人が心に留め置くべき重要なものです。

（1）包括的な支援

　生活困窮者本人の尊厳ある自立に向けた支援を行うためには、本人の抱える心身の不調、知識や技能の不足、家族の問題、健康の問題、家計の破綻、将来展望の喪失などの多様な問題に、包括的に対応していかなければなりません。

　しかしながら、これまでの福祉制度は、高齢者、障害者、児童、DV、ひきこもりなど、特定の対象者・分野ごとに展開されてきました。社会情勢の変化に伴う福祉ニーズの高度化・複雑化に対応するため、制度や機関はその機能を専門分化・細分化して、整備されてきたといえます。これは、これまでの福祉施策の発展過程では有効であったと思われます。しかし、近年では、複合的な課題を抱える生活困窮者に十分に対応することができないという側面もみられるようになってきました。

　世帯単位で複合的な課題を抱えている場合も同様です。例えば、就職できない間に自信を失ってひきこもってしまった中高年の離職者と、高齢で体の弱くなった親とが二人で暮らして地域から孤立しているようなケースでは、単一の制度では世帯全体に対する支援が適切に行えず、また、場合によっては、関係者が躊躇して、何ら対応が行われないということが生じ得ます。

　このような状況を改善するため、本制度における支援は包括的なものとすることが必要です。また、問題を抱えた家族について家族単位で支援することも考えることが重要です。

　こうした包括的な支援を実現するためには、生活困窮者が抱える複合的な課題に対して、地域の関係機関・関係者が連携することが必要です。このような関係機関には、福祉分野のみならず、保健、雇用、教育、金融、住宅、産業、農林漁業など、さまざまな分野が考えられます。本制度の創設が、新しい縦割りの仕組みをまた一つつくる

だけに終わらないよう、それぞれが強みを活かしながら、チームによる支援を行うことが重要です。

（2）個別的な支援

　一方で、生活困窮者の自立を困難にしている要因は、その人ごとに異なった形で複合しています。生活困窮者がおかれた状況が多様であることを十分に認識し、それぞれの事情や想いに寄り添いつつ、問題の打開を図る個別的な支援を行うことが重要となります。

　その前提となるのは、本人に対する適切なアセスメントです。また、目標設定にあたっては、生活困窮者をやみくもに就労に追い立てないということも重要です。社会的自立から経済的自立へと、個々人の段階に応じて最適なサービスが提供されるような支援が必要となります。実際、生活困窮者の多くは、自尊感情や自己有用感を失い、自立に向けた意欲が芽生えてこない状況にあります。自分の居場所を発見し、他者との心地よいつながりを感じて、人は初めて次のステップを目指すことができるようになることから、そのような視点をもって支援することが大切です。

　また、個別の支援を提供するにあたっては、既存のサービスや制度に生活困窮者が合わせるのではなく、生活困窮者に合ったサービスや制度を提供していくという視点が大切です。これまで、制度の設定する要件に合っていないという理由から、適切な支援を受けられなかった生活困窮者がいるということを考えることが必要です。また、こうした視点は、本人中心の支援を行うにあたって大事な考え方であるといえます。

（3）早期的な支援

　例えば、離職者が次の就職先を探す場合、一定の期間が経過すると、再就職が難しいということが指摘されています。このような例に限らず、人が生活困窮に陥り、社会とのつながりが弱まったとき、できるだけ早期にアプローチすることで支援の効果を高めることが期待できます。もちろん、前述のとおり、早期に支援するといっても、やみくもに就労自立を焦ると逆効果になる場合もありますので、注意が必要です。

　また、生活困窮者は、往々にして、ひきこもりなどで地域社会から見えにくくなったり、窓口に相談にやってくる気力を失っているという現実があります。このように自ら SOS を発することができない生活困窮者に早期の支援を行うためには、「待ちの姿勢」ではなく、地域のネットワークを強化してそこから生活困窮者の情報をいち早く把握し、さらに場合によっては、訪問して信頼関係を築き支援するなど、支援を行

う側が積極的に生活困窮者との接点を見つける努力をすることが必要です。さらに、早期的な対応は、予防的な働きかけを行うことも意味しており、つまり、生活困窮者の抱える問題が深刻になる前に、積極的な問題解決を図ることも可能になると考えられます。

（４）継続的な支援

生活困窮者の有する課題が複雑であることを考えたとき、一度の支援では、十分な効果を上げられない場合が多いと考えられます。本人の状況に合わせて、支援を切れ目なく段階的・継続的に提供する必要があります。

また、本制度は生活保護受給者以外の生活困窮者が対象となりますが、自立相談支援機関に生活困窮者が来訪した場合、必要があれば確実に生活保護制度につなげたり、逆に生活保護を廃止した人にも必要に応じて切れ目なく本制度で対応することが重要です。

さらに、本制度の支援メニューの多くは有期によるもので、これは目標をもって自立を目指すという考え方によっていますが、制度に基づくサービスが終結した後も、必要に応じて本人をフォローアップしていくべきであることは認識しておかなければなりません。その際、自立相談支援機関だけで抱え込むのではなく、地域の支援者を少しずつ発見し包摂的な支援の輪を増やしていくことにより、地域全体で継続的に支援することを考えることが大切です。

（５）分権的・創造的な支援

このような支援の形を実現するためには、地域が主体となって考えていくことが必要となります。

生活保護受給者をはじめ生活困窮者の状況は、経済状況や地域の人口構成などにより異なりますし、また、生活困窮者に対応する社会資源も、それぞれの自治体によって状況が全く異なります。地域ごとに解決策が異なるとすれば、地域がこれを見つけるほかはありません。

まずは自分の暮らす地域にはどのような生活困窮者が存在し、また、それに対応するための社会資源はどの程度存在しているのか適切に把握することが重要です。そのうえで、社会資源が不足するのであれば、それを積極的に創造していくことも必要になります。例えば、生活困窮者の参加の場や働く場を創造していくことは不可欠と考えられます。

その際、包括的な仕組みを創造していくためには、限定的な機関で対応できるもの

ではありません。官と民、民と民が地域で協働していくことが必要です。生活困窮者本人を中心に置いて、個々人の状況に応じた支援を提供するためには、行政のみならず、社会福祉法人、NPO、社会貢献の観点から事業を実施する民間企業、その他のさまざまな支援組織、さらには、近隣住民やボランティアなどインフォーマルな支援も含め、それぞれの地域に合った柔軟で多様な取組みが必要となります。

　こうした取組みを進めるための手法として、地域においては、関係者が集まる協議の場をもつことが不可欠になると考えられます。その際、新たな体制を一からつくるよりも、高齢者施策における地域ケア会議や障害者施策における（自立支援）協議会など、既存の体制や枠組みを活用することが効率的で、まずはそれを検討することが考えられます。もちろん、地域によっては協議の場を新たにつくっていくことも必要となります。

　法は、これまで十分でないとされてきた生活困窮者への包括的な支援体系と、国と自治体による財政的な枠組みを規定しました。この法の趣旨を地域社会で実現するため、地域が主体となって、関係者が真剣になって議論し、一つひとつ必要な支援を創造していくことが大切です。

1 制度の対象者

　法において、「生活困窮者」とは、「就労の状況、心身の状況、地域社会との関係性その他の事情により、現に経済的に困窮し、最低限度の生活を維持することができなくなるおそれのある者をいう」とされています。すなわち、本制度では、生活保護に至っていない生活困窮者が対象になります。

　そのうえで、自立相談支援事業について、法は所得や資産などの具体的な要件を定めていません。生活困窮者の多くが複合的な課題を抱え、これまで十分支援が行われてこなかったということを踏まえれば、自立相談支援事業の運営にあたっては、できる限り対象を広くとらえ、排除のない対応を行うことが必要です。

○「生活困窮者」についての理解を深める

　ここでは、さらに、「生活困窮とは何か」について考えてみましょう。

　これにより、法の対象が経済的困窮に着目しているとしても、その背景要因として社会的孤立その他のさまざまな課題について十分考慮していくことが大切であると理解してもらえるものと思います。

「生活困窮」概念の広がり

　「生活困窮」は、近年、単に経済的に困窮している状態のみを指すものではなく、経済的困窮や社会的孤立などさまざまな課題を抱えることによる社会的排除状態も含む広い概念として考えられるようになっています。また、こうしたさまざまな課題が複雑化・複合化しているからこそ、解決が難しくなっているという側面もあります。生活困窮者が抱える経済的困窮という表面上の課題のみに対応しても本質的な解決に至らないことが多く、経済的困窮に至る背景事情として、就労の状況や心身の状況、地域社会との関係性などの要因まで踏まえた支援を展開することが重要です。

運用にあたっての留意点

　このため、本制度では、生活困窮者からの多様な相談を排除することなく幅広く受け止めることが必要です。その際、本制度においては、複合的な課題を抱えているこ

となどにより、他制度では適切な対応が難しいような制度の狭間におかれた生活困窮者についても、関係機関と連携し上手に役割分担を行いながら、しっかりと対応していくことが重要です。

　自立相談支援事業として対象者を広く受け止めながら、解決策については、地域全体として対応していくよう、地域のネットワークを強化することも大切です。また、関係機関と連携する際には、万が一にも「たらい回し」といったような状況が生じないよう、あらかじめ必要な調整を図ることが重要です。

　なお、生活困窮者に確実に支援を届けるため、法第8条においては、都道府県および市等に対して、福祉、就労、教育、税務など生活困窮者支援以外の業務において生活困窮者を把握したときは、本制度の利用勧奨などを行うよう努めることとされています。

さまざまな対象者

　対象者について、もう少し具体的にみてみましょう。図表1−3は、参考までに、生活困窮に陥る要因の複合化イメージを図にしたものです。なお、これは対象者像をつかむための例示であり、また、わかりやすく単純化していることに留意することが必要です。

① 類型による対象者像の理解

　図表1−3の左側の一番下に「生活保護ボーダー層」とあります。本制度が生活保護に至っていない生活困窮者への支援を強化するために創設されたという趣旨からすれば、福祉事務所に生活保護の相談のために来訪したものの要件に合致しないために支援につながっていなかった人が一つの対象者像として考えられます。とりわけ稼働層については、本制度による支援の効果が期待されます。図には、このような趣旨から記載しているもので、生活保護ぎりぎりの人のみが対象になるということではありません。自治体においては、このほかに、住民税その他の公租公課の滞納者についても、さらに支援につないでいくことが重要です。

　また、経済的困窮のみならず社会との関係を喪失している人として「ホームレス」があり、時間をかけて丁寧に支援することが必要な対象者の代表例といえます。

　「ニート」「ひきこもり」や「高校中退者」「中高不登校」については、将来、より複雑な形で課題が表出してしまう前に適切に支援すべき必要性が高い層といえます。これらの層に対応する仕組みや機関も徐々に広がりつつあり、本制度においては、これら関係機関と適切に役割分担をしながら、生活に困窮する場合には、本制度としての支援も行います。

図表1−3 生活困窮の現れ方と要因の複合化イメージ

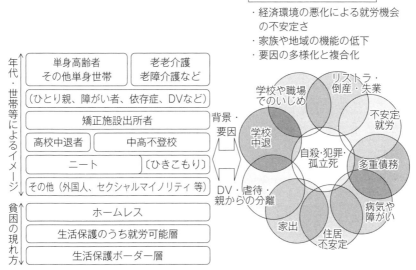

出典：生活困窮者支援体系に資する調査・研究事業報告書（生活困窮自立促進（社会参加）プロセス構築モデル事業統括委員会（平成25年3月、事務局：HIT 一般社団法人北海道総合研究調査会））より一部改変（資料：社会保障審議会生活困窮者の生活支援の在り方に関する特別部会「中間まとめ」参考資料、第2回総合相談・支援プロセスWT（平成24年8月9日、事務局：みずほ情報総研）岩田委員提出資料より作成）

　さらには、「母子世帯」「老老介護世帯」「老障介護世帯」「矯正施設出所者」といった人のなかにも経済的困窮は多く出現しています。こうした層についても、例えば、「老老介護世帯」や「老障介護世帯」などの高齢者については地域包括支援センターやケアマネジャー、「障害者」については障害者相談支援事業所などのように、それぞれの課題に対応する機関が存在していますので、これらの専門機関につなぐことが考えられます。ただし、この場合でも、生活困窮者本人、さらにはその世帯全体をみたうえで、その状況に応じて、複合的な課題についての適切なアセスメントを行い、これらの関係機関と調整していくことが必要になります。

②　さまざまな背景や要因

　生活困窮に陥った背景や要因は、生まれつきもっている本人の障害・疾病や、DV、虐待、いじめ、学校中退、リストラ、失業などさまざまで、しかも多くがこれまで本人が歩んできた人生のなかに秘められています。また、それらの生活困窮に陥る要因が重複し、それが長期にわたることによって、ときには自殺や犯罪、孤立死を招くこともあります。

　このため、相談に訪れた生活困窮者を理解するには、本人が生活困窮に陥った背

景や要因をとらえることが不可欠となります。

2　制度の全体像と留意点

法は、生活保護に至る前の段階の自立支援策を強化するもので、生活困窮者に対するさまざまな支援策を用意しています。

実施主体は、福祉事務所を設置する自治体[2]で、それぞれの事業を直接実施するか、または委託により事業を実施します。

法が定める事業のうち、福祉事務所設置自治体が必ず実施する事業（必須事業）が、「自立相談支援事業」と「住居確保給付金の支給」です。

前者は、本書で述べる制度の理念を実現するための中核的な事業で、生活困窮者のさまざまな課題に一元的に対応し、生活困窮者に対する的確な評価・分析に基づいて支援計画（以下「プラン」という。）を策定し、関係機関との調整などを行うものです。また、後者は、離職・廃業又は休業等による収入減少等により住居を喪失した、またはそのおそれの高い生活困窮者に対し家賃相当額を支給するものです。

このほか、法は、福祉事務所設置自治体が地域の実情に合わせてさまざまな支援を提供できるよう、以下の任意事業を創設しています。

・生活リズムが崩れているなど就労に向けた準備が必要な生活困窮者を対象として、一般就労の準備としての基礎能力の形成に向けた支援を行う「就労準備支援事業」（努力義務）

・住居を持たない生活困窮者に対して、一定期間、宿泊場所や衣食の提供等を行う「一時生活支援事業」（シェルター等を退所した者等を対象に見守り支援や地域とのつながり促進支援等を行う「地域居住支援事業」を含む。）

・生活困窮者に対して、家計管理に関する支援、滞納の解消や債務整理に関する支援、貸付けのあっせん等を行う「家計改善支援事業」（努力義務）

・生活保護受給世帯の子どもを含む生活困窮世帯の子どもを対象に、学習支援や生活習慣・育成環境の改善に向けた支援、教育及び就労に関する支援を行う「子どもの学習・生活支援事業」

・その他生活困窮者の自立の促進を図るために必要な事業

▶2
福祉事務所については、都道府県と市に設置義務があり、都道府県が町村部をカバーしています。また、地域によっては町村も福祉事務所を設置している場合があります。なお、福祉事務所未設置町村については、生活困窮者の自立の支援に関する相談対応等を行うことができます。

図表1-4 生活困窮者自立支援法の概要

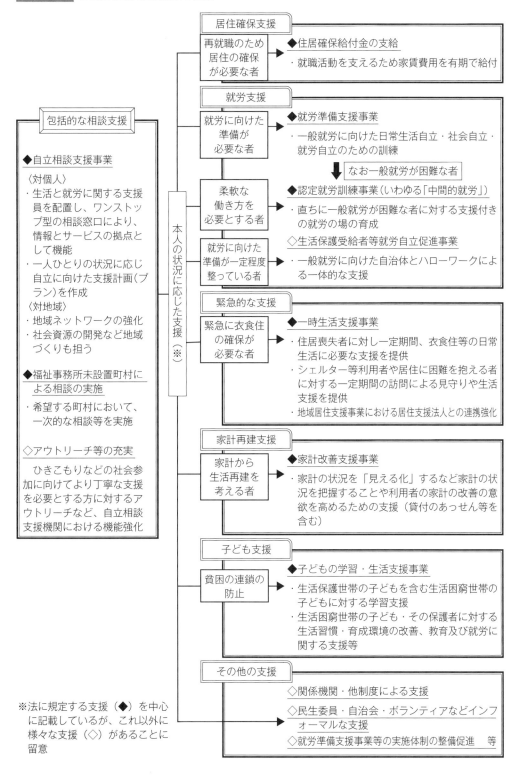

なお、直ちに一般就労が困難な人に対し、就労の機会と必要な訓練等を提供する「就労訓練事業」（いわゆる「中間的就労」）について、その適正な運営を確保するため、都道府県知事等による認定制度を創設しています。

　法は、子どもの学習・生活支援事業等を除き、生活保護受給者は対象となりませんが、生活保護法に基づいて行われる生活保護受給者に対する各種事業と分断されることがないよう、一体的な支援を行うことが期待されています。

　自立相談支援事業の支援員は、さまざまな制度や関係機関に精通することが大切です。

　そして、ここで留意しなければならないのは、生活困窮者への支援は、法に規定するものがすべてではないということです。就労支援一つをとっても、ほかに、ハローワークによる支援や求職者支援制度、地域若者サポートステーションなどさまざまな制度や機関が存在します。生活困窮者の状況は多様ですので、その状況に合わせ、福祉領域に限らずさまざまな関連制度、関連機関を上手に活用していくことが重要となります。また、自治体においては、地域の実情に応じて、地域福祉施策だけでなく、他の領域の施策も充実させ、地域全体として包括的な支援を行っていくことが求められます。なお、生活困窮者支援という視点から、包摂的な地域社会を実現するための拠点となることも、自立相談支援機関に求められる役割です。

3　自立相談支援事業

　自立相談支援事業については、本書全般にわたって説明しますが、生活困窮者にとっては、情報と支援サービスの一元的な拠点として、また、制度全体のなかでは支援に関する総合調整を行うとともに、地域づくりの中心となる司令塔としての機能を担うものです。複合的な要因によって、既存の制度や機関では十分に対応できない生活困窮者を包括的に受け止め、本人の尊厳と意思を十分尊重しながら、どのような支援が必要かを把握し、自立のためのプランを策定し、適切なサービスや関係機関につなげます。課題が複雑化する前に早期支援を行うことが重要ですので、ときには積極的に訪問活動をすることや、本人に同行して関係機関を訪れることもあります。プラン策定後はフォローアップを行い、継続的に支援を行っていくことも重要です。支援について評価を行い、支援内容が本人に合わない場合は、必要なサービスにつなぎ直したり、本人を支援する複数の関係機関がチームで支援にかかわり、連携しながら、包括的にチームで支援するための調整等を行うことも本事業の重要な役割です。

　自立相談支援事業の支援員は、必須事業である本事業が適切に運営されなければ、本制度自体が機能しないということを十分に理解する必要があります。

　また、平成30年改正法で創設された支援会議の枠組みも活用しつつ、関係機関とのネットワークづくりと地域に不足する社会資源の開発に取り組み、地域の社会資源を最大限に活用し、インフォーマルな支援も含めたさまざまな社会資源に結びつけ、支援を行うことが大切です。さらに、中間的就労を含む生活困窮者の就労の場づくりへの働きかけを行うことも重要です。地域の社会資源や住民などの参画を得ながら、積極的なニーズ把握やアウトリーチを行うことによって課題を抱える人を早期に把握し支援につなげるとともに、地域全体の支援の力が高まるよう行動していきます。

4　その他の法定事業

（1）住居確保給付金

　住居の確保は、生活の土台となるとともに、就職活動をする際の前提条件となるもので、生活困窮者の自立支援策として非常に重要です。このため、法では、リーマンショック後に創設された住宅支援給付（平成24年度までは住宅手当）を恒久制度化し住居確保給付金（以下「給付金」という。）を創設しました。給付金は、離職・廃業または休業等による収入減少等により住宅を失ったまたはそのおそれの高い生活困窮者に対し、就職に向けた活動を要件に、有期で家賃相当額を支給します。

　自立相談支援事業では、生活困窮者の状況に応じ、給付金が必要と判断される場合には、プランにこれを盛り込みます（給付金の支給決定は自治体の責任で行われます）。また、給付金の支給期間中に、ハローワークによる支援を依頼するのか、自立相談支援事業において就労支援を行うのか、就労準備支援事業を利用するのかなど、本人の状況を的確に評価し、それに合った支援策を検討することが必要です。

（2）就労準備支援事業

　就労支援については、これまでもさまざまな施策が講じられてきました。しかし、その多くは、本人の意欲と能力を前提としたもので、実はこうした支援策に合致しない生活困窮者が数多くいることが知られるようになってきました。そこで創設されたのが就労準備支援事業です。

　この事業では、生活困窮者の就労意欲の喚起のため、その前提としての動機づけ、一般就労に向けた基礎能力の形成など、日常生活・社会生活に関する基本的な点から

支援を行います。

　対象となるのは、自立の見込みは一定程度あるものの、複合的な課題を抱え、昼夜逆転の生活を送っている、基本的なコミュニケーション能力が欠けているなど、生活習慣や社会参加能力の形成・改善が必要であり、職業訓練や求職者支援制度などによっては直ちに就職が困難な人です。1年を超えない期間を基本として、集中的・計画的に、就労に向けた訓練を実施します。

　対象者の要件は、生活困窮者とその属する世帯の収入および資産が一定以下の場合に加え、収入や資産の把握が困難な場合、収入や資産の要件を満たさなくても本事業による支援が必要であると認められる場合等は利用が可能です。

　就労準備支援では、具体的には、

① 生活自立支援（電話、自宅訪問なども含む起床や定時通所の促し　など）

② 社会自立支援（挨拶の励行など基本的なコミュニケーション能力の形成　など）

③ 就労自立支援（就労体験、模擬面接の実施、履歴書の作成指導　など）

など、生活困窮者の状況に応じて段階的な支援を行います。

　自立相談支援事業においては、各種就労支援策があるなかで、その生活困窮者にとって就労準備支援事業がふさわしいか否かを適切に判断することが必要となります。本人が事業の利用を希望しない場合などは、無理に就労準備支援事業の利用につなげるのではなく、自立相談支援事業として本人の気持ちに寄り添い、本人の意欲の向上を支援することも考えられます。

（3）就労訓練事業（いわゆる「中間的就労」）

　就労準備支援事業を利用しても、生活困窮者のなかには、直ちに一般就労を求めることが難しい人もいます。このため、中間的な就労の場や社会参加の場を設けることが必要です。

　就労訓練事業（いわゆる「中間的就労」）は、一般の事業所において雇用による就業を継続して行うことが困難な生活困窮者を対象とし、その人に合った作業の機会（清掃、リサイクル、農作業等）の提供と併せ、個々人の就労支援プログラムに基づき、就労支援担当者による一般就労に向けた支援を中長期的に実施するものです。

　この事業以外の法定事業は、福祉事務所設置自治体が直営または委託により実施しますが、就労訓練事業は、運営費を公費で賄うのではなく、社会福祉法人やNPO、株式会社等の民間事業者による自主事業として運営します。法では、就労訓練事業が適切なものとなるよう、一定の基準に適合していることを都道府県知事等が認定する仕組みを創設するとともに、その育成を間接的に支援する枠組みを設けています。

図表1−5 就労準備支援事業と就労訓練事業の違い

就労準備支援事業		就労訓練事業（中間的就労）
福祉事務所設置自治体 （社会福祉法人、NPO、株式会社等への委託も可能）	実施主体	都道府県等から認定を受けた民間事業者による自主事業 （社会福祉法人、NPO、株式会社等）
計画的・集中的な支援により一般就労に必要な基礎能力を形成	目的	一般就労に向け、個々人のプログラムに基づき、支援付きの就労・訓練の機会を中長期的に提供
「雇用による就業が著しく困難な生活困窮者」 （就労のための基礎的な能力が著しく低く、ハローワークでの職業紹介や求職者支援制度などの対象とはなりにくい人を想定）	対象者	「雇用による就業を継続して行うことが困難な生活困窮者」 （具体的には、①就労準備支援事業の利用終了者、②ある程度の自立レベルには達しているが、一般就労のため、さらに就労経験を経ることが必要な人などを広く想定）
1年を超えない期間（本人の状況に応じて再利用も可能）	支援期間	一律の期限なし （利用者の状況に応じた設定と定期的な再評価）
一定以上の資産・収入を有しないことが必要（例外あり）	資産・収入要件	限定なし

　就労訓練事業には、雇用契約を結ぶ「雇用型」と雇用契約を結ばない「非雇用型」があります。一定の生産性のある生活困窮者が最低賃金以下の非雇用型で継続的に就労することは適切ではありません。このため、雇用型か非雇用型かの決定は、受け入れを行う民間事業者の意向も踏まえ、自立相談支援事業の判断に基づきなされます。また、就労訓練事業の期間中も、一般就労に向けて、自立相談支援事業において、定期的な再評価と、場合によってはプランの見直しを行います。

　最後に、生活困窮者への労働搾取といった事態が万が一にも発生しないよう留意しながら、就労訓練事業の場を広げていくことは、生活困窮者の「出口」を考えるうえで、極めて重要です。自立相談支援機関は、自治体と協働して、その役割を担います。

（4）一時生活支援事業

　一時生活支援事業は、一定の住居を持たない生活困窮者に対して、一定期間（原則3か月、最長9か月）、宿泊場所や衣食の提供などを行うものです。

　これは、ホームレス支援策のなかで行われてきたシェルター事業等を法定化するものですが、単に緊急的に生活の場を確保するだけでなく、入居中に、自立相談支援事業とともに、本人との人間関係を適切に構築しながら、状況に応じて就労支援などの自立支援を行い、あるいは退去後の生活を検討するという積極的な意義が込められて

います。

　利用に当たっては、収入要件や資産要件が設定されますが、対象者としては、ホームレスのみならず、ネットカフェや友人宅に寝泊まりするなど不安定な居住形態にある人も幅広く含みます。

　また、平成30年改正法により、一時生活支援事業のなかに、地域居住支援事業が創設されました。この事業は、自立支援センター等の退所者や地域社会から孤立した状態にある人、不安定な居住状態にある人に対して、1年を超えない期間を原則として、日常生活を営むために必要な支援を行うものです。

　具体的には、入居に当たっての支援や、個別訪問による見守り・生活支援など居住を安定して継続するための支援、生活困窮者が地域のなかで支え合いながら生活することができる「場」づくりに向けた環境整備を通じて、社会的孤立を防止するとともに、居宅において自立した生活を送れるようになることを目指します。

（5）家計改善支援事業

　生活困窮者のなかには、金銭給付や貸付などにより、一時的にその経済的困窮状態の解消を図るだけでは真の生活の立て直しにはつながらず、自立のために、家計収支全体の改善や、そのために家計管理能力の向上を必要とする人も少なくありません。

　家計改善支援事業は、こうした人に対し、相談者自身が置かれている家計状況を理解できるように、家計の「見える化」を図るとともに、生活の再生に向けた意欲や、本人の家計管理の力を高めていく支援を行うものです。

　具体的には、生活困窮者に対し、

① 家計管理に関する支援（家計表等の作成支援、出納管理等の支援）

② 滞納（家賃、税金、公共料金等）の解消や各種給付制度等の利用に向けた支援

③ 債務整理に関する支援（多重債務者相談窓口との連携等）

④ 貸付のあっせん

などを行います。

　貸付の主なあっせん先としては、生活福祉資金貸付の実施主体である都道府県社会福祉協議会があります。地域によっては、消費生活協同組合や社会福祉法人などが独自の貸付事業を実施している場合もあります。

　家計改善支援事業は、自立相談支援事業と同じ相談支援ですが、家計支援に特化しているものです。生活困窮者がどちらの窓口に来た場合でも対応できるよう、両者は適切に連携することが重要です。就労支援やその他の生活支援が必要な場合は、家計改善支援事業から自立相談支援事業につなぎ、逆に、家計に関して専門的な支援を検

討すべき場合には、自立相談支援事業から家計改善支援事業に依頼することになります。

（6）子どもの学習・生活支援事業

　「貧困の連鎖」を防止する観点から、生活保護受給世帯の子どもを含む生活困窮世帯の子どもを対象に、学習支援や学校・家庭以外の居場所づくり、親への養育支援を通じた家庭全体への支援、就労・進路選択等に関する支援を行うものです。単に勉強を教えるだけでなく、これらの支援を通じて、子どもの将来の自立に向けた包括的な支援を行うことが重要です。

　また、生活困窮世帯の子どもを把握した場合、子ども本人のみならず、その世帯に対する支援が必要となる場合も多くあります。自治体においては、子どもの学習・生活支援事業を入口として、必要に応じて自立相談支援事業と連携することにより、世帯全体への支援を行うことが考えられます。

地域共生社会の実現に向けた取組みについて

～地域共生社会の理念と重層的支援体制整備事業の創設～

地域共生社会を実現し、地域における包括的な支援体制を構築するため、平成29年、令和2年の法改正を経て、令和3年度から市町村における新たな事業（重層的支援体制整備事業）が開始されました。本稿では、地域共生社会の理念や法改正の経緯と新たな事業内容について解説します。

1 地域共生社会の理念について

日本の社会保障は、人生において典型的と考えられるリスクや課題を想定し、その解決を目的とした現金給付や福祉サービス等を含む現物給付を行うことで、公的な保障の量的な拡大と質的な発展を実現してきました。他方で、人口減少や社会経済の構造的な変化等により、ヤングケアラー、社会的孤立、8050世帯[3]など、従来の属性別・縦割りの支援では対応が困難なケースが顕在化してきました。

地域共生社会とは、こうした問題意識を背景として、平成28年6月に閣議決定された「ニッポン一億総活躍プラン」において提案された理念であり、制度・分野の枠や、「支える側」「支えられる側」という従来の関係を超えて、人と人、人と社会とがつながり、一人ひとりが生きがいや役割をもち、助け合いながら暮らしていくことのできる、包摂的なコミュニティ、地域や社会を創るという考え方です（図表1−6）。

社会福祉の分野では、一人ひとりの抱えるさまざまなニーズに対し、必要な支援を包括的に提供するための施策が推進されています。特に、平成27年度から施行された生活困窮者自立支援制度では、属性別の制度では対応が難しいような、世帯内の複合的なニーズやライフステージの変化に対し、寄り添いつつ柔軟に対応していくことを目指して、自立相談支援機関による個別的かつ包括的な相談支援を軸とした実践が進められています。こうした動向とあわせて、平成29年に改正された社会福祉法では、地域福祉の推進の理念が明記されるとともに、市町村が包括的な支援体制づくりに努める旨が規定されました。また、平成28年度から、市町村の包括的支援体制づくりを具体化するためのモデル事業を開始し、それぞれの地域の特性を活かした分野を

▶3
高齢の親と働いていない独身の50代の子とが同居している世帯。

図表1－6 地域共生社会とは

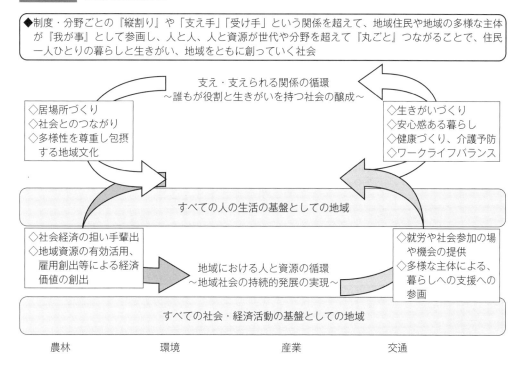

◆制度・分野ごとの『縦割り』や「支え手」「受け手」という関係を超えて、地域住民や地域の多様な主体が『我が事』として参画し、人と人、人と資源が世代や分野を超えて『丸ごと』つながることで、住民一人ひとりの暮らしと生きがい、地域をともに創っていく社会

支え・支えられる関係の循環
～誰もが役割と生きがいを持つ社会の醸成～

◇居場所づくり
◇社会とのつながり
◇多様性を尊重し包摂する地域文化

◇生きがいづくり
◇安心感ある暮らし
◇健康づくり、介護予防
◇ワークライフバランス

すべての人の生活の基盤としての地域

◇社会経済の担い手輩出
◇地域資源の有効活用、雇用創出等による経済価値の創出

地域における人と資源の循環
～地域社会の持続的発展の実現～

◇就労や社会参加の場や機会の提供
◇多様な主体による、暮らしへの支援への参画

すべての社会・経済活動の基盤としての地域

農林　　　　　　環境　　　　　　産業　　　　　　交通

超えた連携体制の構築が図られました。

2 重層的支援体制整備事業の創設

　令和元年に「地域共生社会に向けた包括的支援と多様な参加・協働に関する検討会」が設置され、包括的な支援体制を全国的に整備するための方策について検討されました。同検討会の最終とりまとめでは、市町村において、既存の相談支援等の取組を活かしつつ、地域住民の複雑化・複合化した支援ニーズに対応する包括的な支援体制を構築するため、「相談支援」「参加支援」「地域づくりに向けた支援」の三つの支援を一体的に行う市町村の新たな事業を創設するとともに、これを任意事業とし、制度別に設けられた財政支援の方法を改め、一体的な実施を促進すべき旨が明記されました（図表1－7）。さらに、令和2年の社会福祉法改正により、この新たな事業は「重層的支援体制整備事業」として創設され、令和3年度から施行されています。また、同事業に対する国の補助は「重層的支援体制整備事業交付金」として、一本の補助要綱に基づく申請等により、制度別の各種支援の一体的な実施を促進しています。以下では、

○地域住民が抱える課題が複雑化・複合化（8050世帯、ダブルケア等）。
　　▼高齢、子ども、障害等の属性別の従来の支援体制→複合課題や狭間のニーズへの対応が困難。
　　▼属性を超えた相談窓口の設置等の動き
　　　→各制度の国庫補助金等の目的外流用を避けるための経費按分に係る事務負担が大きい。

社会福祉法に基づく新たな事業（「重層的支援体制整備事業」）の創設

○市町村において、既存の相談支援等の取組を活かしつつ、地域住民の複雑化・複合化した支援ニーズに
　対応する包括的な支援体制を構築するため、Ⅰ相談支援、Ⅱ参加支援、Ⅲ地域づくりに向けた支援を一体的
　に実施する事業を創設する。
○新たな事業は実施を希望する任意事業。ただし、事業実施の際には、Ⅰ〜Ⅲの支援は必須
○新たな事業を実施する市町村に対して、相談・地域づくり関連事業に係る補助等について一体的に執行
　できるよう、交付金を交付する。

重層的支援体制整備事業（R3.4〜）

Ⅰ　相談支援

包括的な
相談支援の体制

・属性や世代を問わない相談の受け止め
・多機関の協働をコーディネート
・アウトリーチも実施

Ⅱ　参加支援

・既存の取組で対応できる場合は、既存の取組を活用
・既存の取組では対応できない狭間のニーズにも対応
　（既存の地域資源の活用方法の拡充）

（狭間のニーズへの　　　就労支援　　見守り等居住支援
対応の具体例）

生活困窮者の就労体験に、経済的な困窮状態にない
ひきこもり状態の者を受け入れる　等

Ⅰ〜Ⅲを通じ、
・継続的な伴走支援
・多機関協働による
支援を実施

Ⅲ　地域づくりに向けた支援
住民同士の顔の見える関係性の育成支援

・世代や属性を超えて交流できる場や居場所の確保
・多分野のプラットフォーム形成など、交流・参加・学びの機会のコー
　ディネート

⇒新たな参加の場が生まれ、
　地域の活動が活性化

「相談支援」「参加支援」「地域づくりに向けた支援」の三つの支援の内容について説明します（図表1−8）。

（1）相談支援

　介護・障害・子ども・生活困窮の各分野において実施している既存の相談支援を一体として包括的相談支援事業として実施し、相談者の属性、世代、相談内容等にかかわらず、地域住民からの相談を幅広く受け止めます。本人に寄り添い、必要な機関につなぎます。

　生活困窮者自立支援制度では、生活困窮者自立相談支援事業および福祉事務所未設置町村における相談事業が一体実施の対象とされています。

図表1−8 重層的支援体制整備事業について（社会福祉法第106条の4第2項）

重層的支援体制整備事業とは、以下の表に掲げる事業を一体的に実施することにより、地域生活課題を抱える地域住民及びその世帯に対する支援体制並びに地域住民等による地域福祉の推進のために必要な環境を一体的かつ重層的に整備する事業

		機能	既存制度の対象事業等
第1号	イ	相談支援	【介護】地域包括支援センターの運営
	ロ		【障害】障害者相談支援事業
	ハ		【子ども】利用者支援事業
	ニ		【困窮】自立相談支援事業
第2号		参加支援 　社会とのつながりを回復するため、既存の取組では対応できない狭間のニーズについて、就労支援や見守り等居住支援などを提供	（新）
第3号	イ	地域づくりに向けた支援	【介護】一般介護予防事業のうち厚生労働大臣が定めるもの（地域介護予防活動支援事業）
	ロ		【介護】生活支援体制整備事業
	ハ		【障害】地域活動支援センター事業
	ニ		【子ども】地域子育て支援拠点事業
			【困窮】生活困窮者等のための地域づくり事業
第4号		アウトリーチ等を通じた継続的支援 　訪問等により継続的に繋がり続ける機能	（新）
第5号		多機関協働 　世帯を取り巻く支援関係者全体を調整する機能	（新）
第6号		支援プランの作成（※）	（新）

（注）生活困窮者支援等のための地域づくり事業、生活困窮者の福祉事務所未設置町村による相談支援事業は、第3号柱書に含まれる。
（※）支援プランの作成は、多機関協働と一体的に実施。

　重層的支援体制整備事業で新たに追加された多機関協働事業は、包括的相談支援事業において受け止めた相談のうち、複雑化・複合化した事例について、抱える課題の解きほぐしや関係者の連携の円滑化を進めるなど、既存の相談支援機関をサポートし、市町村における包括的な支援体制を構築できるよう支援をします。

　また、アウトリーチ等を通じた継続的支援事業は、支援関係機関等との連携や地域住民とのつながりを構築し、複数分野にまたがる複雑化・複合化した課題を抱えているために、必要な支援が届いていない人を把握し、支援を届ける事業です。例えば、長期にわたりひきこもり状態にある人など、自ら支援につながることが難しい場合に、本人との関係性の構築に向けて支援をします。

（2）参加支援

　市町村全体で包括的な支援体制を構築するに当たり、本人や世帯と継続的につながる機能を強化していくため、既存の参加支援に向けた事業では対応できない本人や世帯の個別のニーズに対応し、地域の社会資源などを活用して社会とのつながりづくりに向けた支援を行います。

（3）地域づくりに向けた支援

　介護・障害・子ども・生活困窮の各分野において実施されている既存の地域づくりに関する事業の取組みを活かしつつ、世代や属性を超えて交流できる場や居場所の整備を行うとともに、地域における資源の開発やネットワークの構築等により地域における多様な主体による取組みのコーディネート等を行います。住民同士の顔の見える関係性、「支え合い」の意識の醸生を図るほか、他事業と相まって地域における社会的孤立の発生・深刻化の防止をめざします。生活困窮者支援の分野からは、生活困窮者支援等のための地域づくり事業が一体実施の対象とされています。

3　生活困窮者自立支援制度との連携

　前述のとおり、生活困窮者自立支援制度は、重層的支援体制整備事業に先駆けて包括的な支援が実践されており、地域共生社会の実現に向けて重要な役割を担うものです。

　重層的支援体制整備事業の実施に当たっては、他の3分野（介護・障害・子ども）の相談支援との連携を一層強化し、一体的な実施を図ることで、生活困窮分野で定められた相談支援機関の機能を超えた支援や、支援関係機関間の連携の構築により、多様な分野と連携した支援が可能となります（図表1－9）。また、生活困窮者の支援を行うなかで、従来の支援体制では対応が難しい複雑化・複合化ケースについては、重層的支援体制整備事業の実施に当たり新機能として創設された、「多機関協働事業」「アウトリーチ等を通じた継続的支援事業」「参加支援事業」の取組みを活用することで、分野を超えた連携や社会資源の共有が可能となり、本人や世帯にとっての支援の充実にもつながります（図表1－10）。

　このように、生活困窮者自立支援制度は重層的支援体制整備事業の一体実施の対象であるとともに、相互に密接し、時に重なり合う関係にあります。「地域共生」という理念を共有したうえで、双方の制度の強みを活かし、市町村全体で包括的な支援体制が構築できるよう、これまで以上に庁内外の連携の促進が求められます。

図表 1 － 9 重層的支援体制整備事業の各分野の支援に対する意義

● 市町村全体の支援関係機関で「断らない包括的な伴走体制」を構築できるようにする。
　※新しい「窓口」をつくるものではない
　　▶ すべての住民を対象に
　　▶ 既存の支援関係機関を活かしてつくる
　　▶ 継続的な伴走支援に必要な「協働の中核」「アウトリーチ支援」「参加支援」の機能を強化
● これまでも各分野ごとに包括的かつ継続的な支援を指向してきたところであるが、複合化・複雑化した課題を抱える方に寄り添うためには、今一度地域共生の理念を共有し、支援関係機関の連携に基づく市町村全体の伴走支援体制を構築する必要がある。
● また支援関係機関全体で包括的な支援に取り組むことで、多様な分野と連携したソーシャル・ワーク・仕組みづくりを一層充実させることができる。

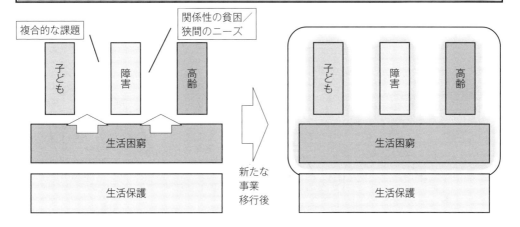

図表1―10 重層的支援体制整備事業について（イメージ）

○ 相談者の属性、世代、相談内容に関わらず、包括的相談支援事業において包括的に相談を受け止める。受け止めた相談のうち、複雑化・複合化した事例については多機関協働事業につなぎ、課題の解きほぐしや関係機関間の役割分担を図り、各支援機関が円滑な連携のもとで支援できるようにする。
○ なお、長期にわたりひきこもりの状態にある人など、自ら支援につながることが難しい人の場合には、アウトリーチ事業により本人との関係性の構築に向けて支援をする。
○ 相談者の中で、社会との関係性が希薄化しており、参加に向けた支援が必要な人には参加支援事業を利用し、本人のニーズと地域資源の間を調整する。
○ このほか、地域づくり事業を通じて住民同士のケア・支え合う関係性を育むほか、他事業と相まって地域における社会的孤立の発生・深刻化の防止をめざす。
○ 以上の各事業が相互に重なり合いながら、市町村全体の体制として本人に寄り添い、伴走する支援体制を構築していく。

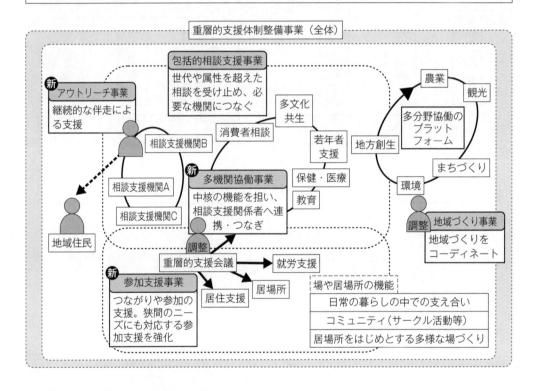

第2章

生活困窮者
自立支援制度における
自立相談支援事業

自立相談支援事業の目的

自立相談支援事業は、第1章において述べた生活困窮者自立支援制度の理念を実現するための中核となる事業です。

図表2－1　生活困窮者自立支援制度の理念

①　制度の意義
・重層的なセーフティネットの構築（第2のセーフティネットの拡充）
②　制度の目標
・生活困窮者の自立と尊厳の確保
・生活困窮者支援を通じた地域づくり
③　新しい支援の形
・包括的な支援　　　・個別的な支援　　　　　・早期的な支援
・継続的な支援　　　・分権的・創造的な支援

これをあらためて整理し直すと、自立相談支援事業による支援は、「個人へのかかわり」と「地域に対する働きかけ」とに分けて考えることができます。そして、個人への支援を通じて地域をつくり、また、地域づくりによって個人を支えるという相互作用を促進します。

「個人へのかかわり」では、生活困窮者の自立に向け、一人ひとり、ケースによっては世帯や家族ごとの生活を全体としてとらえ、さまざまな生活課題について、制度の隙間なく必要な支援をコーディネートする必要があります。

その際、自立の姿やそのプロセスは、本人の抱えている課題やおかれている環境によってさまざまです。一般就労が目標となる場合でも、中間的就労やボランティア活動による社会参加、地域の支援や見守りへのかかわりなど、個々の課題や状況に応じた段階を踏んでいくことが必要となることもあります。支援員は、あくまでも本人が自分の意思で自立に向けた行動をとることをサポートし、本人の尊厳ある生活を確保していきます。

「地域に対する働きかけ」では、その前提として、生活困窮者の自立には地域のなかで支え合いながら生活をしていける「場」が不可欠であり、そこで本人がもつさまざまな可能性が発揮されることにより、自分の存在意義や価値を見出していくことが必要となります。

自立相談支援事業においては、地域住民も含めた多様な社会資源の協力を得て、地

域社会との相互のかかわりのなかで、生活困窮者一人ひとりが役割を発揮していけるように地域に対し働きかけていくことが必要になります。そのため、地域において必要なさまざまな社会資源と連携し、地域がチームとなって支援を行うことができるよう、地域のネットワークを築いていくことが重要です。

　また、地域のネットワークを構築するなかで、関係機関・団体や地域住民の生活困窮問題に対する理解と対応力を深め、地域における早期把握や、いずれは本人が自立相談支援事業の直接の支援を離れても、地域のなかで支え・支えられながら生活できる環境をつくっていく手助けをするものです。

　さらに、地域のさまざまな関係部局との連携が強化されて、自立支援機関とつながっていない生活困窮者が、確実に窓口につながって、支援に結びついていくことが必要です。なお、平成30年の法改正では、各部局（福祉、就労、教育、住宅、税務等）の窓口で生活困窮者を把握した場合に、自立支援機関の利用勧奨を行うことを努力義務化しています。

自立相談支援事業における支援の流れ

　複合的な課題を抱える生活困窮者に対し適切な支援を実施するため、自立相談支援事業では、主に以下のような流れで支援を行います。なお、以下はあくまでも基本的な支援の流れであり、生活困窮者に緊急に支援が必要な場合など、生活困窮者の状況

図表2-2 相談支援プロセスの概要

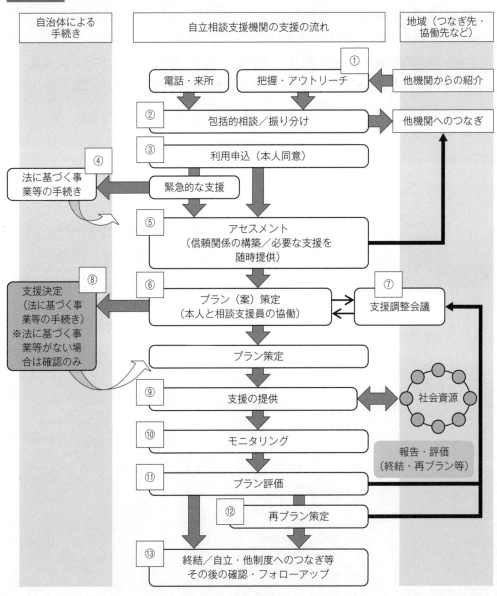

に応じて臨機応変に支援を行うことが大切です。

1 把握・アウトリーチ（図表2－2①）

生活困窮者の課題は複合していることが多く、相談窓口につながりにくい場合があること、問題が長期化することにより解決が困難となること、生活困窮者のなかには自らSOSを発することができない者も多いことを踏まえ、自立相談支援機関は生活困窮者を早期に把握することが求められます。

そのため、「待ちの姿勢」ではなく、アウトリーチを含めた対応を行い、幅広い対象者の把握に努めることが重要です。その場合、地域や関係機関のネットワークの強化を図り、早期把握の仕組みにつなげ、必要に応じて訪問を行うなど、多様な手法を実施し把握のための効果的な方策を見出すことが必要です。

2 包括的相談／振り分け（図表2－2②）

相談受付時には、相談者が抱える課題を的確に把握し、自立相談支援機関による支援か、他制度の相談窓口等につなげるべきかを判断します（振り分け）。自立相談支援機関によって対応するのは、主に、生活困窮者が複合的な課題を有し、包括的な支援が必要な場合などです。

振り分けの結果、他制度の相談窓口等へのつなぎが適切と判断された場合には、本人の状況に応じて他機関へつなぎます。その際、「相談のたらい回し」という状況にはならないよう、必要に応じて他機関への同行支援や確認・フォローを行います。さらにその後の状況を確認し、場合によっては、あらためて相談を受け付け、他機関につなぎ直します。

また、緊急的な支援（一時生活支援事業、住居確保給付金等）の必要性の判断を的確に行い、調整します。

なお、振り分けの結果、生活保護制度へつなぐことが適切と判断される生活困窮者については、確実に福祉事務所へつなぐ必要があります。

3 アセスメント（図表2-2⑤）

アセスメントとは、生活困窮に陥っている状況を包括的に把握（情報収集）し、そのなかで対応すべき課題領域をとらえ、背景・要因等を分析し、解決の方向を見定めることです。アセスメントを通じて、相談支援員と本人が協働で、本人や世帯がおかれている状況と本人や世帯を取り巻く環境について理解を深め、信頼関係を築いていきます。

緊急的な支援を行っている間にも、これと並行してアセスメント・信頼関係構築を行います。信頼関係の構築に時間がかかる場合には、アセスメントに一定の期間を要することもあると考えられます。

なお、自立相談支援において、記録を行うことは非常に重要ですので、共通のアセスメントシートを用いることとされています。

4 プラン（案）策定、再プラン策定（図表2-2⑥、⑫）

アセスメント結果を踏まえ、本人と相談支援員の協働によりプラン（案）を作成し、自立相談支援機関が主催し関係者が参加する支援調整会議において、目標や支援内容を協議し共有します。自立相談支援機関の技能・ノウハウが、このプランによって形になって現れます。なお、プランシートについても全国共通の様式が用いられます。

実際の支援現場では、アセスメント、プラン策定、支援の順に進むとは限りません。プランを策定するまでの間にも、本人の状態に応じて必要と考えられる支援を適宜提供します。

プランに基づくサービスを受けて、目標が達成され、新たに目標を設定することが必要となった場合、または目標達成が困難と判明した場合には、あらためて状況を把握し、再度プランを作成します（再プラン）。

5 支援調整会議（図表2-2⑦）

個々の生活困窮者のアセスメントの結果を踏まえて、本人と相談支援員が作成したプラン案をもとに、課題解決に向けた内容になっているか、サービス提供者は適切か

といったことについて共有し、その適切性を担保するため、本制度では支援調整会議という仕組みが盛り込まれています。

　支援調整会議の構成メンバー、開催方法等は、地域の実情に応じたものとなりますが、本制度の実施主体であり、プランに基づき支援決定を行う行政の参画が原則として求められます。

　また、プランを検討するなかで、不足する社会資源についても地域として検討する必要があります。

　新たに設けられた「支援会議」（※）では、構成員に守秘義務をもうけることで、本人同意のない生活困窮者の情報を関係機関間で共有することを可能とし、生活困窮への予防、早期に適切な対応につなげることとしています。

　※支援会議については第5章第5節で解説しています。

6　支援決定（図表2 − 2 ⑧）

　支援調整会議において協議したプラン案に沿って住居確保給付金の支給や就労準備支援事業の実施などの法定サービスを実施することを決定します。支援（支給を含む）を行うか否か、どのような支援を行うかの最終的な判断責任は、本制度の実施主体である自治体が担うということです。このため、自治体の担当者は、原則として支援調整会議に出席し、本人の意向や支援内容を確認することとされています。

7　支援の提供（図表2 − 2 ⑨）

　支援調整会議での検討を経たプランや支援決定に基づき、本人に必要な支援を提供します。

　支援の提供にあたっては、自立相談支援機関は、地域社会との相互のかかわりのなかで、利用者一人ひとりの役割が発揮されるよう、地域のさまざまな関係機関・サービス（社会資源）を活用した支援を提供していくことが必要です。

8 モニタリング（図表2－2⑩）

モニタリングとは、支援過程において定期的にサービスの提供状況を確認し、目標達成に向かっているかなどを把握する（評価する）ことです。プラン作成の際には、モニタリングの時期や目標達成を図る評価の目安（指標）を決めておきます。

モニタリングの視点は、本人の目標が達成されているかということが基本となります。そのうえで、サービス内容が適切に提供されているかなどを確認し、必要に応じて修正することが必要です。計画（plan）、実施（do）、評価（check）、改善（act）という、いわゆるPDCAサイクルを実施していきます。

9 終結（図表2－2⑬）

基本的には、本人の目指す自立が達成された場合、支援の「終結」とすることができると考えられます。ただし、生活困窮者は複合的な課題を抱えている場合が多く、個々に目標設定が異なるため、一律に、自立相談支援機関としての包括的な相談支援の「終結」を決めることは難しいこともあるでしょう。本人を取り巻く環境や地域の社会資源とのつながりができ、本人が困ったときに頼りにできる関係ができた場合や、状態は安定しているものの、これ以上の改善が難しいというときに終結することもあるかもしれません。したがって、「終結」の判断は支援調整会議にかけて行い、その後も、必要と判断される場合は継続して確認（フォロー）することが求められます。

各支援員に求められる基本倫理と基本姿勢

　自立相談支援機関の各支援員は、生活困窮者の自立の促進を図る役割を担いますが、これは単に生活困窮者に就職先を見つける役割を担うというだけではありません。自立の形は多様です。自立には、経済的自立のほかにも、日常生活自立や社会生活自立があります。また、サービスや支援を利用しないようになるということだけではなく、これらを上手に活用しながらの自立もあります。本人がおかれている環境のなかで、その地域におけるさまざまな社会資源を自ら選択し、また、それを活用しながら自分の目標とする生活を実現していくこともまた自立だととらえることができます。

　利用者によっては、自信や自己肯定感、自尊感情を失っていて、すぐには社会に参加できる状況ではない場合や、本人の意向がそのまま社会に受け入れられるものではない場合、障害があることで一般就労が困難である場合なども考えられます。

　しかし、支援員は、本人が自分の意思で自立に向けて行動するようになることをどのようにサポートするかという視点をもつことが重要です。そのため、支援員には、常に本人の個性を考慮しながら、社会の状況を踏まえ、それぞれの人にとって望ましい自立を支援していく姿勢をもち、本人の内面からわき起こる意欲や幸福追求に向けた思いを引き出していく役割を担うことが求められます。

　そこで、本節では、支援員に求められる基本倫理と基本姿勢について説明します。

1　支援員に求められる基本倫理

　ここでは、生活困窮者の自立の促進を図る支援員にとって最も基本となる行動規範を示します。つまり、何を大事にしながら生活困窮者の自立支援を行うのかという基準です。具体的には、「権利擁護」と「中立性・公平性」、そして「秘密保持」について説明します。

（1）権利擁護
①　尊厳の確保

　支援員にとって、人間の尊厳への理解は欠かせません。日本国憲法では、第13条において「すべて国民は、個人として尊重される」と規定されているように、すべての国民は尊ばれる存在です。どんな人であっても、人間は、誰もが、かけがえのない存

在として尊重される権利があり、それぞれがその人らしく生活する権利がある存在です。

そして、本制度の対象者にあっては、社会から差別や偏見、不平等な扱いを受け、人間としての尊厳が脅かされた経験があり、心に大きな傷を負っている人も少なくありません。

生活困窮者は、理由もなく生活困窮の状態にあるわけではありません。生活困窮の状態にある理由には、さまざまな背景や経緯が隠されています。支援員には、利用者一人ひとりを、可能性や力をもつかけがえのない存在としてとらえていく視点をもち、人間の尊厳を確保していくことが求められます。各支援員にとって、質の高い支援を提供するための具体的な知識やノウハウをもつことが重要ですが、その前に、この「尊厳の確保」という基本倫理を自らの行動の方向性を決める羅針盤の中心に据えることが大切です。

また、自立支援においては、利用者の自己決定の尊重や意思決定能力の不十分な利用者に対する利益と権利の擁護、あるいは利用者へのあらゆる権利侵害の発生を防止することが重要です。

そこで、具体的にどのような権利侵害が生じやすいのかを理解しておくことが必要です。例えば、判断能力が十分ではない人などの場合、生活のなかで、消費生活や契約行為、金銭管理などにおいて、権利侵害を受ける要素が潜んでいます。また、判断能力が十分な人であっても、家庭環境によっては、身体的虐待や経済的な虐待などが存在する可能性があること、地域において差別や偏見といった住民意識があり得ることも否定できません。

このように、支援員には、利用者とのかかわりのなかで、権利侵害の有無だけでなく、権利侵害が起こる可能性についても留意し、権利侵害が発生しないよう幅広い視点で支援を行っていくことが求められています。

② 本人の主体性の確保

本制度における自立支援は、本人が自らの意思で自立に向けて行動するようになることが基本となります。支援員は本人の信頼を得ることが必要ですが、それが行き過ぎて本人が支援員に「依存」するような状態になっては、仮に一時的に状況がうまくいったようにみえても、結局、継続的な生活の再建にはつながりません。本人が自ら選択し、そして支援員がその過程をサポートするという関係性が重要です。

具体的には、利用者自らが、自らの考え方や特性などについて自己洞察を深めるところからはじめ、自らの将来を展望し、それを実現していくための方策を考えていく

ことを基本とすることが重要です。そのため、支援員には、この一連の過程に寄り添い、本人の内面からわき起こる意欲や幸福追求に向けた想いを引き出していく役割が期待されています。この過程には相当の時間がかかる場合が想定されますが、この過程こそ、本人が自立していくために欠くことのできない支援過程であることを認識する必要があります。

　支援員側がよかれと思ったことでも、それがお仕着せとなっていないか、常に自問自答することが求められます。生活困窮者のなかには、これまでもさまざまな「生きづらさ」を抱えるなかで、周囲の人や専門機関に相談した際に「〜すべき」、「それがあなたのためだから」と意見を押しつけられたと感じている人が少なくありません。専門職としての意見をもちながら、本人自身の考えや行動が何より重要であることを認識し、ときには時間がかかっても本人自ら考え行動できるようになるまで待つという「本人の回復プロセス」を大切にします。

（2）中立性・公平性

　支援員には、利用者の権利を代弁する機能を担いながら、常に中立性・公平性を念頭においた支援が求められます。

　生活困窮者は、複合的な課題を有しているがゆえに、主訴が明確でなかったり、関係機関に自分の考えを明確に伝えられなかったりということが多くあります。こうしたときに、支援員が本人の代弁者として機能することが大切です。

　また、関係機関と調整する際には、中立・公平な立場が求められます。利用者本人のニーズと離れて、関係機関の都合が優先されることは避けなければなりません。もちろん、特定の事業者等との利害関係を、利用者のニーズに優先するようなことがあってはなりません。一方、本人に対し受容的な姿勢を保ちながらも、本人への同調が強くなって客観的な判断ができなくなるという事態は避けなければなりません。そのほか、支援の過程においては、利用者と家族の利害が対立することがあります。そのような場合、支援員には、利用者や家族との感情的な問題に巻き込まれることがないよう自己をコントロールしながら、適切な調整をすることが必要です。

　なお、利用者の支援を行うなかで、ジレンマを感じる場面が出てくるはずです。例えば、支援員の視点から、明らかに緊急的な対応が求められる場面にあって、本人がどうしてもその対応に同意しないような場合、支援員には、緊急対応をすべきであるという視点と、本人の自己決定を尊重するという視点の、二つの対立する視点があります。このような、相反する倫理的な根拠が存在し、どれもが重要だと考えられる場合、支援員がどうすればよいかと葛藤することがあります。

ときとして、この葛藤には正解がない場合もありますが、支援員は、何らかの選択をしなければなりません。生命の保護はどのような場合でも優先しますが、それ以外では状況によって、自己決定を優先するのか、公平性を優先するのかなどについての判断は異なるかもしれません。そうした場合、支援員には、多様な視点から検討を行い、最も倫理的だと考えられる判断を下し、対応することが求められることに留意する必要があります。

　このため、日々の支援のなかでノウハウを蓄積、共有することで、判断力を高めていくとともに、難しい判断は一人で行わず、チームや組織として決定することが大切です。

（3）秘密保持

　秘密の保持も、支援員の行動を律する重要な基本倫理です。利用者の状況を正確に把握することは、適切な支援を開始するための前提となります。

　しかし、不安をかかえる利用者にとって、その不安や生活状況などを包み隠さず話すことは、対人恐怖症など、他人へ信頼を寄せることに慣れていない人に限らず、誰にとっても難しいことです。そうしたなかで得られた個人情報は高い意識をもって管理されなければなりません。

　また、利用者自身が継続して支援を受け続けるためには、利用者と支援員との信頼関係が欠かせません。信頼関係が構築されてこそ、利用者自身も、支援員の助言を聞こうという気持ちになるからです。

　この信頼関係を構築するために欠かすことのできない要素として、秘密保持の視点があります。支援員が何とか利用者の心に秘めてきた苦しみを引き出したとしても、その事実を、支援員が、軽く取り扱っている状況を目にしたとしたら、信頼関係は一気に崩れ去ります。そうなれば、支援自体が立ち行かなくなるでしょう。

　そのため、支援員には、利用者に対して守秘義務があることを伝えるとともに、個人情報を関係者と情報共有する際のルールについて、本人に十分理解していただくことが重要になります。

2　支援員に求められる基本姿勢

　ここでは、生活困窮者の自立の促進を図る支援員の基本的な姿勢について示しています。つまり、支援員が業務にあたる際に求められる行動指針です。

特に、支援員による利用者との信頼関係の構築に関する事項と、支援をする際の事項について説明します。

（1）信頼関係を構築する

　利用者と支援員との間に信頼関係がなければ、本当の意味での支援は始まりません。利用者と支援員の両者が、お互いに本人主体の課題解決に真剣に取り組もうとしているということを共有し、お互いの意見を尊重しながら、同じ方向に向かって動き出そうとする関係を構築することが重要です。

　利用者の立場に立てば、相手が支援員であっても、信頼をもてない相手に対し、心を開き、過去の忘れたい出来事や本当は表現したくない気持ちをきちんと伝えることができるとは思えません。支援員は、何より利用者の信頼を得る必要があります。

　そのための機会として、利用者と支援員との相談面接は重要な場面であり、支援員には、そのことを認識したかかわりが求められます。

相談面接でのかかわり方

　相談面接における基本的原則の一つが受容的対応といわれています。これは、福祉領域では基本的な姿勢ではありますが、生活困窮者のなかに「初めて自分の話を聞いてもらえた」と話す人が多いということに思いを致すことが必要です。生活困窮者はそれだけ大きな不安を抱えているということと、同時に相談機関の現場ではまだまだ受容的対応が十分されていないということの証左と考えられます。そのため、相談面接においては、利用者一人ひとりを、可能性や力をもつかけがえのない存在としてとらえ、相手の心理に対して、肯定的・共感的態度である受容的な対応をとることが極めて重要であり、利用者と支援員との信頼関係を築くうえで必要不可欠なものとされています。

　その具体的な技術である傾聴とは、意識を集中させ、利用者の話を聴くものです。利用者が自ら話そうとしていることを、支援員が真剣に聴いてくれていると感じることは、自己のニーズの充足に向けて取り組む動機づけにつながります。そのため、傾聴をするときは、視線の置き方や姿勢、適切なうなずき、相づちなどの態度も重要とされています。

　さらに、適切な質問や促しなどによる利用者の話を引き出して聴くという能動的な傾聴は、信頼関係を構築する意味で、また、より多くの情報を引き出すことができるという意味で、効果的だとされています。もちろん、本人が話をしたがらなかったり、主訴が明確でない場合に、結論をあせったり、誘導したりといったことがあってはな

りません。本人の感情表現を手伝っていくという姿勢が大切です（相談面接について詳しくは第4章で述べています）。

（2）ニーズを的確に把握する

ここでいうニーズとは、利用者自身が問題解決のために解決すべき本質的な課題そのもののことです。そして、このニーズ把握が的確にされなければ、当然に、適切な支援をコーディネートすることはできません。その意味で、ニーズの的確な把握は、支援全体が実を結ぶための鍵となるものです。

しかし、本質的な課題がどこにあるのかは、支援当初から明らかにされるとは限りません。それは、利用者自身がその課題を理解していても、その課題が隠しておきたいことである場合や、利用者が考える課題が、利用者側の要求や欲求といった、そのまま解決を目指すことになる課題ではない場合、そもそも課題があると利用者自身が認識していない場合もあるからです。

加えて、本人が事実と異なることを言ったり、大げさな表現をすることも当然あると思います。これまでの幼少時の環境や経験などからそうした行動になってしまう生活困窮者も多いことでしょう。

そのため、支援員には、信頼関係を築き利用者の話を聴きながら、利用者の潜在能力や利用者を取り囲む生活環境など、あらゆる側面から理解を深め、利用者にとってのニーズは何かを把握していくことが求められます。本人の状況を多面的に理解するためにさまざまな材料を集めます。できれば本人の自宅を訪問することで、話からだけではわからなかったいろいろな状況がみえてきます。その結果、主訴には含まれていなかった、新たなニーズが表出してくる場合も考えられます。

この利用者のニーズ把握には、長い期間を要する場合もあります。しかし、ニーズ把握が的確にされなければ、適切な支援に結びつけることはできないことから、支援員には、この過程を、極めて丁寧に、確実に行う姿勢が求められます。

（3）自己決定を支援する

繰り返しになりますが、本制度における自立支援は、利用者が自らの意思で自立に向けて行動するようになることが基本です。そのため、支援員には、本人がおかれている環境のなかで、その地域におけるさまざまな社会資源を自ら選択し、また、それを活用しながら、自分の目標とする生活を実現していく過程をサポートすることが求められています。

しかし、利用者のニーズが的確に把握されたとしても、その解決に向けた内発的な

動機づけが利用者にされていなければ、課題の解決にはつながりません。このことから、支援員には、利用者のニーズ把握の過程から、利用者自身がもつ将来に向けた希望や展望などの思いに寄り添いながら、利用者が自分自身の力でその思いを実現していく内発的な動機づけを強化していくとともに、利用者の外部環境を整えていくことが求められています（こうした支援のあり方を「エンパワメントアプローチ」といいます）。また、その前提として、支援員は利用者に対し、支援員の行う支援が、利用者の自己決定を支援することが基本であることを本人にも伝え、理解してもらうことが大切です。

　ただし、利用者に対して自己決定を強要したり、自己決定を自己責任の要因としてとらえたりすることは許されるものではありません。支援員は、純粋に利用者が自らの意思で選択することができるようなかかわり、働きかけをしていくことが重要です。

　なお、本節1（2）「中立性・公平性」でもあげましたが、利用者の生命にかかわるような事案であるとき、緊急避難的な対応が求められるときにあっては、利用者の考えに優先して、支援員の判断による対応が求められる場合があることを認識する必要があります。

強みに着目した支援

　支援員は、相談支援の場面において、利用者の「していないこと」や「できないこと」など、「弱み」にとらわれるのではなく、利用者の「していること」や「できること」など、利用者にとっての「強み」に着目する視点をもつことも重要です。

　例えば、就労支援についてみれば、ある環境ではまったく働くことができないと思われる場合でも、環境が変わったときに劇的に変化することがあります。固定的なアセスメントではなく個々の現場での判断が重要であるとともに、本人の「強み」や可能性を否定することなく行動してみることも大切です。

　本制度の利用者には、自信や自己肯定感、自尊感情を失っている人は少なくありません。そのような人に対しては、自らの強みに気づかせる支援を続けるなかで、利用者の内面的な動機づけの強化を図っていくことが大切です。

　支援員には、支援の方法が、利用者の自立の過程に影響を与えることを十分に理解したうえで、適切な支援を担うことが求められています。

（4）家族を含めた支援を行う

　多くの人にとって、最大の支援者は家族です。これは、生活困窮者にとっても同様であるはずです。そのため、家族がいる場合、本人と家族との関係が難しくなってい

る場合もあると考えられますが、支援者は家族の協力を得る視点をもつことが求められます。

その際、利用者の大きな不安は、家族にとっての大きな不安でもあります。そのため、支援員には、利用者だけでなく、家族に対しても精神的なサポートを行う必要がある場合があることを理解する必要があります。

一方、生活困窮の問題には、親子関係、夫婦関係、兄弟姉妹関係など、家族間の問題が潜んでいる場合が少なくありません。また、本人だけでなく、家族も支援が必要な課題を抱えていることが多くあります。

例えば、婚姻を解消した男性が、要介護状態にある老親と同居しているケースでは、この男性が生活困窮者として相談につながった場合、老親も支援の対象となることがあります。栄養状態に対する懸念だけでなく、十分な介護を受けていない状況などが想定されるからです。また、虐待等の問題が発見される可能性も否定できません。

そのときは、この男性への支援と併せて、老親に対する支援も行います。これは、家族全体の課題を解決しなければ、本人の自立を達成することは難しいと考えるからです。具体的には、老親の介護ニーズについては、地域包括支援センターやケアマネジャーと相談・調整し、チームとして支援していくことが重要です。

他方で、生活困窮者が家族から虐待やDVを受けている場合などでは、家族間の調整をしてはならないことがあります。家族から切り離すことを検討するケースや家族に連絡してはならないケースもありますので注意が必要です。したがって、虐待やDVの可能性がないか意識しておく必要があります。

（5）社会とのつながりの構築を支援する

本制度について議論を行った社会保障審議会生活困窮者の生活支援の在り方に関する特別部会の報告書（平成25年1月25日）では、「生活困窮者が孤立化し自分に価値を見出せないでいる限り、主体的な参加へ向かうことは難しい。一人一人が社会とのつながりを強め周囲から承認されているという実感を得ることができることは、自立に向けて足を踏み出すための条件である」と記述しています。自立の土台として社会参加があり、利用者が社会参加を果たすためには、利用者自身が、家族や友人、仲間のほか、近隣住民などとの社会関係を構築していくことが求められます。また、本人がやがて自立相談支援機関から巣立っていけるよう、自立相談支援機関は本人を支える環境を整備していくことが大切です。

実際に、社会的に孤立した人の場合、誰かに相談をしたいときや、誰かに自分の思いを共有してほしいときがあっても、それをすることができる相手がいない人も少な

くありません。支援員は利用者と向き合い、かかわりをもつことになりますが、支援員以外に、利用者の相談に乗ってくれたり、思いを共有してくれたりする相手や居場所ができなければ、社会的孤立の状態は解消されない可能性を否定できません。

　そのため、支援員には、例えば、同じ境遇にあっても前向きに頑張っている仲間と話す機会を設けたり、自らを否定せずに受け容れてくれる居場所を用意したりするなどの工夫が求められます。しかし、不登校やひきこもり、閉じこもりなど、家族や周囲とのつながりを失い、社会から孤立した状態にある人にとって、社会とのつながりを構築することは簡単なことではありません。本人が他者を信頼して関係性を築けるようにならなければ居場所を用意しても孤立状態は解消されないため、まず本人の自尊感情の回復が必要になります。このように、利用者が社会とのつながりを構築するための支援も支援員の役割の一つであると認識する必要があります。

（6）チームアプローチを展開する

　利用者やその家族は、さまざまな複合的な課題を有しています。そのため、その支援は、自立相談支援機関の各支援員だけではなく、関係する機関や専門職等が連携して行います。この連携のとれたチームによる支援のことをチームアプローチといいます。

　チーム構成は、自立相談支援機関内外を問わず支援に関係する担当機関・担当者、そして場合によっては利用者の家族や仲間などが想定されますが、これは、利用者のニーズに応じて構成される必要があります。このチーム構成員により、支援対象者の状況とともに解決すべき課題を共有し、より良い解決策を検討し、それぞれが担う役割と責任を踏まえて課題の解決を図っていくことになります。

　このとき、支援員には、このチームがしっかりと連携したものとなるよう、調整を図る役割が求められます。

　なお、利用者の了解を得ないままに利用者の個人情報を関係者で共有することは、利用者との信頼関係構築の視点、基本倫理の視点などから適切ではないことには留意が必要です（平成30年の法改正で設けられた支援会議においては、構成員に守秘義務が課せられており、本人の同意が得られない場合でも、必要な情報の共有を行えることとしています）。

（7）さまざまな支援をコーディネートする

　生活困窮者のニーズはさまざまです。それぞれの利用者の自立を困難にしている要因は、その人ごとに異なった形で複合しています。また、課題の解決を図るための支

援方法も人それぞれです。

　そのため、支援者は、適切なニーズの把握を前提として、既存のサービスや制度などに生活困窮者を合わせるのではなく、利用者の状況に合わせた、最も適切な支援内容をコーディネートしていくことが求められます。

　福祉のサービスは、高齢者、障害者、児童など、特定の対象者・分野ごとに提供されていますが、それのみでは生活困窮者のニーズを本質的に解決することは困難です。支援員には、福祉分野のみならず、保健、雇用、教育、金融、住宅、産業、農林漁業など、さまざまな分野との連携を視野に入れ、できる限り多くの選択肢のなかから、利用者の課題を解決するための最善の方策を提示することが求められています。そして、本人を中心に支援の輪を広げていくために、本人の代弁者として総合調整を行うことは自立相談支援機関の役割となります。

　なお、利用者それぞれの課題解決に必要な支援を適切にコーディネートしていくため、支援員は、日頃から地域のあらゆる連携先となりうる機関・専門職等の情報を収集するとともに、それぞれから支援について協力を得ることができるような良好な関係を構築していく取組みが求められていることを十分に認識する必要があります。

　また、関係機関による支援を調整する際には、それがいわゆる「丸投げ」とならないよう、適切に自立相談支援機関としての役割を果たすことが必要です。

（8）社会資源を開発する

　社会資源とは、生活困窮者支援のために用いられる制度や機関、人材、資金のほか、技術や知識などのすべてを総称する概念であり、ここでは、さまざまなニーズのある生活困窮者を支援するために活用できる資源すべてをいいます。

　しかし、地域には、必ずしもあらゆる社会資源が用意されているとは限りませんし、たとえ資源が整っていても、求めるレベルのものではない場合もあります。このときに重要になるのが社会資源の開発という視点です。

　例えば、生活困窮に陥る可能性のあるひきこもりの若者やニート状態にある若者を早期に把握することが大切ですので、地域にその機能がなければ、その機能を有する資源を新たに創設する働きかけをし、実現を図ることも役割の一つです。

　ただし、既存の社会資源の状況を理解していなければ、社会資源の開発の話題にはなりえません。支援員自身が地域のすべての社会資源をつぶさに把握することが現実的ではなくとも、支援員は、その必要性を十分に認識し、地域の社会資源の状況をつぶさに確認できる体制を整えておくことが求められます。

図表2-3 制度の理念・自立相談支援事業（生活困窮者支援）における3つの基本倫理と8つの基本姿勢

＜3つの基本倫理＞

☐	1.	権利擁護	①尊厳の確保　②本人の主体性の確保
☐	2.	中立性・公平性	
☐	3.	秘密の保持	

＜8つの基本姿勢＞

☐1. 信頼関係の構築	☐4. 家族を含めた支援	☐6. チームアプローチの展開
☐ 受容的対応 ☐ 傾聴 ☐ 感情表現を手伝う	☐ 家族全体を捉える ☐ 家族も支援の対象 ☐ チーム支援の必要性	☐ 連携のとれたチーム ☐ 支援員は調整役 ☐ 利用者の了解を得る
☐2. ニーズの的確な把握	支援にかかわるすべての人が心にとめておくべき重要な内容です。	☐7. さまざまな支援のコーディネート
☐ ニーズは解決すべき本質的な課題 ☐ 多面的な理解が重要 ☐ ニーズ把握は丁寧に	😊	☐ ニーズに即した調整 ☐ 多くの選択肢の提示 ☐ 丸投げしない支援調整
☐3. 自己決定の支援	☐5. 社会とのつながりの構築	☐8. 社会資源の開発
☐ 自己選択による自己実現を支援 ☐ エンパワメントアプローチ ☐ 強みに着目した支援	☐ 社会参加は自立の土台 ☐ 本人を支える環境整備 ☐ 仲間や居場所の意義	☐ 地域状況の理解 ☐ 既存の資源の理解 ☐ 新たな資源の創設

⟵ ミクロレベル　　　　　　メゾレベル　　　　　メゾ～マクロレベル ⟶

＜5つの支援のかたち＞

1. 包括的	2. 個別的	3. 早期的	4. 継続的	5. 分権的・創造的

＜制度の理念＞

1. 生活困窮者の自立と尊厳の確保	2. 生活困窮者支援を通じた地域づくり

出典：全国社会福祉協議会（厚生労働省委託事業）『平成28年度自立相談支援従事者養成研修前期共通プログラム』「支援員に求められる倫理・基本姿勢を支える人材養成と職場づくり（講師：新保美香）」配布資料、4頁を一部改変

　自立相談支援機関に配置される支援員には、第1章で述べた生活困窮者支援の理念や前節の基本倫理等を適切に理解し、地域のさまざまな資源を熟知していることが求められます。具体的に、自立相談支援機関に配置される支援員は、主に相談支援業務のマネジメントや地域の社会資源の開拓と地域連携を行う「主任相談支援員」、相談支援全般にあたる「相談支援員」や就労支援に関するノウハウを有する「就労支援員」の3職種です。それぞれが適切に役割分担しながら、全体として支援効果を高めることが必要です。そのためには、それぞれの役割に縛られすぎるのではなく、柔軟に対応することも重要です。

　なお、自立相談支援機関の相談支援体制は、相談件数や内容によって多様であることから、地域によっては相談支援員と就労支援員が兼務することも考えられます。

　いずれの支援員も、制度の理念を適切に理解し、包括的、個別的、早期的、継続的、創造的な支援を実践することが必要です。

　また、本人と本人を取り巻く地域の力を抜きにしては課題への対応が難しいことから、自立相談支援機関が中心となって地域のネットワークづくりを行っていくことも必要であり、これを可能とする人材の配置が求められます。

　自立相談支援機関は、プランという合意文書によって、ほかの支援機関も含め各種の専門性をもった支援員が、利用者にとってよりよい生活を実現するために協力し合うチームの要を担う機関です。生活困窮者にとって必要となる支援が包括的なものであるとするならば、支援員一人ひとりがいくら専門性をもっていると思っても決して十分なものではないと考えることが重要です。チームによる対応が大切ですので、主担当となる支援員が一人で支援の方針の判断をしたり、情報や対応を抱え込んだりしないように複数の支援員がかかわる必要があります。多様な専門性を有する複数の支援員と情報やノウハウを共有し、お互いの意見を交換することや地域での事例検討などを通じて相談支援の質を高めていくことになります。

1　主任相談支援員の役割

　主任相談支援員は、相談支援員としてコミュニケーション能力、アセスメント能力、サービス調整に高い能力を発揮し、自立相談支援機関内や地域でリーダー的な存在と

して役割を果たすことが求められます。

　自立相談支援機関内においては、高い倫理観とリーダーシップによってほかの職員を牽引（けんいん）していくとともに、組織が直面するさまざまなリスクマネジメントを担います。また、個々の支援の進捗状況を把握し、相談支援員から支援内容について相談を受け、適切にスーパーバイズすることにより支援の質を確保するとともに、現場での実践を通して相談支援員を育成していく役割があります。

　また、問題が深刻化したケースでは、主任相談支援員がその経験を活かして解決していくことが重要です。

　さらに、チームアプローチの統括役を担い地域の社会資源へアプローチを図り、地域における支援のネットワークを構築していくことが主任相談支援員の大切な役割です。地域ネットワークを構築することにより地域の課題を適切に把握し、新たな地域資源の開拓や開発をするなど、関係者とともに解決に向けた地域づくりが進んでいくことが期待されます。

2　相談支援員の役割

　相談支援員の業務には、主に「プラン作成業務」と「包括的・継続的支援業務」という二つの役割があります。

　「プラン作成業務」は、個別ケースについて、地域のネットワークなどを通じた把握やアウトリーチにより相談に結びついた生活困窮者について、本人とともに、課題の整理（アセスメント）を行ってプランを作成し、支援をコーディネートする業務です。

　「包括的・継続的支援業務」は、本人に寄り添って包括的かつ継続的に相談対応や同行支援などを行い、目標達成に向けた本人の行動に働きかけをするものです。

　当初の相談受付においては、「断らない相談支援」の姿勢で、広く対象者を受け止めます。相談を受け付けてアセスメント、スクリーニングを行うなかで、他機関へのつなぎや情報提供をすることもあります。自立相談支援機関で支援する場合でも、本人を抱え込むのではなく、ほかの制度や地域の多様な社会資源を活用して地域ネットワークで支援を行うようプランを作成します。このため多岐にわたる分野の知識・技術を必要とし、さまざまな制度や関係機関に精通して連携していくことが求められます。

　自立に向けては、本人の問題解決能力を高めて自ら行動できるようにするというエンパワメントの視点が大切です。そして、プランに沿って包括的・継続的に支援し自

立に導いていくためには、お互いの信頼関係を構築していくことが非常に重要となります。

3　就労支援員の役割

　就労支援員は、相談支援業務のうち相談利用者個々の自立に応じた「出口」にあたる就労支援を行うとともに、就労の場などにつなぎ、必要に応じて開拓するという地域連携業務を担います。

　一般就労が可能な相談・利用者に対しては、就労意欲の喚起やハローワークへの同行支援などのほか、できる限り本人の希望や特性に合った企業を探し出し、マッチング、就職後のフォローなどを行います。このため、企業に対し電話や訪問による営業活動、経営者が集まる交流会などでのネットワークづくり、商工会議所や商工会等へのアプローチを行い、地元企業の人材ニーズの発掘などに取り組みます。

図表2−4　各支援員の役割

職種	主な業務内容	必要とされる能力
主任相談支援員	○相談支援業務のマネジメント 　・支援の内容及び進捗状況の確認、助言、指導 　・スーパービジョン（職員の育成） ○高度な相談支援（支援困難事例への対応等） ○地域への働きかけ 　・社会資源の開拓・連携 　・地域住民への普及・啓発活動	○相談支援業務マネジメント能力 　・スーパーバイズ能力 　・現場での実践と研修を通した人材育成能力 ○高度な相談支援能力 ○社会資源開発と地域づくりを行う能力
相談支援員	○生活困窮者への相談支援全般 　・アセスメント、プラン作成、支援調整会議の実施等一連の支援プロセスの実施、記録の管理、訪問支援（アウトリーチ） ○個別的・継続的・包括的な支援の実施 ○社会資源その他の情報の活用と連携	○ニーズの判断・適切な選択肢の提供能力 ○調整能力、コミュニケーション能力、面接技術 ○個人をチームや地域で支える支援に関する能力
就労支援員	○就労意欲の喚起を含む福祉面での支援 ○就労支援（能力開発、職業訓練、就職支援、無料職業紹介、求人開拓など） ○キャリアコンサルティング ○ハローワークや協力企業等との連携 ○就労後のフォローアップ　　　　　　等	○職業安定機関や企業等法人との調整能力 ○雇用・労働分野に関する横断的な知識 ○キャリアコンサルティング能力 ○就労の場を開拓する能力

また、本人の状況によっては、まず、日常生活リズムの回復や社会生活技能の習得、就労に向けた意欲の醸成が必要であるなど、直ちに一般就労が難しい、あるいは一般就労を最終目標とすることが困難な場合もあります。この場合、就労準備支援や中間的就労の場を活用することもありますが、一人ひとりのニーズや能力に合わせた場を確保するためには、中間的就労の場として活用しうる社会資源にアンテナを張り、個々に応じた適切な場の確保に向けて受け入れ先と調整を行うことも重要となります。

第3章

生活困窮者支援に必要な視点

対象者の特性を踏まえた
支援のあり方

（1）「生活困窮者」像をめぐって

　生活困窮者自立支援法が施行されて7年が経過しています。当初、対象者のとらえ方に戸惑う自治体関係者等から寄せられた問いに対し、厚生労働省は生活困窮者を具体的に例示しました（図表3－1）。そして「生活困窮者は、既に顕在化している場合と、課題を抱えてはいるが見えにくい場合とがあり、法の施行に当たっては、この2つの視点で捉えていくことが重要」として、まだ表面化していないニーズがあることも意識しアウトリーチに取り組むよう求めてきました。

　令和2年初頭からのコロナ禍は、人々の暮らしを直撃し、生活福祉資金貸付や住居確保給付金の申請を目指して都市部を中心に多くの相談者が自立相談支援の窓口に殺到し、現場では、単身やひとり親の女性、親族を頼れない若者、自営業、フリーランスで働く人、就労ビザの在住外国人等、これまでなかなか情報が届かなかったり既存の福祉の仕組みが想定していなかった人たちに出会うことになりました。

　その後、厚生労働省は次期法改正に向けた「生活困窮者自立支援のあり方等に関する論点整理のための検討会ワーキンググループ（令和3年度）・横断的課題検討班」の議論のなかで、図表3－2を示しました。法施行以降の社会の変化により見えてきたニーズを例示として追加しています。

　生活困窮者自立支援法は、人々の暮らしに何が起きているのか、社会のなかで何が課題になっているのかをキャッチするアンテナの役割を果たしています。自立相談支援事業に携わる相談支援員はその役割を自覚するとともに、専門職としてどうあるべきかを理解しておく必要があると思います。

（2）「生活困窮者」を見えにくくしているものは何か

①法制度で捉えきれない複雑さ

　人々の暮らしを支える社会福祉の諸制度は、着実に前進が図られてきました。加えて、ホームレスやDV等の各種課題については別途、対策法が整備されてきています。制度があるということは、課題が社会的に認知されていることを意味します。課題解決の具体的な情報は、人々が相談に向けた行動を起こすきっかけにもなります。コロナ禍におけるこれまでにないほど多くの相談ニーズの顕在化は、マスメディアやインターネット等を通じて生活福祉資金等の情報が広く届けられたためであることは間違いありません。

図表3-1 生活困窮者自立支援法の主な対象者①

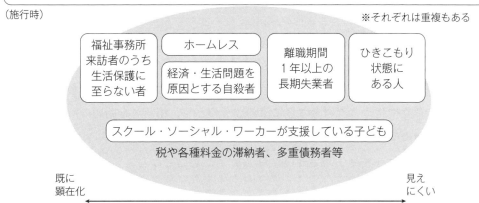

○生活困窮者は、既に顕在化している場合と、課題を抱えてはいるが見えにくい場合とがあり、法の施行に当たっては、この2つの視点で捉えていくことが重要。
○複合的な課題を抱える生活困窮者がいわゆる「制度の狭間」に陥らないよう、できる限り幅広く対応する必要がある。

（施行時）　　　　　　　　　　　　　　　　　　　　　　　　　　※それぞれは重複もある

福祉事務所来訪者のうち生活保護に至らない者／ホームレス／経済・生活問題を原因とする自殺者／離職期間1年以上の長期失業者／ひきこもり状態にある人

スクール・ソーシャル・ワーカーが支援している子ども
税や各種料金の滞納者、多重債務者等

既に顕在化　　　　　　　　　　　　　　　　　　見えにくい

図表3-2 生活困窮者自立支援法の主な対象者②

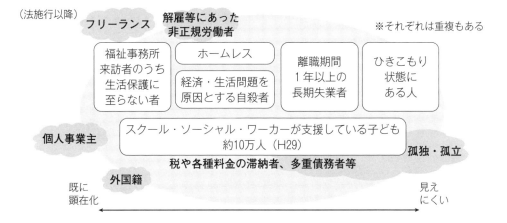

（法施行以降）　フリーランス　解雇等にあった非正規労働者　　　　※それぞれは重複もある

福祉事務所来訪者のうち生活保護に至らない者／ホームレス／経済・生活問題を原因とする自殺者／離職期間1年以上の長期失業者／ひきこもり状態にある人

個人事業主　　スクール・ソーシャル・ワーカーが支援している子ども
約10万人（H29）　　　　　　孤独・孤立
税や各種料金の滞納者、多重債務者等

既に顕在化　　外国籍　　　　　　　　　　　　見えにくい

　しかし、社会は常に変容し、人々の暮らしはさまざまな事象により脅かされていますし、将来もそのリスクが予測されます。制度の変更や前進には一定の時間がかかりますし、そもそも制度がカバーしているニーズがすべてではありません。生活困窮者自立支援法がアンテナの役割を果たしていくためには、あらかじめ対応策が用意されている課題に目を向けているだけでは不十分であり、対応策が見つからないニーズに対しても、相談者と一緒に考える姿勢が求められます。

第3章

②課題を抱えた人たちの意識

　ぎりぎりの状態でようやく相談に結びついた人たちからは、「相談できると思っていなかった」「相談することなど思いつかなかった」という声をよく聞きます。自立や自助が強調されるほど、困難を抱えた人たちは孤立して自分自身からも疎外され、追い詰められていくのです。

　なかには、過去に相談をした経験のある人もいます。しかし、主訴が伝わらずに適切な対応がされなかったり、心情を汲み取ってもらえずに相談したことに失望し、行政や公的機関への不信感だけが残ってしまっている場合もあります。社会への不信感は相談者の孤立や抱える課題をさらに深刻なものとし、相談者を問題の解決から一層遠ざけているのです。

③相談を受ける側の意識

　相談支援員は問題解決のプロセスに伴走し、孤立した状態の相談者がもう一度社会とつながって生活していくための最初の一歩を支えます。

　図表3－3は、生活困窮者の氷山モデルです。生活困窮者の相談に乗る際には、表面化している困りごとに対応するだけでなく背後や近接関係にある社会問題をとらえる必要があります。統一様式であるインテーク・アセスメントシートにおいても、本

図表3—3　生活困窮の氷山モデル

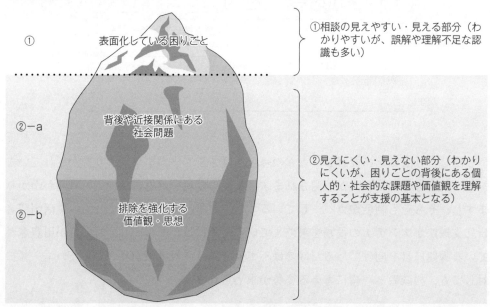

出典：一般社団法人社会的包摂サポートセンター『相談支援必携事例でみる生活困窮者』中央法規出版，4頁，2015.

人が解決すべき主たる課題とその背景要因を総合的に分析して示したうえで支援の方向性を見出すこととされています。この図で着目したいのは、氷山の三層目（②－ｂ）に示されている「排除を強化する価値観・思想」です。例えば「子育ては親がすべきもの」「働かないのは怠けているだけ」「家族は助け合って当たり前」といった社会の一部にある価値観や考え方に相談支援員である私たち自身が縛られていて、相談者の状態や訴えをありのままに受け止める妨げになっていたり、相談者の抱える課題を見えにくくしてしまっている可能性があります。特に「家族」や「ジェンダー（社会的・文化的につくられる性別）」に関する意識については注意しておくことが必要です。

　個人個人がどのような価値観をもつのかということに、他人が干渉することはできません。しかし、専門職として相談者と向き合う際には、自分自身のこだわりや価値観から離れ、できるだけ対等、公平な立場で相談者の声に耳を傾け、相談者の生きている世界や思いを想像することができるよう、精一杯その努力をすることが求められます。

（3）仕事の振り返りとネットワークづくり

　相談支援員は、自分の仕事について意識的に振り返ることが必要であり、そのためには他者の存在が重要になります。

　相談支援員は多くの相談者＝「当事者」たちとつながっています。さまざまな経験を生き抜いてきた一人ひとりの当事者の声に耳を傾け、そこから何を想像するのか、思いを致すのか、どんな打開策があり得るのか。相談支援員が一人で悩むよりも、たくさんの仲間たちと想像し考えるほうが、幅も奥行きも可能性も広がります。相談者の発信は、ときに相談支援員の内面にもやもやととどまり続けるかもしれませんが、すぐに言語化できないもやもやを溜めておくことも重要です。相談者の声を受け止め、困難をともに考え、支えるネットワークをつくっておく。地域づくりは、常に、一人のニーズから始まるのです。

　その人と環境にはたらきかける相談支援のプロセスは、必然的に相談者が生きる社会の課題に接し、社会のなかで解決を図っていくソーシャルアクションを伴います。相談者の孤独は深く、置かれた状態は深刻で、茫然と立ち尽くすことしかできない自分にもどかしい思いを抱えることもあるかもしれません。そんな相談者の孤独や絶望に、個人レベルの安易な嘆きや評論で対抗したとしても、それはその場限りで終わってしまいます。相談支援員自身が社会の一員であるという自覚を保ち、立場や組織を越え、ときに分野や地域を越えて柔軟につながりながら、相談支援員自身が孤立せずに自らや自らのチームを強く、柔らかくするためのネットワークを広げていく不断の努力が求められます。

1 ニート

（1）概況

　ニートは「若年無業者」ともいわれ、15歳から34歳までの若者で、学校にも職業訓練にも通っておらず、就職活動もしていない人を指します。失業者と異なり、就職活動をしていないことから、就職活動を始める手前の支援が必要と考えられています。現在、ニートという言葉はあまり使われなくなっています。また、就職氷河期世代が40代となり、なお就労に困難を抱えていることが社会課題として認識されたこと等を受け、支援機関の対象も40代まで広がってきています。さらには「8050問題」につながっています。

　これまでのニート支援では、社会経験が乏しいことなどにより、働く前の準備が整っていない若者が想定されて支援メニューが組まれている場合が多くなっていました。働くイメージがもてない、どのような仕事が自分に合っているかわからないなど、いわゆるキャリア意識の課題や、対人コミュニケーションやビジネスマナーといった社会人として必要となる基礎的スキルの不足、働くことに自信がもてず一歩が踏み出せないなどの課題への対応が中心となっています。一歩踏み込んで考えてみれば、こうした課題の背景には、困窮世帯で育ったために、社会経験を十分に積めなかったことがある場合があります。

　しかし、困窮者支援の現場は、必ずしもこうした課題からのみニート状態に陥っているわけではない若者や、背景にさまざまな課題がある若者も訪れます。例えば、社会経験はあるけれど、介護や育児等家庭の問題で働けない、発達障害や軽度知的障害、精神疾患等があり一般就労が難しい場合などがあります。そのようなケースでは、就労支援を中心としたニート支援というよりも、世帯全体への生活支援や、医療や福祉を中心とした支援を行う必要があります。

　つまり、「ニート」というのは一見した状態像であり、定義も非常に広く解釈できるのに対して、「ニート支援」の想定範囲は狭くなっています。自立相談支援機関においては、まずは、世帯の困窮状態全体を視野に入れ、本人が働けなくなっている状態をアセスメントすることが重要になります。そのうえで、地域若者サポートステーション等他機関と適切な役割分担のもとで支援を展開していきます。

（２）支援における留意点

①プランの立て方と連携先選びの留意点

　前述のように、家族の問題や世帯全体で困窮状態にある場合には、まず、そのことから対応していく必要があります。ここで留意が必要なのは、ニート状態にある若者は必ずしも世帯の経済状況や課題を認識しているわけではない点です。特に、家庭のなかで家事や介護・育児等を担っていない若者の多くは、そもそも世帯収入がどの程度のものか、家の家賃や生活費にいくらかかっているか、債務がないのか、その他、親の介護の状況がどの程度のものかなどについて知らないものです。可能であれば、家族からも状況を聞き対応していく必要があります。

　そのうえで、家族の課題は状況に応じてさまざまな制度や資源で対応します。そして、本人に疾病や障害もなく、社会経験に乏しく一歩が踏み出せない状況であれば、地域若者サポートステーションにつなぐという対応をしていくとよいでしょう。また、就労については、必ずしもこうした就労支援の施設につなぐことでうまくいく相談者ばかりではありません。就労準備支援事業の活用、地域のなかでの仕事おこしなど、多様な就労支援のなかから、適切なものを本人と検討して、プランを立案することが大切です。

②家族支援

　ニート状態にある若者のなかに、家族関係が非常に悪化しているケースが見受けられます。もともと課題を抱える家族であった場合もありますが、年齢を重ねても若者が働かないことで親との関係が悪化したケースもあります。特に生活困窮が背景にある場合、親には子どもを養い続ける先の見えない不安があり、そこから親子関係が悪化していくのは無理からぬことです。また、親世代には現在の若者がおかれている労働状況が理解しにくい場合も多々あります。親世代の期待するような職に、必ずしも若者が就けるわけではないことも親子関係を悪化させる一因になります。そのため、親が現状を理解し、不安が軽くなり、本人が安心して自分の課題に取り組める環境づくりをしていく支援が必要になる場合もあります。

③ひきこもりの場合

　ニート状態の若者のなかには、ひきこもっている若者もいるでしょう。そうした場合は、外出に問題がないニートよりもより課題が大きいことがあります。必要に応じて、ひきこもり地域支援センターや子ども・若者総合相談センター等と連携し、訪問も含めた支援を行っていくとよいでしょう。なお、40歳以上の高齢ひきこもりの場

合、ひきこもり地域支援センターで対応している地域とそうでない地域があります。

④リスク層へのアプローチ

　ニート支援も含め若者支援では、より早期にアプローチをすることが重要とされます。近年、将来的にニート化するリスクが高い若者として、高校中退者や10代後半で社会との接続が難しい若者が指摘されています。生活保護世帯や一人親世帯などで生活に困窮する若者の高校中退率は高くなっています。そのため、10代後半の若者のいる世帯の支援や、学習支援によって進学した若者については、気づいた時には中退や進路未決定で卒業していたということのないよう、高校等と連携し、中退予防と高校卒業後の就職・進学の支援を考えていく必要があります。

（3）主な支援機関

・地域若者サポートステーション（サポステ）

　→障害や疾患がない場合のニート支援の中心的機関です。キャリアコンサルタントを中心とする相談と、各種セミナー、就労体験等を行っています。高校中退者へのアウトリーチも行っています。

・ジョブカフェ

　→若者の就労支援をワンストップで行う施設です。フリーター等非正規雇用者の正規雇用へのステップアップ等。ある程度就労経験がある若者の場合には、サポステよりも適している場合があります。

・公共職業安定所（ハローワーク）の各種窓口（若年、新卒応援等）

　→若年向けに丁寧な相談と求人紹介をしてくれる窓口があります。地域によっては、若者向けの機関として独立したものがある場合もあります。

・子ども・若者総合相談センター（子ども・若者育成支援推進法による設置）

　→ひきこもりや発達障害等がある、前記の就労支援機関で対応が難しい際に連携して相談ができます。

2　ひきこもり

（1）概況

　「ひきこもり」が社会問題化して久しい今日、ひきこもりの長期化などにより、親子ともに高齢化し、支援につながらないまま孤立する、「8050問題」がクローズアップさ

れています。親が現役を退き年金生活に移行することで収入が減り、介護問題が生じるなどして経済的にも行き詰まるケースも少なくありません。また、親の死後においても、子が誰にも頼れず餓死や病死する、いわゆる「ひきこもり死」の報告が全国で顕在化するなど、その深刻な実態が浮き彫りになっています。

　厚生労働省は、ひきこもりに特化した相談窓口となる「ひきこもり地域支援センター」の整備を平成21年度から開始し、平成30年度にすべての都道府県および指定都市への設置を完了したほか、早期発見や支援につなげるための市町村における拠点づくり等を推進、生活困窮者自立支援事業との連携強化という観点からも、令和2年度から自立相談支援機関の窓口に「アウトリーチ支援員」の配置が開始されるなど、加速度的にひきこもり対策の充実が図られています。

　その一方で、支援のノウハウを有する人材の養成や確保が追いつかず、運用面での課題を抱える自治体も少なくありません。とりわけ、相談意欲が失われた当事者を対象とする家庭へのアウトリーチに関しては、その支援手法としての難易度の高さから専門性を有する人材の不足が顕著であり、一部の自治体では応急的な人員配置を行うなかで、試行錯誤を続けているところもあります。適切な配慮を伴わない支援導入は時に当事者のより強い拒絶反応を引き起こすなど、その後のはたらきかけを難しくすることも少なくありません。

　したがって、支援者はこういった「ひきこもり」を取り巻く現状や課題の理解はもちろんのこと、なぜ、ひきこもり地域支援センターに、多職種から構成されるチームの配置が促進されているのか？　なぜ、自立相談支援機関の窓口に新たにアウトリーチ支援員が配置されたのか？　なぜ、ひきこもり支援施策が就労準備支援事業を含む生活困窮者自立支援制度の体系的な枠組とともに論じられているのか？　全国における膨大な支援実践とともに進化を続ける、支援施策全体の発展プロセスにも目を向ける必要があります。

（2）支援における留意点
①深刻化・複合化した課題に対するアセスメント機能の確保

　「ひきこもりの評価・支援に関するガイドライン」において、「ひきこもり」とは、「様々な要因の結果として社会的参加（義務教育を含む就学、非常勤職を含む就労、家庭外での交遊など）を回避し、原則的には6ヵ月以上にわたって概ね家庭にとどまり続けている状態（他者と交わらない形での外出をしていてもよい）を指す現象概念である」と定義されています。つまり、ある特定の病名や症状を示す言葉ではなく、その状態に至る経緯やきっかけ等は個々人によって異なるばかりか、所属する環境の

問題も含めると困難が幾重にも折り重なっていることも珍しくありません。

　法律上、初めてアウトリーチの実施を明記した「子ども・若者育成支援推進法」に基づく「佐賀県子ども・若者総合相談センター」における 2398 名の実態調査によると、対人関係に困難を抱える者は 82.4％、ゲーム障害等の依存行動が 28.7％、疑いも含めると精神疾患が 44.2％、発達障害が 43.7％に及ぶなど、特段の配慮が必要な状態にありました。また、貧困、虐待、DV、精神疾患、アルコール依存、介護問題等、家族自身も困難を抱えた状態にあると認められたケースが全体の 63.7％に上るなど、相談受付時に複数領域での困難が認められた「多重困難ケース」の割合が 84.7％を占めていました。

　深刻化・複合化した課題に関しては、特にアセスメントに偏りがあれば、支援プランは破綻するリスクが高くなります。このことからも、医療、法律、心理、福祉、就労等、多職種連携によるチーム対応は、深刻化・複合化した課題に対するアセスメント精度の担保という観点からも推進すべき対策といえます。

②「声なき SOS」を受け止めるために不可欠なアウトリーチ

　「ひきこもり」支援に関して相談員から最も多く寄せられる相談の一つは、いくらはたらきかけを行っても本人との面談が実現しないといったものです。自らの命のリスクが生じてもなお相談できずに亡くなってしまう、「ひきこもり死」に示唆されるように、相談意欲の低さは、支援導入を難しくしています。前述のように、その状態に至る経緯やきっかけ、要因等は個々人によって異なりますが、共通してみられる傾向の一つは、「対人関係」にかかる問題です。特に、学校や家庭、社会生活上におけるさまざまな傷つきから「ひきこもり」に移行した場合、新たに人間関係を構築すること自体に煩わしさや不安、苦手意識等を感じたり、恐怖感を抱いている場合もあります。したがって、支援を必要としていたとしても、自発的に誰かに相談すること自体が困難であり、長期化とともにメンタルヘルスの問題が発生するなど課題が複合化・深刻化することで、さらに相談から遠のくといった悪循環に陥る場合も少なくありません。

　こういった観点からも「ひきこもり」支援において「アウトリーチ」は、欠くことのできない支援手段として位置づけられています。その一方で、合理的な配慮を伴わない安易なはたらきかけが本人をより困難な状況に追い込む事態も後を絶ちません。若年無業者等の職業的自立を支援する「地域若者サポートステーション事業」における佐賀県の実態調査によると、アウトリーチの対象となった若年無業者の 63.1％は、過去に複数の公的支援窓口の利用経験を有しており、その失敗経験から「相談」「支援」を受けること自体に 61.4％が強い不信感、抵抗感を抱いています。「佐賀県ひきこも

り地域支援センター」における初回相談時の調査では、62％（平成29年度）〜77％（令和元年度）の当事者は過去に専門機関等における被支援経験を有していました。つまり、家族等からの依頼に応じて本人にはたらきかけを行う前に、「同じ轍は踏まない」といった観点からの情報収集および分析がなければ、合理的な配慮を欠いてしまう可能性が高いのです。

③はたらきかけの際に求められる「事前準備」に基づいた合理的な配慮

　まずは本人および家族等関係者にとって支援者のかかわりがマイナスにならないことは、支援導入を図るうえでの最低条件といえます。そのためには、本人のニーズ等一般的な相談情報、経緯、きっかけ等の基礎情報のみならず、生活状況から、うつ病、発達障害、知的障害、不安障害、統合失調症など、障害および精神疾患にかかるエピソードを丁寧に拾っておく必要があります。医療との連携の必要性の判断は、はたらきかけを行う前に検討すべき事項といえます。次に回避事項の把握につながる、関係性の分析も欠くことはできません。どのような家族に育てられ、どのような外部関係者がかかわるなかで社会的孤立が発生しているのか？　成育歴、外部関係者との関係性を含め、丁寧に聴き取る必要があります。この出会いのなかで発生する傷つき体験によって、「誰も信じられない」といった否定的な感覚、感情が芽生えているわけで、とりわけ、ご本人が傷つきや否定的な感情を抱いたであろう対人関係上のトラブル、関係性の悪化、対立構図に関しては、詳細に、エピソードベースで押さえる必要があります。もし過去に状況の悪化を生む強引なはたらきかけを行った支援者と同じ言動を、われわれがとってしまったらどうなるのか？　配慮なきはたらきかけは拒絶感を強めたり、頑なさを生み、その後の支援の可能性をも奪う結果につながりかねません。

　これら回避事項の検討を行ったうえで、どんな存在だったら本人にとって一番受け入れやすい存在なのか、支援導入の枠組みを慎重に考えます。この際、最も重要なのは本人にわれわれがどのような存在として認識されるのか？　客観性をもって理解することです。警察官が家庭に訪問すれば、事件か取り締まりか？　児童相談所職員であれば虐待か？　と肩書だけでも当事者が受ける心象は異なります。世代や人柄、語り口調や容姿も然り、どのような目的を掲げ、どのような役割で訪問するのか？　それは家族だけではなく本人のニーズに即しているのか？　事前情報に即して分析を行っておく必要があります。相談意欲が低い状態にある当事者と対話できる関係性を構築するためには、一方的に話を聴くだけでなく、支援者側が自己開示する必要があります。どこまでが共有してよい適切な範囲なのか？　あらかじめ検討しておきたいところです。また、訪問や面談の形態は、複数なのか？　それとも単独なのか？　頻

度や期間はどのくらいなのか？　携帯番号やメールアドレス、SNSのID等は教えるのか？　など、条件次第ではまったく関係性のつくり方が変わってきます。家族機能がどこまで保たれているのか？　バックアップ体制や関係機関の受け入れ状況はどうなのか？　場当たり的な対応とならないよう、支援者自身の限界設定、所属する組織の運用ルール等も含め、この段階できちんと詰めておく必要があります。

　このように、事前情報の収集と分析、そして自己分析および環境確認等を経てようやく実施できるのが、訪問や面談の同意を得るための間接的なはたらきかけです。家族や関係者を通じて間接的に本人にアプローチを行うわけですが、留意すべきは、伝えるタイミングと内容であることはいうまでもありません。本人が必要性や孤独感、困り感等を感じているときに、そのニーズに即した有益な情報を届けることが基本となります。過去に支援経験を有している場合は、その成否に応じて伝え方を工夫する必要があります。過去にうまく関係性を構築できた支援者がいる場合は、その支援者との関連性や支援内容の連続性や発展性を強調したり、逆に失敗している場合は、立場や組織、支援内容の違いを明確化して伝えたほうがよいでしょう。また、過去に強引なはたらきかけを受け不安が強いケースなどは、当事者にとって最後の砦、唯一安心できる場所となっている自室に強引に押し入ったりしてはなりません。決定権は本人にある旨をきちんと伝えましょう。また、子どもたちに関しては、特に難しい法制度、法人の形態等の情報よりも、むしろどんな人が来て一体どんなことをしてくれるのか？　といった支援者個人のイメージが伝わる情報が奏功することも少なくありません。その際に伝える情報は本人の価値観にチャンネルが合っている内容でなければ聞き流されてしまいます。これらの過程で最も重要なのは、誰を通じて情報を伝えるのか？　にあります。仮に家庭内暴力等、父親と本人の間に対立構図が発生している家庭の場合、父親からの情報伝達は可能な限り避けなければなりません。いったん、「敵の回し者」として認識されてしまえば、後々の軌道修正は難しくなってしまうからです。

（3）主な支援機関と関連支援施策の動向

　令和元年12月23日に閣議決定された「就職氷河期世代支援に関する行動計画2019」では、就職氷河期世代の支援体制を全国的に整備するため、若年無業者の職業的自立を支援する「地域若者サポートステーション事業」において、支援対象が49歳にまで拡大されたほか、ひきこもり地域支援センターや生活困窮者自立支援窓口、福祉事務所等、福祉機関等へのアウトリーチが強化されたことが明記されました。概況で述べたように、生活困窮者自立支援事業においては、「深刻化・複合化」した課題に

対応するため、「ひきこもり地域支援センター」に多職種のチームが設置されたほか、自立相談支援機関に「アウトリーチ支援員」「伴走コーディネーター」等の配置が進められ、連携強化が打ち出されています。「ひきこもり」支援においても重要な役割を担う「就労準備支援事業」に関しては、従前から実施可能となっている「アウトリーチ型」に加え、近隣自治体や都道府県の関与による広域実施が可能となるほか、例外的に1年を超えて利用できるように省令改正が行われました。また、令和2年度から都道府県による就労体験・就労訓練先の開拓、マッチングに関する10／10補助事業（上限あり）が始まるなど、就労支援が強化されており、令和4年度には「市町村プラットフォーム」の設置がさらに促進され、多機関協働によるシームレスな就労支援が全国規模で展開されています。このように、「ひきこもり」支援にかかる取組みは、生活困窮者自立支援体系を基軸に年々拡充されており、現場の実情を踏まえつつ、顕著な進化を遂げています。

　他者とつながったり、そのつながりを維持する力が弱まった状態にある「ひきこもり」当事者を念頭に置けば、これらの施策の活用にあたっては、いわゆる「伴走者」の存在が不可欠といえます。過去の経緯、その時々の状態、環境の状況等を理解している支援者が一定期間寄り添い、適宜、支援プログラムの最適化、関係者との調整等を図りつつ、支援の段階を着実に移行していくことで、継続性、発展性、効果性を担保することができるのです。

　本稿では、紙面の都合上、「ひきこもり」支援のうち、事前準備にかかる特徴的な留意点を一部取り上げる形で、「ひきこもり」の理解、そして支援のあり方等を論じてきました。紹介した実態調査が示すように、アウトリーチから社会参加・自立に至る道のりは、一支援者、一組織で担えるものとは限らず、重篤な状態にあるケースでは、特に既存のプログラムに当てはめるという考えでは、効果が望めないことも少なくありません。まさに「ひきこもり」支援は、生活困窮者自立支援事業が重視する「協働型」「創造型」の取組みが求められる支援領域の一つといえるのです。

3　精神疾患

（1）概況

　生活困窮者のなかには、精神疾患に罹患している人も少なくありません。精神疾患には大変多くの種類があり、同じ疾患でも人によって症状や重さが異なります。そのため、医療機関をはじめ関連機関と連携し、疾患の特性や症状の状態に合わせた支援

をしていく必要があります。

　自立支援の観点からみると、精神疾患は再発のリスクはあるものの、ある程度治る（寛解する）疾患と、基本的には寛解は難しく服薬を続けながら生活をしていく疾患の二つに大別できます。前者は、比較的軽度のうつ病や不安障害、適応障害等が代表的な疾患です。後者は、統合失調症や双極性障害（躁うつ病）、てんかん、重度・難治性のうつ病、パーソナリティ（人格）障害等が該当するとされています。なお、前者でも長期化する場合もありますので、主治医の見立てを確認する必要があります。また、知的障害・発達障害は特性と考えられ、別途それぞれの特性や二次的症状への投薬について理解・アセスメントする必要がありますので当該の項目を参照し理解を深めてください。支援計画を立てる際には、どのような疾患なのかによって目標や支援方法が異なってきます。特に、後者の精神疾患の場合には、疾患を抱えながらその症状・程度に応じた生活をイメージし、それに合わせて障害福祉制度を活用することが考えられます。また、アルコールや薬物依存等の依存症は精神疾患のなかでも、比較的独立した分野になりますので、連携先や支援計画の立て方に留意する必要があります。

（2）支援における留意点
①支援計画立案の留意点

　精神疾患を患う人を支援する際には、医療機関での診断や治療方針を踏まえる必要があります。そのため、必ず医療機関と情報共有や連携をしましょう。

　しかし、利用者が必ずしもその症状・疾患に適切な医療機関を受診しているとは限りません。例えば、依存症であれば専門の治療機関にかかる必要があるでしょう。生活面の支援や症状の悪化時に入院加療が必要となる可能性のある人は、精神保健福祉士等が配置され、入院設備も備えた連携体制などの手厚い病院が望ましいでしょう。また、生活面の支援には障害福祉制度を活用することも考えられます。その他、うつ病であれば認知行動療法のグループワークやリワーク（復職）プログラムを備えた医療機関が近隣にあれば、そちらのほうがよい場合もあるでしょう。これらの医療資源については、各都道府県に設置された精神保健福祉センターや保健所で把握しています。困窮者支援では、精神保健福祉センターや保健所と連携しつつ、地域の医療機関を活用し、症状の変動や治療内容に合わせたプランを立て、そのうえで必要な地域資源へとつなげていきます。

②生活を支える制度・資源

　精神疾患を抱える人は症状の安定や軽快が重要ですので、就労支援ではなく治療に専念すべき時期があります。また、完全な回復は難しく、就労が難しい、あるいは制限がある場合もあります。このような医療的判断がある場合、症状に応じて生活を支える制度・資源を活用していきましょう。

　重度で長期に医療機関にかかる場合には、自立支援医療制度を活用し、治療費の負担を減らすことができます。また、生活リズムを整え、孤立を防ぐために医療機関等のデイケアを活用することもできます。

　当面治療に専念する場合には、生計を維持するため、状況に応じて各種の制度を活用しましょう。社会保険に加入して働いていた場合には、健康保険の傷病手当が使える場合があります。また、雇用保険の基本手当（いわゆる通常の失業給付）が使えることもあるかもしれません。それらが使えず、貯金もない場合には生活保護を活用することになります。最も避けなければならないのは、収入がないため医療受診ができないことです。

　定められた要件を満たす場合には、障害年金を受給できる可能性がありますので、年金事務所または市町村役場に相談します。障害年金が受給できない、あるいは障害年金を受給しても就労が難しく生活が成り立たない場合は生活保護で不足を補う必要があります。また、自治体独自の給付制度がある場合もあります。

　障害福祉制度には生活を支えるさまざまな資源があります。本人の希望を聴き、医療機関だけでなく自治体の担当者と連携し、地域の相談支援や、グループホーム入居、ヘルパー利用、日中生活の場の確保等、生活を支えるサービスの利用を検討していきましょう。これらのサービスは精神障害者保健福祉手帳がなくても活用できますので利用を検討しましょう。

③就労に向けた支援の仕方

　罹患している疾患に合わせた、目標とステップの設定を行いましょう。その際に重要なのは、通常のキャリア・コンサルティングや就労相談とともに、症状の特徴や病状の重さを計画に組み込むことです。また、精神障害者保健福祉手帳を取得している場合は、障害者雇用促進法に基づく障害者雇用率制度の対象となりますので、本人と検討していきましょう。

　それらを実現するためには、就労支援機関や医療機関、生活面の支援を行う障害福祉サービス事業所等との連携が大切です。それらの機関・事業所と連携しながら、就労に関するアセスメントを経て、職場や生活場面での継続的なサポート体制を準備し、

就労に向けた支援をスタートさせていく必要があります。

④医療機関の受診につながりにくいケース

　本人が医療機関での受診を拒む場合、大きく三つの理由が考えられます。一つ目は医療費を心配していることです。医療費の支払いについて相談のなかで解決策を示していくことで受診につながります。

　二つ目は、医療受診のメリットが理解されていないことです。例えば、支援員が「病気かもしれないから」と受診を勧めても、本人にはメリットがわかりません。「病院で薬をもらったら眠れるようになるよ」など、本人が苦しんでいることに焦点を当て、医療機関でそれらが解決されることを伝えることで受診につながります。

　三つ目は、病識（自分が病的状態であるという認識）がない場合です。統合失調症や、依存症等によくみられる状態です。症状の中核でなくとも、不眠等付随する症状から受診につながる場合もあります。それも難しい場合は本人に寄り添い、根気強く本人の現状やこれまでの困難とが疾患に由来することを伝えていきましょう。

（3）主な支援機関

・保健所、精神保健福祉センター、障害福祉の相談支援事業所
　　→精神疾患のある人の相談に応じています。また、本人や家族向けのセミナーを実施している所もあります。

・自治体の障害支援担当
　　→相談や障害福祉の各種制度を活用する際の申込窓口になります。

・リワーク（復職）プログラム
　　→うつ病等で休職・離職している場合の復職支援のプログラムです。障害者職業センター、地域によっては医療機関、精神保健福祉センター等で行われています。

・障害者就労支援事業所（就労継続支援A型・B型事業所、就労移行支援事業所）、障害者就業・生活支援センター、ハローワーク専門援助部門、地域障害者職業センター
　　→主として障害者雇用を希望する場合、本人のステップに合わせて障害者の就労を支援するための制度として利用が可能です。なお、それぞれの機関の役割は次のとおりです。

　○就労移行支援事業所
　　就労を希望する65歳未満の障害者で、通常の事業所に雇用されることが可能と見込まれる人に対して、①生産活動、職場体験等の活動の機会の提供などの就

労に必要な知識・能力の向上のために必要な訓練、②求職活動に関する支援、③その適性に応じた職場の開拓、④就職後における職場への定着のために必要な相談等の支援を行います（利用期間：原則2年以内）。

○就労継続支援事業所（A型）

　通常の事業所に雇用されることが困難であり、雇用契約に基づく就労が可能である者に対して、雇用契約の締結等による就労の機会の提供や生産活動の機会の提供などの就労に必要な知識・能力の向上のために必要な訓練等の支援を行います。

○就労継続支援事業所（B型）

　通常の事業所に雇用されることが困難であり、雇用契約に基づく就労が困難である者に対して、就労の機会の提供や生産活動の機会の提供などの就労に必要な知識・能力の向上のために必要な訓練その他の必要な支援を行います。

○障害者就業・生活支援センター

　障害者の身近な地域において、雇用、保健福祉、教育等の関係機関の連携拠点として、就業面・生活面における一体的な相談支援を行います。

○地域障害者職業センター

　就職を目指す障害者の職業評価・職業指導を行うとともに、就職に向けた職業準備支援を実施します。また、円滑に職場に適応できるよう、ジョブコーチを派遣し、障害者及び事業主に対して、障害特性を踏まえた支援等を実施します。

4 知的障害および知的障害が疑われる人

（1）概況

　「知的障害」は、DSM-5（精神疾患の診断・統計マニュアル）では知的能力障害にあたり、全体的な知的機能（合理的に思考し能率的に対処する能力）と適応行動（実生活のなかでどれだけうまくやれているのか）が社会全体の平均に比べて低い状態であるものとしています。

　そのため、さまざまな場面で搾取されたり虐待を受けたりする可能性が高く、「令和

元年度障害者虐待の対応状況調査」（厚生労働省）では、養護者虐待の53.2％、障害者福祉施設従事者等虐待の78.7％、使用者（事業主や上司）虐待の45.9％が知的障害者に対するものでした。

厚生労働省の統計では「生活のしづらさなどに関する調査」（平成28年）と「社会福祉施設等調査」（平成30年）に基づいて推計109万4000人であるとしています。年代で見ると、18歳未満が22万5000人、18歳以上が85万1000人となっています（年齢不詳：1万8000人）。

なお、知的障害者福祉法には「知的障害」の定義をしている項目はありませんが、都道府県ごとの判定基準に該当する者が申請をした場合は「療育手帳」を交付しています。

（2）支援における留意点

①意思決定支援

基本的に、抽象的な言葉を理解することや考えること、それを急がされることに困難さを抱えていますので、何か必要なことを説明するときには、具体的・短い文章にする工夫が必要です。

また、障害を理由とする差別の解消の推進に関する法律（障害者差別解消法）や障害者虐待の防止、障害者の養護者に対する支援等に関する法律（障害者虐待防止法）により、本人の意思をさまざまな工夫（例えば、絵や写真などを見せる、体験を通じて判断できるように援助するなど）によって確認すること、意思を可能な限り尊重することが重要だとされています。

②健康管理

体調悪化や機能低下（例えば、視力や聴力の低下、認知症など）をうまく表現できずに騒いだり暴れたりする行動が比較的早く（40代ごろ）から出現し、施設等では対処できなくなる場合があります。変化に気づくための定期的な面接や記録の共有が大切です。

家族や支援者などからの指示で行動することが習慣づいて、自分から健康管理に気をつける行動（例えば、食事習慣に気をつける、健診や早期受診など）が身についていないことが多いので、それまで見落としていた生活習慣の改善に早めに取り組むことが大切です。

（3）主な支援機関

①市・区役所や町村役場、社会福祉協議会等

　さまざまな制度利用（療育手帳やサービス利用の申請）について総合的な受付や案内が可能である役所への相談が、複雑なことの理解や対応が難しい知的障害者には必要になります。

②障害福祉の諸サービス、相談支援事業所等

　当事者や家族の希望等に加え、自治体の行う認定調査の結果を踏まえて個別支援計画等が作成され、ADL等の生活支援や就労に関する必要な支援などが提供されます。

5　発達障害および発達障害が疑われる人

（1）概況

　わが国の発達障害者支援法では、「発達障害」は「自閉症、アスペルガー症候群その他の広汎性発達障害、学習障害、注意欠陥多動性障害その他これに類する脳機能の障害であってその症状が通常低年齢において発現するものとして政令で定めるもの（吃音症やトゥレット症候群など）」と定義されています。知的障害を伴う自閉症の特性がある者も発達障害者の範囲に含まれています。

　「発達障害」は、DSM-5（精神疾患の診断・統計マニュアル）では神経発達症群（ICD-10では心理的発達の障害、小児期及び青年期に通常発症する行動及び情緒の障害の一部）にあたり、発達期早期から、学業（読み・書き・計算など）の限られた部分だけの場合や、社会的なコミュニケーション、知能といった幅広い領域まで多岐にわたる特徴的な行動が、明らかに見られるものとされています。

　厚生労働省の「生活のしづらさなどに関する調査」（平成28年）では、発達障害と診断された者の数は推計48万1000人であるとしています。年代でみると18歳未満が22万5000人、18歳以上が24万3000人となっています（年齢不詳：1万3000人）。しかし平成24年の「通常の学級に在籍する発達障害の可能性（医師の診断によるものでない）のある特別な教育的支援を必要とする児童生徒に関する調査結果」（文部科学省）では、発達障害の可能性がある児童生徒は6.5％以上であるとされているので、診断や支援を受けてはいないが発達障害の特性がある人は、社会の中に大勢いるのではないかと考えられます。

　なお、障害者基本法をはじめとする障害者制度に関する法律では、「精神障害（発達

障害を含む。）」と明記されていて、知的障害を伴わない場合に精神障害者手帳や障害基礎年金などの申請をする際は、精神障害者用の診断書を用いることになります。

（2）支援における留意点

○合理的配慮

　これまで受けてきた配慮や、現在受けている配慮について、対象者自身に尋ねたり過去の支援記録を参考にするなど、支援や相談を行う場面の設定（例えば、音や明るさなどを含めた安心できる場所にする、スケジュールをわかりやすく示すなど）を丁寧にすることが大切です（このような配慮は、過去に本人が要請しても特別扱いとして断られる経験をしている場合が多い）。

　物事のとらえ方や感覚刺激の受け止め、文字の読み書きなどを「違ったやり方でしている」ことは、マイナスばかりではなくプラスのときもあることを、支援を継続するなかで多くの支援者も気づいていきます。こういった息の長い伴走型の支援スタイルが大切です。

（3）主な支援機関

①発達障害者支援センター

　発達障害者支援法に基づいてすべての都道府県や政令市に置かれている機関です。その業務は、発達障害（その疑いの場合も含めて）に関する相談、支援、研修、広報普及等で、公立施設だけでなく都道府県の委託によって民間の法人が担っている場合もあります。

②精神科医療機関

　最近は診断や入院だけでなく、通院によるカウンセリングやデイケア・ショートケアでの専門プログラムの実施などの利用が広がっています。

6　虐待

（1）概況

　虐待は、大きく分けて身体的虐待、心理的虐待、ネグレクト（育児放棄など）、性的虐待、経済的虐待に分類されます。本節11で述べる女性を除くと児童、高齢者、障害者が対象となりやすく、それぞれ児童福祉、高齢者福祉、障害者福祉において法律が

制定され、対応がなされます。いずれも自治体が責任をもって対応するようになっており、児童は児童相談所、高齢者や障害者に対しては自治体の担当課に窓口が設置されていますので、虐待を発見したら速やかに連絡することが必要です。なお、虐待者は身近な家族等や、施設入所者の場合は施設職員、働いている場合は使用者など、多岐にわたります。いずれも、虐待者の意図ではなくても、本人が大きな苦痛を感じ、人権が侵害されている場合には虐待として考えます。

　児童や高齢者ではなく、障害を有しない稼働年齢層である人の場合は、前記のいずれにおいても対象外となります。女性の場合は女性相談の担当窓口がありますが、男性の場合には適当な窓口がありませんので、自立相談支援機関が中心となって対応することが必要となる場合があるでしょう。稼働年齢層である人が虐待にあっている場合、虐待者である家族と離れた後は、必要に応じて就労支援をします。その場合も、自立相談支援機関が支援の中心となる必要があります。

　そのほか、幼少期に虐待を受け、そうしたことが人間関係の形成に影響するなどして職場でうまくいかずに困窮するといった事例は多いと考えられます。また、虐待を受けて施設に入所していた児童について、18歳を過ぎてからの対応が必要な場合もあるでしょう。児童養護施設等社会的養護の施設退所者の多くは、その後家庭の支えなく社会で生きていかなければなりません。彼ら彼女らは困窮リスクの非常に高い若者です。地域の児童相談所や社会的養護の施設、アフターケア事業と連携し、18歳になる前から引き継ぎを行うなど切れ目のない支援体制をつくっていく必要があります。

（2）支援における留意点

①一時保護

　虐待のうち、命にかかわる身体的虐待と性的虐待は非常に深刻な問題として、前出の自治体窓口において速やかな対応がなされることが必要で、場合によっては躊躇することなく虐待者から離して保護されます。一方で、心理的虐待やネグレクト、経済的虐待などは、地域によっては一時保護する施設の空き状況等の制約から、これが難しい場合もあるかもしれません。その場合、生活困窮者支援の枠組みで活用できる一時的な入居施設や、地域での住まいの確保をサポートするなどの支援が必要となります。なお、児童、高齢者、障害者以外では、女性の場合は婦人（女性）保護施設が活用できます。しかし、男性の場合は決まった窓口がないので、一時保護が必要な場合は、ホームレスや生活困窮者の施設等（シェルター）の利用を検討します。

　被虐待者本人が現在の環境から離れることを望まない場合や、携帯電話を持てない等外部との連絡を断たなければならない一時保護施設入所を拒む場合もあるかもしれ

ません。そうした場合には、本人と向き合い希望を聴き、虐待者から離れることや一時保護を拒む要因について話し合っていく必要があります。

②プランの立て方の留意点

　虐待ケースの場合、前述の担当窓口の方針を中心にプランを立てる必要があります。基本的には、児童は児童相談所、高齢者は自治体の高齢者支援担当や地域包括支援センター、障害者の場合は自治体の障害支援担当や相談支援事業所等、女性の場合は自治体の女性相談担当が中心となって支援を行っていきますので、自立相談支援機関は本人と地域の事情に合わせて不足する部分をサポートしていきます。

　一時保護とならないケースでも、家族から離れて生活を営むことを希望する人もいます。そうした場合の生活と就労支援は、自立相談支援機関が中心となるのが適切な場合もあります。その際には担当窓口と連携しながら、プランを立てていきましょう。

　虐待が家族のなかで起こっていた場合、家族も生活に困窮等の問題を抱え、支援を必要としていることも多くあります。その場合は、家族全体の状態をアセスメントし、家族全体を支えるプランを立てていきます。その際、被虐待者を支える機関と役割分担して、あるいは自立相談支援機関内で双方に別の担当をつけるなどして対応します。

③虐待を受けることによる心理的傷つき

　虐待を受けた人を支援する際、一時保護や各種の制度・支援を活用して就労したとしても、なお残るのが虐待を受けたことによる心理的な傷つき（トラウマ）です。虐待の質や被害にあっていた期間、本人の状況等によりトラウマの態様はさまざまですが、支援上大変配慮のいることです。被虐待者は虐待を受けたことにより傷つき、さまざまな感情を抱くとともに、社会に対する不信や不安を大きく感じています。精神科医療や公認心理師／臨床心理士等と連携するとともに、本人が安心できる環境にいられるよう、支援上さまざまな配慮をする必要があります。

　トラウマを負った利用者に対応する支援者にも大きな負担がかかります。担当者だけにこの仕事を任せるのではなく、組織全体として本人を支えていく体制と、担当者のケアをしていくことも重要です。

　なお、虐待をされていたという事実が相談当初は心の中に秘められている場合も多くあります。アセスメントにおいては信頼関係の構築が最も重要であり、また表面的な判断を避けるという姿勢も重要です。

④児童養護施設等を出た者への自立支援

　児童福祉の対象年齢を過ぎると、若者を支える制度は現状では多くありませんので、必要があれば自立相談支援機関が中心となって支える必要があります。若者を取り巻く雇用環境は非常に厳しく、児童養護施設等退所時に就職が決まっていても、就労継続が難しいという場合もあります。また、就職の際に住み込み就労をするケースも多く、こうしたケースでは就労を続けられないと離職と同時に住まいも失ってしまいます。就職が決まっていても安心せず、職場定着の支援、労働問題への対応、就労継続が難しい場合には転職支援や付随する生活支援等を視野に入れ、継続的な見守り支援をしていきましょう。また、不本意なアルバイト等をしている場合は、それを支えながらより本人の希望にそった仕事につけるよう支援をしていくことも必要でしょう。

（3）主な支援機関

・児童相談所、自治体の障害支援担当、高齢者担当、女性相談窓口

　→虐待の通報窓口になります。虐待を発見したら、こちらに連絡します。これらの機関を中心にしながらプランを立てていきます。

7　多重・過剰債務者

（1）概況

　平成 11 年、借金返済のために臓器売買を強要する大手消費者金融の取立てが問題となり、平成 15 年には「ヤミ金」の厳しい取り立てを苦にした心中事件が起こりました。多重債務被害が全国的に深刻となって貸金業規制法改正の議論が活発になり、平成 18 年 12 月貸金業規制法等の一部改正法が制定され、平成 19 年 1 月から段階的に施行され平成 22 年 6 月には完全実施されました。総量規制（借り過ぎ・貸し過ぎの防止）と上限金利の引き下げ、貸金業者に対する規制の強化などの改正後の貸金業法を実効性のあるものとするため、国・地方自治体などが相談窓口を増やし、法律専門家や民間組織などが多重債務対策に全力を挙げて取り組んできました。こうした努力もあって、全国の多重債務者数（5 件以上の無担保無保証借入の残高がある人数）は、平成 19 年 3 月末には約 171 万人もいたものが、令和 3 年 3 月末には約 9 万人へと減少しています。

　しかし、未だに 9 万人もの人たちが多重債務状態に苦しみ、このほか、（株）日本信用情報機構に登録されている 1 年以上未入金の延滞者（3 件以上保有）は現在でも

114万人前後で推移しています。また、「令和2年度版自殺対策白書」（内閣府）によると、令和元年の自殺者数は2万169人で、原因・動機特定者は1万4922人、そのうち、原因・動機が「健康問題」にあるものが一番多く66.1％を占め、次いで「経済・生活問題」が22.8％に達しており、多重・過剰債務問題とともに生活困窮の深刻さもうかがえます。

　多重・過剰債務者のなかには、借金等の返済に追われ、日々の生活費にもこと欠く状態に追い込まれている人たちも少なくありません。親戚や友人、知人からも借金を繰り返し、ときには連帯保証人として迷惑をかけたため、人間関係が壊れ、誰にも相談できなくなっている場合が多くみられます。さらに、経済的・社会的な信用のほか、ときには職や住居、財産ばかりか、自尊心や希望も失い孤立感を深めている場合もあります。

　そのような背景を抱えて生活困窮に陥る多重・過剰債務者の実情を理解し、国や自治体、民間の多重債務相談窓口につなぎながら、債務問題などの解決と生活の再生を支援していくことが自立相談支援機関や家計改善支援機関に期待されます。

（2）支援における留意点

①安心して相談できる関係の構築

　多重・過剰債務者の多くは、借りたお金を返済するために、ほかのところから借りては返す行為を繰り返し、自転車操業状態に陥っています。そのため、返済期日や資金繰りで頭がいっぱいで、夜もよく眠れず、不安定な精神状態になっている場合があります。また、多重・過剰債務者のなかには、お金に関する問題を抱えるのは恥ずかしいことだとの意識や周りの偏見があり、自責の念に苦しんでいる人たちもいます。そのため、困り始めてから相談にたどり着くまでにかなりの時間がかかっている場合が多々あり、問題が複雑に多様化し、心理的に傷つきやすい状態にあります。相談に来た人が精神的な課題を抱えていないか、相談の内容に緊急性がないか、借金以外に重要な課題がかくれていないかなどに配慮しながら、多重・過剰債務者が安心して話せる関係をつくることを心がけましょう。

②多重債務・過剰債務の問題は解決可能であること

　多重・過剰債務者が抱える問題は多様で複雑にからみ合っているため、相談者本人が債務整理では何も解決できないと考え、さらに、債務整理をするとさまざまな権利がなくなると誤解し、多重債務相談を回避している場合があります。しかし、こと借金に関しては深刻な場合ほど、多重債務相談や債務整理で解決の道筋が見えてきます。

債務整理の方法（自己破産、個人再生、任意整理、特定調停）について自立相談支援事業としての最低限の知識を習得し、相談に来た人が安心して多重債務相談につながるようにしましょう。多重債務相談を選択しても専門家（弁護士等）の敷居が高く感じられ、相談する勇気が出ない人もいます。できるだけ同行支援も考えましょう。

　また、多重・過剰債務であれば多重債務相談窓口や専門家につなげばそれで終了と考えがちですが、相談内容を把握しないまま、右から左へと法律相談等につないで終わりとならないように留意しましょう。借金の背景には生活困窮者自立支援事業所が引き受けるべき相談内容が含まれています。さらに、つないだ結果の把握とその後の見守りも必要です。

③債務以外の滞納金についての把握

　借金を抱えている人のほとんどは同時に滞納金も抱えています。債務整理を行い、借金そのものがなくなっても、水道光熱費、家賃、教育関連費、税金などの滞納や当面の生活費の不足など、生活に関係する切実な問題が残り、債務整理だけでは解決できない場合も多々あります。不足する生活資金や滞納金への対処について、自立相談支援機関や家計改善支援機関が相談者とともに窓口に同行し、対応策を相談する必要があります。さらに、自己破産などの債務整理後は官報に氏名が記載されるため、ヤミ金や偽装質屋の被害にも遭いやすくなります。注意喚起をしておく必要もあります。

④隠れた背景への留意

　借金の原因がアルコールやギャンブル依存であったり、うつや心身症などから働けなかったりで借金が増えている多重・過剰債務者がいます。背景にDVがあり、借金を背負わされている女性も少なくありません。障害や認知症のある家族を抱えている場合や家族との共依存関係で、家計が把握できずに多重・過剰債務者になっている場合もありますので、債務発生の背景に留意し、支援のつなぎ先を把握し、継続した支援ができるようにしましょう。

（3）主な支援機関

　多重・過剰債務者支援の相談窓口は地方自治体のほとんどで整備されています。それが消費者行政窓口を兼ねている場合も多くなっています。債務整理は法テラスなどの法律専門家の窓口につなぎます。家計全体の支援が必要と考えられる場合は、家計改善支援機関と連携します。このほか、民間組織など、全国各地にかなりの数の多重

債務の相談窓口が広がっています。地域内に必ず相談窓口はありますので、つなぎ先やそこでの支援内容を把握しておきましょう。

・家計改善支援機関

・法テラス

・弁護士会や司法書士会

・消費生活センターや国民生活センター

・財務支局多重債務相談窓口

・消費生活協同組合の多重債務や生活相談窓口

・クレジット・サラ金・商工ローンなどの被害者の会

・クレジットカウンセリング協会の相談窓口

・簡易裁判所の特定調停窓口

8 ホームレスおよび住居に課題をもつ人

（1）概況──ホームレス支援を含む居住支援

　ホームレス状態にある方々については、平成14年にホームレスの自立の支援等に関する特別措置法（ホームレス自立支援法）が成立し「国等の責務」（第1条）において支援を実施することが定められました。

　平成15年に実施された国による実態調査では2万5000人以上のホームレス者が存在することが確認されました。令和3年1月時点でのホームレスの人数は3824人であり、過去最低の人数となっています。期限つきの議員立法であるこの法律は、2回の延長を経て現在も存在しています。

　その後、ホームレス自立支援法に基づきさまざまな施策が行われてきましたが、平成27年、生活困窮者自立支援法が施行されたことに伴いホームレス支援にかかわる部分の多くが同法の「一時生活支援事業」の枠組みで継承されることになりました。「多くの部分」というのは、例えば、ホームレス自立支援法には「生活保護法による保護の実施」も含まれていることもあり、「生活保護の手前」に位置づけられている生活困窮者自立支援法よりも広い範疇をカバーしているといえるからです。

　重要なのは「対象者は誰か」ということです。「一時生活支援事業」の第一の対象者は、ホームレス自立支援法における対象者であり「都市公園、河川、道路、駅舎その他の施設を故なく起居の場所とし、日常生活を営んでいる者」、すなわち野宿者だといえます。

一方、生活困窮者自立支援法における一時生活支援事業の対象者は、「一定の住居を持たない生活困窮者」となっており、従来の「ホームレス（野宿者）」よりも広がっています。例えば、野宿ではないが、ネットカフェや社員寮、あるいは友人宅や知人宅に身を寄せているなど、一定の住まいを持たない人も対象となっています。

　「令和2年度社会福祉推進事業」としてNPO法人ホームレス支援全国ネットワークが行った「不安定な居住状態にある生活困窮者」に関する14万人を対象に行ったネット調査（不安定居住状態を過去に経験した2061人のうち、5年以内の経験者725人から回答を得た）では、「住居を失った時にどこに身を寄せたか」という質問に対して、路上は5％に過ぎず、知人宅などインフォーマルな受け皿が32％、社員寮やネットカフェなど民間営利部門が39％だったことが判りました。この調査で明らかになったのは、「一定の住居を持たない生活困窮者」の多くが「野宿ではないが住居を有していない人々」であることでした。

　任意事業である一時生活支援事業の実施に関しては全体の34％（304自治体）に限られており、未実施の理由の約55％が「対象となる利用者がいない」と答えています。これは、多くの自治体が一時生活支援事業の対象者を従来どおり「ホームレス」に限定しており、ホームレスの概数調査においてホームレス数が0人だった自治体では、一時生活支援事業は不要と判断していることが要因であると思われます。

　この間のコロナ禍において明らかになったのは、自立相談に寄せられる相談の上位に「住まいの不安定」が多くあがっていることがわかります（「住まいの不安定」は、男性20代から70代の全年代で相談件数2〜3位、女性20代から60代までの全年代で2〜3位を占める）。必須事業である「住居確保給付金」は、コロナ禍前年と比べて34倍の受給件数となっています。当然、これらはコロナ禍という特別な事情があった結果ですが、今後もその影響が残ること、あるいは「そもそもホームレス（野宿）状態ではないが住まいの不安を抱えている人」が増えつつあることを認識しておくことは重要です。となれば、生活困窮者自立支援制度においては、従来のホームレス支援のみならず、ひろく「居住支援」という観点が必要となります。

（2）支援における留意点
①総合的な支援
　野宿状態とは、すべてを失った状態だといえます。生活の一部、例えば「失業した」ということではなく、住まい、仕事、家族や社会とのつながり、さらには公衆の面前で寝食や排泄を行わざるを得ないなど人としての尊厳を傷つけられた経験をした方々です。また、ホームレス襲撃事件に象徴されるような社会的排除の対象とされている

ことも考慮しなければなりません。

　住居を失うということは、三つの危機に直面することになります。第一に「生命的危機」です。野宿状態は命にかかわる事態であることは説明するまでもありません。第二に「社会的危機」です。現住所や住民基本台帳がないことは社会的手続きが不可能であることを意味します。ハローワークの登録もできず、再就職の入り口にも立てません。第三に「関係的危機」です。一定の居住地がない状態では人との関係が結べず孤立することになります。

　シェルターなど寝場所の提供、食事提供など現物給付が一時生活支援事業の主な中身ですが、すでに触れたようにホームレス状態がすべてを失った状態であることを考えると「自立相談支援事業」や「就労準備支援事業」、「家計改善支援事業」が総合的にかかわることが肝心です。

　さらに、ホームレス状態の方々のなかには知的や精神の障害がある人も少なくありません。障害福祉や医療関係者との連携も必要となります。

②居住支援という視点

　居住とは一定の場所に暮らし、個々人が自分の暮らしを営むことです。生存の基盤であり、これをなくすと生命にかかわる事態となります。家族がある場合は共同生活の場であり、子育ての場となります。社会活動や経済活動、地域とのつながりの基盤となります。友人などを招く場所でもあり、孤立防止の機能もあります。居住とは、住宅という「ハコ」だけを意味するのではなく、生活や暮らし、社会関係を含めた総合的な概念となります。よって居住支援は、住宅の確保に留まらず、暮らし全般にかかわる支援だといえます。

　相談支援から始まり、住宅確保支援、保証人確保および社会的手続き支援、生活支援、見守り支援、孤立防止と社会や地域への参加支援など、当事者の生活全般が射程に入ります。

　最近では、単身者が増えたことや家族のつながりが脆弱になったことで「葬儀を出せない人」が増えています。国交省の調べでは、大家の8割が高齢者の入居に拒否感をもっていることもわかっています。ですから、居住支援においては葬儀や残置物の処分などを含めた「死後事務」への対応も求められることになります。

　生活困窮者自立支援における対象者は生活困窮にある当事者でしたが、居住支援においては、それに加え不動産オーナーや不動産事業者の安心をどう確保するかも重要な課題となります。入居者と事業者の「二つの安心」を同時に確保することは居住支援において重要なポイントです。生活困窮者支援や就労支援、あるいは介護や福祉の

分野を担う地域の民間団体に加え、今後は不動産事業者などとの連携も考えていく必要があります。

③ハウスとホームの違い
──ハウスレス（経済的困窮）問題とホームレス（社会的孤立）問題

すでに述べたように、住居を失うことは、生活基盤を失うことに留まらず、社会参加や他者との関係の危機を招くことでもあります。路上から脱し自立できても「自立が孤立に終わる」のでは、根本的な解決とはなりません。

ホームレス支援の現場では、かねてから野宿状態の方が抱える問題を、住居喪失に象徴される経済的困窮（ハウスレス）と、人との関係が途切れる社会的孤立（ホームレス）であるととらえてきました。ハウスとホームは違うという観点です。

経済的困窮に対しては「この人には何が必要か」という問いのもと、「処遇」を中心とした支援が実施されます。一方、社会的孤立に対しては「この人には誰が必要か」との問いのもと、「関係づくり」の支援が実施されます。これには支援員と当事者の関係のみならず、地域や職場での関係づくりなども含まれており、この点で「地域づくり」が課題となります。

二つの困窮という観点は、今日においてはホームレス支援に限らず、孤立が進む今日の社会においては生活困窮者支援全般にかかわるものだといえます。

④自立後の継続的支援

自立を孤立で終わらせないために自立後の継続的な見守りや支援の体制が必要となります。主訴である問題、例えば失業を解決することは重要ですが、すでに4割に近づいている非正規雇用の現状を見ると数年後、第二の危機、第三の危機を迎えることも十分想定されます。そのときに誰に「助けて」と言えるのかが問われます。直接的な支援が終了した後もなんらかの形でその後の生活状況を把握し、何かあればすぐに相談できる関係を構築したいと思います。

ただ、このような長い期間を想定した支援の実施については、自立相談支援員だけで担うことは不可能です。すでに述べたとおり、地域におけるつながりを構築するなかで継続的支援がなされる必要があります。

居住支援においては「転居支援」は珍しいことではありません。近隣トラブルや家賃滞納、あるいはライフスタイルや家族人数に合わせたダウンサイズなどを理由に転居を必要とする事態が起こります。当事者の意思が何よりも重要ですが、問題が発生したときは早期に介入して賃貸人（大家）と賃借人相互にとっての最もよい解決を図

ります。

（3）主な支援機関と制度

①生活困窮者・ホームレス自立支援センターおよびシェルター

　生活困窮者自立支援制度の任意事業である一時生活支援事業は、住居のない生活困窮者で収入等が一定水準以下の方に対して、一定期間（原則3月）に限り、宿泊場所の供与や衣食の供与などを行います。自立支援センターやシェルターを設置している自治体もあれば、必要に応じてホテルなどを借り上げて対応している自治体もあります。この制度を利用中にできるだけ一般就労に結びつくよう、自立相談支援事業と連携が必要です。

　また、これらの制度を利用した後、地域での居住を始めた方に対して一定期間支援を行う「地域居住支援事業」もあります。ただし、これは一時生活支援事業を実施している自治体においてのみ活用できます。

②住居確保給付金

　収入状況に合わせて家賃を支給する制度です。生活困窮者自立支援制度においては必須事業として実施されています。離職や減収により住居を失った方、または失うおそれのある方に、就職に向けた活動をするなどを条件として一定期間家賃を支給する制度です。

③住宅セーフティネット制度

　住宅確保要配慮者に対する賃貸住宅の供給の促進に関する法律（住宅セーフティネット法）に基づく、高齢者、障害者、子育て世帯等の「住宅確保要配慮者」が安心して住宅に入居でき、その地域で暮らすことを支援するための制度です。「住宅確保要配慮者」とは、改正法において、低額所得者、被災者、高齢者、障害者、子育て世帯と定められました。加えて、省令において外国人などが定められています。

　この制度には、三つの柱があります。

　第一に「住宅確保要配慮者の入居を拒まない賃貸住宅の登録制度」です。これは「セーフティネット登録住宅」と呼ばれ、全国で65万戸以上がすでに登録されています。

　第二に「登録住宅の改修や入居への経済的な支援」です。登録住宅の改修への支援として、改修費に対する補助制度があります。さらに入居者負担の軽減として登録住宅の家賃と家賃債務保証料の低廉化に対する補助があります。

第三に「住宅確保要配慮者に対する居住支援」です。都道府県が、次に掲げる居住支援活動を行う NPO 法人等を、居住支援法人として指定することができ居住支援法人との連携が重要になります。

① 　登録住宅の入居者への家賃債務保証(これは他の債務保証事業者との連携でも可)
② 　住宅相談など賃貸住宅への円滑な入居に係る情報提供・相談
③ 　見守りなど住宅確保要配慮者への生活支援
④ 　①～③に付帯する業務

　また地方公共団体や不動産関係団体、居住支援団体等は住宅確保要配慮者の民間賃貸住宅への円滑な入居の促進に関して必要な措置について協議するため、居住支援協議会を組織することができます。生活保護受給者については、セーフティネット住宅（における）の家賃を代理納付することが可能となっています。また、家賃債務保証業については、適正に業務を行うことができる者として一定の要件を満たす業者を、国に登録する制度があります。

④公営住宅

　公営住宅とは、収入が少ないために住まいを見つけることが難しい人が、安い家賃で住むことができる住宅です。公営住宅法という法律に基づいて、国の補助を受けながら都道府県や市町村などが住宅の建設や管理、運営を行っています。

　入居の方法等は、自治体によって違います。それぞれの自治体に問い合わせをする必要があります。さらに公営住宅には「優先入居」という制度があります。高齢者世帯、障害者世帯、著しく所得の低い世帯や母子・父子世帯などが公営住宅の入居を希望する場合、優先的に入居できる仕組みです。

⑤ NPO 法人ホームレス支援全国ネットワーク

　ホームレス支援団体の全国組織です。「全国 SOS 対応」として、支援要請の連絡を本部が受け、近隣の支援団体につなぐ支援を実施しています[1]。

⑥一般社団法人全国居住支援法人協議会
　居住支援法人の全国組織です[2]。

▶ 1
http://www.homeless-net.org/
▶ 2
https://www.zenkyokyou.jp/

⑦福祉事務所

　住居を失うことは「最低限の生活が維持できていない状況」となっているといえます。生活保護を申請し、自立に向けた歩みを始めます。生活保護は、月々の家賃を給付する住宅扶助のみならず、入居費用や家財を確保するための一時扶助があります。

9　矯正施設出所者等

（1）概況

　刑務所や少年院等の矯正施設から出所した人のなかには、帰るべき住居がない、家族等からの支援を受けられないなど、出所後の生活基盤が不安定な人が少なくありません。また、起訴猶予処分や執行猶予判決等によって釈放された人のなかにも、同じく生活基盤が脆弱な人たちが含まれています。

　このような人たちのなかには、住居や就労等の確保といった適切な支援につながらずに、社会のなかで孤立し、罪を繰り返していたという例も多く見受けられます。そのため、適切な支援につながることによって生活が安定し、結果的に犯罪行為から離脱していくというケースも珍しくありません。なお、矯正施設出所者等への支援は、これまでにも保護観察所や地域生活定着支援センター等が、居住先・就労先の確保、福祉サービスの調整等の支援を行ってきています。しかし、保護観察所が行う保護観察や更生緊急保護等といった援助（更生保護施設や自立準備ホームへの宿泊保護等）には期限があることや、地域生活定着支援センターが行う福祉的支援にはその対象が高齢または障害を有する人に限られているなど、保護観察所や地域生活定着支援センター等だけでは十分な支援を行うことが難しい場合も少なくありません。そのため、自立相談支援機関においても、これら機関等と連携しながら矯正施設出所者等への支援を展開していくことが期待されています。

（2）支援における留意点

①帰住先の確保、居住環境の安定

　上述したとおり、犯罪をしたことによって、賃貸借契約を解約されて住居を失う、福祉施設に入所していた人が受刑を機に以後の入所を断られるなど、帰住先を失ったことでさらに負の連鎖に陥ってしまう人たちが少なくありません。また、そのような人のなかには、刑務所受刑中に住民票が職権消除されている場合もありますので、確認が必要です。

このような場合、受刑中や出所後の段階から、本人の希望に基づき、保護観察所による更生保護施設や自立準備ホームへの入所調整が行われてはいますが、更生保護施設等の部屋数にも限りがあることなどから希望どおりに入所できないこともあります。

　このように、保護観察所が行う支援だけでは、矯正施設出所者等の住まいの確保や居住環境の安定を図ることが難しい場合もあるため、例えば、経済的に困窮している矯正施設出所者等に対し、保護観察所等からの依頼に基づき、自立相談支援事業が住居確保給付金の支給や一時生活支援事業を検討することなどが考えられます。

　また、福祉サービスを受けることが必要な矯正施設出所者等については、保護観察所の依頼に基づき、地域生活定着支援センターが矯正施設入所中からかかわり、必要な福祉的手立てや帰住先の調整等を行う仕組み（特別調整等）が整えられてはいますが、すべての矯正施設出所者等を対象としたものではありません。そのため、自立相談支援機関において、住まいを失った矯正施設出所者等からの相談を受けた場合には、必要に応じて、保護観察所や地域生活定着支援センター等と連携しながら、まずは住まいを確保し、居住環境を整えていくことが必要となります。

　なお、地域生活定着支援センターにおいては、令和3年度から、受刑者だけでなく、刑事司法手続の入口段階にある被疑者・被告人で高齢または障害を有する人も対象とする「被疑者等支援業務」が開始されています。

②就労機会や生活費の確保

　法務省の調査によれば、刑務所出所者の7割は再犯時に無職であり（令和元年時）、刑務所出所者等の社会生活を長く維持していくためには、就労支援や雇用の確保が重要といえます（法務省ウェブサイト[3]参照）。

　このため、保護観察所では、ハローワーク等と連携し、刑務所出所者等総合的就労支援対策等による支援を実施していますが、特に刑務所を満期出所した人については、保護観察所を介さずに、直接、自立相談支援機関の窓口に相談することも想定されます。そのような場合には、ハローワークや保護観察所による就労支援等へつないだり、本制度の就労支援策を活用することが考えられます。また、金銭的余裕のない矯正施設出所者等に対しては、生活福祉資金の貸付などの支援も考えられます。

[3]
https://www.moj.go.jp/hogo1/soumu/hogo02_00030.html

③生きづらさへの理解——更生

「更生」という文字は、更と生を重ね合わせて「甦」という字で表されることから、「更生とは、罪を犯した人が真人間に生まれ変わること」、そんなイメージをもつ人も少なくないかもしれません。しかし、罪を犯した人たちの立ち直りに寄り添うとき、虐待やいじめ、搾取等といった被害を幾度となく受け、私たちが当たり前に獲得して生きてきた、親からの愛、家族、友人や仲間、教育の機会などを、生まれながらにして剝奪されたり、それらがないも同然かのように失ったりして生きてきた人たちがいかに多いかに驚かされます。

だとすれば、人が更生していくとは、素晴らしい真人間に甦るということではなく、生まれながらにして剝奪されてきたものを、一枚一枚、丁寧にあてがっていき、私たちが当たり前に獲得してきたものと同じもので満たしていく、そのプロセスこそが「更生」ということなのではないでしょうか。失ったものなどを一枚一枚獲得し直していくプロセスだからこそ、時間を要していくものなのです。だからこそ、どんな躓きがあったとしても、たとえそれが再犯だったとしても、その生きづらさが癒えるまで息長く寄り添い続ける存在が大切なのかもしれません。

そのためにも、上述するような機関との連携はもとより、地域のなかで多様な応援団をつくっていくことが重要となります。平成28年に成立した再犯防止推進法には、都道府県や市町村が「地方再犯防止推進計画」を定めるよう努めなければならないことが明記されました。これからは、矯正施設出所者等の立ち直りを官民の連携・協働体制——応援団——で見守っていけるよう、自立相談支援事業にもその一翼を担うことが期待されています。

（3）主な支援機関

> ・保護観察所（刑務所を仮釈放された人などの保護観察等を行う法務省の出先機関）、保護司（保護観察官と協力して保護観察等を行う民間篤志家）
>   →保護観察等の実施、更生保護施設や自立準備ホームへの入所調整などを行っており、保護観察所が実施する帰住先の確保や就労支援に関して連携が考えられます。
> ・公共職業安定所（ハローワーク）、無料職業紹介所、協力雇用主
>   →ハローワーク等が行う刑務所出所者等就労支援事業との連携が考えられます。
> ・地域生活定着支援センター（高齢または障害により、福祉的な支援を必要とす

る犯罪をした人等（被疑者、被告人、受刑者等）について、必要な福祉的手立てや帰住先の調整等を行う機関）

→地域生活定着支援センターが行う福祉的手立てや帰住先の確保に関して、地域生活定着支援センターと協働する刑事司法関係機関や福祉事業所等との連携が考えられます。

10 外国人

（1）概要

　現在、日本には280万人以上の外国籍者が住民として暮らしており（出入国在留管理庁「2021年6月末在留外国人統計」）、その国籍は190以上にも及びます。戦前日本の統治下にあった朝鮮半島や台湾から移住した人が戦後も日本にとどまり、1980年代後半からは国際結婚によるフィリピン、タイ、中国などのアジア諸国からの女性が、1990年代に入るとブラジル、ペルーなど南米を中心に日系人が多数来日するようになりました。そして2000年頃からは、中国をはじめアジア諸国から研修・技能実習生や留学生が増加し、2010年以降はベトナムやネパール、近年はインドネシアの出身者が急増しました。国籍・出身地だけでなく、来日目的や時期、日本滞在歴もさまざまで、背景や境遇が異なれば直面しやすい課題も異なってきます。また、帰化手続きにより日本国籍を取得した人は法的には日本人ですが、外見や言語・生活習慣などの違いから社会生活面で外国人とみなされ、同様に課題を抱えることも多くあります。外国人といっても一括りにはできない多様な現況があることを、まず認識することが大切です。

　外国人も基本的人権を有していることはいうまでもありません。実際に在留資格をもたない外国人であっても、賃金や労災などの労働権、子どもの公立学校への就学などは当然認められており、母子保健など各種医療・福祉制度で適用が認められているものもいろいろあります。生活困窮者自立支援法には、国籍や在留資格に関する表記は一切ありません。自立相談支援事業や一時生活支援事業、住居確保給付金制度などは公的な支援制度のなかでも、外国籍住民にとって身近で積極的に利用できるものであると考えられます。しかし、外国人に保障されている権利の中身や実際の運用について、外国人本人も、また支援を行う自治体や各機関もよく知らないために、本来つながるべき支援につながらずに放置されてしまうことが非常に多くあります。

（2）支援における留意点

①第一言語を通じた情報伝達とコミュニケーションが重要

　言語に対する配慮は、外国人支援における基本中の基本となります。その際に、言語が果たすさまざまな機能・役割について理解しておくとよいでしょう。

　第一の機能としては、人々が相互理解するためのコミュニケーションツールであるという点です。共通の言語がない場合は、通訳支援を受けることが望まれます。このときに意識したいのは、通訳を必要とするのは、相談者側だけでなく、支援者側にとってもそうであることを意識しましょう。支援の現場では、支援者側が相談者に対して、家族や友人で日本語がわかる人を連れてくるように求めることが非常に多いですが、通訳支援員としてのトレーニングを受けていない身近な人による通訳は、相談者をよく知る人であるがために生まれるメリットとともに、デメリットとなる場合もあります。相談者の話のつもりが実際には通訳者の意思に代わってしまっていること、あるいは相談者が知られたくないことを身近な人に知られてしまう、逆に通訳者が知りたくなかったことを知ってしまうということが起こり得ます。

　第二に、音声による会話、つまり聞く・話すことと、文字による対話、読み書きとは性質が違うため、その理解度も違ってくるという点も重要です。会話の日本語が相当上手でも、特に非漢字圏出身の方の場合、漢字の多い文書や資料は理解が難しい場合があります。

　また言語は、その人の生い立ちやアイデンティティともつながっています。「A国人イコールA国語」を話すとは限りません。また相談者の日本語がそれほど堪能でないとしても、相談者が日本語で話そうとしている場合は、日本語で対話することも大切です。通訳は、その相談者の出身国で機械的に求められるものではなく、その相談者が話したい言葉を確認する、という相談者の意思尊重の原則が基本となります。一方で、種々の制度の利用申請などについては情報の正確さが求められるため、相談者が理解しやすい言語による通訳を入れたほうがよいと判断する場合は、丁寧に説明し通訳の利用について相談者の理解を得ることが大切でしょう。

②在留の安定性の確保

　外国籍者が日本に滞在するには、許可された在留資格をもっていることが必要です。在留資格は細かく分類されており、就労資格の有無や、日本国内でできる活動内容、在留期間などが異なります。失業や離婚などによって引き起こされる在留の不安定化は、生活状況の不安定化に一挙につながります。日本に滞在し続けることが難しくなることを恐れて、賃金未払いや労災不適用などに泣き寝入りする移住労働者や、DV

や性暴力被害に遭っても我慢しなければならないと考える移住女性が、いまだ多いのが現状です。

　外国人が生活困窮に直面した場合、衣食住の確保の前提として、まず日本に引き続き滞在することができるかどうか、在留の安定性の確保が必要です。例えば、不当解雇され住む場所も失った外国人からの相談があった場合、解雇撤回の訴えや、生活保護（準用）などの福祉制度の申請などが考えられますが、労働や生活問題に対応していくために、まずは本人の在留資格の種類や期限を確認し、日本での在留が継続できるよう支援する必要があります。DV被害者の場合、日本人配偶者と離婚しても定住者など別の在留資格が付与される可能性が十分にあります。なお、在留資格を有しないDV被害者について、公務員が被害者の人権擁護等の観点から入国管理局に通報しなかったとしても通報義務違反に当たらない場合があるとの解釈が示されています（平成15年11月17日法務省管総第1671号法務省入国管理局長通知参照）。

　また、永住者や定住者など、在留資格の種類によっては生活保護の適用（準用）の可能性もあります。

　在留資格制度については法改正がたびたび行われることもあり、すべて理解することは大変ですので、入管業務の経験が豊富な行政書士や弁護士、場合によっては民間の外国人支援団体などと連携して、情報を確認するとよいでしょう。

③文化の違いに対する配慮

　日本とほかの国との間には当然文化の違いがあります。日本ではお椀を手に取って箸で食べるのが食事のマナーですが、お椀を持たないことがマナーである国もあれば、直接手で食べることが通常という国もあります。他国で生まれ育った外国人が日本で生活すると、宗教、家族や人間関係の考え方の違いなどが理由で、生活上のトラブルが起きることも多々あります。したがって、文化の違いは外国人相談を行うにあたって避けられない課題であり、さまざまな機会を通じて理解を深めることが重要です。

　ただし、文化の違いを過度に不安視することは適切ではありません。そもそも日本国内にも多様な文化があり、私たちは日々文化の違いに接しているといえます。日本と外国の場合はその違いの幅が大きいので、その分、特段に関心を注ぐ必要がありますが、異なる文化を尊重し理解するスタンスに違いはありません。自分の文化の観点からほかの文化に優劣をつけず、まずはありのままに受け入れてみることが大切です。また、同じ国・同じ地域出身でも多様な文化があり、さらに人によって外国文化や日本文化の受容度が異なりますので、ほかの文化を画一的、固定的にとらえないようにすることも大切です。

④法・制度の不知を最小化するための周知活動が必要

　例えば身体の調子が悪くなった場合に、健康保険証を持って近所の病院に行くことが通常の対応ですが、外国人にとっては、健康保険に加入していない、行くべき病院がわからないなどのために、病院へのアクセスが困難な場合が多くあります。無料低額診療事業はそうした外国人にとって利用可能な医療サービスの選択肢と考えられます。このように「当たり前」と考えられていることを一つひとつ丁寧に確認し、必要な情報を提供すべきときがあります。

　また、出入国管理および難民認定法（入管法）など、特に外国人に関係する法律や制度は一般的に知られておらず、内容も複雑であるため、外国人への周知の必要性は常に指摘されています。法や制度を知らないことが、小さな課題を解決困難な問題へと増幅させる大きな要因となっています。生活困窮を予防するという観点から、外国人がふだんから正しい情報を知ることができる環境を整えていくことも重要です。

（3）主な支援機関

①地域国際化協会（国際交流協会など）／多文化共生総合相談ワンストップセンター

　多言語生活情報や日本語教室、外国人相談など地域に暮らす外国人のための各種サポートを行っています。通訳サービスを実施しているところもあります。平成30年12月に閣議決定された「外国人材の受け入れ・共生のための総合的対応策」により、「多文化共生総合相談ワンストップセンター」の設置が推進され、全国各地で多言語による生活相談窓口ができてきました。

②外国人向け法律相談

　都道府県弁護士会によっては、外国人相談を担当するチームがあり、多言語による法律相談を行っている弁護士会もあります。また、法テラスでも外国語対応を行っています。

③外国人労働者相談コーナー、外国人雇用サービスセンターなど

　厚生労働省の「労働条件相談ほっとライン」は日本語以外に8言語で対応するなど、外国人の労働問題相談、雇用情報の提供などを日本語と外国語で行っているところがあります。

④女性相談所

　地域によっては外国語対応をしているところもあります。

⑤各国大使館・領事館

　旅券や本国での身分事項に関する証明書の発行などを行います。結婚・離婚や相続など種々の手続きで必要となることが多いです。ただし難民（申請者）をはじめ本国で政治的迫害を受けていた外国人の場合、大使館・領事館への連絡は本人や本国にいる家族の身に危険を招くことになるので注意が必要です。

⑥外国人在留支援センター（FRESC）

　令和2年7月に東京・新宿区で開所。出入国在留管理庁、法テラス、東京法務局人権擁護部、外務省ビザ・インフォメーション、東京外国人雇用サービスセンターなどの相談窓口が集まり、多言語で相談できます。

⑦外国人在留総合インフォメーションセンター

　在留資格の変更・更新、在留カードの発行など在留管理に関する手続きは、住居地を管轄する地方出入国在留管理局で行います。それら各種手続きに関する問い合わせについて、出入国在留管理庁が外国人在留総合インフォメーションセンターを各地方出入国在留管理局に設置し、多言語で対応しています。

⑧外国人当事者団体・支援団体（NGO・NPO）

　外国人が直面するさまざまな問題に関する情報や相談対応の実績、通訳などの支援リソースが非常に多く集まっています。国・出身地別の当事者団体もあれば、教会・寺院などの宗教施設、移住女性のためのシェルターなど専門的な支援組織もあります。

⑨フードバンク

　食料支援をする際には、宗教上の理由などで食べられない物への配慮が必要になります（例えば、豚エキスの入った調味料等）。

参考文献
・移住者と連帯する全国ネットワーク編『外国人の医療・福祉・社会保障 相談ハンドブック』明石書店, 2019.

第3章

（1）概要

①性暴力被害の現状

　性をターゲットとした暴力は「性暴力」と表現されています。性暴力にはDV（ドメスティック・バイオレンス）やレイプなどが含まれます。生活困窮者となっている例としては、DV被害により加害者のもとから逃れている人とその子ども、セクシュアルハラスメントやレイプ被害などでPTSD等の精神症状があり退職を余儀なくされた単身女性、家族などからの性虐待によって家に帰ることができず居所を失った若者などが考えられます。

　性暴力被害についての相談は年々増加しています。「男女間における暴力に関する調査」（内閣府：令和2年）によると、配偶者（事実婚、元配偶者も含む）から「身体的暴力」「精神的暴力」「経済的暴力」「性的暴力」のいずれかについて「何度もあった」という女性は10.3％、1度でも受けたことがある女性は25.9％となっています。DVの被害者は女性である率が極めて高く、日本では、暴行や傷害の被害者の約9割が女性です。DV等が原因で家を離れ一時保護を利用する女性と子どもは1年間で6350人（2018年）であり、離婚成立までに時間を要する実情から考えると、多数の女性と子どもたちが加害者の追跡を避ける生活を余儀なくされ、何らかの支援を必要としていると想定できます。

　令和元年中の強制性交等の認知件数は1405件、また、強制わいせつの認知件数は4900件です。前出の調査によると、これまでに「異性から無理やりに性交された経験のある女性」は6.9％ですが、被害をどこ（だれ）にも相談しなかった人は58.4％となっており、被害者数は認知件数をはるかに上回っていると考えられます。また、同調査では加害者は約9割が家族、友人、先生等の「顔見知り」であり「見知らぬ他人が夜道の一人歩きの女性を襲う」というイメージは誤っていることもわかっています。

　令和2年度中の雇用の場でのセクシュアルハラスメントにかかる都道府県労働局雇用均等室への相談件数は6337件です（コロナ禍で宴席等の減少からか令和2年度は、母性健康管理措置に関する相談が急増）。

②相談支援機関をめぐる課題

　性暴力は被害者の心と身体を深く傷つけるものですが、いまだ「女性が誘った」「女性に落ち度があったので被害に遭った」といういわゆる「レイプ神話」が一般社会だ

けでなく各種相談機関においてすら残存しています。

　そのため被害者は、自責の念をもっている場合が非常に多く、孤立しており、加害者が夫や知り合いであることから公的な窓口や企業内の窓口に相談することの困難さを感じています。深く傷ついているために、支援員との信頼関係の構築に時間がかかることも多いでしょう。支援員には、性暴力被害者のおかれているこうした状況をよく理解することが求められています。

　DV に関しては平成 13 年の配偶者からの暴力の防止及び被害者の保護等に関する法律（DV 防止法）制定以降、相談機関の整備がなされつつありますが、性暴力に関しての恒常的な相談支援の窓口は、男女共同参画センターや女性センター、性暴力ワンストップ支援センター、犯罪被害者支援センター、民間女性支援団体などに限られており、女性を専門的に支援する NPO 等の団体が相談支援活動に取り組んでいます。性暴力被害者支援に関しては、これらの専門的知見をもつ支援団体との連携が重要です。

（2）支援における主な問題点と支援の考え方

① DV 被害者支援の流れ

　一般的な生活困窮者支援との大きな違いは、加害者の追跡から相談者を守る必要がある点です。DV 防止法に基づく支援を行っている機関と緊密に連携を図った対応が期待されます。支援の流れは図表 3 － 4 のような流れとなります。

② DV 被害者支援の留意点

○安全確保と緊急性の判断

・ 生命の危険度の有無（暴力の状況を確認）
・ 加害者の追跡の有無（家を離れた場合、どの程度の追跡が考えられるか）
・ 子どもの所在確認（加害者による連れ去り等の危険性）

などを相談の初めに確認し、生命の危険があると考えられる場合は、窓口から直接一時保護（シェルター利用）につなぐ、医療機関に避難するなどの緊急対応の必要があります。次に保護命令を申請します。申請の支援は、DV 相談支援センターや民間シェルター等が実施しています。

　また、相談者のみならず支援員の安全を確保する必要がある場合もあります。このため、一般の窓口ではなく、加害者に知られない場所での相談を行うことが最善です。

○生活再建

　加害者の追跡が厳しく生命の危険がある場合、多くの相談者は住民票を移せません。

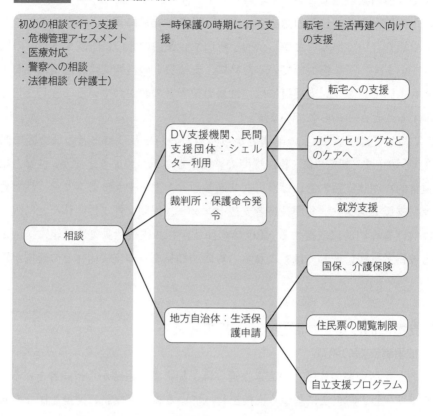

図表3-4 DV被害者支援の流れ

| 初めの相談で行う支援 | 一時保護の時期に行う支援 | 転宅・生活再建へ向けての支援 |

初めの相談で行う支援
・危機管理アセスメント
・医療対応
・警察への相談
・法律相談（弁護士）

一時保護の時期に行う支援

転宅・生活再建へ向けての支援

転宅への支援

DV支援機関、民間支援団体：シェルター利用

カウンセリングなどのケアへ

裁判所：保護命令発令

就労支援

相談

国保、介護保険

地方自治体：生活保護申請

住民票の閲覧制限

自立支援プログラム

　DV被害者に関しては住民票を異動していない場合でも、国民健康保険証の取得、保育所入所、転校、生活保護受給、介護保険の適用等市町村の窓口の申請等は受理できるよう通知が出されており、窓口等への徹底が求められます。住民票を居所に移す場合は、必ず市区町村の市民課等で住民票の閲覧制限を行うなど、加害者に居場所が知られることがないよう支援します。

○精神的暴力について

　DVは身体的暴力のほかに、精神的暴力・性的暴力などが含まれていますが、現在の保護命令の対象になるものが身体的暴力であることから、「殴られていなければDVではない」といった誤解が相談窓口においても広くみられます。ところが、実際のDVにおいては、身体よりも精神的暴力の割合が高く、心身への後遺症等の影響・ダメージは精神的暴力や性的暴力のほうが大きいことがわかっています。相談対応に際しては、DVを身体的暴力に限ることのないよう適切な配慮が求められます。

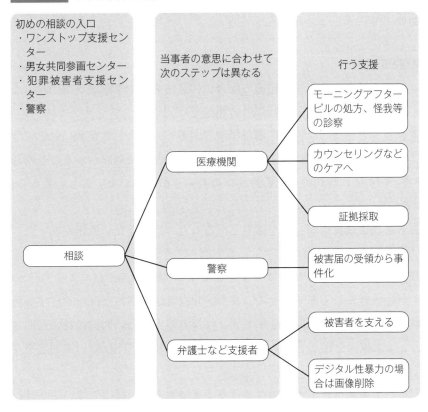

図表3−5 性暴力被害者支援の流れ

初めの相談の入口
・ワンストップ支援センター
・男女共同参画センター
・犯罪被害者支援センター
・警察

当事者の意思に合わせて
次のステップは異なる

行う支援

相談

医療機関
→ モーニングアフターピルの処方、怪我等の診察
→ カウンセリングなどのケアへ
→ 証拠採取

警察
→ 被害届の受領から事件化

弁護士など支援者
→ 被害者を支える
→ デジタル性暴力の場合は画像削除

③性暴力被害者支援の流れ

　DV 被害者支援は継続的な暴力被害から逃れるための「危機管理」が大変重要ですが、レイプ等の性暴力被害では「事件化」の対応が重要となり、同時に被害当事者の意思に沿った対応とすることに留意しなければなりません。警察対応等における同行支援は必須となるため弁護士等との日常的な連携が重要です。

　また近年、リベンジポルノに代表される「画像の撮影・拡散」による脅迫を伴う「デジタル性暴力」が増加しています。性暴力被害を相談できない背景に「画像などの拡散への恐怖」があることがあげられます。支援にあたる際には「画像削除」等のスキルの理解が求められています。

④ DV および性暴力被害に共通する留意点
○同行支援

　DV から逃れた直後、レイプ被害後などには、相談者は対人恐怖、加害者に似た男性に会ったときのフラッシュバックなどで買い物もままならない時期すらあります。

日常生活の同行支援、子どもに対する支援、医療機関、裁判所、生活保護申請、国民健康保険証の取得など、さまざまな局面での同行支援を行うことが重要となっています。

○医療機関との連携

　レイプ被害、性虐待の直後の相談の場合には証拠採取や緊急避妊薬の投与など医療機関との連携が重要です。緊急時以外の相談では、PTSD、フラッシュバック、解離症状、対人恐怖等の精神的な症状に悩む相談者が多く、そうした症状に対応できるようにすることが必要です。DVを含め性暴力被害の回復は長期間かかることが通常ですので、被害者の対応に専門性のあるカウンセリング機関につなぐことも考えられます。

○二次被害の防止

　二次被害とは支援員側が「夫が暴力を振るったのはあなたに原因があったのではないか」「お酒をのんでいたのがいけないのでは」などと対応し相談者を傷つけることです。相談者の被害に対する反応はさまざまです。「被害者らしくない」などの先入観をもった対応は好ましくありません。また、相談者が対応に女性を希望する場合が多く、女性の相談支援員の配置は必須です。性暴力被害からの回復は特に初期対応が重要であり、二次被害を起こさないことが、後遺症であるPTSD等の深刻度を左右することにも留意が必要です。

　また、生活困窮者自立支援窓口にようやく風俗的産業に従事している女性たちからの相談が寄せられるようになりましたが、こうした相談者のなかには性暴力被害を体験している方も少なくないことが報告もされていることから、二次被害のない適切な対応を確保するために、性暴力被害者支援の体験とスキルがある相談員の配置を意識的に行っていく必要があります。

（3）主な支援機関など

①　地方裁判所：保護命令発令、離婚調停

②　警察：加害者対応

③　配偶者暴力相談支援センター（県）：DV防止法に基づく一時保護決定

④　婦人相談所、民間シェルター、母子生活自立支援施設、婦人保護施設：一時保護受け入れ（DV防止法以外も含む）

⑤　配偶者暴力相談支援センター（市町村）、福祉事務所、男女共同参画センター、女性センター、民間支援団体、性暴力ワンストップ支援センター、犯罪被害者支援センター：相談

⑥　民間支援団体：同行支援・シェルター提供

⑦　相談窓口（内閣府）：DV 相談＋（プラス）（電話 [0120-279-889]・メール・SNS）、性暴力被害 SNS 相談 Cure time（SNS）

12　LGBT（性的マイノリティ）

（1）「性的マイノリティ」とは

　性的マイノリティとは、「性的指向、性自認をはじめとする性的な特徴がマジョリティと異なることで、不当な扱いを受けやすく、既存の社会制度を活用できずにいる人々」です。社会的偏見や性的マイノリティを理解するためには、いかに「性」が多様であるかを知る必要があります。

　近年、個人の性を四つの切り口で考える機会が増えてきました。性別を理解するための「身体の性別」「性自認」「性別表現（外見の性別）」、性的な欲求に関する「性指向」です。

　性は以上の四つの切り口で考えられますが、多くの社会では 2 種類の「性」しか存在しないとされがちです。それは、出生時の身体的特徴をもとにした「身体の性別」と「性自認」「性別表現」が一致しており、なおかつ性指向が異性に向いている「男と女」です。ここでいう性的マイノリティとは、この 2 種類にあてはまらない人々のことで、どの時代の、どの社会にも 4 〜10% 程度は存在するともいわれています。

　レズビアン（Lesbian）は同性を愛する女性、ゲイ（Gay）は同性を愛する人（男性を意味することが多い）です。バイセクシュアル（Bisexual）は、両方の性別を好きになる人です。トランスジェンダー（Transgender）は、身体や法律上の性別に対して違和感があり、それとは異なる性別として扱われたいと望む人のことです。性別違和感が強い場合は、医療のサポートを受けられます。疾患名として「性同一性障害（GID）」がありますが、2022 年以降は、WHO の改訂に沿って精神疾患分類から外れ、診断名称も変更される予定です。性別違和感のある人すべてが「治療」を望むわけではありません。LGBT 以外にも、多様な性のあり方が知られるようになり、自分の性的指向や性自認が定かではない場合も念頭にいれて、近年では LGBT のあとに Q（クエスチョニング／クイア）をつけて LGBTQ と呼んだり、「男か女か」の二元的な区分に当てはまらない性別を、X ジェンダー／ノンバイナリー（NB）と表記することも多くなってきました。

　しかし、社会制度においてはこうした「多様な性」は想定されていないため、「合わせない」「変わっている」「性別規範を乱す存在」などの誤解や偏見を受けます。その

ため、マジョリティのなかで対人関係を築くことが難しくなり、安定的な雇用から排除されてしまうなど、生活困窮に至るということも少なくありません。

（2）生育歴別にみた典型的な孤立リスク

生育歴を追って、典型的な排除・孤立のきっかけとなる起点を以下に示します。

○　幼児期：性別表現の活発化、性自認の目覚めの時期。女の子遊びを好む男子が遊び道具を取り上げられるなど、家族の理解がなく強い叱責や暴力、虐待を受けることがあります。

○　学齢期：性別規範のしめつけや、性指向に気づく時期。「男らしさ、女らしさ」の性規範にそぐわない子は学校で、からかいやいじめ、ズボンおろしなどの性暴力の標的にされやすく、不登校・ひきこもりになることがあります。また、好きな人ができて自らの性指向に気づく時期です。テレビ番組で同性愛者がからかいの対象となるのをみて、親にも友人にも相談できず独り密かに悩む子は少なくありません。孤立による自死のリスクが高まる年齢ともいえます。

○　青年期：LGBTとしての自己認識が確立する自己表現の時期。性別違和感をよりはっきりと表現するようになり、身体性別とは別の社会的性別で行動する人も出てきます。友人にカミングアウトしたり、自分と似た人に会ってみたいという欲求から当事者グループに参加したりして、他者とつながろうとする時期です。しかし、うまく自分の居場所を見つけられるケースばかりではありません。また、家族からの虐待や学校でのいじめ、友人からの拒絶などで精神的打撃を受けている場合、当事者の集まりにもなじめず、再び排除にあって居場所を喪失することもあります。

○　就職活動期・就労期：社会の性別規範と折り合いをつけ、パートナー探しをする時期。性別違和感が強い場合、自分の性別表現が法的性別と一致しないことから、訝しく思われ、就職活動で困難に遭遇します。そのため、成人したら速やかに性別適合手術を受けて、就職活動前に性別変更を済ませたいと考える人もいます。性別に左右される職業選択も悩みの一つです。職場でカミングアウトした結果、パワハラ、セクハラ、モラハラなどのハラスメントを受けることもありますし、そうでなくてもプライベートな話ができないために職場の人間関係が深まらず、居づらくなって仕事を転々とする場合もあります。

○　中年期：就職後の性別移行の悩みや不安定就労と自立の悩みがある時期。就職後に社内で性別の取扱いを変更するのが大変なため、一度仕事をやめて、別の性別で再就職することも多くあります。転職が続くと、収入が下がるとともに、自分を受け止めてくれる社会的セーフティーネットが脆弱になり、親からの自立が難しくな

ります。パートナーが法律上同性の場合、財産の共有や継承が難しいため、将来の生活設計に悩みます。身近に理解者がいないと地域での人間関係も先細り、排除や孤立状況が生まれやすくなります。

○　高齢期：医療、介護施設等の利用に際して、支援者や親族との関係性における悩みや相続などの悩みを抱える時期。介護制度を利用してヘルパーなどを頼む際に、同居の同性パートナーとの配偶関係が認められず、疎遠となっている「親族」に連絡するよう言われて困惑する場合も多くあります。LGBT（性的マイノリティ）は子どもがいないか、いても疎遠なことも多く、孤独死のリスクが高いといえるでしょう。また、財産を相続できないため、一方が死去すると住居を出て行かなければならない事態も発生して、困窮します。

（3）相談・支援における留意点
①＜全体にわたって＞知識、受容、標榜、共感、対等

　性の多様性に関する知識、自分とは違うあり方を受容する包容力、共感をもった対応や標榜が求められます。相談される側や、支援する側が、自分のなかの「男か女かの二極化」「男らしさ、女らしさの絶対化」などの意識の偏りに気づき、相対化することによって、相談者と支援者の対等な関係性を構築しやすくなり、支援の促進が図りやすいと考えられます。

②＜相談のなかで＞すぐに出てこない主訴、信頼関係の構築を優先

　相談者は、具体的な症状や困窮状態の話から入ることが多く、セクシュアリティや性別違和感などの主訴は、そうした話をしながら、相談相手がどういう人かを探った後に初めて相談者が口にするという傾向があります。主訴が見えにくい相談者などの場合、安定した信頼関係をまず構築することが重要となります。

　また、「どうしてそうなったの？」など、理由や原因を尋ねることは、「周囲に合わせられない」ことで自責の念を抱いている当事者にとって、責められたように聞こえることもあることに留意が必要です。

③＜支援のなかで＞「経験を積んだコミュニケーター」による「伴走型支援」の必要性

　LGBTQ の相談者にとって、さまざまな困難は非常に長期間継続します。相談者が抱える問題は簡単に解決できない性質のものが多いからです。また、社会的認知は高まってきたとはいえ、まだまだ強い社会的偏見が存在する領域であることから、本人

のニーズを十分に把握したうえで、適切な距離を保ち、相談者の状況を「きちんと伝達」できる支援者の存在が不可欠になります。

支援機関にとって「想定外」の事案について、経験を積み専門的知見がある支援者が「通訳」し、相談者に配慮をすることで初めて、解決への手助けが可能となるといえます。

④「乗り越えてきた」経験者による支援

生活困窮から脱して尊厳ある生き方を選んでいくためには、「自分の物語を紡ぐ」ということが重要です。しかし、LGBTQ は、「自分が何者なのか」という悩みを抱え、加えて、これまで存在を認知されにくい状況であったため、当事者にとってのロールモデルが決定的に少ないという特徴があります。ロールモデルがいないまま、「自分はどこから来てどこへ行くのか」という物語を語るのは、容易ではありません。そこで支援をする際には、本人をエンパワメントしていくためにも、性被害や暴力被害からの回復過程や、HIV 陽性者などの実践も参考にしながら、「当事者として偏見や挫折を乗り越えてきた人」を支援側に組み込むことが効果的と考えられます。同じ悩みを共有するグループの活動につなげることも重要です。

（4）主な連携先：専門機関や他分野の支援団体

ジェンダークリニック、性別とセクシュアリティに詳しい精神科医、病院の医療相談窓口や PSW、女性相談・男性相談窓口、保健所の心の相談窓口、HIV 感染予防機関・窓口、子育て相談（家族支援）窓口、教育相談窓口、精神保健福祉関係機関、発達障害者支援センター、いのちの電話・チャイルドラインなどの電話相談機関、弁護士会、法テラス、当事者による相互支援や啓発・キャンペーングループ、LGBT（性的マイノリティ）の家族会、など。

参考文献
・『DVD　セクシュアル・マイノリティ理解のために〜子供たちの学校生活とこころを守る〜』"共生社会をつくる"セクシュアル・マイノリティ支援全国ネットワーク，2010.
・社会福祉法人共生会 SHOWA 編著『性的マイノリティサポートブック』かもがわ出版，2021.
・NPO 法人共生社会をつくる性的マイノリティ支援全国ネットワークホームページ（kyouseinet.com）

13 ヤングケアラー

（1）概況

　ヤングケアラーとは、「家族にケアを要する人がいる場合に、大人が担うようなケア責任を引き受け、家事や家族の世話、介護、感情面のサポートなど行っている、18歳未満の子ども[4]」のことです。ケアを要する人の多くは親やきょうだいですが、祖父母や他の親族等の場合もあります。また、ケアを要する人は身体障害または知的障害、精神疾患やアルコールや薬物等の依存症、がんなどの慢性疾患の状態にあります。

　ヤングケアラーのしているケアは幅広くあります。子どもは家事（料理、洗濯、掃除など）や家庭の管理（金銭の管理や日常品の購入など）、実用面のケア（病院への付添いや通訳など）、看護的ケア（薬の管理や痰の吸引など）、身体的ケア（身の回りの世話や排泄や入浴の介助など）、感情面のケア（精神状態の見守りや励ましなど）、子どものケア（幼いきょうだいの世話や送り迎えなど）などをしています。一般にケアとして思い浮かべられるのは身体的ケアであると思われますが、多くのヤングケアラーがしているのは家事や感情面のケア、子どものケアです。

　子どもが家族のケアを担う背景には、高齢化によるケアを要する人の増加や、世帯の小規模化や共働き世帯の増加による、家族員のケアをする家庭の余裕の低下があります。家庭内の大人だけでは病気や障害のある家族のケアを担いきれず、不足しているケアを子ども・若者に頼らざるを得ない家庭の状況が広がっています。

　このような状況を受け、国もヤングケアラーへの対応に乗り出しています。令和3年4月に内閣府より出された「子供・若者育成支援推進大綱」は、ヤングケアラーを「困難を有する子供・若者」に位置づけました。これに先立ち厚生労働省がヤングケアラーの実態把握のために実施した調査（以下、全国調査）は、ヤングケアラーと思われる子どもの割合は、中学2年生で5.7％、全日制高校2年生で4.1％であると報告しています[5]。また、同年5月には、厚生労働省と文部科学省とが設置した「ヤングケアラーの支援に向けた福祉・介護・医療・教育の連携プロジェクトチーム」が、①早期発見と把握、②支援の推進、③社会的認知度の向上からなる、ヤングケアラーへの支援施策をとりまとめています。

▶4
一般社団法人日本ケアラー連盟ヤングケアラープロジェクト「藤沢市ケアを担う子ども（ヤングケアラー）についての調査《教員調査》報告書」2017.
▶5
三菱UFJリサーチ＆コンサルティング「ヤングケアラーの実態に関する調査研究報告書（令和2年度子ども・子育て支援推進調査研究事業）」2021.

（2）支援における留意点

①早期発見・対応による子どもの権利の回復・保障

　ヤングケアラーは、大人が担うようなケア責任を引き受けることで、教育機会を逃し、孤独に悩み、健康の悪化に苦しむことがあり、本来守られるべき子ども自身の権利を侵害されている可能性があります。しかし、子ども自身はそのような状況に気づいていなかったり、不満を感じていても言い出せなかったりすることも少なくありません。そのような子どもに対しては、周囲の大人が早期に気づき対応することで、子どもの権利を回復、保障することに努めることが求められます。

　子どもの権利の視点から、ヤングケアラーの支援の理念は、ヤングケアラーがケアをしていない他の子どもたちと同等のライフチャンスをもち、潜在能力を最大限開花させることであると考えられます。この理念の実現に向け、ヤングケアラーが心身の健康を保持することや虐待やネグレクトから保護されること、成長の過程で楽しみ多くのことを学ぶこと、これらを経済的困窮により妨げられないことを支援していくことが求められます。

②ヤングケアラーの表面化しづらさを踏まえた発見

　ヤングケアラーは、家庭内のデリケートな問題であることから表面化しづらく、公的支援機関の支援者に見えないことに留意し、ヤングケアラーの発見に取り組むことが必要です。ヤングケアラーと家族は、ケアは家族で担うべきであるとの家族規範やスティグマやいじめへの恐れ、どこに相談したらよいかわからないなどの理由から、子どもがケアをしていることを家族以外の人に話さないことがあります。一方、病気や障害のある家族員や他の家族員の生活は、子どもが担っているケアにより円滑に回っていることから、支援者には、ヤングケアラーの存在や支援の必要性が見えないことがあります。

　ヤングケアラーの支援にあたっては、ヤングケアラーの発見に向けた対応が必要となります。病気や障害のある人と家族を支援する支援者には、その家族のなかにいる子どもがヤングケアラーであるかどうかを把握することが期待されます。また、人々がヤングケアラーに気づくことを促進することに向けて、ヤングケアラーについての広報・啓発に取り組むことが大切です。

③子どもの希望を踏まえたニーズアセスメント

　ヤングケアラーの可能性のある子どもを見つけた場合には、子どもの支援ニーズをアセスメントし、どのような支援を利用できるかを知らせていくことが必要となりま

す。

　ニーズアセスメントでは、子どもと家族の希望や感情を中心に評価を行います。家族の状況や家族のなかでの子どもの役割や様子だけでなく、「ケアをどう思っているか」「どのような生活を望んでいるか」といった子どもの想いや希望も把握していきます。これは「命の安全確保が最優先」である被虐待児への対応と大きく異なる点であり、留意が必要です。

　また、アセスメントでは、ヤングケアラーの年齢や発達の状況に照らして、子どものしているケアの適否を評価します。身体の重い成人を持ち上げるケアや希死念慮のある人への感情面のケアは、子どもの心身にダメージを与えることが危惧されるため、「不適切」であると考えられます。また、比較的負担の軽いケアであっても、それらに必要な時間や要請により子どもがさまざまな制約を受ける場合には、それらは「多すぎる」ととらえられます。

④多機関・専門職との連携による支援

　ヤングケアラーとその家族は複合的な課題を有する家族です。ヤングケアラーの支援にあたっては、ケアを要する人やヤングケアラー、その他の家族員それぞれの有するニーズに対応できる複数の機関や専門職と連携する視点が重要です。

　また、ヤングケアラーと家族の利用できる資源を開発する視点も大切です。ヤングケアラーの支援に取り組み始めたばかりの日本には、ヤングケアラーを対象とした支援はわずかであり、当事者団体のない地域もあります。ヤングケアラーの支援にあたっては、既存の資源を改変するなどして、学習支援や居場所など、ヤングケアラーや家族のニーズに対応できる資源を開発していくことが求められます。

（3）主な支援機関
①当事者団体・支援団体

　ヤングケアラー・若者ケアラーのためのピアサポートグループは、悩みを相談し、ケア体験や気持ちを共有する活動等を行っています。開催方法は、対面でのミーティングやオンラインとなります。聴覚障害や精神疾患、依存症、若年性認知症などケアをしている相手の状態別や、親やきょうだいなど続柄別のグループとして運営されている場合もあります。全国的に少ない現状です。また、子ども・家庭支援に取り組む団体等が、学習支援や居場所、レスパイトの機会等を提供していることがあります。

②学校

　授業や生活指導等を通じて子どもの状況を把握しやすく、支援が必要なヤングケアラーを発見できる機関の一つとして期待されます。また、ケアをしていることに配慮した学校の学習面や生活面への対応は、ヤングケアラーの教育機会を保障するうえで重要です。全国調査は、ヤングケアラーの概念について「言葉を知っており、学校として意識して対応している」と回答したのは中学校で20.2％、全日制高校で9.6％であったと報告しており[6]、学校との連携にあたり、ヤングケアラーへの理解を教職員と共有することが課題となります。また、スクールソーシャルワーカーを通した自立支援機関との連携も大切です。

③要保護児童対策地域協議会

　ヤングケアラーを含む要保護児童等の早期発見や適切な保護を図ることを目的に、関係機関とその子ども等に関する情報や考え方を共有し、連携する取り組みを行っています。地方公共団体が設置・運営します。

④地域包括支援センター

　地域包括ケアの実現に向けた中核的な機関として、高齢者にかかわる総合相談や権利擁護、介護予防のための必要な援助、地域の支援体制づくりなどを行います。市町村が設置しています。「地域ケア会議」を通じて、ヤングケアラーのいる家庭について、多職種の協働による支援に取り組むことが期待されます。

⑤基幹相談支援センター

　地域における相談支援の中核的役割を担う機関として、障害者にかかわる総合相談や権利擁護、地域の相談支援体制の強化などを行います。市町村が設置しています。「（自立支援）協議会」を通じて、ヤングケアラーのいる家庭について、多職種の協働による支援に取り組むことが期待されます。

⑥こども若者総合相談支援センター

　ヤングケアラーを含む子どもと若者に関する相談に応じ、一人ひとりの困りごとに寄り添ったサポートを行います。

▶ 6
三菱UFJリサーチ＆コンサルティング「ヤングケアラーの実態に関する調査研究報告書（令和2年度子ども・子育て支援推進調査研究事業）」2021.

⑦子育て支援センター・放課後デイサービス

　ヤングケアラーを含む子どもの状態像や母子世帯等に対する支援について、学校と地域、自立支援機関等と連携を行っています。

14　自営業、フリーランス等

（1）概況

　自営業とは、会社に雇われず個人で営む事業です。一方、フリーランスは、雇人のいない自営業や特定の業務に対して契約を結ぶ働き方を意味します。図表3－6の上段は自営業の構成を簡略化したものです。その内実は、雇用される労働者に近い性質から独立して働くことが求められる事業者としての性質を有するものまで濃淡があります。さらに、働き方の契約に基づいた呼称も異なっています。そのため、自営業とフリーランスを厳密に概念定義することは難しく、各学問領域をまたぐ統一的な定義はないのが現状です。

　日本の自営業は、1980年代後半から継続的な衰退期を迎えています。国勢調査に基づくと、自営業者数（雇人のある業主と雇人のない業主の合計）は、昭和60年の約900万人から平成27年の約510万人へと大きく減少しています（図表3－6左下）。ただし、他の先進諸国における自営業者数は、景気の循環にともなって増減を繰り返すのが一般的であるため、日本の自営業者数がなぜ一貫して減少してきたのかは未知の研究課題となっています[7]。

　この30年間の衰退は、自営業者の職業構成を大きく変容させています（図表3－6右下）。具体的には、販売従事者や生産工程従事者の数が減少する一方で、専門的・技術的職業従事者やサービス職業従事者の数が増加しているのです。加えて、日本標準職業分類ではとらえきれない新しい自営業を含む「その他」の分類も増加傾向にあります。

　こうした背景には、情報通信技術の急激な発達によって、多様な業務がインターネットを介して個人請負や業務委託等の形式で生じていることと深い関係があります。例えばその一つの就業形態であるギグワーカーは、デジタルプラットフォームと呼ばれるオンライン上でのさまざまな取引を利用して単発の仕事を担う者です。その規模を正確に測ることは困難ですが、労働政策研究・研修機構の推計によれば、オンライン

▶7
神林龍『正規の世界・非正規の世界——現代日本労働経済学の基本問題』慶應義塾大学出版会，2017.

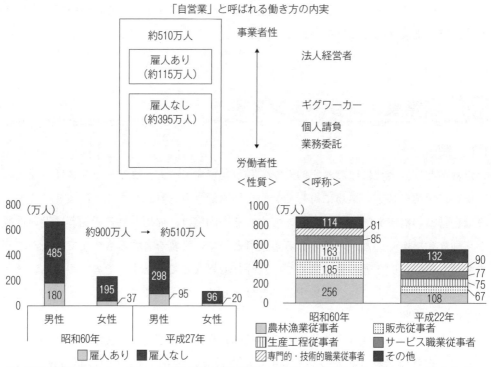

図表 3 ― 6 自営業の概念と男女別自営業者数と職業構成の変化

注：図は筆者が作成した。各データは総務省「国勢調査」である（政府統計の総合窓口 e-stat より入手）。
　　職業構成の変化は仲（2018：11）の表を一部加工した。数値の丸め方によって合計値が一致しない場合
　　がある。

で仕事を請け負う人を含む「自営業」は約 1140 万人います。むろん、この推計値は多面的な検証が必要ですが、「自営業の裾野」が現代社会においてより広がりつつあることを示唆するものでしょう。

　事実、新型コロナウイルス感染症の拡大によって経済活動が全般的に停滞したにもかかわらず、労働力調査に基づく限り、令和 2 年 4 月から 10 月にかけて自営業者数は前年よりも増加する傾向を示していたのです。とはいえ、その後の研究によれば、自営業者の家計は非正規雇用者のそれよりも大きな打撃を受けていること[8]や、労働時間の短縮によって生活が困窮するリスクが高いことがわかりつつあるため、必ずしも継続的に増加していくとは限らないでしょう。

　増加しない背景の一つとして、自営業者は「被用者」ではないために一部の例外を除いて雇用保険に加入できないため、自営業者に対するセーフティネットがほぼ存在

▶8
長松奈美江「コロナ禍のフリーランスの収入減少と家計悪化」樋口美雄・労働政策研究・研修機構編『コロナ禍における個人と企業の変容──働き方・生活・格差と支援策』慶應義塾大学出版会，2021.

していないことと関係しています。つまり、自営業は失職などのリスクに対して脆弱であるためにその働き方を忌避されることもあるでしょう。そのような背景のもと、新型コロナウイルス感染症の拡大によって生活が困窮する自営業者たちの一部が、自立相談支援機関へ相談するに至っていると考えられます。もちろん、令和元年から令和2年にかけて自立相談件数は急増しているものの、自営業者の相談はごく一部であるでしょう。とはいえ、自営業者は従来であれば相談窓口につながることは相対的に少なかった点に鑑みると、本制度の対象者として改めて認識されるに至ったのです。つまり、制度の狭間に位置する「新たな生活困難層」（宮本 2021）を形成する一つの構成要素としての「自営業層」です。

　では、支援未経験のケースとしての自営業者・フリーランスに対してどのような支援が必要となるのでしょうか。その際の留意点は何でしょうか。ここでは支援における留意点として以下の①〜⑥の点を示したいと思います。

（2）支援における留意点

①生活の困窮度合いをより適切に把握する

　まず、相談対象となる自営業の方々が生活にどの程度困っているのかを、より適切に把握する必要があります。少なくとも、家計（生活費と事業費の状況）、資産（預貯金や不動産など）、および事業の状況を可能な限り理解することが支援の出発点となるでしょう。つまり、現状における「収支のゆとり」や「生活のしんどさ」をできる限り共有することです。

　とはいえ、上述のように自営業の内実は多様であるために、どこに根本的な問題があるのかを直ちにとらえることは難しいため、上記の三点については必ずしも正確でなくとも許容する心構えが必要でしょう。

②本人以外の頼れる人的資源やその状況について

　上述の点と関連して、相談者本人が生活の困りごとに対して頼れる人的資源をどれほど有しているのかを理解する必要があります。より具体的には、生活面や金銭面に関して困った際、親や親戚、配偶者や友人などにある程度頼れる存在があるかどうかです。というのも、本人以外の人的資源の多寡によって、支援の方法が変わってくる可能性があるためです。

　例えば、対象者に配偶者がいる場合、配偶者が本人の事業を手伝っているケースもあると考えられますが、一時的な収入を得るために他の就労へ移行することを支援することもあり得るでしょう。逆に、頼れる資源が少ない場合は、生活や事業を支える

ために必要な制度へつなげる必要が生じるかもしれません。

③生活が困窮する以前の暮らしについて

①と②によって「生活の現状」が断片的に見えてきますが、より根本的な支援を検討するためには、生活が困窮する以前の暮らしぶりがどのようなものだったのかを知る必要があります。なぜなら、現在の困窮状態がどのような経緯で生じているのかを知らなければ、支援の焦点を絞ることは難しいからです。

生活が困窮する契機の一例としては、新型コロナウイルス感染症の拡大があります。これによって自営業者のなかには生活や事業の状況が急速に悪化している層があります。とはいえ、感染症による影響の程度は自営業の内実によって大きく異なるでしょう。そのため、感染拡大以前の生活はどのようなものだったのか、その影響はどの程度なのか、さらには危機的な状況からの事業の回復にはどの程度かかりそうか、という点が重要となります。それらを把握することによって、支援の見立てやそれにかかる時間に対する見通しを得ることができるでしょう。

④雇用労働とは異なる就労観を前提にした支援

以上の点によって、おおよその現状が見えてきますが、自営業者には雇用労働者とは異なる特性を有している可能性についてはあらかじめ心づもりが必要となります。その特性は、自らの仕事に対する愛着や矜持、あるいは雇用労働に比べてより自由な働き方を選択してきたことによって形成される「自営業者としての就労観」というものです。

そうした働くことに対する志向性は、それぞれの自営業者に程度の差はあるでしょうが、多かれ少なかれ、企業から独立して働くことを選択した本人の意思がそこにあると思われます。だとすれば、そのこだわりがどのようなものであり、具体的な支援へ移行する際に何らかの障壁となるか否かについて丁寧な聞き取りが必要となるでしょう。

例えば、当該の事業が何世代にもわたり継続してきたものである場合、本人の意思だけではどうにもならない部分があることでしょう。そのため、たとえ廃業したほうが本人にとってよいと思われるケースであったとしても、その判断は本人にしかわかりえない側面が生じます。つまり、支援という「外部」から見えているのはほんの一部であるかもしれないために、本人の意向がどこにあるのかを、より丁寧にうかがうことが求められるのです。

⑤自営業から他の就業への移行

　ケースによっては、生活の困窮状態を改善するために自営業から他の就業へ移行するための支援が生じる場合もあるでしょう。その際、自営業者にとっては特有の困難に直面するかもしれません。というのも、雇用労働へ接続する一つの窓口であるハローワークに代表される公的機関が、自営業者たちにとっての「再就職」に対してより有効な役割を果たすかどうかは疑問の余地があるためです。なぜなら、自営業として蓄積してきたスキルを含む仕事経験と、雇用労働で要求される諸条件が必ずしも合致しないという難しさが考えられるためです。

⑥中長期的な支援──容易に問題を解決できない可能性

　上述のように「支援の留意点」を見てくると、容易に解決することが難しい問題を抱えるケースと出会うことも少なくないでしょう。それは、本人に起因することもあるでしょうが、支援する側の資源によっても難しいことがあると考えられます。そのような前提に立つならば、支援する側にとっては、「問題をただちに解決する」という発想にとらわれることは、逆に支援の幅を狭めることになりかねません。そのため、「解決できないことも含めた支援」のあり方を模索する必要があるかもしれないと考えます。それは決してネガティブな意味ではなく、支援者は中長期的な観点から支え続ける存在として対象者とかかわる／かかわり続けることを意味するのです。

　そうした実践のために支援側としては、自営業者という未知の相談者に対して、「何が問題なのかよくわからない」という状況を許容する力が求められるかもしれません。少なくとも、支援する側が蓄積してきた経験や枠組みによって、「わからない／わかりえないこと」が残されるという認識をもっておく必要があるでしょう。一見すると、自営業者は他の相談者と異なる特性を有するかもしれませんが、本制度の根本にある「断らない支援」という原点を大切にすることによって、支援の糸口がおのずと見えてくるのではないかと考えています。

（3）主な支援機関

　自営業者・フリーランスの支援は、それぞれの状況に応じて選択することになります。「（2）支援における留意点」で示した内容によって、対象者の生活や事業の状況がおぼろげながら見えてくるでしょう。そのことを一つの手がかりとして、何によって生活が困窮しているのかをある程度見極めたうえで、必要に応じて各支援機関へつなげる必要があるでしょう。例えば、家計を改善する場合、借金や多重債務の処理や融資等の資金繰りに対応する場合、あるいは事業や経営の内容にかかわる場合もあり

ます。以下では、それらに対応するために関係する支援機関の一例を示しました。より適した専門機関や支援団体が見つからない場合には、自営業の経験をもつ人同士の緩やかな支え合いの場を創出することも有効な手段の一つとなるかもしれないと考えています。

> 〈専門機関や支援団体〉
> 自立相談支援機関、家計相談支援機関、財務支局多重債務相談窓口、法テラス、弁護士会や司法書士会、社会福祉協議会、商工会議所、日本政策金融公庫、中小企業家同友会、日本労働組合総連合会など。

参考文献
・神林龍『正規の世界・非正規の世界——現代日本労働経済学の基本問題』慶應義塾大学出版会，2017.
・宮本太郎『貧困・介護・育児の政治——ベーシックアセットの福祉国家へ』朝日新聞出版，2021.
・長松奈美江「コロナ禍のフリーランスの収入減少と家計悪化」樋口美雄・労働政策研究・研修機構編『コロナ禍における個人と企業の変容——働き方・生活・格差と支援策』慶應義塾大学出版会，2021.
・仲修平『岐路に立つ自営業——専門職の拡大と行方』勁草書房，2018.

15　ひとり親家庭

（1）概況

　ひとり親家庭とは、母子及び父子並びに寡婦福祉法において、末子が20歳未満である子と、その子を養育する配偶者のいない母または父からなる家庭をいいます。日本ではひとり親家庭の世帯数は約141.9万世帯で、内訳は母子家庭が約123.2万世帯、父子家庭が約18.7万世帯です。ひとり親家庭になった理由は、母子世帯は離婚が79.5％と最も多く、未婚8.7％、死別8.0％となっており、父子世帯は離婚が75.6％、死別19.0％となっています。就労状況は、母子世帯の81.8％が、父子世帯では85.4％が就労しています。就労する母子世帯のうち、「パート・アルバイト等」が43.8％と、非正規雇用の割合が高いのが特徴です。経済的には安定していると思われる父子世帯の場合、「パート・アルバイト等」が6.4％で、父子世帯のなかにも不安定な就労の人がいることがわかります。

　平均年間就労収入は母子世帯の母自身は200万円です。一方、父子世帯の父自身は398万円となっています（厚生労働省「平成28年度全国ひとり親世帯等調査」による）。

　ひとり親家庭が抱える課題のなかで、最も大きいものは、経済基盤が脆弱であるこ

とです。経済的困難は日々の生活だけではなく、子どもの進路や健康面に影響します。また、生活費捻出のためのダブルワーク・トリプルワークをする親は精神的肉体的に疲弊しており、さらに夜間の仕事に従事する場合は、子どものみで夜間を過ごさなければならないなど、経済に起因する困難は親にも子にも大きく影響します。

次に、ひとりで就労と養育を両立していくことの困難があります。子どもを養育しながら就労するためには保育環境が整っていなければなりませんが、現実には難しいため、ひとり親家庭であることは、子どもといる時間と働く時間のどちらを優先するのかの選択に迫られるなど、経済的貧困とともに時間の貧困という状況をももたらします。

また、ひとり親家庭の親たちが抱える内的葛藤も大きな課題です。生別や未婚による家庭においては、子のもう一方の親との解決されていない課題や、養育費、DV等による心理的外傷、親族間の軋轢、周囲の無理解やスティグマなどの精神的な負担がありますし、死別家庭では、配偶者（家族）を亡くした喪失感からなかなか立ち直ることができず、精神的に不安定な状況が続く人もいます。親の精神的な不安定は子どもにも影響します。

これらについては、母子家庭に顕著にみられるものとされがちですが、父子家庭においてもひとり親家庭であることによる不利益は同様であり、育児や家事が大変であるだけではなく、むしろ、育児のため職場でこれまでどおり働けなくなることによる困窮、アイデンティティーの崩壊、地域での孤立や偏見等よる精神的苦痛を覚える人も少なくありません。

ひとり親家庭はその形成過程や現状の生活において、それぞれが異なった事情を複合的に抱えており、そしてこれらは視覚で把握し難い状況にあることが特徴的です。

（2）支援における留意点

①支援の姿勢

相談にあたり、すべてを受容する姿勢は大切ですが、支援をする側が相手の話に必要以上の感情移入や過剰な反応をすることは適切ではありません。客観的な視点で、疑問点を確認したり、相談内容を整理したりすることも大切です。そのためにも傾聴スキルだけでなく、質問の仕方などコミュニケーションスキルの向上に努めましょう。

また、相談者に安心感を与えると同時に、安心して話せる環境も大切です。外に話が漏れないスペースを確保するなどの配慮をしましょう。

ひとり親家庭の親は、これまで築き上げてきた生活が壊れた状況からの、自身の生き方の再構築が必要です。個々の家庭がそれぞれの将来へ向けて、親も子も希望や意

欲をもち、計画性をもって生活ができるよう、総合的な支援が求められます。

②状況の把握

　自立支援を必要とするひとり親家庭は、複数の課題を抱えていることが多く、これらは長期化すると重層化しさらに複雑になるため、支援にあたっては、その人特有の課題についての早期の把握が必要です。しかし、すぐにすべてを話せない人、話すことにさえ苦痛を覚える人など、個人によってさまざまな違いがあります。

　その人の背景にある課題、あるいは本人が気づいていない課題の把握のために、時間をかけてゆっくり確認し、どんな援助を求めているのか、親や子に対してどういった支援が必要・有効なのかを見極めていくことが必要です。

　一方、住居や金銭問題、DVによる保護の必要性、病気など、緊急を要する課題の場合は、その解決のために利用できる制度に関する知識や支援施設・機関との連携が必要ですから、日頃からどのような施設・機関がどこまでの支援をしてくれるのか把握し、連携をとっておきましょう。

③就労支援と子どもへの配慮

　ひとり親家庭の就労支援は、必然的に子どもへの配慮が必要です。

　当然ながら、ひとりで子育てをするため、子どものために費やす時間は、そうでない家庭に比べて長く、時間も内容も子どもの年齢によって違ってきます。このため、就労形態や就労時間・時間帯は子どもの年齢を考慮する必要があります。また、ひとり親家庭になりたての頃など、子どもが精神的に不安定な状況にある場合はしばらくの間、子どもと一緒に過ごす時間を確保することも考えなければならないので、就労のタイミングは見極めが必要です。また、就職活動あるいは就労のための資格取得時の保育の支援はひとり親家庭には欠かせないものです。協力してくれる身内や知人がいるかどうかの確認のほか、利用できる制度や地域の支援活動などの情報を提供しましょう。同時に今後の子どもとの生活を構築していくなかで重要な、子どもの教育や進路に関する支援制度の情報についても必要に応じて提供しましょう。

④心の癒しと内面的な支援

　ひとり親家庭の親は、ひとり親家庭になったことによる先の見えない生活に大きな不安を抱え、ギリギリの精神状態でやっとのことで日々を過ごしています。また、それを内にしまい込むうち、自己肯定感を喪失している人も少なくありません。こうしたことから社会的に孤立しがちになり生活困難を深める場合もあります。

ひとり親家庭の親には、心を癒す場と時間が必要であることを理解するとともに、相談窓口を訪ねた人には、心に大きな負荷をかけながら、それでも勇気をもって訪れたことを尊重・承認し、労いましょう。

（3）主な相談・支援機関

〈行政機関〉

　福祉事務所、市町村役場子育て関連窓口、教育委員会、児童相談所（児童扶養手当・生活保護・医療費助成・就学援助・母子父子福祉資金貸付ほか）

　母子・父子自立支援員（就労支援・生活相談）、子育て支援センター

　ひとり親家庭等就業・自立支援センター（母子寡婦福祉団体等への委託が多い）（就労支援・就労相談、生活相談、法律相談、就業支援講習会、職業斡旋等）

〈民間団体等〉

　母子寡婦福祉団体、ひとり親家庭や子育てを支援している NPO 法人・団体等

　民生委員・社会福祉協議会

参考文献

湯沢直美・佐々木早苗・石川みどり「第2部　生活問題と社会福祉サービス，第9章　母子・女性問題と福祉サービス」小野哲郎ほか編著『公的扶助と社会福祉サービス』ミネルヴァ書房，1997.

岡部卓『生活と福祉臨時増刊号第512号　福祉事務所　ソーシャルワーカー必携　生活保護における社会福祉実践』全国社会福祉協議会，1998.

第**2**節 健康・保健の視点

1 健康の保持・増進の重要性

　わが国において健康格差の縮小が健康政策に位置づけられたのは、平成25年の「健康日本21（第二次）」においてです。

　日本の社会階層による健康格差について、貧困層や生活保護世帯などの低所得層、社会的に不利な立場にある者（失業者、障害者、ホームレス、外国人労働者など）には健康課題が集積しやすく、保健医療福祉サービスが十分に行き届かない可能性が懸念され、「21世紀における国民健康づくり運動（健康日本21（第二次））」の主な目標に健康寿命の延伸に加え、健康格差の縮小が反映されるに至りました。

　生活困窮者にとって健康を害することは、就労の機会を逃すことにもつながるため、日々の健康管理が重要となりますが、経済的な余裕がない場合、食生活もバランスよく摂取することが難しく、また、体調不良があっても医療費の負担を考え受診を控えるなど、悪循環の渦に陥りやすくなります。

　そのため、生活困難な方が経済的理由によって、必要な医療サービスを受ける機会を制限されることのないよう、診療にあたっての一部負担金を無料または低額な料金にする無料低額診療事業があります。近くに対応病院があるかどうかは、市区町村や全日本民主医療機関連合会（全日本民医連）のホームページ等で確認ができるようになっています。令和元年度の実績では、診療事業は723施設あり、患者数は7,744,344人となっています。

　また、「相対的貧困」の場合には、衣食住を賄うだけの経済的ゆとりはあるものの、それ以外の費用を捻出することができず、次第に友人や知人とも疎遠になってしまい、社会から孤立することにもつながるなど、心理的に追い詰められてしまうことがあります。

　こうしたことから、生活困窮者の健康の保持・増進を考える際においては、当該者が置かれた金銭的・物質的な側面だけでなく、周囲とのつながりや公的制度へのアクセスなど、社会的側面を含めた多角的なアセスメントを行う必要があります。市区町村においては、税金や水道料金、介護保険料や国民健康保険料の滞納など、あらゆる場面で生活困窮者と接点をもつ機会があります。単に滞納分の請求をするのではなく、なぜ、支払えない状況にあるのかについて、丁寧に聴き取り、必要に応じて速や

かに生活困窮者の支援につながるようはたらきかけてもらえるよう、連携を密に図るようにすることが大切です。

（1）ライフステージに応じた取組み

　生活困窮者は、単身から複合世帯に至るまで幅広い世帯構成を有し、それぞれのライフステージに応じた健康の保持・増進への取組みが必要です。

　まずは、一人で抱え込まず相談をする機会、場があることを知ってもらえるよう、年齢層に応じた啓発（広報・チラシ・SNSなど）や各種健診の未受診者、税の滞納者などへの個別のアプローチを通して、相談につながるような工夫が求められます。

　それぞれのライフステージに応じた健康課題や取組みを理解し、各関係機関・関係者と連携を図りながら、支援していくことが重要です。

①妊娠期・乳幼児期（妊娠期・0〜5歳）

　生活が困窮している家庭での妊娠は、届出の遅延、妊婦健診の未受診等、ハイリスクの要素が重なりやすいものです。

　妊娠期からの支援が必要となる「特定妊婦」▶9についての周知などを広く行うことにより、受診を控える者や妊娠の届け出等を先送りにしている者などを把握しやすい環境を整備し、市区町村の母子保健を担当する窓口に速やかにつなげることが必要になります。早期に支援機関につながることで困りごとの背景を整理し、妊娠期の過ごし方や各種制度についての説明など、先の生活に対する見通しをつける支援に結びつきやすくなります。生活困窮者のなかには未婚での出産、DVを受けていたり家族関係が希薄であるなど、身近な支援を受けにくい環境が想定されるため、地域の育児支援サービスなどの情報を提供することも大切です。

　また、望まない妊娠・出産に至った場合には、児童虐待に発展する可能性も高まります。虐待の発生や深刻化を予防するため、要保護児童対策地域協議会などを活用した継続的な支援も検討していくことが必要になります。

　加えて、望まない妊娠を避けるなどの助言や産後の生活設計をともに考えること、さらには出産後に安心して働けるようマザーズハローワークの活用、保育所の申請などの各種手続きに関する情報提供なども重要になります。

　上記のように妊娠期から生活困窮者の支援が始まる場合もありますが、飛び込み出産などから判明する場合や、市区町村で実施している新生児訪問や乳幼児健康診査の

▶9
児童福祉法第6条の3第5項に定める「特定妊婦」とは、妊娠期から出産後の養育支援が必要と認められる妊婦のことである。

未受診者の追跡や予防接種時等において、初めて日々の暮らしが経済的に行き詰まっている状況を把握することも考えられます。市区町村の母子保健担当者や医療機関等とも普段から連携を図り、生活困窮者への支援に関する視点などにおける留意点を共有しておくなどのはたらきかけも重要です。

②学童期・中高生期（6～18歳）

　学童期・中高生期は、心や体が大きく成長する時期であり、将来の健康づくりにも大きく影響する時期です。食事や睡眠、学習や運動、喫煙や飲酒、薬物、性問題などを含め、どのような日常を送るかによって、その後の人生に大きく作用する時期ともいえます。低所得者の家庭で育つ子どもたちの食生活の課題においては、朝食の欠食、家での野菜摂取頻度が少ないことやインスタント麺・カップ麺の摂取頻度が高いことなどがあげられます。

　佐藤ら[10]は、貧困世帯に暮らす小・中学生の子どもの健康状態と家庭の特徴について報告しています。貧困世帯に暮らす子どもでは「肥満が多い」「インフルエンザワクチン接種が少ない」「時間外受診が多い」などの特徴がみられます。

　また、社会で生活するうえで必要となる基本的な倫理観や道徳観を身につける大切な時期でもあるため、思春期特有の戸惑いや不安などについても何でも話せる相談相手をもつことが大切な時期になります。

　特に不登校などの問題を抱えている場合には、学校関係者等とも連携を図りながら、学習支援や居場所づくりをどのような形で支援していくのが望ましいかをともに検討していくことも大切です。

③青年期・壮年期（19～39歳）

　青年期・壮年前期は、働く、家庭をもつ、子どもを産み育てるなどの社会生活が活発になる時期です。生活困窮者のなかには、ひきこもりや精神疾患等を抱えて社会とのかかわりをもちにくい人も多く、昼夜逆転での生活や栄養面に偏りのある者も少なくないため、不眠、幻覚、妄想等の症状に応じた専門の医療機関への受診の必要性も考慮しなければならないことがあります。

　しかしながら、専門の医療機関への受診を勧めても、なかなか受診につながらない場合もあるため、特に受診勧奨については、保健所や市区町村の保健師等にも相談するなど、有効な手段がないかをともに検討していくことも必要です。

▶ 10
佐藤洋一・山口英理・和田浩ほか「貧困世帯で暮らす小中学生の健康状態と家庭の特徴——外来診療の他施設共同調査より」『日本小児科学会雑誌』120(11)、1664-1670頁、2016.

④壮年後期（40～64歳）

　壮年後期は、何かしらの理由で職を失った者でも、健康であれば再び就労できる機会はあると考えられるため、健康であることは重要な意味をもちます。

　また、世帯をもち、子どものいる家庭であれば、養育に費用がかかる時期でもあり、生活困窮の世代間連鎖を防ぐ意味においても、本人への就労支援や子どもに対する学習支援や学費への支援制度など、十分熟知しておく必要があります。

　この時期は、経済的に困窮することにより将来を悲観して、抑うつ状態に陥り、うつ病を発症することが多い年代でもあります。心の健康に不安がある場合には、無料で行っている「こころの健康相談統一ダイヤル」の活用や保健所・市区町村の精神保健を担当する窓口等を紹介し、状況の改善が図られるよう伴走することが必要となります。

　また、生活習慣病への罹患率も高まる年齢層であるため、健康診断やがん検診、特定健康診査など、未受診者には受診を勧めることが大切です。

　栄養バランスの確保においては、具体的に「何をどれだけ食べるか」や、食料費の確保のために「何をどれだけ買うか」など、健康管理と家計管理を通して食事の管理ができるよう、栄養学的・経済的に、望ましい食事（食生活）が営めるよう支援することが重要です。

　そのためには、食事の管理に関する適切な支援が必要になります。

　例えば、簡単なチェックリストを用いて、食事状況や食料費の把握をまず行います。

　そのうえで、1か月に必要な食料費、計画的な購入方法、食材の選び方、食材の保管方法、簡単な食事メニュー（献立）の立て方、最低限必要な調理器具・食器、簡単な調理方法、簡単な片づけ方法などを、わかりやすくまとめた支援マニュアルを用いて伝えることなどが考えられます。いくつかの簡単な料理パターンを1週間単位で考えることができれば、それらを組み合わせて自ら食事が管理できるよう支援することが可能となります。

　こうした支援については、重篤な疾患をもつ人でなければ、必ずしも栄養士でなくとも一定の研修等を受講した食生活改善推進員など、食育推進を考える市民団体でも対応可能と考えられます。市区町村で実施している栄養相談や健康相談などを活用するのも一つです。市区町村には、生活習慣病予防や心の健康に関するパンフレット等も置かれているため、そうしたものをうまく活用することも大切です。

⑤老年期（65歳以上）

　近藤の『健康格差社会への処方箋』[11]において、所得とうつ状態の関係では、あきら

かに低所得者にうつ状態の者が多いことや所得段階別死亡・要介護認定割合（年齢調整）においても、男女ともに第一段階にある者の死亡・要介護認定割合が高いことが報告されています。

　人口の高齢化とともに生活保護受給者に占める高齢者の割合は次第に増加してきており、今後も増大することが予測されます。また、そのうち多くが単身世帯であり、医療・介護の予防的視点に立った施策や要支援者の早期発見、早期対応、継続的支援が必要になります。

　そうしたことから、特定健康診査や後期高齢者健康診査等の未受診者で、かつ医療受診が過去にあったのに受診が中断しているケースの抽出を図るなど、未然に重篤化を防ぐ対応や、介護予防把握事業などを通して早期に介護予防が必要な状況を把握し生活機能の低下を防ぐ対応なども求められます。

　「④壮年後期（40〜64歳）」で先述したように、高齢者の低栄養改善など健康管理を行うことで未然に防ぐことができるものについては、安価で栄養バランスのよい食事摂取の方法などを具体的に伝えるなどして、生活パターンをつくりあげることも大切です。市区町村によっては、配食サービスや食事サロン等を安価で行っているところもあるので、そうした情報を地域包括支援センター等からも入手し、提供することが大切になります。

　また、老化や疾患等に伴い、心身機能は低下していくため、日常生活を活発化させることも重要です。市区町村にさまざまな介護予防事業や健康づくりの事業が用意されているので、居所を担当している地域包括支援センター等と連携しながら、生活機能の向上に向けた対策を取ることも大切です。

　すでに日常生活に支障をきたしている場合は、介護保険サービスの導入の検討が必要な場合もあるため、市区町村の介護保険課や居所を担当している地域包括支援センターにつなぐことも大切です。

2　疾病の予防と早期発見等

　ライフステージに応じた疾病の予防を行うためには、健康診断・健康診査・がん検診等を定期的に受診し、病気になる前に必要な行動がとれるように支援することが大切です。

▶ 11
近藤克則『健康格差社会への処方箋』医学書院，2017.

図表3―7 健診（検診）等一覧

対　象	健診（検診）等	窓口（実施主体）
妊産婦等	特定治療支援事業	都道府県・指定都市・中核市
	妊娠判定費用の補助事業	市区町村
	妊婦一般健康診査	市区町村
	妊産婦訪問指導	市区町村
	入院助産制度	市区町村
	産婦健康診査	市区町村
新生児	新生児訪問指導	市区町村
乳幼児	未熟児訪問指導	市区町村
	乳児家庭全戸訪問事業 （こんにちは赤ちゃん事業）	市区町村
	乳幼児健康診査	市区町村
	予防接種	市区町村
	就学時の健康診断	市区町村
学童期・中高生期	健康診断	学校
青年期・壮年前期	健康診断	学校・職域等
	がん検診等	職域・市区町村
壮年後期	健康診断	職域
	がん検診、肝炎ウイルス検診、健康診査等	職域・市区町村等
	特定健康診査・特定保健指導（40～64歳）	保険者
老年期	特定健康診査・特定保健指導（65～74歳）	保険者
	後期高齢者健康診査（75歳以上）	後期高齢者医療広域連合
	インフルエンザの予防接種	市区町村
	がん検診、健康診査等	市区町村等

※都道府県・市区町村等によっては、対象者・事業内容、補助・減免等が異なる場合があります。

　支援員は、特に都道府県・市区町村等で実施している健診事業や低所得者向けの補助制度（図表3―7）について熟知し、費用面や病気が見つかった後のことの不安から受診に至らない者が増えないように注意が必要です。

　また、市区町村で実施している健診（検診）には、医療機関で受ける個別健診（検診）や集団健診（検診）があります。いずれも受診できる医療機関や時期、期日が定まっている場合も多いため、あらかじめ関係する市区町村の年間スケジュールを把握し、必要な時期に生活困窮者に向け情報を発信し、受診につなげ、疾病の早期発見に努めることが求められます。

3 保健・医療分野との連携と重症化の防止

（1）早期受診および定期受診の勧め方

　医療機関への受診に要する費用を心配し、体調が優れないにもかかわらずその状態を放置してしまう場合もあるため、早期に受診勧奨する必要があります。その際、費用面の不安があるからなのか、医療機関に一人で受診することに不安があるからなのか、または以前に処方された薬が身体に合わなかったからなのかなど、受診を拒む理由や背景をまず知ることが大切です。

　理由や背景を知ることで、受診勧奨の仕方も異なってきます。例えば、医療機関への付き添い支援を行うことで受診につながることもあるなど、さまざまな視点から受診につなげる策を考えることが求められます。

　特に、精神疾患等が疑われる場合など、専門病院にかかるのには抵抗があることが多いため、市区町村の精神保健担当窓口の保健師等に相談するなど、医療機関との橋渡しを依頼することなども必要な場合があります。

　そのほか、医療機関のなかには無料低額診療事業を行っている場合もあるため、こうした医療機関をリストアップし情報提供することも大切です。

（2）学校保健・地域保健・障害・福祉・介護分野等との連携

　生活困窮世帯への健康の保持・増進の支援においては、保育園や幼稚園、学校や医療機関を始め、市区町村の保健・障害・福祉・介護分野など、さまざまな機関との連携が欠かせないものです。

　また、対象とする者の状況に応じて、さまざまな専門職（医師、看護師、薬剤師、栄養士、保健師、臨床心理士、精神保健福祉士、社会福祉士、介護支援専門員、介護福祉士、理学療法士、作業療法士、認知症地域支援推進員や生活支援コーディネーターなど）とのかかわりも必要となってきます。

　日頃から、関係機関との連携を密に図っておくことで、例えば、生活支援コーディネーターが就労にまだ自信がない者へ、ファーストステップとして地域の活動に参加する機会のマッチングに関与してくれることもあるでしょう。

　ほかにも、中途障害（身体障害・精神障害）によって離職し、生活困窮に陥っている場合には、障害者相談支援事業所など、障害福祉分野の専門職との連携が大切です。

（3）健康管理の支援──事例

事例

　40歳、女性。一人暮らし（生活課題：経済的困窮、住まいの確保、家計相談、健康課題、他者とのつながりづくり等）。

　対人関係が苦手で、力仕事とはなりますが、単純作業で人と会話をせず働ける場を選んで仕事をしてきました。給与は月に手取り11万円ほどで、家賃・保険料・光熱費・携帯料金などを支払うと、食費を切り詰めるしかなく、食事は夜遅くにスーパーの惣菜が安くなるのを見計らい、弁当やパンを購入し続けてきました。結婚はしておらず、家族とも疎遠に暮らしており、生活する最低限の費用以外に娯楽を楽しむ余裕もなく、友人付き合いもできないため、数少ない友人とも縁が切れている状況でした。日々、体力を使う仕事でもあったことやストレスからつい食べ過ぎてしまい、体重はみるみる増えていき、肥満となっていきました。

　何年もこの生活が続いているせいで、疲れやすくなったこともあり、受診すると糖尿病だと診断されました。定期的に受診して内服薬をもらわないといけませんが、仕事を休むと日給がなくなってしまうため、生活習慣も変えることなく、受診もできずに過ごしていました。

　そうした生活が長く続き、糖尿病は悪化、とうとう、高血糖で倒れ、入院となり、長期にわたり仕事を休むこととなり、解雇を言い渡され、収入も途絶えてしまいました。

　退院後の生活を心配した病院のケースワーカーより、生活の支援を求めるよう説得され、市に相談に来られました。すでに家賃も滞納しており、退去を命じられている状況でした。

　まずは、住居確保給付金の利用と生活福祉資金の貸し付けへのつなぎ、家計相談を並行して行いました。家計相談では、1日に使う食費を計算しながら、糖尿病食を作れるよう食事内容について市の保健師や栄養士とも相談しながら、Aさんにでも作れそうなメニューを一緒に考えました。食費を抑えながらバランスよく摂取できる方法を支援できたことにより、通院費をまかなうことができるようになったことから、次は、他者とのつながりを負担なくできる地域食堂を、最初は同行し、紹介しました。並行して就労支援も行い、一緒にAさんが働ける先を新しい居所近くで見つけることができました。毎日、自転車ではなく歩いて通うことで、1日8000歩ほど通勤で歩くことになり、食事・運動と健康管理に大切な基本的な生活習慣をもてるようになりました。

　本事例により、健康管理の面において食事や運動が大切なことはもとより、食費を

抑えながら簡単な食事作り（レシピ）などが大切であること、支援においては、調理を始める際に最低限揃えないといけない調味料や調理器具などを分けていただけたことなどもよかったと思います。

参考文献
・日本学術会議「提言——わが国の健康の社会格差の現状理解とその改善に向けて」2011.（https://www.scj.go.jp/ja/info/kohyo/pdf/kohyo-21-t133-7.pdf, 2018.10.12）
・厚生労働省「無料低額診療事業等に係る実施状況の報告：調査の結果」令和 2 年度
・佐藤洋一・山口英理・和田浩ほか「貧困世帯で暮らす小中学生の健康状態と家庭の特徴——外来診療の他施設共同調査より」『日本小児科学会雑誌』120（11），1664-1670 頁，2016.
・厚生労働省「生活保護の被保護者調査（令和 3 年 2 月分概数）結果公表分」

第3節 権利擁護の視点

1 権利擁護の視点

（1）生活困窮者支援における権利擁護とは何か

　本制度が対象とする生活困窮者は、経済的な困窮状態に陥る過程で、さまざまな困難を複合的に抱えていることが少なくありません。また、そうした本人や家族のなかには、自ら支援を求めることをしない、あるいは、できない状況におかれ、憲法やほかの法律等で保障された権利を正当に行使できず、結果的に基本的人権が侵されているに等しい環境での生活を余儀なくされている場合があります。生活困窮者支援において権利擁護を確実なものとするためには、権利侵害として表出している状態を幅広くとらえるだけでなく、対象者の内面に潜む課題などについて深く洞察する力が必要です。同時に、権利を実現するための保護や救済、保障、支援の仕組みへの十分な理解が求められます。

　ここでは、第2章に示した「尊厳の確保」や「本人の主体性の確保」など以外で重要となる視点について述べます。

（2）自立相談支援事業において必要とされる権利擁護の視点

①複合的な困難を抱える人の生活全体をとらえる

　自立相談支援事業を行ううえで大切なことは、生活困窮者の経済的困窮への対応だけに特化しないことであり、かつ、生活困窮者を分野別に対象化しないことです。本章第1節の「対象者の特性を踏まえた支援のあり方」は、さまざまな背景をもつ、目の前の対象者を正しく理解していくための着眼点などをまとめたものであり、対象者を分類するためのものではありません。

　重要なことは、生活困窮者を一人の人間として幅広い視点でとらえることです。相談を通じて家族関係や成育歴、あるいは現在の生活がわかってくるなかで、例えば、家庭でネグレクト状態におかれている、悪質商法等の消費者被害に遭っているなど、権利侵害の状況がみえてくる場合もあります。必要に応じて、専門機関と連携しつつほかの家族構成員や世帯全体への支援も視野に入れることになります。

②積極的なアウトリーチによる相談支援を行う

　本制度の対象者は、「現に経済的に困窮し、最低限度の生活を維持することができなくなるおそれのある者」（法第3条第1項）ですが、そこに至る過程でそれぞれに複合的な困難を抱えていたり、そうした困難の繰り返しによって疲弊し、生きることに積極的になれない心身の状態にあったり、長期にわたり「ひきこもり」といった状況下で生活している人もいます。

　自らの力だけでは解決が困難な生活上のさまざまな課題に遭遇したとき、私たちは、まず相談先を探し、そこに電話をかける、あるいは直接窓口を訪ねるなどしてその窮状を訴え、支援を求めます。しかし、前述のような状況におかれた多くの生活困窮者にとって、それらを自ら判断し、実行すること自体がとてもハードルが高い行為になります。このため、「待ちの姿勢」ではなく、訪問支援を含むアウトリーチによる丁寧な相談支援を行うことそれ自体が、利用者の権利擁護につながると考えられます。

③支援方針や内容について、常に対等な立場に立って点検する

　例えば、生活困窮者の自立支援において就労自立は重要であり、本制度でも支援の中心に据えられています。しかし、すぐに離職してしまう人や、働く意欲に欠けている人、そもそも朝起きられない、身支度を整えられないといった、自立に必要な社会生活のスキルをもち合わせていない人など、本制度による支援の対象者の姿はさまざまであり、一人ひとりの状況に応じて個別に用意された支援が行われなければなりません。

　この点の理解がおろそかになると、本人の能力を大きく超える作業等の無理強いや、本来あってはならない罰則等の適用、行き過ぎた支援など、支援員による重大な権利侵害をひき起こす可能性があります。誰もがかけがえのない存在として尊重され、その人らしく生活する権利があるということを常に念頭において、支援員と利用者が支える側、支えられる側という関係に陥ることなく対等な関係で支援することが重要です。

　支援員は一連の過程のなかで本人に寄り添い、やがて利用者自身が「自己決定により自ら望む生活を実現していく過程」を進んでいくことの大切さを理解し、プランの作成と遂行に主体的に参加していくよう支援していきます。プランは、あくまで本人の参加と同意を前提とした対等な関係のなかでの契約であることを忘れてはなりません。

　高齢者や障害者は、その心身の状態や障害の種類・程度によっては、自らの財産の管理や処分などの法的な行為（契約行為など）に必要な認識力や理解力、判断力が十分でないことがあります。そのような状況におかれた人々の生活を支援する仕組みとして、成年後見制度と日常生活自立支援事業は共通の目的を有しています。また、権利侵害を防止するために、福祉分野で虐待防止に関する法整備が進められています。以下、それらを概観します。

（1）成年後見制度

　成年後見制度は、「認知症、知的障害、精神障害などによって物事を判断する能力が十分ではない人について、本人の権利を守る援助者を選ぶことで、本人を法律的に支援する制度」です。成年後見制度には、判断能力が不十分になってから家庭裁判所の審判により利用できる、民法を根拠法とする法定後見制度と、将来、判断能力が不十分となった場合に備えてあらかじめ契約により決めておく、特別法に規定された任意後見制度があります。また、未成年者については、民法および児童福祉法に関連する親権・未成年後見制度があります。ここでは主として法定後見制度について説明します。

　法定後見制度は、その対象となる本人の判断能力に応じて「後見」「保佐」「補助」の三つの類型で利用でき、それぞれ成年後見人、保佐人、補助人（以下、本節において「成年後見人等」という。）による支援が行われます。この制度の利用にあたっては家庭裁判所への審判の申立てが必要になります。申立てができるのは、本人、配偶者、四親等以内の親族などに限られますが、本人や親族による申立てが期待できないケースなどについては市区町村長が申立てを行うことができます。また、後見開始の審判にあたり、本人の判断能力の程度を医学的に確認するため、原則として医師による鑑定を行います。

　成年後見人等には、家族・親族のほか、司法書士や弁護士、社会福祉士等の専門職、または法人が選任されることがあります。また、同じ対象者について複数の成年後見人等が選任される場合もあります。成年後見人等の役割は、本人の意思を尊重し、かつ本人の心身の状態や生活状況に配慮しながら、本人に代わって財産を管理したり、必要な契約を結んだりすることによって本人を保護・支援することです。しかし、その業務は、財産管理や契約などの法律行為に関するものに限定され、介護や日常生活

における身の回りの世話などは、一般に成年後見人等の業務ではありません。

　成年後見制度の利用については、高齢者の場合、各市区町村に設置されている地域包括支援センターが主な相談先になりますが、障害者の場合は、市区町村および市区町村が委託した基幹相談支援センターが窓口となります。その他、日本司法支援センター（法テラス）や、弁護士会、司法書士会、社会福祉士会、税理士会等の専門職団体に利用手続きなどについて相談することができます。

（2）日常生活自立支援事業

　日常生活自立支援事業は、一定程度の判断能力を有しているものの、必ずしも十分でない認知症高齢者、知的障害者、精神障害者等が福祉サービスを適切に利用できるよう援助を行うものです。この事業は、成年後見制度に比べ簡潔な手続きで日常生活上のさまざまな支援を行うものです。実施主体は都道府県・指定都市社会福祉協議会ですが、実際の支援は事業の一部を委託された市区町村社会福祉協議会や地域のNPO、当事者組織（以下、本節において「基幹的社協等」という）によって行われます。

　この事業では、社会福祉法第81条に規定される福祉サービス利用援助事業のほか、苦情解決制度の利用援助、住宅改造、居住家屋の賃借、日常生活上の消費契約および住民票の届出等の行政手続に関する援助、福祉サービスの適切な利用のために必要な一連の援助を行うこととしています。これらの実施に伴う援助の具体的な内容として、預貯金の払い戻し、預金の解約、預金の預け入れの手続きなど利用者の日常生活費の管理と、定期的な訪問による生活変化の察知があります。さらに、実施主体の判断により預貯金通帳等の書類預かりサービスを実施しています。

　日常生活自立支援事業は国の補助事業として行われていますが、サービス利用料は原則として利用者が負担するものとされており、実施主体がその額を定めることとなっています。生活保護受給者のサービス利用料は補助対象となっています。

　この事業の利用に関するご相談等は、各市区町村の社会福祉協議会でお受けいただけます。

（3）虐待防止に関する法律

①児童虐待の防止等に関する法律（平成12年成立）

　少子化や核家族化の進行等、社会情勢の急速な変化に伴い児童虐待が深刻化している状況を受けて平成12年に制定・施行されました。

　児童虐待の防止等に関する法律（児童虐待防止法）では、18歳未満の児童に対する

虐待について、①身体的虐待、②性的虐待、③ネグレクト、④心理的虐待の四つを定義し、関係者に通報を義務づけています。平成16年の改正では、「児童虐待は著しい人権侵害」と明記し、同時に行った児童福祉法の改正によって市町村の役割を明確化し、要保護児童対策地域協議会の設置など、地域における虐待防止対策の推進を図っています。また、児童の権利について、親権との関係でたびたび問題が生じることを受け、民法改正により虐待する親から子どもを守るための親権停止（2年以内）の規定が新たに設けられ、平成24年4月から施行されています。

さらに、障害者の権利侵害にかかわりが深いとされる障害を理由とする差別からなる虐待の問題も併せて考えておく必要があります（障害を理由とする差別の解消の推進に関する法律（平成25年6月成立））。

②配偶者からの暴力の防止及び被害者の保護等に関する法律（平成13年成立）

事実婚を含む夫婦間の暴力の防止と被害者保護を目的にした法律で、一般にDV（ドメスティック・バイオレンス）防止法と呼ばれています。

この法律では、裁判所が、つきまといなどを禁止する接近禁止命令と、自宅から退去させる退去命令から成る保護命令を発令できることとされています。また、都道府県の配偶者暴力相談支援センターにより相談や一時保護、援助等が行われます。市町村も身近な相談窓口としてDV相談支援センターなどを設置しています。被害者と同居する未成年の子どもに対する接近禁止命令、脅迫を受けた被害者について保護命令、被害者の親族等への接近禁止命令、同居歴のある交際相手への保護命令が可能となっています。

③高齢者虐待の防止、高齢者の養護者に対する支援等に関する法律（平成17年成立）

介護保険制度が普及してその利用が進む一方で、家庭や介護施設などで高齢者に対する身体的・心理的虐待、介護や世話の放棄・放任等が社会問題化したことに対応した法律です。

この法律では、高齢者虐待として、家庭における養護者または施設等の職員による、①身体的虐待、②ネグレクト、③心理的虐待、④性的虐待、⑤経済的虐待の五つを定義しています。また、高齢者虐待を発見した場合の市町村への通報義務を設けたほか、市町村に養護者の負担の軽減を図るための支援措置を講じることや、地域包括支援センター等との連携協力体制を整備することを求めています。

④障害者虐待の防止、障害者の養護者に対する支援等に関する法律（平成 23 年成立）

　障害者を養護する家族や障害者福祉施設等の職員、勤め先の経営者による障害者の尊厳を傷つけるさまざまな虐待を防ぐため、平成 24 年 10 月から施行されています。

　障害者虐待は、養護者、障害者福祉施設従事者等、使用者による障害者への虐待であるとし、高齢者と同様に、①身体的虐待、②ネグレクト、③心理的虐待、④性的虐待、⑤経済的虐待の 5 類型が定義されています。また、国や自治体、施設設置者、事業者等の責務と、障害者虐待の早期発見にかかる努力義務を規定し、発見から対応までの具体的なスキームを定めています。障害福祉施設従事者等、使用者、学校長や保育所長、医療機関の管理者は障害者虐待の防止等のための措置の実施を行うものとされており、障害者に対する虐待の防止や対応の窓口となる市町村障害者虐待防止センターや都道府県障害者権利擁護センターが新たに設置されています。

個人情報保護の視点

生活困窮者支援に従事する人は、生活困窮者やその家族に関して、他人が容易には知り得ないような個人情報を詳細に知り得る立場にあります。そうした個人情報が本人の知らないところで外部に漏れていたり、また、無断で本来とは異なる目的で取り扱われたりすることがあれば、安心して支援員に相談することができず、また、支援員との信頼関係を築くこともできません。そのため、支援員には個人情報の適正な取扱いが強く求められます。本節では、生活困窮者支援に必要と考えられる個人情報保護の視点について述べます。

1　個人情報の保護について

（1）守秘義務

自立相談支援事業に従事する職員には守秘義務が課せられます。事業を自治体が直営で実施する場合、職員は「職務上知り得た秘密を漏らしてはならない」こと、「その職を退いた後も、また、同様」であることが地方公務員法に規定されています。また、生活困窮者自立支援法には、事業を委託して実施する場合、法は受託機関の職員に対して「委託を受けた事務に関して知り得た秘密を漏らしてはならない」ことが規定されています（法第5条第3項）。これに違反した場合の罰則も規定されています（法第28条）。

自立相談支援事業を利用する生活困窮者本人やその家族等から得られる個人情報を活用することは、本人の自立を支援するためにも必要不可欠なものである一方、個人情報が漏洩した場合、本人の権利利益を侵害することのみならず、本制度の信頼を失うことにもなりかねません。守秘義務について、自立相談支援事業の支援員一人ひとりがしっかりと認識をもつことにより、本人の権利利益を守ることができ、さらには国民の本制度への信頼を高めていくことにつながります。また、支援員が守秘義務を有することは、支援を行う際に適切な形で伝えておくことが良いでしょう。

（2）個人情報保護法等

個人情報の保護に関する一般ルールを規定するものとして、個人情報の保護に関する法律（個人情報保護法）（平成15年法律第57号）があります。個人情報保護法の目

的は、「個人情報の有用性に配慮しつつ、個人の権利利益を保護すること」とされており、個人情報の「保護」だけでなく、ルールの下で「活用」を図ることが重要です。

　自立相談支援機関では、生活困窮者に関する個人情報を取り扱うことが多く、一人ひとりの利用者の個人情報をデータベースとして管理することも想定されますので、個人情報保護法や、各自治体が制定する「個人情報保護条例」に則った対応が必要となります。[▶12]

　また、民間の福祉関係事業者等については、厚生労働省が作成する個人情報の適正な取扱いに関する各種ガイドラインも適用されます。

2　個人情報の適切な活用方法

　生活困窮者支援を行うなかで、協働関係にある機関や関係者が必要な情報を共有することは、生活困窮者本人の自立支援を効果的に進めていくために不可欠です。そのためには、以下のように、あらかじめ利用者の個人情報に関する活用のルールを定めておくことが必要です。

（1）利用目的の特定

　自立相談支援機関が、生活困窮者の個人情報を事業とは関係のない目的で利用することは許されません。利用者の権利利益の侵害などの点を踏まえれば、個人情報の利用目的はできる限り特定しなければなりません。例えば、自立相談支援機関が取り扱う個人情報の利用目的として、図表3－8のようなことが想定されます。

▶ 12
デジタル社会の形成を図るための関係法律の整備に関する法律（令和3年法律第37号）により改正された個人情報保護法に基づき、地方公共団体の個人情報保護制度については令和5年春より全国的な共通ルールが適応される予定。

○自立相談支援機関内部での利用目的
　・本人に提供する相談支援・サービス
　・自立相談支援事業における相談支援事務
　・事故や緊急時等の報告
　・本人の相談支援・サービスの向上
　・相談支援・サービスや、業務の維持・改善のための基礎資料
　・相談支援・サービスについての事例研究等
○他の事業者等への情報提供を伴う利用目的
　・他の事業者等との連携（支援調整会議等）、照会への回答
　・本人の診療等にあたり、外部の医師の意見や助言を求める場合
　・家族等への心身の状況説明
　・外部監査機関、評価機関等への情報提供

（2）利用目的の通知と本人への同意

　個人情報の利用目的は本人に知らせる必要があります。また、個人情報を関係機関との間で共有するためには本人の同意が必要となります。

　本人が自立相談支援事業を利用する際は、個人情報の利用目的や管理などを規定している「個人情報管理に関する管理・取扱規定」を示して、相談・受付票などの統一様式（書面）で本人に同意を得ることとなります。支援現場では、同意が拒否される例も想定されますが、そうした事態を避けるため、相談受付時から本人との信頼関係の構築に努めるとともに、関係者間での情報共有の必要性などを丁寧に説明することが必要です。なお、同意が得られない場合でも、自立相談支援機関として必要な支援は提供することが重要です。

（3）個人情報の共有

　各関係機関が有する地域の生活困窮者の情報は、本人の同意を得た上で、支援調整会議において共有することが想定されます。また、利用者が本制度以外の各種制度の利用を希望している場合、事前に関係機関と利用者の状況を共有することで、円滑なサービス利用につながることも考えられます。

　個人の権利利益の侵害につながることもあるため、個人情報の取扱いには一定のルールが定められていますが、一方で、個人情報を適切に活用することによって利用者の権利利益につながりますので、こうした点をしっかり踏まえながら支援を行っていくことが大切です。

前述のとおり、個人情報を共有するためには本人の同意を得ることが前提となります。すなわち、自立相談支援機関以外の関係機関が個人情報を提供する際には、それぞれの機関において同意を得ることが原則です。この場合、自立相談支援機関の支援員が、関係機関と接触する本人に同行するなかで円滑に同意を得るなどの工夫も考えられます。また、個人情報保護法では、本人の同意を得ずに第三者に情報を提供できる場合も定められています（図表3－9）。

図表3－9　本人の同意を得ずに第三者に情報を提供できる場合

- ・法令に基づく場合
- ・人の生命、身体または財産の保護のために必要がある場合であって、本人の同意を得ることが困難であるとき
- ・公衆衛生の向上または児童の健全な育成の推進のために特に必要がある場合であって、本人の同意を得ることが困難であるとき
- ・国の機関もしくは地方公共団体またはその委託を受けた者が法令の定める事務を遂行することに対して協力する必要がある場合であって、本人の同意を得ることにより当該事務の遂行に支障を及ぼすおそれがあるとき

　なお、生命や身体に危険があるときに、迅速に情報提供が行われるよう、ライフライン事業者等と協定の締結等を行うことも重要です。

（4）支援会議

　生活困窮者の支援において、個人情報を関係機関等と共有する際には、その都度、本人の同意を得ながら行うことが基本となります。しかしながら、支援の現場においては、本人の同意が得られないために、支援に当たって連携すべき関係機関等と情報が共有できず、深刻な困窮の状態が見過ごされたり、予防的な対応を取ることができなかったりする事案も発生しています。

　こうした実態も踏まえ、平成30年改正法において、関係機関間の情報の共有及び支援体制の検討を行うための会議体（支援会議）の仕組みを創設しました。支援会議は、会議の構成員に対して守秘義務を設けることで、本人の同意を得ていない場合でも、構成員同士が安心して生活困窮者に関する情報の共有等を行うことを可能とするものです。地域の各関係機関等が把握している困窮が疑われる個々の事案の情報共有や早期発見、地域における必要な支援体制の検討の円滑化などが期待されます。

第4章 相談支援の展開

ソーシャルワークとしての相談支援の展開

1 　生活困窮者支援とソーシャルワーク

（1）ソーシャルワークとしての相談支援が求められる状況

　私たちは、生きて生活を営むなかで、さまざまな困難に直面することがあります。例えば、身体的、精神的な病気のこと、認知症や要介護状態にある親の介護のこと、ひとり親家庭や子どもに障害があるなど子育てに伴うこと、いじめや不登校など就学や学校生活でのこと、非正規雇用やリストラなどの就労に伴うこと、家庭における経済的なことや家族関係のことなどです。

　それらの困難を前に、自分や家族だけの力では解決できずに行き詰まってしまうことがあります。あるいは必要な支援やサービスにつながらず、孤立した状態で困難を抱え続けることもあります。特に今日のような、変化が激しく、かつ複雑な社会状況のなかでは、このような生活問題は決して個人や家族だけで抱えるべきことではなく、またそのすべてを個人や家族だけで解決していくべきことでもありません。

　そして、その背景には、何らかの社会的、地域的、環境的な要因があるという認識が重要です。例えば、介護や子育てに悩む家族にとって、身近に相談できる場所があるかどうかや、地域に利用可能なサービスが整備されているかどうかによって、その困難の度合いも異なります。また、病気や障害を抱えつつ生活する人にとっては、医療機関が身近にあるかどうか、地域や職場の理解や配慮が得られるかどうかも、生活や就労の継続に大きく影響します。さらには、貧困や社会的に孤立した状態にある人や家族にとっては、地域住民間の支え合いやつながり、行政や専門機関のネットワークが形成されている地域とそうでない地域とでは、問題の現れ方も異なります。

　このように、現代社会のなかでさまざまに生じる生活問題や困難状況に対しては、地域の課題や社会の問題としてとらえることが重要です。そして、そこにこそ個人や家族への直接的な支援と、地域のあり方や社会環境の改善とを一体的にとらえた方法や実践としてのソーシャルワークの必要性と可能性があります。このことは、生活困窮状態にある個人や家族、世帯に対してもいえることです。

　今こそソーシャルワークが求められている時代です。ソーシャルワークが対応しなければならない生活問題が、非常に多岐にわたっています。多様なかたちで現れる個人や世帯の生活困窮状態に対して、ソーシャルワークとしての相談支援の展開が求め

られています。

（２）その時代の人々の生活とともにあるソーシャルワーク

　ソーシャルワークは、その時代の社会状況のなかで、人々の生活状況や人々が抱える生活問題に向き合い、安定した生活の維持や回復、そして誰もが安心して暮らせる社会の実現に向けて、実践や研究を重ねつつ発展してきました。それは、さまざまな生きづらさや生活のしづらさを抱える人々への直接的な支援の展開と、その困難状況の改善に向けてのはたらきかけを通して、ソーシャルワークが専門性の向上と社会的信頼の獲得に取り組んできた歴史でもあるといえます。

　貧困や差別、社会的な排除や孤立の問題、また育児や介護、就学や就労をめぐる問題など、ソーシャルワークの対象となる生活問題は幅広く、そして多様です。それは、ソーシャルワークが、個人とその家族、また地域、学校や職場など、個人や家族を取り巻く社会環境をも視野に入れながらの、それぞれに独自性や固有性をもつ生活全体を支援する営みであるからです。

　そして、人々の生活状況は、その時代の社会状況や経済状況に大きく影響されます。したがって、生活問題（例えば、家計に関すること、家族関係や親戚関係のこと、就学や学校に関すること、仕事や職場のこと、介護や育児のこと、近隣住民との関係のこと、病気や障害に関することなど）の現れ方も時代によって異なります。したがって、人々が直面する生活困窮の状態とは、現在の社会状況や経済状況のなかで生じるものなのです。生活困窮者への相談支援の活動を、ソーシャルワークとして展開する意義や必要性もここにあります。

　ソーシャルワークで大切なことは、個人や家族が抱える生活問題や困難状況の背景には、それを生じさせる社会的、地域的、環境的な構造が必ずあるという認識です。当事者が直面する困難状況は、決して個人的な問題ではなく、したがって個人や家族の責任に帰して終わる問題ではなく、社会環境や社会構造上の問題であるという見方です。個人的なことは社会的、地域的、環境的なことであり、個人の生活に現れる問題は、地域や社会に内包する問題であるという見方です。

　それゆえに、ソーシャルワークは、個人や家族への直接的な支援から、地域のあり方や社会環境の改善へのはたらきかけへと至るものでなければなりません。すなわち、ミクロレベルからメゾレベル、そしてマクロレベルでの実践が相互に連動して、ソーシャルワークが展開するという理解が重要です。

　ソーシャルワークは、その時代に生きる人々の生活とともにあること、そして、その時々の社会状況のなかで生きづらさや生活のしづらさを抱える人々の側に立ち、そ

の尊厳と権利を守るべく、地域や社会の変化をも見すえた支援やはたらきかけを行う営みです。生活困窮者に対する相談支援を、「ソーシャルワーク」ととらえて活動を進めていくことが求められているのです。

（3）相談支援の対象となる人々の生活困窮状態への認識

ソーシャルワークは歴史的に、その時代のなかで、人々の社会生活上に起こる困難状況、すなわちさまざまな生活問題に対応しながら、安定した日常生活の維持や回復に向けた支援を行ってきました。そのようなソーシャルワークで重視されるのは、人々が抱える生活問題は、社会環境や社会構造的な要因を背景にもつという認識です。

例えば、個人や家族の生活に生じる貧困問題の背景には、不景気のなかでの会社の都合によるリストラや解雇があり、たとえ再就職を試みても正規採用の仕事に就くことが困難な社会状況があります。あるいは、ようやく正規採用で就職できたとしても、長時間労働や休日出勤を強いられ、休暇をとることもままならない職場であった場合、それでも正社員の職を手放せないなかでは、心身ともに疲弊して病気を患うことにもなり得ます。

近年は、子どもの貧困や女性の貧困の問題が指摘されていますが、例えば母子家庭の母親が派遣労働やパートタイムで働かざるを得ない状況や、育児と仕事との両立に対する職場の無理解、また男女の賃金格差などの社会的不利の状況、さらには母子家庭に対する地域の人々の偏見や、子育ては母親の責任という偏った育児観や母親観など、母子家庭を取り巻く社会構造や親子を取り巻く周囲の環境が、働いても生活が安定しないという状況を生み出しているといえます。

このように、人々が生活困窮状態に陥るのは、個人的な努力不足や自己責任などでは決してなく、その背景には社会環境的、社会構造的な要因が必ずあるという理解が重要です。したがって、人々が経験する生活困窮状態をもたらす周囲の環境や社会状況の変化や改善なしには、本質的な解決には至らないという認識が欠かせないといえます。

（4）個人や家族、世帯が抱える生活困窮状態への対応

人口の少子化・高齢化、それに伴う人口減少や家族形態の多様化が進行する日本では、社会福祉を取り巻く状況も大きく変化しています。産業構造や就業構造の変化に伴う不安定な就労条件や非正規雇用の増大、低所得や貧困問題の広がり、地域における血縁や地縁に基づく人々のつながりの希薄化や共同体機能の脆弱化、さらには生活だけでなく生命の危機をもたらす大規模な自然災害の発生など、人々の生活の安定を

揺るがすさまざまな社会問題が各地で生じています。

　そのような社会状況のなかで、人々や家族、世帯が抱える生活課題や生活問題は多様化・複雑化し、また一つの家族や世帯で同時に複数の課題を抱える複合化、さらには問題の長期化の状況もあります。貧困や障害、地域における孤立、介護や子育てなどの家族のケア、就労や就学、住まいなどをめぐる複数の困難が、個人や家族あるいは世帯ごとに、同時期に複雑に絡み合っている状況です。また、既存の福祉制度やサービスのなかだけでは対応できない、いわゆる「制度の狭間」の問題といわれる困難状況を抱える人々もいます。

　例えば、一人暮らしの住民が誰にも看取られずに亡くなる孤立死、いわゆる「ごみ屋敷」といわれるような状態となり、地域で孤立した状態にある人々、「8050 問題」と呼ばれる 80 歳代の高齢の親と 50 歳代の働いていない子どもの世帯が抱える生活問題、高齢の親の介護と育児とを同時期に担うダブルケアの問題、さらに、若者だけでなく中高年のひきこもりや、18 歳未満の子どもが祖父母の介護と病気や障害をもつ親やきょうだいの世話を同時に抱えて、通学や学業に支障を来すヤングケアラーの存在も指摘されています。

　このような状況にある人々や家族・世帯に対しては、さまざまな制度やサービス、および関係職種や関係機関による支援を組み合わせ、連携・協働して、総合的かつ包括的に、そして継続的に対応していくことが求められます。

　さらに、生活が困窮状態にあっても、自ら支援を求めることなく、また専門職や地域住民等からの支援を拒む人もいます。このような場合は、本人からのサービス利用の申請や支援機関への来所を待つのではなく、支援者や相談支援機関のほうから、積極的に出向いて必要な支援につなげていく、あるいは社会との接点をもてるようにしていくアウトリーチによる支援が求められます。

　さらに今日では、人々の価値観やライフスタイル、性的傾向や性自認の多様化もみられます。また、日本で暮らす外国人も増加しており、夫婦や家族のあり方も多様化しています。人々の尊厳が守られる社会とは、このような人々の多様性が尊重される社会であるといっても過言ではありません。

　しかしながら、社会的な排除の構造や周囲の差別意識による悩みや苦しみを抱えるマイノリティの人々がいます。そのような状況のなかで、安定した主体的な生活が脅かされる人々がいます。ソーシャルワークの実践は、そこで暮らす誰もが尊厳を守られる地域や社会づくりに向けて機能しなければなりません。このことは、生活困窮者への相談支援の活動においても同様です。さまざまな社会的な要因を背景とする生きづらさや生活のしづらさを抱える人々の生活を支え、その尊厳を守るソーシャルワー

クや相談支援の活動がさまざまな場所で求められているのです。

（5）過程（プロセス）としての相談支援の展開

　相談支援の活動は、何らかの生活困窮状態にある個人や家族、世帯に対して、いかにかかわり、はたらきかけ、支援を展開していくかという、まさにその「過程」が問われる営みです。したがって、支援の「過程」が、相談支援の活動そのものであるといえます。

　有名なソーシャル・ケースワークの定義として、かつてリッチモンドは、「ソーシャル・ケースワークとは人間とその社会環境とのあいだを、個々に応じて意識的に調整することにより、パーソナリティの発達をはかる様々な過程からなるものである」[1]としました。また、同じくパールマンは、「ソーシャル・ケースワークは、人々が社会的に機能する間に起こる問題をより効果的に解決することを助けるために、福祉機関によって用いられる過程である」[2]と表しました。この2人の定義にあるとおり、ソーシャルワークの実践が「過程（プロセス）」であるという指摘は古くからありました

　ソーシャルワークの展開過程は、個人や家族が抱える何らかの困難状況の改善や解決という目標をもち、その目標に向けた支援者による一連の行為の積み上げからなる、支援活動全体の時間的な流れです。このことは、生活困窮者や家族、世帯に対する相談支援においても同様です。以下では、生活困窮者への相談支援の展開過程について、ソーシャルワーク実践の過程を下地にして述べていきます。

2　相談支援の展開とその過程

（1）ケースの発見とエンゲージメント

　相談支援の出発点となる局面です。何らかの生活困窮状態にある本人や家族から事業所などへ相談に訪れることもありますが、今日では、困り事を抱えていても、自ら支援を求めることなく、また専門職や地域住民等からの支援を拒む人もいます。

　したがって、本人からの支援機関や相談窓口への連絡や来所を待つのではなく、支援機関のほうから支援者が積極的に出向くこと（アウトリーチ）によって、そのよう

▶1
Richmond, M. E., *What is Social Case Work ?*, Russell Sage Foundation, 1922.（＝杉本一義訳『人間の形成と発展―人間福祉学の萌芽―』出版館ブック・クラブ，103頁，2007年）
▶2
Perlman, H. H., *Social Casework : A Problem Solving Process*, The University of Chicago Press, 1957.（＝松本武子訳『ソーシャル・ケースワーク―問題解決の過程―』全国社会福祉協議会，4頁，1967年）

な状況にある人を発見する、あるいはその人に関する情報を得ることが必要です。

　支援者と当事者との出会いの段階は、エンゲージメントと呼ばれます。支援者が、生活に困り事を抱える人やその家族と出会い、ともにその解決に向けて取り組んでいくために、信頼関係に基づく支援関係を築く段階です。その後の支援活動の展開を左右する重要な局面であるといえます。

　エンゲージメントの場面では、支援者に「傾聴」の姿勢が求められます。これは、困り事を抱える当事者やその家族の主たる訴え（主訴）やニーズの把握ために、支援者が相手の話を否定することなく、積極的に受けとめることを意味します。そのような支援者の姿勢や態度により、相手は自分が受け入れられているという安心感や、支援者や支援機関への信頼感を得ることになるのです。

　相談支援の活動において、当事者と支援者とが信頼関係に基づく支援関係を構築することは、支援を展開する基盤として非常に重要です。そして、支援関係の構築には、両者の間に安心で安全なコミュニケーションがあることが前提になります。支援者には、例えばさまざまな制度やサービスに関する情報をわかりやすく説明したり、またその人や家族の反応を見ながら、必要な情報を的確に伝えることが必要です。同時に、相手の思いや訴えを傾聴することを通して、その人や家族のことを理解していきます。

（2）エンゲージメントに必要なアウトリーチ

　相談支援におけるエンゲージメントの段階において、重要な活動の一つに「アウトリーチ」があります。地域には、例えば病気や経済的困窮などの困難を抱えながらも、必要な支援やサービスの利用に至っていない人々がいます。その理由はさまざまです。そもそも支援や制度に関する情報がなく、それらの存在自体を知らない場合や、知っていたとしても病気や障害等で自ら相談窓口に行けない場合もあります。また、自らの現状に対して支援の利用が必要という認識がないままに暮らしている場合や、必要性を感じていても支援されることへの抵抗感がある場合や制度の利用を拒否する場合もあります。

　このように、生活が困難な状況にありながらも、さまざまな事情で相談や支援、制度の利用につながっていない人を発見するとともに、地域とのつながりや必要な支援につないでいく取り組みがアウトリーチです。支援機関や事業所の窓口で人々が自ら相談に訪れるのを待つのではなく、こちらからその人の自宅等に出向いて、訪問して、はたらきかける支援のあり方です。特に社会的孤立状態にある生活困窮者への支援においては重要なアプローチです。

　そして、地域におけるそのような人々の存在に気づき、身近で発見できるのは、何

より地域住民です。その意味では、地域住民と支援機関や支援者の間で築かれる地域における総合的・包括的な支援体制としてのネットワークの形成が、つながりの貧困状態にあって孤立している人の発見にもつながり、アウトリーチの機能を果たすことにもなるのです。

　地域における総合的・包括的な支援は、その仕組みと実践が機能することで、生活困難の発生や深刻化を防ぐことにもつながります。そしてそのことは、地域における新たな支え合いのあり方を創造していく可能性をも広げることになるのです。

相談支援プロセスの流れの中で活用する基本帳票類の説明①──「相談受付・申込票」
（図表4－1）

　生活困窮者の自立相談支援機関による相談支援を行うことが適当と判断される場合、「相談受付・申込票」により利用を受け付けることになります。この書式は、「自立相談支援機関使用標準様式（帳票類）」の一つとして全国で統一的に使用されるものです。

　「相談受付・申込票」は、本人による記入が原則ですが、本人の状況によっては支援員が聞き取るなどしながら代行することもあります。決して記入を無理強いすることなく、何より本人が安心して相談してもらえるような関係づくりが大切です。

　「相談受付・申込票」には、「相談申込み欄」として、支援員からの内容の説明と同意に基づいて、本人が署名をする欄があります。この署名によって、必要となる関係機関や関係者との個人情報の共有に、本人が同意したことになります。

　ただし、本人の事情や緊迫した状況などにより、すぐには同意が得られない場合もあります。その場合は本人への支援を優先しながら、引き続き同意が得られるように信頼関係を築くなどの働きかけが必要です。

図表4−1 相談受付・申込票

受付機関	□自立相談　□家計改善 □町村の一次相談窓口	相談受付・申込票		

ID		初回相談 受付日	西暦　　年　　月　　日	受付者	

■基本情報

ふりがな			性別	□男性　□女性　□（　　　　）	
氏名			生年月日	西暦　　年　　月　　日 （　　歳）	
住所	〒　　−				
電話	自宅	（　　　）　−	携帯	（　　　）　−	
メール					
来談者 ＊ご本人 以外の場合	氏名		来談者の ご本人と の関係	□家族（本人との続柄：　　　） □その他（　　　　　　）	
	電話	（　　　）　−			

■ご相談内容

ご相談されたい内容に○をおつけください。複数ある場合は、一番お困りのことに◎をおつけください。		
病気や健康、障害のこと	住まいについて	収入・生活費のこと
家賃やローンの支払いのこと	税金や公共料金等の支払いについて	債務について
仕事探し、就職について	仕事上の不安やトラブル	地域との関係について
家族との関係について	子育てのこと	介護のこと
ひきこもり・不登校	DV・虐待	食べるものがない
その他（　　　　　　　　　　　　　　　　　　　　　　　　　　）		
ご相談されたいことや配慮を希望されることを具体的に書いてください。		

■相談申込み欄

○○様
上記の相談内容等について、自立・家計改善支援の利用を申し込みます。
また、相談支援にあたり必要となる関係機関（者）と情報共有することに同意します。なお、同意にあたっては、別紙の「個人情報に関する管理・取扱規程」について説明を受けました。

西暦＿＿＿年＿＿＿月＿＿＿日　　　　本人署名

出典：『自立相談支援事業の手引き（平成31年３月29日社援地発0329第９号　別紙１）』の「自立相談支援機関使用標準様式（帳票類）」を一部抜粋

（3）情報収集とアセスメント

　当事者が直面している生活困窮の状態を理解するために、本人や家族、あるいは関係者などから必要な情報を集め、整理・分析して、どのような支援や制度の利用が必要なのかを見極めていく段階です。集めた情報をもとに、ソーシャルワークの視点である「個人と社会環境および両者の相互作用」への関心から、本人や家族の生活状況の全体を把握します。そのうえで、支援の目標やその達成のために取り組むべき課題を見出していきます。

　アセスメントの作業では、当事者本人と本人が直面している困難な状況や、その個別のニーズを理解するということになります。本人や家族とその状況に対する誤った認識や偏った理解をもったままでは、適切な支援には結びつきません。アセスメントに必要なさまざまな情報を得るための面接は「アセスメント面接」といわれますが、この面接では支援者が相手に信頼されていなければ、得られる情報も限られます。

　支援者が当事者本人やその家族から信頼されることで、支援を展開していくうえでの大切な情報が提供されるという理解が大切です。相談支援における当事者や家族、関係者との信頼関係の構築とそのためのコミュニケーションは、適切なアセスメントのためにも欠かせない要素です。そして、アセスメントを行う際には、当事者本人の身体的、心理的、社会的な状況や家族の状況、そして本人と家族との関係や地域との関係などについて、現在だけでなく、本人や家族の歴史など過去に関する多方面からの情報収集が必要です。

　平成30年6月に改正され、10月に施行された生活困窮者自立支援法第2条第1項では、生活困窮者に対する支援について「生活困窮者の就労の状況、心身の状況、地域社会からの孤立の状況その他の状況に応じて」行うとあり、第3条第1項では生活困窮者の定義として、「就労の状況、心身の状況、地域社会との関係性その他の事情」によって困窮状態にある者とされています。個人の心身の状況だけでなく、地域との関係やその他の事情についてのアセスメントが、生活困窮者支援には求められます。

　さらに、アセスメントの結果を踏まえて、支援を開始した後でも、本人や家族、地域住民その他関係者とのかかわりのなかで、新しい気づきや発見がもたらされたり、新たな情報が得られたりして、支援の目標や内容の見直しにつながることがあります。その意味で、情報収集やアセスメントの作業は、相談支援の初期段階にとどまらず、その展開の過程のなかで、継続して行われるという理解が大切です。

　さらに、このアセスメントの作業もまた、支援者が一人だけでやるものではありません。当事者や家族あるいは地域の状況に応じて、他の専門職や地域住民、関係者や関係機関等との連携、協働によって行われるという認識が大切です。アセスメントの

作業を通しての、多職種連携や協働の仕組み、また地域におけるつながりやネットワークの構築も可能にしていくはたらきかけも、相談支援の実践として重要になります。

相談支援プロセスの流れの中で活用する基本帳票類の説明②——「インテーク・アセスメントシート（相談経路・相談歴、本人の主訴・状況など）」（図表４−２）

　本人の主訴や状況、生活歴、家族のことや健康状態、収入や職業などを把握することは、その後の支援の内容や方向性を検討するためにも、とても大切なことです。必要な情報をもれなく収集して、整理するために、「インテーク・アセスメントシート」を活用します。しかしながら、生活困窮の状況にある当事者は、さまざまな不安や心配を抱えた状態にあります。プライベートな内容を話すことに抵抗を感じるかもしれません。インテークの段階では、本人にとっての安心で安全なコミュニケーションを通して、本人と支援者との信頼関係を築くことが大切です。それによって、アセスメントの作業に必要な情報も得られるのです。

　また、本人の状況や訴えなどから、緊急的な支援が必要な場合があります。その際には本人の状況を早くに把握して、必要な制度やサービスにつなげること、また自治体や関係機関との連携や協働の体制を築くことが求められます。

図表4−2 インテーク・アセスメントシート（相談経路・相談歴、本人の主訴・状況など）

受付機関	□自立相談　□家計改善 □町村の一次相談窓口		インテーク・アセスメントシート			
ID		氏名		最終 更新日	西暦　　年　　月　　日	
サブ区分 フラグ		関連する ID		過去の相談者 ID （一番古い ID）		

■相談経路・相談歴

		来談者	面談の場所・方法
当初 相談経路	相談の きっかけ	□本人　□家族・知人　□関係者	□直接来所　□電話・メール　□自宅　□関係先
		□自立相談支援機関がアウトリーチ □紹介（関係機関・関係者名：　　　　　　　　　　　　　　　　　） □国、自治体、自立相談支援機関等の周知（ホームページ・広報・チラシ等） □その他（　　　　　　　　　　　　　　　　　　　　　　　　　　　）	

これまでの相談歴がある機関（本人や家族に過去にどこかの機関への相談経験があるかを確認）

就労	□ハローワーク □職業訓練機関 □就労準備支援機関 □地域若者サポートステーション □就労支援法人・団体（就労訓練事業を含む） □一般企業 □各種協同組合（生協等） □農業者・農業団体	保護	□福祉事務所（生活保護担当部署） □ホームレス支援機関 □一時保護施設 □警察 □更生保護施設・自立準備ホーム □地域生活定着支援センター
医療	□医療機関 （□医療機関の内、無料低額診療実施機関） □行政の保健担当部署	生活・金銭	□行政の税担当部署 □行政の保険・年金担当部署（年金事務所含む） □社会保険労務士 □家計改善支援機関 □食糧支援関係団体（フードバンク等） □小口貸付（生活福祉資金除く） □社会福祉協議会（生活福祉資金） □社会福祉協議会（日常生活自立支援事業） □成年後見人制度の支援機関 □法テラス・弁護士・司法書士 □消費生活センター・消費生活相談窓口・多重債務者等相談窓口
障害	□行政の障害担当部署 □基幹相談支援センター □精神保健福祉センター □障害者就業・生活支援センター □障害者就労支援事業所 □その他障害者支援機関・施設		
高齢	□行政の高齢担当部署 □地域包括支援センター □居宅介護支援事業所・その他介護事業所	住居	□行政の住宅施策担当部局（居住支援協議会） □居住支援法人 □不動産・保証関係会社
子ども・人権	□行政の子ども家庭担当部署 □教育委員会 □保育所・幼稚園・子ども園 □小・中・高（特別支援含む）学校 □大学等（高等専門学校、専修学校、各種学校含む） □その他教育機関 □家庭児童相談室（福祉事務所） □児童相談所・児童家庭支援センター □児童福祉施設 □地域子育て支援センター □その他子育て支援機関 □行政の人権担当部署 □男女共同参画センター □婦人相談所・配偶者暴力相談支援センター	その他	□他地域の生活困窮者自立相談支援機関 □民生委員・児童委員 □外国人支援団体・相談窓口 □ひきこもり支援機関 □ NPO・ボランティア団体 □商店街・商工会等経済団体 □町内会・自治会、福祉委員、近隣住民 □ライフライン民間事業者（電気・ガス・水道） □保健所（動物・ペットの多頭飼育等） □社会福祉協議会（資金、日常生活自立支援以外） □その他行政の担当部署 □家族・親族・その他キーパーソン □その他1（　　　　　　　　　　　） □その他2（　　　　　　　　　　　）

支援会議での検討の有無（注意：この欄のみ相談者への確認をするのではなく事業実施者で確認すること）
□なし　　　　□あり　（ 対象となった直近の会議時期：西暦　　年　　月　　日（ 累計：＿＿回目 ））
生活困窮者自立支援制度の相談歴の有無
□なし　　　　□あり　（ □相談のみ　　　　　　□支援中断　　　　　　　□支援終結 ）
相談歴の概況／相談経緯（誰が、どこに、どのような相談をしたか、その結果がどうであったかを記載）

■本人の主訴・状況（生活歴を含む）

■本人の主訴・状況（続き）

（1）家族・地域関係・住まい

同居者	□有（自分を含んで＿＿＿人）　□無	別居の家族	□有（　　　　　　）　□無
婚姻	□未婚　□既婚　□離別　□死別 □その他（＿＿＿＿＿＿）	子ども	□無 □有（＿＿＿人　→扶養＿＿＿人）
家族の状況(子どものことを含む)			
住居	□持家　　　　□借家 □賃貸アパート・マンション □公営住宅　　□会社の寮・借り上げ住宅 □野宿　　　　□その他（＿＿＿＿＿＿）	地域との関係	
特記事項			

（2）健康・障害

通院状況	□通院している □通院していない/健康状態良い □通院していない/健康状態悪い	通院先/服薬・診断・症状等	
健康保険	□国民健康保険 □健康保険（国保以外） □加入していない	障害手帳等	□無　　□有→□身体（＿＿＿級） 　　　　　　　□知的（療育）（＿＿＿） 　　　　　　　□精神（＿＿＿級） ------------------------------------ 自立支援医療　□利用　□利用せず
特記事項			

（3）収入・公的給付・債務等

家計の収支状況	世帯として 月々入ってくるお金（月額＿＿＿円） 月々出ていくお金　（月額＿＿＿円）	家計状況	
課税状況	□住民税非課税世帯である □住民税非課税世帯ではない	滞納	□滞納あり　　　　□滞納なし
		債務	□債務あり　　　　□債務なし
公的給付（受給中）	□雇用保険　□老齢年金・遺族年金 □障害者年金　□特別障害者手当 □児童手当　　　　□児童扶養手当 □特別児童扶養手当　□住居確保給付金 □その他（＿＿＿＿＿＿＿＿）	生活保護	
特記事項			

（4）職業・職歴等

①概況

就労状況	□就労している □就労しているが、転職先を探したい/探している □今後、就労予定（就労先決定済み） □仕事を探したい/探している（現在無職） □仕事をしていない（仕事は探していない）	最終学歴等	□中学（高校未入学）□中学（高校中退） □高校（大学中退を含む） □特別支援学校（学級を含む） □専門学校・専修学校・各種学校 □高等専門学校　□短大 □大学・大学院　□その他 - - - - - - - - - - - - - - - - - - →　□現在、就学中
直近の離職後年数	□6ヵ月未満　　　□6ヵ月以上〜1年未満 □1年以上〜2年未満 □2年以上　　　□仕事をしたことがない	資格・技術	□自動車免許 □その他資格・技術 （　　　　　　　　　　　　　　　　　）
希望職種等			

②現在の職業

職業	業務内容		雇用形態
勤務年数	月収	賞与の有無・回数等	賞与（年間）
年　　　　ヵ月	万円		万円

③過去の職歴　※現在に近い順に上から記載

勤務期間		雇用形態	月収	職業・業務内容
西暦　　　　年　　月〜 　西暦　　　　　年　　月〜	年 　　　ヶ月		万円	
西暦　　　　年　　月〜 　西暦　　　　　年　　月〜	年 　　　ヶ月		万円	
西暦　　　　年　　月〜 　西暦　　　　　年　　月〜	年 　　　ヶ月		万円	

④職業・職歴等の特記事項

（5）その他の特記事項

出典：『自立相談支援事業の手引き（平成31年3月29日社援地発0329第9号　別紙1）』の「自立相談支援機関
　　　使用標準様式（帳票類）」を一部抜粋

（4）アセスメントの作業を支える理論や視点

　相談支援のアセスメントにおいては、ソーシャルワークの視点である「状況（環境）のなかにいる人（person-in-situation［environment］）」という人間観が重要になります。これは、当事者を「生活者」としてとらえる視点であり、あくまでも社会関係や環境との関係のなかで、関係的・社会的・構造的に生じた困難状況（生きづらさや生活のしづらさ、困窮状態）と、そのような状況のなかにいる人（生活者としての当事者）への視点です。

　あわせて、アセスメントの作業においては、「Bio（バイオ：生理的・身体的）-Psycho（サイコ：心理的・精神的）-Social（ソーシャル：社会的）モデル」（BPSモデル）による当事者への理解も欠かせません。このBPSモデルは、「生物心理社会モデル」とも訳され、人間の「生理的・身体的側面」「精神的・心理的側面」「社会的・環境的側面」の三つの側面は相互に影響し、関連し合っていることを示しています。

　すなわち、当事者が抱える何らかの困難状況に対して、何か一つの原因に還元してとらえるのではなく、あるいは特定の側面だけを切り取って別々に見るのでもなく、三つそれぞれの側面におけるさまざまな要因の相互作用の現れとして、その状況を認識するのです。

　そしてソーシャルワークでは、これら三つの側面のなかでも、特に社会的・環境的側面、つまり家族関係や地域の状況などその人を取り巻く環境を重視します。しかしその際にも、三つの側面の相互性や関連性を視野に入れながら、その人が置かれている状況を統合的にとらえ、全体的・総合的に理解する視点が重要なのです。

　ソーシャルワークの特徴である人と環境および両者の相互関係へのとらえ方としては、システム理論や生態学的視点（エコロジカル・パースペクティブ）が援用されます。システム理論とは、何らかのシステムを構成する複数の要素が相互に有機的に関係し合う「相互作用」の現れとして、そのシステムの全体や状態を把握する考え方です。例えば個人、家族、集団、地域の状況を「システム」ととらえることで、対象への理解や介入の仕方、アプローチのポイントを探る助けになります。

　また、生態学的視点とは、人と周囲の環境との適合状態やその均衡の保ち具合や相互の関係性や影響の及ぼし合いに着目するものです。この視点に基づいて、その人とその人を取り巻く環境との相互関係の状態を把握し、両者の適合や均衡の度合いを上げるための介入やアプローチのポイントを探る助けになります。

　システム理論や生態学的視点に基づくソーシャルワークのアセスメントでは、対象となる人や家族の困難状況や地域の課題等に対して、さまざまなことが相互に関係をもち影響し合っている状態として認識することになります。例えば、「何がその人や

家族をそうさせているのか」「その人がそうせざるを得ない状況は何か」「その人がそのような行動に至る背景には何があるのか」「いまここで、地域住民間の相互関係のなかで何が起こっているのか」を把握するのです。そして、関係職種や関係機関とアセスメントの内容を共有しながら、支援や介入のチャンスやポイントを探ります。

　また、アセスメントにおいては、個人や家族がもつ「ストレングス（良さ、強み、魅力、可能性）」に対する気づきも重要です。支援の対象となる場合には、どうしてもその人や家族の問題や不十分さばかりに支援者の目が行きがちになります。しかし、その問題を解決するのは、あくまでもその本人や家族なのです。本人や家族主体の支援の過程を進めていくために、当事者がもつストレングスを見出していくことも、アセスメントにおける重要な営みなのです。

必要に応じて活用が考えられる補助シートの説明──「詳細アセスメント項目例」（図表4−3）

　アセスメントは、生活困窮状態にある人とその生活状況に関する情報収集と整理、課題や困窮状態の背景にある要因の分析、またそれに基づく支援の方向性などを検討する作業です。支援の対象となる人が抱える課題は、多様で複雑な状態にあることも多く、本人の状況だけでなく家族の状況なども含めて、総合的・包括的に把握することが求められます。

　そのために、情報収集の際には、本人や家族からだけでなく、個人情報の取り扱いには留意しながら、必要に応じて関係者や関係機関等からも得ることになります。

　アセスメントとしてどのような内容に関する情報を得るかということについては、「自立相談支援機関使用標準様式（帳票類）」にある補助シートの「詳細アセスメント項目例」（図表4−3）が参考になります。「インテーク・アセスメントシート」に含まれる項目以外でも必要な情報を把握しながら、本人の状況への理解を深めていくことが大切です。

（5）アセスメントの留意点

　以上のことを踏まえて、ここで相談支援のアセスメントにおける留意点について、ソーシャルワークの観点から以下の七つに整理をしておきます。

図表 4 ― 3 詳細アセスメント項目例

領　域	アセスメントの視点	
健康面	・疾病・傷病、健康上の課題の具体的内容 ・通院先や服薬状況、障害の状況や程度 ・健康保険や介護保険、利用している福祉・介護サービス	など
住まい	・住民票の有無 ・電気、ガス、水道の状況 ・賃貸の場合の家賃や地代の支払い状況	など
収入や経済状態	・世帯収入及び本人と家族の収入 ・本人の年金加入状況及び年金種類 ・世帯の毎月の生活費と内訳、貸付・債務や滞納の状況	など
仕事	・現在の求職活動状況 ・職業訓練や支援付就労の経験状況 ・雇用保険や失業等給付の状況	など
生活管理	・1日のスケジュールや1週間のスケジュール ・生活管理能力について	など
地域との関係・社会参加	・外出頻度や行先等 ・ひきこもり等社会参加に係る課題 ・交友関係（つきあいのある人や頼りにしている人等）	など
生活歴（ライフヒストリー）	・過去の課題について ・生活歴で留意すべきこと	など
家族のこと	・家族関係で気になること ・家族が抱える課題	など
DV・虐待について	・DV・虐待の恐れの有無 ・被害者の属性と加害者の属性 ・DV・虐待の状況やこれまで関わりがあった機関や内容	など
子どもの状況／子どもが抱える課題	・就学・就園の段階 ・子どもが抱える課題の内容 ・子どもが抱える課題の背景要因	など
国籍・言語について	・国籍（日本かその他の国か） ・言語（通訳不要か必要か）	など
本人の能力	・話を聞いて理解する力や言語能力 ・書く力や人とのコミュニケーション ・本人が得意なことや苦手に感じていること	など

出典：『自立相談支援事業の手引き（平成31年3月29日社援地発0329第9号　別紙1）』の「自立相談支援機関使用標準様式（帳票類）」の「補助シート（詳細アセスメント項目例）」を参考に作成

①アセスメントにおける個別化の重要性

　人それぞれに生活や人生が異なることから、たとえ同じような生活困窮の状態であったとしても、具体的な内容や事情はそれぞれに異なります。したがって、解決に向けた方法もそれぞれです。相談支援においては、一つとして同じ事例はないという認識が重要です。

②継続的なアセスメントの作業が必要

　支援者といえども、誰かとその誰かの生活状況を完全に知り尽くすということはあり得ません。したがって、一度のアセスメントで十分ということもありません。アセスメントの作業は相談支援の過程を通して、継続的に繰り返して行われるという理解が重要です。

③関係者との連携・協働によるアセスメント

　一人の当事者の生活や困窮の状態に対して、多角的な見方や多様な視点で分析することにより、多くの気づきやヒントが得られます。そのことにより、支援内容や方法の多彩さや柔軟さ、幅の広さにつながります。関係者や関係職種との連携・協働によるアセスメントの作業が重要です。

④当事者の参加や当事者側の視点の重要性

　アセスメントでは、支援者の側からだけではなく、当事者本人や家族の側からの視点でその状況や背景を見ようとすることが重要です。人は誰一人同じ環境では生活しておらず、皆それぞれ自らが経験する独自のリアリティのなかで生きています。支援の過程で当事者の参加を得ながら、当事者から学び、当事者との協働作業で取り組む姿勢の大切さは、アセスメントにおいても同じです。

⑤本人や家族、地域のストレングスを把握する

　アセスメントでは、本人および家族、あるいは本人たちが暮らす地域がもつストレングス（強さ、良さ、魅力、可能性）への視点が重要です。この視点は本人や家族が問題に向き合う力や生きる力を見出して、導くことにもつながります。また、その場所の地域性や地域の強みを活かした支援のあり方を見出すことにもつながります。

⑥システムやエコロジカルの視点から相互関係を把握する

　「状況（環境）のなかにいる人」への理解のために、システム理論やエコロジカル（生態学的）視点から、「いま、ここで、その相互関係のなかで、何が起こっているのか」を見ます。必要に応じてジェノグラムやエコマップを活用して、本人たちの家族関係や本人や家族を取り巻く関係者、また地域との関係など、さまざまなことが相互に関係をもち影響し合っている状況を把握するようにします。

⑦問題の背景にある社会構造的な課題を見極める

　ソーシャルワークでは、その人や家族が抱える困難状況が、社会関係のなかで、関係的・社会的・構造的な要因を背景に生じているとする視点と理解が欠かせません。個人的なことは社会的なことであり、一人の生活課題は地域の生活課題なのです。当事者や家族の訴えは、地域や社会が抱える課題を代弁しているともいえます。ソーシャルワークの使命である社会変革に向け社会構造的な課題に対するはたらきかけは、このようなアセスメントに基づいて導かれます。生活困窮者への相談支援においてもこの視点は大切だと思います。

　相談支援プロセスの流れの中で活用する基本帳票類の説明③──「インテーク・アセスメントシート（アセスメントの結果の整理と支援方針の検討）」（図表4－4）

　本人や家族、世帯に関する一定の情報が収集できたら、困窮状態の背景やその要因を分析するなどして、課題を把握していきます。

　現在の状況に関する理解とともに、本人の生活歴や家族や周囲との関係などから、困窮状態の背景を探り、本人の社会参加を妨げているものなどについての見立てを深めていきます。またそれと同時に、支援において利用できる社会資源や、連携が可能な関係者や関係機関の把握も行います。

　得られた情報の総合的な整理・分析による課題の把握や困窮状態の背景要因について、「インテーク・アセスメントシート」の「アセスメントの結果の整理と支援方針の検討」にまとめて記載します。

　この内容は、支援の優先順位の見極めやその後のプラン（支援計画）の策定など、支援の方向性を見定める根拠となります。また、支援調整会議等で関係者や関係機関と記載内容を共有することにもなる大切な資料です。

　相談支援プロセスの流れの中で活用する基本帳票類の説明④──「インテーク・アセスメントシート（スクリーニング）」（図表4－5・4－6）

　相談者との面談やアセスメントの作業のなかで、ケースによっては情報提供や相談対応のみで終了する場合や、内容によって他の機関や事業所につなぐことが適切な場合もあります。その判断をスクリーニングといいます。

　スクリーニングは、図表4－5の五つの状況で判断します。いうまでもなく、この判断は相談者にとっては重要なことです。したがって、図表4－6の記載の際にも、支援者個人ではなく、機関内で他職員との協議のうえで判断することが

求められます。

図表 4 — 4　インテーク・アセスメントシート（アセスメント結果の整理と支援方針の検討）

■アセスメント結果の整理と支援方針の検討

課題と 背景要因	
課題のまと め と支援方針 （300字以内 で整理）	
相談者に 関わる 課題と特性	□病気　　□けが　　□障害（手帳有）　　□障害（疑い）　　□自死企図 □その他メンタルヘルスの課題（うつ・不眠・不安・依存症・適応障害など） □住まい不安定　　□ホームレス　　□経済的困窮　　□（多重・過重）債務 □家計管理の課題　　□就職活動困難　　□就職定着困難　　□生活習慣の乱れ □社会的孤立（ニート・ひきこもりなどを含む）□家族関係・家族の問題　□介護　□子育て □不登校　□非行　□中卒・高校中退　□ひとり親　□DV・虐待　□外国籍　□刑余者 □コミュニケーションが苦手　□本人の能力の課題（識字・言語・理解等）　□被災 □その他（　　　　　　　　　　　　　　　　　　　　　　　　　　）

出典：『自立相談支援事業の手引き（平成31年3月29日社援地発0329第9号　別紙1）』の「自立相談支援機関
　　　使用標準様式（帳票類）」を一部抜粋

図表 4 — 5　スクリーニングの判断

① 　情報提供や相談対応のみで終了

② 　他制度や専門機関で対応が可能であり、つなぐ

　（この時、必要に応じて、当該機関に事前連絡、同行支援を行い、結果をフォローアップする）

　（つなぎ先の制度、機関名・連絡先を記録する）

③ 　現時点では本人同意はとれていないが、引き続き同意に向けて取り組む

④ 　自立相談支援機関が継続支援し、プランを策定する

⑤ 　連絡がとれなくなる、転居等により自立相談支援機関の支援を中断・終了する

出典：みずほ情報総研『自立相談支援事業における使用標準様式の実用化に向けた調査研究報告書』厚生労働省平成26年度セーフティネット支援対策等事業（社会福祉推進事業），2015. より一部抜すい

図表 4 — 6　インテーク・アセスメントシート（スクリーニング）

■スクリーニング

初回		
※スクリーニング実施日	西暦　　　　年　　　　月　　　　日	
※対応結果・方針	□１．情報提供や相談対応のみで終了 □２．他の制度や専門機関で対応が可能であり、つなぐ 　　（必要に応じて、事前連絡や同行支援を実施し、結果をフォローアップする） 　　（→つなぎ先の制度：　　　　　　　　　　　　　　　　　　　　　） □３．現時点では本人同意はとれていないが、引き続き同意に向けて取り組む □４．自立相談支援機関が継続支援し、プランを策定する □５．スクリーニング判断前に中断・終了（連絡がとれない/転居等）	

対応結果・方針で２にチェックした場合のつなぎ先の機関（あてはまるものすべてにチェック）			
就労	□ハローワーク □職業訓練機関 □就労準備支援機関 □地域若者サポートステーション □就労支援法人・団体（就労訓練事業を含む） □一般企業 □各種協同組合（生協等） □農業者・農業団体	保護	□福祉事務所（生活保護担当部署） □ホームレス支援機関 □一時保護施設 □警察 □更生保護施設・自立準備ホーム □地域生活定着支援センター
医療	□医療機関 　（□医療機関の内、無料低額診療実施機関） □行政の保健担当部署	生活・金銭	□行政の税担当部署 □行政の保険・年金担当部署（年金事務所含む） □社会保険労務士 □家計改善支援機関 □食糧支援関係団体（フードバンク等） □小口貸付（生活福祉資金除く） □社会福祉協議会（生活福祉資金） □社会福祉協議会（日常生活自立支援事業） □成年後見人制度の支援機関 □法テラス・弁護士・司法書士 □消費生活センター・消費生活相談窓口・多重債務者等相談窓口
障害	□行政の障害担当部署 □基幹相談支援センター □精神保健福祉センター □障害者就業・生活支援センター □障害者就労支援事業所 □その他障害者支援機関・施設		
高齢	□行政の高齢担当部署 □地域包括支援センター □居宅介護支援事業所・その他介護事業所	住居	□行政の住宅施策担当部局（居住支援協議会） □居住支援法人 □不動産・保証関係会社

子ども・人権	□行政の子ども家庭担当部署 □教育委員会 □保育所・幼稚園・こども園 □小・中・高（特別支援含む）学校 □大学等（高等専門学校、専修学校、各種学校含む） □その他教育機関 □家庭児童相談室（福祉事務所） □児童相談所・児童家庭支援センター □児童福祉施設 □地域子育て支援センター □その他子育て支援機関 □行政の人権担当部署 □男女共同参画センター □婦人相談所・配偶者暴力相談支援センター	その他	□他地域の生活困窮者自立相談支援機関 □民生委員・児童委員 □外国人支援団体・相談窓口 □ひきこもり支援機関 □NPO・ボランティア団体 □商店街・商工会等経済団体 □町内会・自治会、福祉委員、近隣住民 □ライフライン民間事業者（電気・ガス・水道） □保健所（動物・ペットの多頭飼育等） □社会福祉協議会（資金、日常生活自立支援以外） □その他行政の担当部署 □家族・親族・その他キーパーソン □その他1（　　　　　　　　　　　） □その他2（　　　　　　　　　　　）
特記事項 （関係機関名を残す場合はここに記載）			
※初回面談時の状態像	「自立意欲」の段階	□1．就労、家事、遊び、趣味、身の回りのこと等に対して意欲が持てない。 □2．遊び、趣味等の好きなことに対しては意欲がある。 □3．2に加え、就労や地域活動（ボランティア等）の社会参加に関心がある。 □4．就労や地域活動（ボランティア等）の社会参加を行おうとしている。または既に行っている。	
	「自己肯定感」の段階	□1．自分のことを否定し、受け入れられない。 □2．自分のことを否定的に話すことが多く、限られた家族・友人・支援者からしか認められていないと感じている。 □3．しばしば自分のことを否定的に話すが、自分の良い点を挙げることができる。 □4．自分のことを否定的に話すことはなく、肯定的に受け止めている。	
	「社会参加」の段階	□1．社会・家族との接点を持たず、外出もままならない。 □2．限られた家族・支援者との関わりがある。 □3．家族・支援者以外にも、仕事・ボランティア・趣味等で、月1回から数回程度、会う人と場がある。 □4．仕事・地域活動（ボランティア等）・趣味等で、週に数回以上定期的に会う人と場がある。	
対応重要度	□A　　　□B　　　□C　　　□D		
スクリーニング後確認事項 生活保護へのつなぎ後の状況（2週間程度、1ヶ月以内に確認）	確認先等	□同意のもと福祉事務所から　□本人から □同意なく確認不能　□同意なく支援会議により	確認日 西暦　　年　　月　　日
	□生活保護を申請し、受給となった。 □生活保護を申請し、却下・取り下げとなった。 □生活保護は申請せず、相談のみとなった。 □生活保護担当部署へ相談していない。 □その他（　　　　　　　　　　　　　　　　　　）		

出典：『自立相談支援事業の手引き（平成31年3月29日社援地発0329第9号　別紙1）』の「自立相談支援機関使用標準様式（帳票類）」を一部抜粋

（6）支援目標の設定と支援計画の作成

　それまでに行われたアセスメントの内容を踏まえて、困難状況の改善や解決に向けた具体的な目標と、それに向けた取組みの内容や手だてを含めた支援計画を検討し、

作成する局面です。そこでは、支援者の一方的な考えによる目標設定や計画の作成ではなく、本人や家族の参加を得ながら、本人たちの希望が尊重され、本人たちの立場に立った目標の設定と計画の作成が求められます。

当事者の抱えている困難状況が長期的、継続的な支援を必要とするものであったり、一人の当事者や家族が同時に複数の問題を抱えていたりする場合には、緊急を要する課題や優先するべき課題は何かを明らかにして、取り組むべき課題への優先順位をつけることが求められます。

それに伴って、例えば支援目標については、短期目標、中期目標、長期目標のそれぞれを設定することが必要なときもあります。また、そのような支援の目標に沿って、短期、中期、長期の支援計画を作成することもあります。

あくまでも当事者本人や家族の状況に応じて、本人や家族の参加を得ながらの支援目標の設定と支援計画の作成が、支援の過程を本人や家族と共有することになり、よりよい支援の展開を可能にするのです。

そして、人々の生活状況とは、同じ状態の継続ではなく、その状況は時間とともに変化していくものです。その意味で当事者への支援目標や支援計画は、固定化されたものではなく、時間の経過に伴う状況の変化や、そのときどきの状況に応じて、柔軟に修正や変更ができるものとしてとらえることが大切になります。

（7）支援（介入）の実施および家族・世帯への支援

相談支援の展開過程の中心となる局面です。支援計画をもとに、目標の達成に向けて、必要なサービスなどの社会資源の活用や、関係者や関係機関、団体、また地域住民等との連携・協働によって、支援を展開していきます。

相談支援プロセスの流れの中で活用する基本帳票類の説明⑤――「プラン兼事業等利用申込書」（図表4－7）

アセスメントの結果に基づく支援の目標や内容について、支援計画（プラン）としてまとめます。「自立相談支援機関使用標準様式（帳票類）」にある「プラン兼事業等利用申込書」（「プランシート」とも呼ばれます）に記載していきます。

プラン作成の際に大切なことは、あくまでも当事者本人の思いや主体性を尊重しながら、本人と支援員とが協働で作成することが大切です。なぜならこの作業をともにすることで、支援の過程への本人の参加を保証し、本人自身にとっての課題の整理や動機づけ、すなわち本人へのエンパワメントの取り組みとなります。

また、作成したプランは、機関内の職員間や連携する関係機関とも共有してい

くことが必要になります。

　プランの内容については、本人が解決したい課題や本人による目標（目指す姿）の設定が重要です。本人の主体性を尊重しながら、全体的な課題や具体的な課題、長期目標や短期目標などを設定していきます。

　本人や家族のストレングスに着目しながら、できることから無理なく取り組んでいけるような課題を設定することが大切です。小さな課題であっても、その達成の積み重ねが、本人や家族が自身や自尊心を取り戻していくことにもなります。

　そして支援者は、当事者の生活困窮の状態を改善していくために、本人だけでなくその家族や世帯の構成員へもはたらきかけることになります。家族や世帯の構成員相互の関係性の把握は、ソーシャルワークにおいても重要な視点です。親子関係や夫婦関係、あるいは祖父母と孫との関係など、本人や家族全体に身近に影響を与えている関係に、支援者が着目して介入することは、それだけでも関係性の変化を促すことになります。そこから、安定した生活の回復や再建につながることもあります。

　本人の抱えている課題は、家族や世帯が抱える課題であり、家族や世帯が抱える課題が、本人を通して表出しているという視点が大切です。そして、このことは逆にいえば本人の課題の解決に向けて、その家族や世帯の構成員の力が必要であり、大切になるということでもあります。親子や夫婦が協力して課題に取り組むことで、新たに家族の関係や絆が深まるということもあります。当事者本人だけでなく、家族や世帯を視野に入れて支援を展開することの意義もここにあります。

　システム理論や生態学理論に基づくソーシャルワークの視点を活用し、家族や世帯を一つのシステムととらえながら、相談支援を展開していくことが求められます。

（8）ストレングスへのはたらきかけと「居場所」づくり

　支援のなかでは、当事者本人こそが、その人の生活の主体であることを大切にします。その人の生活はその人が主体となって営むものであり、その人の人生はその人が主体となって生きていくものということです。生活困窮者支援の目的は、あくまでも本人の主体的な生活の維持や回復、再建です。そしてそれを可能にする社会関係の構築や関係性の変化と、そのことによる困難な状況の改善を、支援者の介入により実現することを目指します。

　その人が孤立することなく、他者や地域とつながり、必要な制度や福祉サービスなどの利用を通して、いわば「その人らしい」生活を支えるかかわりやはたらきかけが支援者に求められます。その際に、その人の個性や長所、あるいは趣味などの楽しみ、

ID		※プラン作成日	西暦　　　　年　　　　月　　　　日
※作成回	プラン（　　　　　）回目	※ プラン作成担当者	

ふりがな		性別	□男性　□女性　　□（　　　　　　　　）
氏名		生年月日	西暦　　　　年　　　　月　　　　日 （　　　　歳）

■解決したい課題

■目標（目指す姿）　＜本人が設定＞

※長期目標	※本プランにおける達成目標

■プラン　＜法に基づく事業等だけでなく、自立相談支援機関や関係機関等が行うことや、本人が行うことも含めて記入＞

※実施すること （本人・家族等・自立相談支援機関・その他関係機関）	備考（関係機関・期間・頻度など）	法に基づく事業等 （該当時〇）

■法に基づく事業等

	メニュー	利用有無	支援方針（期間・実施機関・給付額等）
1	住居確保給付金	□有□無	支給期間　西暦＿＿年＿＿月～西暦＿＿年＿＿月＿＿ヵ月給付額＿＿円/月 □申込中　□既受給　□申込予定　　備考（　　　　　　　　　　　　）
2	一時生活支援事業	□有□無	支援期間　西暦＿＿＿年＿＿月＿＿日 ～ 西暦＿＿＿年＿＿月＿＿日 □申込中　□既受給　□申込予定　　備考（　　　　　　　　　　　　）
3	家計改善支援事業	□有□無	支援期間　西暦＿＿＿年＿＿月＿＿日 ～ 西暦＿＿＿年＿＿月＿＿日 備考（　　　　　　　　　　　　　　　　　　　　　　　　　　　　）
4	就労準備支援事業	□有□無	支援期間　西暦＿＿＿年＿＿月＿＿日 ～ 西暦＿＿＿年＿＿月＿＿日 備考（　　　　　　　　　　　　　　　　　　　　　　　　　　　　）
5	認定就労訓練事業	□有□無	□雇用型　□非雇用型 支援期間　西暦＿＿＿年＿＿月＿＿日 ～ 西暦＿＿＿年＿＿月＿＿日 備考（　　　　　　　　　　　　　　　　　　　　　　　　　　　　）
6	自立相談支援事業による就労支援	□有□無	

■その他関連する事業等

メニュー	利用有無	支援方針（期間・実施機関・給付額等）
生活福祉資金等による貸付	□有□無	
生活保護受給者等就労自立促進事業	□有□無	

■プランの期間と次回モニタリング（予定）時期

※プラン期間	西暦　　年　　月　　日まで	※次回モニタリング時期	西暦　　年　　月

■プランに関する本人同意・申込署名欄

○○様
私は、□上記のプランに基づく支援について同意します。
　　　□法に基づく事業（上記3，4，5）の利用を申し込みます。
西暦＿＿＿年＿＿月＿＿日　　　　本人署名

＜支援調整会議・支援決定＞

※ 支援調整 会議 開催日	①西暦　年　月　日 ②西暦　年　月　日 ③西暦　年　月　日	※支援 決定・確認	□支援決定（法に基づく事業（上記3，4，5）） □確認（法に基づく事業（上記3，4，5）以外） （決定・確認日：西暦　　年　　月　　日）

＜備考＞

＜必要添付書類＞

□インテーク・アセスメントシート
□その他添付書類（法に基づく事業等の利用にあたって必要とする添付書類）

出典：『自立相談支援事業の手引き（平成31年3月29日社援地発0329第9号 別紙1）』の「自立相談支援機関使用標準様式（帳票類）」を一部抜粋

すなわちストレングスを把握することが必要です。そして、その人のストレングスが発揮され、認められる機会や場を提供していくことも、その人が主体的な生活を取り戻していくことにつながります。

　人は誰かとつながっている、誰かに受け入れられていると感じることにより、日々の生活のなかでの安心感や安定感を得ています。そのことは、他者や社会との関係のなかに、すなわち家庭や学校、職場や地域のなかに、自分にとっての「居場所」があるということです。居場所は、人間が人間として生きていくうえでなくてはならないものであるといえます。

　相談支援の活動は、何らかの生活困窮状態にある人々にかかわりながら、またさまざまな制度や社会資源の活用や提供を通して、他者や場所とのつながりを媒介することになります。それは、その人にとっての社会的な「居場所」をつくる営みです。さまざまな他者や場所との多様なつながりがもつ関係性の豊かさを支えることによって、その人が大切にされる「居場所」を保障し、その人らしい主体的な生活の維持や回復、再建を支援するのです。

（9）モニタリングと評価およびフィードバック

　これまで行ってきた支援の過程を振り返り、それが適切、有効であるか（あったか）どうか、また新たな問題が発生していないかなどについての検討を行う局面です。支援の途中における、経過の振り返りや点検作業が「モニタリング」であり、予定された支援の終わりの時期に行われる作業が「事後評価」です。

　いずれにしても、当事者本人や家族の生活における困難状況や課題に対して、その改善や解決に向けた適切な支援が行われているか（いたか）どうかを見直すことは、本人や家族不在の一方的な支援活動にならないためにも大切な作業です。

　このモニタリングや事後評価の作業は、必要に応じて、関係者による事例検討会やケース・カンファレンス、またスーパービジョンを通して行われます。本人や家族が何らかのサービスを利用している場合などは、そのサービスが適切に提供されているかどうか、その内容に対して本人や家族が満足しているかどうか、あるいは複数のサービス事業所などがかかわっているような場合には、支援ネットワークの形成や相互の連携がなされているか、などを確認する作業も必要です。

　支援の展開のなかでは、さまざまな事情により、当初に作成した支援計画に沿って進められていなかったり、あるいは支援目標に照らして予定した効果が上がっていないことなども起こります。その際には、改めて情報収集やアセスメントの段階へとフィードバックすることにより、目標や計画の見直しの作業を行い、支援過程の修正

や支援内容の改善に向けた取り組みを行うことになります。

　生活困窮状態にある人々のなかには、自らの要求や権利を声に出して訴えることができない人々も多くいます。その意味で支援者とは、さまざまな生きづらさや生活のしづらさを抱える人々の「代弁者」でなければならないと考えます。

　支援者は、モニタリングや評価の作業を通して、自らの支援のあり方を見直し、本人や家族の代弁者として、その権利の行使を支えます。それとともに、さまざまな制度やサービス事業所へもはたらきかけて、制度のあり方やサービス内容の改善を促す役割をも担うことになります。そのためには、生活困窮の状態にある人々の状況やニーズとそれらの人々の権利に、常に敏感であることが必要なのです。

相談支援プロセスの流れの中で活用する基本帳票類の説明⑥──「評価シート」（図表4−8）

　支援員は、自らが行った支援に対して、きちんと評価をする作業が大切になります。

　相談支援の過程における評価とは、支援過程の途中で行う「モニタリング」と終結時に行う「事後評価」のことをいいます。

　ここで取り上げる「評価シート」の作成は、主にプランの終了時などのタイミングで行い、支援調整会議で共有することになります。

　評価シートには、「目標の達成状況」や「見られた変化」、また「現在の状況と残された課題」などについて記載します。この内容を支援調整会議で諮ることを通して、支援を終結させるか、再プランを作成して支援を継続するかなどの判断を行うことになります。

　また、このような評価の作業は、今後の支援の質の向上にもつながり、また地域全体の課題の発見や共有、そして地域の新たな社会資源の発掘にもつながります。その意味で、支援に対する評価の積み重ねを、支援員同士の事例検討や事例研究の場に活用していくことも意義があるといえます。

（10）終結と追跡調査

　支援目標の達成により、当事者本人や家族の生活の安定、また生活状況の改善が見られたと判断されたときなどに、支援の過程は「終結」の局面へと向かいます。

　この終結の局面は問題解決や困難状況の改善など、当初の支援目標の達成によってもたらされることもあれば、当事者本人や家族の転居や死亡、他の支援機関への送致、

図表 4 － 8 評価シート

<table>
<tr><td colspan="8" align="center">評価シート</td></tr>
<tr><td>ID</td><td colspan="3"></td><td>氏名</td><td colspan="3"></td></tr>
<tr><td>※評価回</td><td colspan="2">評価（　　　）回目</td><td>※評価
担当者</td><td></td><td>※評価記入日</td><td colspan="2">西暦　　年　　月　　日</td></tr>
</table>

■目標の達成状況

<table>
<tr>
<td>※目標の
達成状況</td>
<td colspan="3"></td>
</tr>
<tr>
<td rowspan="4">※見られた変化</td>
<td>生活面</td>
<td colspan="2">□生活保護適用　□住まいの確保・安定　□医療機関受診開始　□健康状態の改善
□障害手帳取得　□自立意欲の向上・改善　□対人関係・家族関係の改善
□生活習慣の改善　□孤立の解消　□精神の安定　□債務の整理　□家計の改善
□保険関係収入の増加　□年金関係収入の増加　□その他収入増加（一般就労以外）
□就労収入増加（一般就労において、転職・勤務時間の増加等により増収した場合）</td>
</tr>
<tr>
<td>社会面</td>
<td colspan="2">□職場定着　□一般就労開始（目的が継続的な就労（障害者雇用含む））
□一般就労開始（目的が時限的）　□雇用契約を伴う支援付き就労（就労訓練事業、就労継続 A 型等）
□障害者サービス活用（就労継続 B 型、就労移行支援等）　□自営業等雇用外の就労開始
□就職活動開始　□職業訓練の開始、就学　□社会参加機会の増加</td>
</tr>
<tr>
<td>他</td>
<td colspan="2">□その他（　　　　　　　　　　　　　　　　　　　　　　　　　　　　）</td>
</tr>
<tr>
<td></td>
<td colspan="2">□この間に変化は見られなかった</td>
</tr>
<tr>
<td rowspan="2">※
相談者に
関わる
課題と特性
への対応状況</td>
<td>初回面談時の課題と特性
（アセスメントシートより）
初回入力を自動参照</td>
<td>支援中に判明した課題と特性
（左記以降、評価まで）</td>
<td>課題と特性への対応状況
（解決もしくは問題とならない
よう対応できるようになった）</td>
</tr>
<tr>
<td>□病気
□けが
□障害（手帳有）
□障害（疑い）
□自殺企図
□その他メンタルヘルスの
　課題（うつ・不眠・不安・
　依存・適応障害など）
□住まい不安定
□ホームレス
□経済的困窮
□（多重・過重）債務
□家計管理の課題
□就職活動困難
□就職定着困難
□生活習慣の乱れ
□社会的孤立（ニート・ひき
　こもり等含む）
□家族関係・家族の問題
□介護
□子育て
□不登校
□非行
□中卒・高校中退
□ひとり親
□DV・虐待
□外国籍
□刑余者
□コミュニケーションが苦手
□本人の能力の課題（識字
　・言語・理解等）
□被災
□その他（　　　　　　）</td>
<td>□病気
□けが
□障害（手帳有）
□障害（疑い）
□自殺企図
□その他メンタルヘルスの
　課題（うつ・不眠・不安・
　依存・適応障害など）
□住まい不安定
□ホームレス
□経済的困窮
□（多重・過重）債務
□家計管理の課題
□就職活動困難
□就職定着困難
□生活習慣の乱れ
□社会的孤立（ニート・ひき
　こもり等含む）
□家族関係・家族の問題
□介護
□子育て
□不登校
□非行
□中卒・高校中退
□ひとり親
□DV・虐待
□外国籍
□刑余者
□コミュニケーションが苦手
□本人の能力の課題（識字
　・言語・理解等）
□被災
□その他（　　　　　　）</td>
<td>⇒　□病気
□けが
□障害（手帳有）
□障害（疑い）
□自殺企図
□その他メンタルヘルスの
　課題（うつ・不眠・不安・
　依存・適応障害など）
□住まい不安定
□ホームレス
□経済的困窮
□（多重・過重）債務
□家計管理の課題
□就職活動困難
□就職定着困難
□生活習慣の乱れ
□社会的孤立（ニート・ひき
　こもり等含む）
□家族関係・家族の問題
□介護
□子育て
□不登校
□非行
□中卒・高校中退
□ひとり親
□DV・虐待
□外国籍
□刑余者
□コミュニケーションが苦手
□本人の能力の課題（識字
　・言語・理解等）
□被災
□その他（　　　　　　）</td>
</tr>
</table>

現在の状況と残された課題	

※評価日現在の状態像	「自立意欲」の段階	◆前回の評価（初回評価の場合は、初回接触日）の状態像：（自動参照） □1．就労、家事、遊び、趣味、身の回りのこと等に対して意欲が持てない。 □2．遊び、趣味等の好きなことに対しては意欲がある。 □3．2に加え、就労や地域活動（ボランティア等）の社会参加に関心がある。 　　　既に行っている。
	「自己肯定感」の段階	◆前回の評価（初回評価の場合は、初回接触日）の状態像：（自動参照） □1．自分のことを否定し、受け入れられない。 □2．自分のことを否定的に話すことが多く、限られた家族・友人・支援者からしか認められていないと感じている。 □3．しばしば自分のことを否定的に話すが、自分の良い点を挙げることができる。 □4．自分のことを否定的に話すことはなく、肯定的に受け止めている。
	「社会参加」の段階	◆前回の評価（初回評価の場合は、初回接触日）の状態像：（自動参照） □1．社会・家族との接点を持たず、外出もままならない。 □2．限られた家族・支援者との関わりがある。 □3．家族・支援者以外にも、仕事・ボランティア・趣味等で、月1回から数回程度、会う人と場がある。 □4．仕事・地域活動（ボランティア等）・趣味等で、週に数回以上定期的に会う人と場がある。

■法に基づく事業等の利用実績等

法に基づく事業等	利用有無	通算利用実績	利用の効果／継続利用の必要性等
住居確保給付金	□有　□無	カ月	
一時生活支援事業	□有　□無	日	
家計改善支援事業	□有　□無	カ月	
就労準備支援事業	□有　□無	日	
認定就労訓練事業	□有　□無	□雇用型　　　日	
		□非雇用型　　日	

■プランの終結・継続に関する本人希望・スタッフ意見

※本人の希望	□終結を希望 □継続を希望	スタッフの意見	

＜支援調整会議における評価実施＞
注：他機関へのつなぎにより終結する場合は、対象者が他機関に既につながっている状態であること。

※支援調整会議開催日	西暦　　年　　月　　日	※プラン評価	□終結　　□再プランして継続　　□中断 （終結の内、他機関へのつなぎ□あり　□なし） （決定日：西暦　　年　　月　　日）
終結後の対応／再プラン時の留意点			

■終結時のつなぎ先情報
注：終結の内、他機関へのつなぎが「あり」にチェックした場合は必須

終結時つなぎ「あり」にチェックした場合のつなぎ先の機関　（あてはまるものすべてにチェック）	
就労 □ハローワーク □職業訓練機関 □就労準備支援機関 □地域若者サポートステーション □就労支援法人・団体（就労訓練事業を含む） □一般企業 □各種協同組合（生協等） □農業者・農業団体	**保護** □福祉事務所（生活保護担当部署） □ホームレス支援機関 □一時保護施設 □警察 □更生保護施設・自立準備ホーム □地域生活定着支援センター
医療 □医療機関 　（□医療機関の内、無料低額診療実施機関） □行政の保健担当部署	**生活・金銭** □行政の税担当部署 □行政の保険・年金担当部署（年金事務所含む） □社会保険労務士 □家計改善支援機関 □食糧支援関係団体（フードバンク等） □小口貸付（生活福祉資金除く） □社会福祉協議会（生活福祉資金） □社会福祉協議会（日常生活自立支援事業） □成年後見人制度の支援機関 □法テラス・弁護士・司法書士 □消費生活センター・消費生活相談窓口・多重債務者等相談窓口
障害 □行政の障害担当部署 □基幹相談支援センター □精神保健福祉センター □障害者就業・生活支援センター □障害者就労支援事業所 □その他障害者支援機関・施設	
高齢 □行政の高齢担当部署 □地域包括支援センター □居宅介護支援事業所・その他介護事業所	**住居** □行政の住宅施策担当部局（居住支援協議会） □居住支援法人 □不動産・保証関係会社
子ども・人権 □行政の子ども家庭担当部署 □教育委員会 □保育所・幼稚園・こども園 □小・中・高（特別支援含む）学校 □大学等（高等専門学校、専修学校、各種学校含む） □その他教育機関 □家庭児童相談室（福祉事務所） □児童相談所・児童家庭支援センター □児童福祉施設 □地域子育て支援センター □その他子育て支援機関 □行政の人権担当部署 □男女共同参画センター □婦人相談所・配偶者暴力相談支援センター	**その他** □他地域の生活困窮者自立相談支援機関 □民生委員・児童委員 □外国人支援団体・相談窓口 □ひきこもり支援機関 □NPO・ボランティア団体 □商店街・商工会等経済団体 □町内会・自治会、福祉委員、近隣住民 □ライフライン民間事業者（電気・ガス・水道） □保健所（動物・ペットの多頭飼育等） □社会福祉協議会（資金、日常生活自立支援以外） □その他行政の担当部署 □家族・親族・その他キーパーソン □その他1（＿＿＿＿＿＿＿＿＿＿） □その他2（＿＿＿＿＿＿＿＿＿＿）
特記事項 （関係機関名を残す場合はここに記載）	
生活保護へのつなぎの状況 （福祉事務所にチェックした場合に必須）	□「福祉事務所（生活保護担当部署）」につなぎ、生活保護受給となった。 □生活保護受給以外（＿＿＿＿＿＿＿＿＿＿＿＿＿）

＜必要添付書類＞

□プラン兼事業等利用申込書

出典：『自立相談支援事業の手引き（平成31年3月29日社援地発0329第9号　別紙1）』の「自立相談支援機関使用標準様式（帳票類）」を一部抜粋

また支援者の移動等によってもたらされることもあり、終結に至る理由はさまざまです。また、支援の過程のなかで、どの時点を終結の時期やタイミングとみなすのかも、本人や家族の状況や支援者との関係、今後の見通しや展望の内容によっても異なります。

そして、支援の終結は、本人や家族にとって、新たな生活の始まりを意味するともいえます。その意味で、その後の本人や家族の生活を視野に入れたはたらきかけが重要になります。例えば、本人にとっては、一定期間かかわりを持ち続けた支援者や支援機関と離れることにもなるため、さまざまな不安や心配、心細さやとまどいが生じることもあります。

そのような場合に、支援者は、本人とともにこれまでの過程を振り返り、本人が抱く感情を共有し、本人が安心感や希望をもって、終結の段階を迎えられるような配慮やかかわりを行うことが求められます。

また、支援の終結から一定期間が経過したのちに、支援を行った当事者本人や家族の、その後の生活状況の把握のために「追跡調査」を行うこともあります。それは、訪問によるものもあれば、手紙や電話などで連絡をとるなどして、様子を伺うことになります。その結果、必要であれば新たに相談に応じたり、適切な社会資源の紹介をするなどして、本人や家族の状況に応じて、新たなかかわりや支援を行うことになります。

(11) 相談支援の展開過程に対する理解

以上、相談支援の展開について、ソーシャルワークの展開過程を下地に述べてきました。

相談支援の対象となる生活困窮状態は、当事者本人や家族が営む現実の生活のなかで生じたものです。その意味で、さまざまな支援の方法や技術は、本人やその家族が体験する日常の現実のなかで、本人や家族に寄り添う実践において活用されることで、意味あるものとなります。相談支援の過程とは、あくまでも当事者本人や家族の生活状況を出発点にして、またその生活の現実に根差したかたちで展開されなければなりません。

また、以上で述べてきたような、各局面の展開による相談支援の過程は、実際の支援活動のなかでは決して直線的に進むものではありません。人間の現実の生活状況は、個別性が高く、また常に流動的で変化していくものです。エンゲージメントに始まる相談支援の過程とは、そのような個々に異なる状況や変化のなかで、情報収集とアセスメント、支援目標の設定と支援計画の作成および実施、そしてモニタリングや

評価を繰り返しながら、問題の解決に向かう過程であるといえます。

　相談支援とは、確かに人々が抱える生活困窮状態の改善や、問題解決に向けた支援を展開する活動です。しかしそれは、一概に困難の除去や問題の解決のみを目的とするものではなく、また当事者である本人の努力や変化を促すことのみを目的とするものでもありません。あくまでも、その人と社会環境との相互作用への視点による生活全体への関心に基づいて、その人と周囲の環境との関係を調整することにより、困窮状態の改善を通して、生活問題の解決を図ろうとする営みです。

　そして、その過程は、支援者が一方的に導き、進めるものでは決してありません。本人や家族、あるいは関係する職種や地域住民等との信頼関係やパートナーシップを基盤とした連携・協働の作業により展開される過程であるという理解が大切です。

　相談支援の活動は、当事者本人や家族との信頼関係を基盤にしながら、利用者の状況に応じた多様なかかわりや支援を行うことで、社会的な居場所づくりや個別の生活づくりを行う活動です。それはすなわち、支援者がさまざまな創意工夫をしながら、主体的な生活の再建や回復を、本人や家族と協働して実現していく過程です。その意味で、相談支援の営みとは、創造的・開発的な側面をもつ方法と実践であるといえます。

人間の「生」に対する個別的・継続的な相談支援

1 人間の個別の「生（ライフ）」にかかわる相談支援

（1）人が「生きること」にかかわる相談支援

　相談支援の活動は、さまざまな生活困窮状態にある人々にかかわり、相談等の営みを通して、その生活を支援する活動です。それは人々の生活の社会的、経済的、文化的側面にかかわると同時に、個人や家族の生き方や価値観、人生観にも触れる営みであるといえます。いわば、人間が「生きること」とその多様な「生活」や「人生」、すなわち「ライフ（life）」としての人間の「生」の現実にかかわるものです。

　その意味で、相談支援の活動に携わる支援者には、生活困窮状態のことや制度や支援に関する確かな知識や技術の修得はもちろんのこと、それと同時に「人が生きるとはどういうことか」、そして「その生活や人生に対する支援とは何か」というような問いに向き合うことが求められます。

　もちろん、相談支援が人々の生活問題の解決を通して、その生活を支援する活動である限り、問題解決のための方法や技術が問われるのはいうまでもないことです。しかし、その前提には、人々が日々営む生活への理解とそれへの個別的で継続的なかかわりがもつ意味への問いが基本的に必要であると考えます。

　相談支援の活動が「ライフ」としての人間の「生」にかかわるものであるという観点から、改めて「ライフ」への視点とそれへの「かかわり」の意味を考えることは、支援の展開の基盤となる思想や理念を築くことになると考えます。

（2）支援者と当事者とのかかわり

　相談支援とは、専門的な知識や技術をもった支援者が、生活に何らかの困難を抱える当事者や家族にかかわることから成り立つ営みです。その意味でも「かかわり」がその本質となる活動であるといえます。

　しかし、支援における「かかわり」とは、単に「『専門家』による『素人』へのかかわり」や「『知っている人』から『知らない人』へのかかわり」を意味するのではありません。もちろんさまざまな生活問題に直面し、生きづらさを抱える人々に対して、さまざまな制度やサービスを活用しながら、その生活を支援するために努力することは、支援者として当然の職務です。また、その際に制度やサービスの積極的、効果的

な利用等のために当事者や家族に対して、教育的あるいは指導的なかかわりをすることもあるでしょう。

しかしながら、それは相談支援の目的や機能に照らしたときの支援者と当事者との関係の一つの現れであって、相談支援の本質となるものではないと考えます。相談支援の活動の根底に問われるのは、「人と人とのかかわり」を結び、その関係を深めることができるかどうかということです。ここでいう「かかわり」とは、一人の存在が、一人の他者の存在のかたわらに位置するとでもいうような行為や状態、あるいは関係であり、支援者と当事者との信頼関係や支援関係の基盤となるものです。そして、このような「かかわり」を重視することは、相談支援が人間の「生」に社会的にかかわる営みであるからこそのことです。支援の前提として、その人がその人の日常を生きているということと、その個別の生活にかかわるということに対しての理解と姿勢を忘れてはならないのです。

何らかの生活困窮状態にある当事者に対する、「専門家」やあるいは「支援者」としての自らの立場に固執しすぎて、その知識や技術の枠のなかでのみ当事者にかかわろうとすることが、反対に当事者のストレングスや可能性を奪うことにもなるということ、支援関係に支障をきたすことにもなり得るということを、支援者は忘れてはならないのです。

（3）支援の本質としての個別的・継続的な「かかわり」

相談支援の活動のなかでは、時に支援者としての自分の無力さに直面することもあります。どう支援すればよいかわからない、支援関係が築けない、支援計画どおりに事が進まないというようなこともあります。

しかし、このような状況のときにこそ、支援の本質である「かかわり」のもつ意味が問われるときであると考えます。たとえその人が抱える困窮状態がなかなか改善されなくても、それでもその人にかかわり続けること、個別的で継続的なかかわりから降りないことが、支援者として大切なことであると考えます。

その人にとってどのような生き方が望ましいのか、何が幸せなのか、そしてその人の生活を支える支援のあり方についても、正解があらかじめ用意されているわけではありません。たとえ同じような生活困窮状態にある人々であっても、一人ひとり違った存在であり、その生活状況や抱えている問題状況も一人ひとり異なるのです。

それゆえに支援者には、支援の対象となる一人ひとり、あるいは家族や世帯ごとの個別性を大切にして、かかわり続ける営みが求められます。それは、専門的な知識や支援方法や技術の行使が先にありきのものではありません。本人や家族との「人と人

とのかかわり」を育て、深めることが先にあり、その過程において必要な場面ごとに、支援者がもっている知識や技術を活かすことで成り立つものであるという理解が大切です。

2 「生きることの意味」にかかわる相談支援

（1）人間の「生」へのかかわり

相談支援の活動は、支援者が、生活困窮状態にある当事者本人やその家族にかかわりながら、その苦しみや辛さ、思いや願いなどを受け止め、本人や家族の安定した生活を再建して、社会的に支えようとする営みです。そして、そのときに支援者は、必然的に当事者それぞれの生き方や価値観に触れることになります。

人間は自らが生きるうえでの意味を見出しながら、日々生活している存在であるといえます。それゆえに、相談支援の活動も、その人にとっての「生きることの意味」を支える営みであると考えます。相談支援の活動は、「困窮」や「病気」「障害」にかかわるのではありません。困窮状態にあり、また病気や障害をもちつつも、今現実にここに生きている具体的な一人ひとりの「人」にかかわり、そしてその人の生きることの意味にかかわり、その「生」を「社会的に」支えようとする営みなのです。

今日の社会状況の変化とともに、人々が直面する生活問題も多様化・複雑化・複合化、そして長期化している状況があります。そのような問題に対応し、解決していくためには、支援方法や技術を磨いていく必要があるのは確かです。しかし、一方で、人々の生活や人生の個別性を尊重することや、継続的にかかわり続けることの意味を問うことも忘れてはいけません。

相談支援の活動は、人間の個別の「生」にかかわるものであるということ、それは支援者と当事者との人と人とのかかわりを本質とすること、そして、継続してかかわり続けることによってその人が生きることの意味を社会的、関係的に支える営みであることを、決して忘れてはならないと思います。

（2）人間の存在価値の主張

前述したように、相談支援の活動では、生活に困難を抱える当事者やその状況に対して、上手く支援が進まず、支援者としての自分の無力さに直面することもあります。しかし、そのようなときこそ、「支援者はなぜかかわるのか」ということ、すなわち「かかわることの意味」が問われるときであるといえます。

そして、その意味こそが相談支援の活動の根底を成すと考えます。それは、人間はその存在そのものにおいて等しく価値を有するということです。例えば、知的にも身体的にも重度の障害をもつ人々、重い病を抱えて生きる人々、寝たきりや重度の認知症の状態にある高齢者など、どのような状態にある人でも、その人の存在そのものにおいて価値があるということが主張されなければなりません。

　相談支援の活動が、当事者との現実的、社会的なかかわりによって行われるものである以上、この存在価値の主張は、単なる観念的な主張に終わってはいけません。「かかわり」をその活動の本質とする相談支援の文脈から、あくまでも「社会的・関係的」に主張されることが必要だと考えます。

　つまり、誰もが現実的で個別的、そして具体的な存在として、また社会的で関係的な存在として認められて生きることが、当然のこととして大切なのです。このことが、支援者はなぜかかわるのかの根拠となり、かかわることの意味となるのです。

　そもそも人間の生存とは、社会や関係とともにしかあり得ないのであり、人間の「生」そのものに社会性や関係性が内在されているともいえます。例えば、重い障害を抱えているとしても、その人が社会的なサポートを得られ、豊かなケアが保障され、関係的に満たされていることによって、その人は人間らしい「生」を生きることになります。そのこと自体が、人間が社会的で関係的な存在として生存していることの証です。

　大切なことは、その人と周囲の人との関係やかかわり、コミュニケーションのあり方なのです。人間の「生」は周囲との関係のうえで成り立つという理解です。このような人間の「生」の理解からすれば、人間の存在価値とは、「個」としての存在から主張されるものではなく、社会的で関係的な存在として、周囲とのコミュニケーションや多様な関係から「社会的・関係的」に主張されるものであるということができます。

　このような、周囲とのかかわりやコミュニケーションと一体となってはじめて成立し、支えられる人間の「生」という理解こそ、相談支援における「かかわり」の根拠となる思考であると考えます。

（3）その人の存在が無条件に肯定されるために

　平成28年7月に神奈川県相模原市の障害者施設「津久井やまゆり園」で起きた殺傷事件は、社会全体に大きな衝撃を与えました。このような事件が発生する社会、このような事件を起こさせてしまう社会は、正常であるとは決していえません。

　ノーマライゼーションやバリアフリー、偏見や差別のないまちづくり、共に生きる社会の構築など、誰もが生きやすい、より良い社会のあり方を目指して、時代の変遷とともに少しずつ積み上げられてきた（と思っていた）ことが、まさに根底から一気

に揺らぎ、崩されるような出来事であったといえます。まさに、人間の尊厳や存在そのものへの価値に対する考え方を揺るがすような出来事でした。

このような事件が起こった背景として、優生思想や障害者への差別意識が、依然として社会に根強く存在していることが指摘されています。人権の尊重や個人の尊厳といった価値観を、その実践を貫く思想的・理念的基盤としてもつ相談支援の活動において、差別はもちろんのこと、人間の生命を管理・選別する優生思想を受け入れることはできません。

もしも、このような思想が根強く存在し続ける社会の土壌や社会構造があるならば、それに抗い、それを変えるための行動を起こさなければなりません。ソーシャルワークとしての相談支援の意義もここにあります。

たとえ誰かが重い障害をもっていたとしても、その人を取り巻く環境とそこでの他者とのつながり、地域の人々との関係が豊かであることによって、その人の存在とその「生」が、社会的・関係的かつ無条件に肯定されること。その人を取り巻く環境が、その人の「生」を肯定し、その人を大切にする環境であるようにすること。それによって、地域社会の一員として生きていくことが、当然のこととして保障され、現実的かつ具体的に、豊かさをもって実現されること。地域における総合的・包括的なソーシャルワークとしての相談支援が目指す社会の姿はここにあります。

3 「ライフ」としての人間の「生」

（1）社会的・関係的に支えられる「生」への認識

「ライフ（life）」という言葉は、「生命」「生活」「人生」などという意味をもっています。例えば、支援の目標として当事者の「QOL（Quality of Life）の向上」ということがいわれますが、この「QOL」の概念は上記のライフの意味からすると「生命の質」「生活の質」「人生の質」という視点でとらえられることになります。

この生活や人生と生命（いのち）を一体化してとらえる「ライフ」という言葉こそ、社会的で関係的な人間の「生」という理解につながるものであると考えます。すなわち、それは生物学的な存在としての人間の、その内部にある生命というとらえ方ではなく、あくまでも社会的・関係的な存在である人間として、他者とのつながりにおいて支えられる「生命（いのち）」への理解です。そしてそこから、日常生活において社会的・関係的に支えられる「生（ライフ）」への認識と、その質の向上を図ろうとする支援の意義や役割を見出すことへとつながります。

私たち人間は、他者とのつながり、社会とのつながり、その関係性のなかに、生きがいや生きているという実感を見出すことができ、これらが私たちにとっての「生きる意味」を構成しているといえます。人が生きる意味とは、他者との関係性においてはじめて、社会的に見出すことができるものであるといえます。その意味で、支援の営みとは、一人ひとりの「生」が意味あるものとなるような他者との関係性を育てるために、かかわり続ける営みであるといえるでしょう。

　そして、このような「ライフ」の意味から「QOL」の概念も、他者や環境から切り離された存在としての人間の能力や個性による生命や生活の質ではなく、他者や環境との関係性の豊かさに支えられた生命や生活の質として理解することができます。

　そして、あらためて「支援者はなぜかかわるのか」という「かかわり」そのものがもつ意味もここにあると考えられます。それは、「かかわり」そのものが、社会的・関係的な存在としての人間の「生」を成立させ、維持するとともに、その「かかわり」があることによってはじめて、その「生」が人間らしい豊かなものへとなる可能性が生まれるということなのです。

（2）人間の「生」を支える相談支援

　相談支援の対象となる人々は、貧困や孤立などの生活困窮状態にある人々です。しかし、支援者や周囲の人々の多様で豊かなかかわりがあることによって、その人は社会的存在として、人間らしい「生」を生きる存在となり、同時にその「生」は、かかわる側との間で社会的・関係的に共有され、かかわる側にもその存在や行為の意味をもたらすものとなります。相談支援の活動が人間の「生」を支えるということは、このような実践の姿、すなわち、「かかわり」によって互いの「生」を共有し、互いの「生」が支えられるような、個別的で継続的な関係づくりのことをいうのではないでしょうか。

　人間の「生」、すなわちその生命や人生は、個としての存在のなかで完結するものではありません。そして個々人の存在価値や生きる意味とは、社会的・関係的な存在として生きるその社会的な「生（ライフ）」のあり方から見出されることになります。ここに、人間の「生」を社会的に支える相談支援の活動において、支援者が当事者にかかわること、そしてその「かかわり」を続ける意味があると考えます。

　相談支援の活動とは、確かに当事者の生活を支援するという目的をもった営みです。しかし、そこでは単に支援者と当事者、すなわち支援する側と支援される側との関係だけが体験されているのではありません。「ライフ」としての人間の「生」を成り立たせ、他者との交流の可能性を拡げるものとしての、個別で具体的な「かかわり」が、

支援活動の本質として体験されていると考えます。そしてその「かかわり」が続けられることのうえに、支援者が目指す当事者との信頼関係や支援関係の深まりもあるのです。

あらためて人間とは何か、生きるとは何か、それを社会的・関係的に支えるとはどういうことかという問いを抱え続け、「ライフ」としての多様な人間の「生」にかかわる営みとしての相談支援の実践の豊かさを見出していくことが期待されます。

4 個別的・継続的な相談支援の展開のために

（1）地域共生社会と個別的・継続的な支援の展開

令和元年12月26日に厚生労働省から出された「地域共生社会に向けた包括的支援と多様な参加・協働の推進に関する検討会（地域共生社会推進検討会）最終とりまとめ」では、地域共生社会の実現に向けた福祉政策や市町村における包括的な支援体制構築の方策や課題が示されています。

この報告書では、血縁や地縁などの共同体の機能の脆弱化や、個人や世帯が抱える生活課題の多様化・複雑化に対して、対象者別や属性別の制度や支援では対応が難しくなっている状況があると指摘されています。そして、包摂的な地域社会の実現や包括的な相談支援の実施の必要性が主張されています。

特に生活課題を抱える当事者への支援のあり方として、「具体的な課題解決を目指すアプローチ」と「つながり続けることを目指すアプローチ」の二つが、求められる支援の両輪であるとされています。当事者本人に寄り添いながらの個別の具体的な生活課題の解決を目標にする一方で、課題を抱えながらも当事者が孤立することなく、地域や社会とのつながりを保つための、支援者による継続的なかかわりに基づく「伴走型支援」の重要性が主張されています。地域における個別的で継続的な相談支援の展開が求められています。

また、報告書では専門職による支援と地域住民相互のつながりによる重層的なセーフティネットの構築の必要性についての指摘もあります。これは、社会的に孤立した状態にあるなど、支援の網の目からこぼれ落ちる人を生まない仕組みづくりのことです。そのための方策として、専門職による伴走型支援の普及や、多様な社会参加の実現とそれを促進する資源の提供、そして地域における多様なつながりの創出があげられ、これらを促進するための環境整備を進めることが必要とされています。

さらに、「断らない相談支援」「参加支援」「地域づくりに向けた支援」の三つの支援

が一体的に行われることで、市町村における包括的な支援体制の構築が実現されると
しています。この三つの支援の一体的な展開は、まさに地域における総合的かつ包括
的な支援として求められる相談支援のあり方です。

　個別的で継続的な相談支援の活動が、地域に根差したかたちで、当事者に対して地
道に展開されることを通して、包括的支援体制の構築や地域共生社会の実現につなが
るのです。

（2）人と人との出会いとかかわりであること

　相談支援の活動は、個別にその現れ方が異なる生活問題という現実と、その問題を
抱えつつ日々生活を営む個別で具体の人と支援者との出会いから始まります。このこ
とは当然のこととはいえ、相談支援の基盤として非常に重要なことであると考えます。

　特定の社会や地域において生活する人々の、個別的で可変的な生活や人生にかかわ
る営みとしての相談支援は、例えば一定の標準化された知識や技術の単なる機械的な
適用ではありません。何らかの支援の方法や枠組みを当事者や家族に当てはめるだけ
のものでもありません。また、支援者が支援の対象である当事者本人に、一方的には
たらきかけてその変化を促すものでも決してありません。

　相談支援とは、何らかの生活困窮状態にある当事者と出会い、その生活の独自性に
個別に対応しつつ、かかわりを通して両者の信頼関係と支援関係を育むものです。そ
して、多様な支援のあり方を見出しながら、本人や家族の安定した生活の回復や維持
に向けて、当事者と協働して取り組む過程なのです。

　それは支援者にとっては、自らが経験したこともない苦悩や悲しみと、それを抱え
た人々との出会いの体験ともなります。そのような体験は、ときに「支援」とか「問
題解決」というまでには至らない実践として、支援者が自らの無力感に直面する体験
ともなります。

　しかし、一方でその経験は、たとえ無力感に苛まれながらも、かろうじて自らが支
援者や専門職であるという意識を支えに、個別的・継続的にかかわり続けるしかない
という体験にもなります。相談支援の実践で支援者が体験するこのような現実を支
え、かつその現実のなかで、新たな支援のかたちを描き、実践へと移していくことを
支える取り組みが必要です。そのためには、支援者と当事者である前に、あるいはそ
の前提として、人と人との出会いとかかわりであるという認識が大切だと考えます。

（3）その人や家族に「かかわり続ける」ということ

　私たちが生活上で直面するさまざまな困難状況は、それをいたずらに取り除けばよ

いというような性質のものばかりではありません。そのような状況に向き合うことから、多くの学びや気づきを得ることもあれば、その困難を乗り越えることで生活や人生の豊かさにつながるということもあります。

相談支援に求められるのは、当事者が苦悩や困難状況を抱える状況のなかでも、それでもその人が「生きていくことの意味」を、支援者自らもその人とのかかわりのなかで見出していく実践です。

当事者が抱える生活問題や困難状況は、その内容や程度も個々に異なります。また、支援者による何らかのはたらきかけがあったからといって、すぐに解決されるというようなものでもありません。そのような支援の営みのなかで、支援者に求められることは、たとえすぐに問題解決や状況改善に至らなくても、またたとえそのかかわりが「支援」や「問題解決」というかたちにならなくても、当事者との関係から「降りない」ということだと考えます。

すなわち、それでも当事者とその状況に「かかわり続ける」ということであり、言い換えれば、支援者としての自分自身を「かかわらせ続けること」だといえます。支援者が当事者に「かかわる」ということ、その「かかわり」を育てて深めていくこと、このような「かかわり」それ自体のもつ意味や意義が相談支援においてもっと重視されてよいと考えます。

（4）個別的・継続的な相談支援を支える「気づきと発見」

私たちは自らの生活を営み、自らの人生を生きています。しかし、日々の生活にしても、人生にしても、必ずしも予定どおりに、また自分の思い通りにいくとは限りません。むしろ予想外のことに直面したり、自分の思い通りにいかないことのほうが多いのかも知れません。不安定でもあり、不確実でもあり、先のことはわからず、矛盾や葛藤にも満ちています。

そのような日々の生活や人生を少しでも自分なりに、自分らしく、納得しながら生きるということは、まさに試行錯誤の繰り返しであるといえます。そして、人生とはその時々の試行錯誤の積み重ねで築かれていくものといえるでしょう。その意味で、人の生活や人生にかかわる相談支援の活動も、試行錯誤の過程であって当然なのです。

そして、支援者が出会う当事者や家族とは、さまざまな事情で予定外や想定外の出来事に直面した人々です。支援者は、そのような状況にある当事者や家族とその生活や人生にかかわることになります。その生活や人生は、それぞれに独自であり、複雑であり、曖昧であり、簡単に一般化されるものではなく、それゆえに他者による安易な理解を拒みます。「専門的な見地から」などという支援者の一方的な姿勢に対して

抵抗を示します。

　何らかの生活困難状況やその状況のなかにいる当事者の複雑な感情が、簡単に整理されるわけでもありません。支援する側による強引な整理や一般化は、かえって当事者が体験している個別の状況から遠ざかることになってしまいます。複雑なものを複雑なままに、曖昧なものを曖昧なままに認識して、受け止めることによって生じる支援の可能性があると考えます。

　そして、その渦中で、支援者に求められるのが、「気づき・発見する力」であると考えます。当事者やその家族へのかかわりのなかで、そのかかわりを振り返ることで、当事者や家族の何気ない一言や、ふとしたときの表情や仕草の変化などに気づき、発見することが大切です。このような相手の言語、非言語による訴えに気づく力や発見する力は、同時にその人らしさや人となり、その人の独自性や固有性を発見する力となります。

　支援者自らのかかわりや支援の営みのなかで、あるいはその支援をふり返ることによって得られる気づきや発見を、次のかかわりや支援のヒントやアイデアにしていくということ、この創意工夫と試行錯誤の積み重ねによる創造的な過程が相談支援なのです。そして相談支援とは、あらかじめ用意された正解がない仕事です。それゆえに当事者本人や家族、あるいは関係者や地域住民とのかかわりのなかから、当事者とその状況に関していかに多くのことに気づけるか、発見できるかということが重要なのです。

社会環境へのはたらきかけと地域におけるネットワークの形成

1 社会環境への視点とはたらきかけが求められる理由

（1）人と社会環境との関係に基づく生活への視点

　私たちは、生きて生活していくなかで、自分を取り巻く環境（人、物、場所、空間など）にはたらきかけながら、また周囲の環境に自分を合わせながら、いわば周囲との関係を調整しながら日々の生活を営んでいるといえます。すなわち、人間の生活とは、周囲の環境との相互作用から成り立っていると理解することができます。

　この理解を踏まえると、誰かが何らかの生活上の困難（生活困窮状態）を抱えている場合、単にその人の側だけに問題があるとか、また反対に周囲の側だけに問題があるとかではなく、その人と環境との関係が、バランスを欠いた状態にあるととらえることができます。すなわち、両者の相互作用のあり方が困難状況を生み出していると考えられます。

　したがって、そのような両者の関係の状態を改善することを目指すことが、生活を支援することであるといえます。このような考え方に基づいて、生活困窮者の相談支援では、常に周囲の人々や地域その他の環境との関係において生活する人という人間観をもって、支援が必要な人々にかかわり、その人や家族を取り巻く環境にも目を向け、安定した生活のための環境づくりを行うことになります。

　例えば、地域で孤立しがちな一人暮らしの高齢者の生活を支えるために、地域の人々との交流の場や機会の提供、介護サービスやボランティアなどとの仲介など、その人を取り巻く周囲の環境へのはたらきかけを行います。このような人と環境、さらに両者の関係（相互作用）への視点から支援を展開するところに、その人の安定した生活の維持や回復を支える相談支援の特徴があります。

　今日では、個人や家族から集団・組織、そして地域や社会全体への支援やはたらきかけに対して、ミクロレベル、メゾレベル、マクロレベルのソーシャルワークという表現がされることが多くあります。生活困窮者支援の現場でも、このミクロ、メゾ、マクロレベルの実践が相互に連動して、ダイナミックに展開されるソーシャルワークとしての相談支援のあり方が求められています。

　ソーシャルワークの実践において大切なことは、個人と個人を取り巻く社会環境、およびその両者の相互作用への視点をもち続け、あくまでも困窮状態にある人の現実

の生活状況を出発点にして、そして人々の生活の場としての地域を基盤にして、それぞれの状況にふさわしい支援やはたらきかけのあり方を見出し、多様な方法や技術を柔軟に活用して実践を展開していくということです。

今日では、生活問題の多様化や複雑化、複合化により、特定の分野や制度の枠内に留まらない分野横断的・制度横断的な相談支援が求められています。生活困窮者や家族への相談支援とは、特定の支援の方法や技術に当事者を当てはめて、支援者が一方的にはたらきかけていくことではありません。当事者の思いやその状況に寄り添いながら、それらの人々の立場に立った相談支援のあり方を尽きることなく探求し、創造していくことが求められます。

（2）社会環境的・社会構造的な問題としての生活問題

環境との関係から成り立つという人間の生活への視点から、貧困や生活困窮の状況にある人々に対する相談支援で重視されるのは、人々が抱える生活問題は、社会環境や社会構造的な要因を背景にもつという認識です。

例えば、個人や家族の生活に生じる貧困問題の背景には、不景気のなかでの正規採用の仕事に就くことが難しい状況や、また会社の都合によるリストラや解雇もあります。さらに、長時間労働や休日出勤を強いられるなどして、心身の病気を患うことにもなり得ます。

また、介護や育児の社会化が叫ばれて久しいにもかかわらず、介護や子育てをめぐって家族や親が抱える困難な状況は改善されず、虐待等の事件も後を絶ちません。必要な支援やサービスにもつながらず、相談する相手もないままに孤立した状況のなかで日々疲弊する家族や親の姿があります。就学や就労をめぐっては、少子化のなかにあっても不登校児童生徒数は依然として減少傾向にはなく、また就労につながらない若者のひきこもりの期間が長期化する傾向にあります。

このような状況に対して、それらは個人や家族の自己責任であるとして、その努力不足を責めるのでは決してなく、地域のサポート体制の不備や、学校や職場など子どもや若者を取り巻く環境のあり方、住民のつながりや支え合いの希薄化が問われなければならないのです。

近年は、子どもの貧困や女性の貧困の問題が指摘されています。この問題の背景には、例えば母子家庭の母親が、育児との両立のためにはどうしても派遣労働やパートタイムで働かざるを得ない状況があります。また、男女の賃金格差などの社会的不利の状況もあります。母子家庭を取り巻く社会構造や親子を取り巻く周囲の環境が、生きづらさを生み出し、働いても働いても生活が楽にならないという状況を生み出して

いるのです。

　このように、人々が経験する生きづらさや生活のしづらさには、それを生じさせる社会環境や社会構造があります。人々が抱える生活問題とは、いつ誰にでも起こり得る社会環境的、社会構造的な問題なのです。したがって、周囲の環境や社会状況、社会構造の変化や改善なしには、生活問題の本質的な解決には至らないという認識がとても重要です。

（３）個人と社会環境との一体的な把握とはたらきかけ

　前述したように、ソーシャルワークの実践では、その対象となる人々が抱えるさまざまな生活問題や困難状況を、あくまでも周囲の社会環境との関係のなかで把握します。そして、生活問題を抱える当事者だけでなく、周囲の社会環境をも視野に入れて、当事者である個人や家族への支援と同時に、社会環境の改善に向けたはたらきかけも行います。すなわち、人とその人を取り巻く社会環境とを一体的に把握しながら、両者の関係を見据えた支援やはたらきかけを特徴とする営みが求められています。

　ここでいう「社会環境」とは、具体的には個人を取り巻く家族や友人、近隣住民などの人々、学校や職場、役所や病院、商店などのさまざまな場所、さまざまな制度やサービス、あるいは地域全体などを総称して表します。さらには、具体的な人や場所以外でも、社会の動きや文化、人々の意識や価値観、地域の慣習や生活習慣、世論なども意味する言葉です。

　人は誰でも自分を取り巻く社会環境との関係のなかで暮らしています。それゆえに、誰かの生活状況を知るためには、その人とその人を取り巻く社会環境および両者の相互関係を見ること（個人と社会環境との関係性への一体的な視点）が必要になります。

　ソーシャルワークの実践では、人々の生活困難状況を生み出す社会環境への視点とはたらきかけを重視します。それは、人々が抱える困難の背景には、人々の生活にさまざまに影響を与えている社会環境の問題があるという認識からです。すなわち、人々の生活に困難状況を生じさせる社会環境にはたらきかけて、改善することがなければ、問題の抜本的な解決や困難の解消には至らないという考え方です。

　人々が生活困窮の状態に至った背景、すなわちそれらを生じさせる社会環境的な要因を見極めるとともに、そのような状況を生じさせない社会環境の整備や調整に努めることがソーシャルワークに求められています。

　例えば高齢者の介護に関していえば、人口の高齢化や平均寿命の伸びに伴って要介護高齢者や認知症高齢者の数が増大していますが、それとともに重視するべきは介護

第
4
章

する家族の高齢化です。双方の共倒れを防ぐためにも、要介護高齢者への支援はもちろんのこと、家族の身体的・精神的負担の軽減を図るために家族を支援する仕組みなどの社会環境の整備が必要です。

また、子育て支援についても、就労と子育ての両立の支援、さまざまな相談体制の整備や子育てサークル等の活動の充実、地域における子育て支援のネットワークづくりなどを通して、安心して子どもを生み育てることができる社会環境の整備が求められています。

ソーシャルワークは、何らかの生活問題や困難状況を抱える人々にかかわりながら、同時にその問題状況の背景にある社会環境に対して、整備や調整を通して改善を図ることで、人々の生活全体を支援していく営みです。このような「個人と社会環境」との両方およびその関係（相互作用）を一体的にとらえる視点とその視点に基づく支援のあり方こそ、ソーシャルワークの実践や方法全体を貫くものです。生活困窮者の相談支援においても、このようなソーシャルワークの視点とはたらきかけが求められているといえます。

（4）社会環境としての地域へはたらきかけるソーシャルワーク

社会環境へのはたらきかけの必要性と実際について、地域を対象に考えてみましょう。

例えば、軽度の認知症を患っているためにゴミ出しのルールがわからず地域から孤立している一人暮らしの高齢者、地域に相談できる相手がいないままに孤立した育児や介護を強いられている親や家族、幼い子どもを抱えてパートタイムの仕事にしか就けずに不安定な収入状態で暮らしている母親、地域や社会との接点をもたないままに長期間のひきこもり状態にある中年男性、精神疾患に対する周囲の偏見や差別により就労やその他の社会参加の機会が与えられない当事者など、地域にはさまざまな生活問題を抱える人がいます。

そして、このような生活問題が生じる背景には、暮らしを取り巻く社会環境としての地域の状況が関係しており、それは言い換えれば、問題とされる状態が地域のあり方や住民の支えによって改善する可能性があるということです。人々の生活に地域が与える影響は大きく、ソーシャルワークが、地域を視野に入れた実践である必要性はここにあります。

親の介護や子育てで悩んでいても、地域にサービスが十分に整備されておらず、また整備されていたとしてもその情報が得られないままでは、必要なサービスの利用には結びつきません。病気や障害をもつ人々に対する職場の理解が得られないままで

は、たとえ就労してもその職場で働き続けることは難しいでしょう。認知症に対する地域住民の理解がなければ、住み慣れた地域の一員として、地域とつながりをもって生活し続けるのは難しいといえます。

地域で暮らす人々が、必要なサービスの情報を得ることができ、かつ必要なときに利用できるように、情報提供やサービスの調整等の仕組みを開発すること、また住み慣れた場所で誰もが孤立することなく、安心して暮らしていける環境としての地域づくりのためのはたらきが、ソーシャルワークの機能として求められています。

当事者や家族が抱える生活問題を、あくまでも個人や家族の責任とするのではなく、その人々が暮らす地域や環境、すなわち人々を取り巻く社会的状況との関係のなかで把握することが大切です。そして当事者とその世帯や家族全体を支援するとともに、地域や環境、社会的状況の改善や変化を求めてはたらきかけることが大切です。そのために、その地域で暮らす主体としての住民、そしてさまざまな職種や機関、業種と協働して取り組むことが求められます。個人や家族への支援から地域へのはたらきかけなど、ミクロレベルからメゾ、マクロレベルに至る機能の発揮が、今日のソーシャルワークに求められています。

2 地域におけるネットワークの形成

（1）地域におけるネットワークの構築の必要性

さまざまな生活困窮者や家族、世帯の状況が示すように、今日の多様化、複雑化、複合化する生活問題に対しては、何かの専門家やどこかの相談機関が単独で対応して解決に結びつくということはありません。

さらに、住民の生活に生じる問題は、その個人や家族が抱える問題としてだけではなく、地域全体の課題としてとらえていかなければなりません。そのためにも、住民や行政、専門職やさまざまな事業者がともに地域の課題に向き合いながら、それぞれの役割やはたらきを通して、住民の暮らしを支える仕組み、すなわちネットワークを形成することが必要です。

生活困窮状態にある個人や家族への支援と、そのような状態を生み出す社会環境の改善のためのはたらきかけ、そして必要な制度や施策の変革を求める活動、すなわち「生活」や「生活者」への視点に根ざしたミクロ、メゾ、マクロレベルの活動が、相互に重なり合い、ダイナミックに連動するのがソーシャルワークの実践です。

そしてその実践は、支援者が一人でやるものではないし、そもそも一人でできるも

第4章

のではありません。地域住民や多職種、関係者や関係機関等との連携、協働、チームワークによって行われるという認識が重要です。そのような、地域における関係者とのつながりやネットワークを構築していくことも、ソーシャルワークの役割であり、このような役割が、生活困窮者への相談支援の実践にも求められているといえます。

何らかの生活問題を抱えて苦しみのなかにある人々の多くは、自ら相談機関を訪ねるなどして支援を求めることができません。したがって、自ら支援者と出会うことができない状態にあるといえます。それゆえに、アウトリーチによって支援につなげる必要性もここにありますが、同時に、相談支援を行う事業所や支援者の存在が、広く地域住民に知られ、地域に浸透する必要があります。

生活困窮状態にある人々への相談支援の取り組みの認知度が高まることは、人々と事業所、そして支援者との出会いを容易にする環境づくりにもなるのです。地域におけるネットワークの構築は、支援を必要とする人々のために、相談支援を担う事業所や支援者をより身近な存在としていく環境づくりにもつながるのです。

（2）多職種・多機関連携と総合的・包括的支援体制の構築

複雑化、多様化そして複合化する生活問題に対しては、地域の多職種、多機関、多業種のネットワークの形成が必要です。地域に存在する福祉や医療、介護その他の多様な職種や関連機関や施設、行政やさまざまな民間団体、また多様な業種が互いに連携、協働して、支援に取り組むことが求められます。

相談支援の活動とは、地域で暮らす人々の生活を支援する実践であり、方法です。そして生活とは、それぞれに個別性・独自性がある多様な営みであり、家族を含めたさまざまな人や場所との多様なつながりのなかで、日々さまざまな経験から成り立っています。例えば、自らの身体的あるいは心理的な側面での健康の状態、家族関係や学校や職場などでのさまざまな人間関係、社会関係や社会参加の場面での出来事など、多岐にわたる関係や場面、出来事が、よくも悪くも人々の日常に影響を与えながら、日々の生活における経験として積み重ねられています。

つまり、人間の生活という営み自体が、そもそも部分に分割できるものではなく、全体的で総合的なものなのです。したがって、支援の活動が誰かの生活に接近すればするほど、その人への支援は総合的かつ包括的にならざるを得ないのです。

そしてこのことは、地域に対しても同様です。地域とは、多様な人々の多様な生活が営まれ、就学、就労、買い物、遊び、習い事、サークル、自治会など、実に多くのさまざまな社会参加や社会的な活動が行われる場所です。したがって、地域の実態に近づくほど、その地域支援のあり方は全体的・総合的、そして包括的にならざるを得

ないのです。

　個人や家族への支援、そして地域への支援においても、多職種・多機関の連携が必要な理由がここにあります。いわば専門分化されて整備されてきたさまざまな法制度や機関によるサービスは、それがもっぱら対象とする身体的な側面や心理的な側面のこと、また生活の一部分や一側面のことには対応できても、全体としての個人や家族の生活を視野に入れたものとはなりません。

　昨今の人々が直面するさまざまな生活困窮の状態は、地域における分野横断的で制度横断的な対応と、そのための多職種、多機関、多業種連携と協働による総合的・包括的な相談支援とその体制の構築が求められていることを表しているといえます。

（3）地域住民と専門職との連携・協働

　地域におけるネットワーク形成を推進していくためには、何より地域住民の参加が欠かせません。地域の主体、すなわち地域福祉の推進主体は、あくまでもそこで暮らす住民であるという認識が重要です。求められるのは、自分たちが暮らす地域の福祉課題に、地域住民自身が気づいていく仕掛けや場づくり、それに対して創意工夫しながら取り組める条件整備などの支援です。生活問題を抱える人々への支援や地域の課題解決の過程に、地域住民が積極的に参加し、協働できるような仕組みをつくることが必要です。

　地域住民と専門職とで地域福祉の理念や地域づくりの方向性は共有しながらも、専門職には専門職の役割があり、地域住民には地域住民にしかできないことがたくさんあります。それぞれの役割の違いがあるなかでこそ、連携が意味をもち、互いの役割分担に基づく協働が成り立つという理解が重要です。地域における総合的・包括的な支援とは、専門職による一方的な支援では決してなく、支援が必要な当事者を含めた地域住民の参加を得たネットワークが形成されることで実現するものでなければなりません。

　ソーシャルワークの重要な概念の一つに、「エンパワメント」があります。地域福祉推進のためのソーシャルワークとは、まさに地域住民へのエンパワメントの実践であるともいえます。地域住民が、自分たちの地域がもつよさや強さ、魅力や可能性に気づき、それを地域課題の解決や住みよい地域づくりのために活かしていける場や機会、そして環境を、地域住民との連携・協働で築くソーシャルワークの展開です。

　そして、地域住民が主体となってネットワーク形成や地域福祉推進の仕組みができることによって、課題の早期発見や支援が必要な人への早期対応が可能になります。つまり、人々の抱える問題の長期化や深刻化に対する予防の機能も期待でき、誰もが

安心して暮らし続けていける場としての地域づくりにつながるのです。

3 総合的・包括的な支援体制の構築と地域生活課題への対応

（1）分野・制度横断的なネットワークの形成

　人々の生活の全体を見据えた総合的・包括的な相談支援とは、言い換えれば、分野横断的・制度横断的な支援にほかなりません。今日の相談支援の現場では、例えば児童福祉、障害者福祉、高齢者福祉などの社会福祉分野や領域の複数にまたがる、あるいは社会福祉の枠組みを越える生活問題に対応していかなければならない状況にあります。

　そして、そのような支援を実践するためには、社会福祉の異なる分野で働く専門職同士や、医療や心理、教育や司法、さらには労働分野などで働く専門職と社会福祉の各分野の専門職とが、公・民を問わずに連携・協働することが必要です。地域で活動する専門職が、分野・領域横断的につながって、ネットワークが形成されることは、「制度の狭間」を埋めるとともに、地域のセーフティネットの強化にもつながります。

　さらに、このような地域における分野・制度横断的な支援を推進していくためには、地域の社会資源を新たに開発するという取組みも必要になります。これは何も、新しい施設やサービスを開設することだけを必ずしも意味しません。

　地域には、そこで暮らす住民はもちろん、自治会等の団体や組織、または薬局や理美容室、商店街や銀行、スーパーマーケット、郵便局や新聞販売所、食堂やレストラン、電気やガス関連の営業所、コンビニエンスストアや地域によっては銭湯に至るまで、さまざまな場所があり、さまざまな人がいます。これらのいわば、地域の財産ともいえる人や場所とのつながりやネットワークを形成することも、大切な社会資源の開発です。

　このことからも、地域における総合的・包括的な相談支援とは、地域とそこで暮らす人々、そして地域にあるさまざまな場所がもつ潜在的な力を見出し、相互のつながりから生まれるさまざまな可能性を開発する営みであるということができます。

（2）ネットワーク形成のための社会資源の開発・活用

　ソーシャルワークの重要な役割の一つに、地域における社会資源の開発があげられます。ここでいう社会資源とは、人々が社会生活を送るうえで活用されるさまざまな

情報や制度、サービス、また公的なものや民間によるさまざまな機関や施設、それらの機関や施設で働くさまざまな職種の専門職や地域で活動するボランティア、さらには自治会や学校や公民館あるいはショッピングセンターなどの地域のさまざまな組織や建物、場所などを総称して指す言葉です。

　これらの社会資源は、制度に基づいた社会福祉サービスや施設・機関の職員などのフォーマルなものと、地域のボランティア団体や近隣の人々、または家族などのインフォーマルなものと、大きく二つに分けられます。何らかの生活の困難を抱える人々がこれらの社会資源（必要な制度やサービスなど）をうまく活用できるように支援することはもちろんですが、「制度の狭間」という言葉もあるように、地域には現行の制度や既存のサービスでは対応できない生活問題を抱えた人々や家族、世帯の存在があります。

　そのような問題に対応できるサービスや支援のあり方を新たに創出すること、すなわち社会資源を開発するという役割は、個別支援と地域支援とを連動させながら総合的・包括的支援を担うソーシャルワークが果たすべき重要な役割であるといえます。

　そして、社会資源の「開発」という言葉が意味するのは、例えば何かの新しいサービスや支援プログラムをつくるとか、そのための資金を獲得するとか、何かの団体を立ち上げるなどということだけではありません。今地域にあるもの、今地域にいる人々が、大切な社会資源となり得るのです。

　例えば、縦割りの制度のもとで活動していた職種が相互に連携する、地域にある高齢者福祉施設のホールや会議室を開放して地域の子どもたちのためのイベント等に使う、相談支援の事業所や支援者と地域住民あるいは地域住民同士がつながる、一人暮らし高齢者を近隣住民が見守ってくれる、商店街の人々がサロンや福祉活動に協力してくれる、そして支え合いのネットワークが地域にできていくなど、そのかたちは実にさまざまです。

　地域におけるネットワーク形成とは、地域における多様な社会資源が互いにつながることであるともいえます。生活困窮者への相談支援の活動が、地域におけるこのような展開をもたらすこと、またその可能性をもっているということへの認識が大切になります。

（3）社会福祉法人等による多様な地域貢献活動の展開

　これからの生活困窮者支援や地域におけるネットワーク形成を考えたときに、社会福祉法人がもつ役割は大きいと考えます。社会福祉法第24条第2項には、社会福祉法人が社会事業や公益事業を行うにあたって、「日常生活又は社会生活上の支援を必

要とする者に対して、無料又は低額な料金で、福祉サービスを積極的に提供するよう努めなければならない」とされています。この規定は、社会福祉法人に求められる地域貢献として、「地域における公益的な取組」を推進しようとするものです。

社会福祉法人は、歴史的に児童福祉や高齢者福祉、障害者福祉などのさまざまな社会福祉分野でのサービスの提供を中心的に担ってきた組織です。これからの地域共生社会の実現とそのための地域福祉の推進に向けては、社会福祉法人の公益性・非営利性を踏まえた地域貢献活動への期待は大きいといえます。

それぞれの社会福祉法人が地域の状況に応じて、また法人の規模や事業やサービスの種別に応じて、地域の福祉ニーズを把握しつつ、地域のさまざまな人や場所、機関や施設と連携・協働しながらの取組みが求められています。

地域貢献とは、それぞれの地域性の違いや地域の課題の状況に応じた、創意工夫に基づく取り組みとして行われるべきものであり、その意味で、地域にある社会福祉法人による多様な活動の展開が期待されています。地域のネットワーク形成に寄与する社会福祉法人の経営や運営のあり方が問われているといってもよいでしょう。

さらに、社会福祉に関連する事業を地域で展開している組織は、社会福祉法人に限りません。医療法人や NPO など、さまざまな法人や団体、組織による多様な活動が行われています。これらの組織や団体が横につながることで生まれるネットワークも、地域における総合的かつ包括的な支援体制の整備に大きな意味があります。

（4）SNS を活用した相談事業やフードバンクの取組み

今日の生活困窮者への支援においては、SNS による相談や食糧支援を行う「フードバンク」の活動に取り組んでいる NPO などの団体もあります。

令和 3 年には、厚生労働省が、新型コロナウイルス感染症の影響により、生活困窮や社会的に孤立した状態にある自殺リスクのある人への支援として自殺防止対策事業をスタートさせました。これは、民間団体が行う自殺防止に関する活動への支援を行うというものです。

そのなかには SNS を活用した相談の実施も含まれており、生活のさまざまな困りごとの相談を LINE 等で受け付ける活動が行われています。厚労省が定めた「SNS 相談事業ガイドライン」に沿った事業の実施や、相談者の状態に応じて必要な支援機関や生活困窮の相談窓口等へつなげる支援などを行っています。

令和 2 年は、日本の自殺者数が 11 年ぶりに増加し、特に若者と女性の増加が目立ったとされています。生活の困りごとや悩みを、LINE 等でいつでも気軽に相談できる体制の整備は喫緊の課題です。

「フードバンク」とは、一般社団法人全国フードバンク推進協議会によると、「安全に食べられるのに包装の破損や過剰在庫、印字ミスなどの理由で、流通に出すことができない食品を企業などから寄贈してもらい、必要としている施設や団体、困窮世帯に無償で提供する活動」（一般社団法人全国フードバンク推進協議会ホームページより）とされています。食品ロス問題と貧困問題との両方の解決を目指した活動です。また、家庭などで余っている食べ物を持ち寄り、それらをまとめてフードバンクや地域の福祉団体に寄付する「フードドライブ」といわれる活動も普及してきています。

　このような地域で活動するさまざまな組織や団体が、相談支援の事業所や支援者とつながりをもち、生活困窮者への支援に多様な形で参加し、相互に連携・協働していくことが期待されています。

（5）「地域生活課題」への対応と地域の福祉力の向上

　令和2年に成立した「地域共生社会の実現のための社会福祉法等の一部を改正する法律」に基づいて改正された社会福祉法（令和3年4月施行）第4条には、人々が地域福祉の推進に努めること、およびそれに当たっては、「地域生活課題」の把握と解決を図ることが記されています。

　（地域福祉の推進）

第4条　地域福祉の推進は、地域住民が相互に人格と個性を尊重し合いながら、参加し、共生する地域社会の実現を目指して行われなければならない。

2　地域住民、社会福祉を目的とする事業を経営する者及び社会福祉に関する活動を行う者（以下「地域住民等」という。）は、相互に協力し、福祉サービスを必要とする地域住民が地域社会を構成する一員として日常生活を営み、社会、経済、文化その他あらゆる分野の活動に参加する機会が確保されるように、地域福祉の推進に努めなければならない。

3　地域住民等は、地域福祉の推進に当たっては、福祉サービスを必要とする地域住民及びその世帯が抱える福祉、介護、介護予防（要介護状態若しくは要支援状態となることの予防又は要介護状態若しくは要支援状態の軽減若しくは悪化の防止をいう。）、保健医療、住まい、就労及び教育に関する課題、福祉サービスを必要とする地域住民の地域社会からの孤立その他の福祉サービスを必要とする地域住民が日常生活を営み、あらゆる分野の活動に参加する機会が確保される上での各般の課題（以下「地域生活課題」という。）を把握し、地域生活課題の解決に資する支援を行う関係機関（以下「支援関係機関」という。）との

> 連携等によりその解決を図るよう特に留意するものとする。

　ここでいう「地域生活課題」とは、条文によれば、「地域住民及びその世帯が抱える福祉、介護、介護予防、保健医療、住まい、就労及び教育に関する課題」のほか、「福祉サービスを必要とする地域住民の地域社会からの孤立」や地域住民が「あらゆる分野の活動に参加する機会が確保される上での各般の課題」とされています。そして、地域福祉の推進のためには、支援を必要とする個人だけでなくその「世帯」全体を視野に入れるという点が重要です。また、住まいや就労、教育、そして孤立や参加など、既存の社会福祉の法制度の枠のなかに留まらない多様な生活課題への対応が求められています。

　さらに、条文によれば、社会福祉の事業や活動に携わる者は、「地域住民等」として、地域住民や関係者と相互に協力して、地域福祉の推進に努めなければならないとされています。今日の地域福祉の推進に必要なことは、個人や世帯が抱える生活問題を、特定の住民に限ったこととしてではなく、地域の課題ととらえ、地域住民全体で共有することです。そして、そのような地域の課題に対して、専門職が一方的に解決を図るのではなく、地域福祉の推進主体である地域住民とともに、協働して取り組むことが重要です。

　生活困窮状態にある人々への相談支援の活動においては、個人や家族、世帯に対する個別支援と、住民の暮らしを支える地域づくりのための地域支援とが、相互に連動して展開されることが求められます。生活困窮者支援のさまざまな取組みがきっかけとなって、関係者や関係機関による支援ネットワークが形成され、地域住民の参加と地域福祉の担い手が増加し、そして「地域の福祉力」の向上につながっていくという理解が大切です。

1　総合的かつ包括的な相談支援が求められる背景

（1）多様化・複雑化・複合化する生活問題への対応

　私たちは個人としても家族としても、法律や制度に合わせて日々を生きているわけではありません。例えば、この課題については教育、この課題については介護、この課題については医療などと、自分や家族の生活に生じる課題や現在抱えている課題の、どの部分がどの制度の対象となるのかを意識し、それらを仕分けし、分割しながら生活しているわけではありません。

　したがって、個人が抱える何か一つの困難から別の新たな困難が派生することがあり、家族の誰かの困難が他の家族の困難をもたらすことがあります。そして、その困難状況も個人や家族によって異なる現れ方をし、それぞれに多様さ、複雑さを帯びることになります。

　今日の相談支援の現場では、多様化、複雑化、複合化する生活問題への対応として、特定の制度の枠内に留まらない支援のあり方が求められています。例えば、子どもの不登校に着目した場合、確かにその背景にはいじめや教師との関係など、学校における要因が考えられます。しかしその子どもの家庭に目を向けた場合に、病気を抱えた親の代わりに認知症の祖父母の介護や、障害のあるきょうだいの世話に追われていることがあるかもしれません。

　また、親が多くの負債を抱えている、あるいは就労が安定しないなど、家庭が貧困の状態にあることで、持ち物その他で同年代の子どもと比べて多くの我慢を強いられているかもしれません。あるいは、ネグレクトなどの虐待の可能性があるかもしれません。結果、学校を休みがちになり、同級生とも疎遠になり、学力が低下するということにもなります。それだけでなく、非行や犯罪に巻き込まれることも起こり得ます。

　このように、個人や家族が抱える複数の課題が同時並行的に発生し、かつ相互につながって影響を及ぼし合い、そして連鎖しているといった状態が考えられます。そして、このような状態に対しては、子どもの不登校や非行、親の病気の治療、債務整理や就労、祖父母の介護、障害のあるきょうだいの世話、家庭の貧困の問題など、それぞれの課題を分割し、それぞれに対応する教育や福祉、保育その他の制度をもって、別々にあたるということには限界があります。

なぜならそれらの課題は互いに密接に絡み合って、全体として連関しており、したがってそのうちのどれかを他から切り離して対応するということは、その生活問題の本質的な解決には至らないからです。生活困窮者や家族、世帯への相談支援にあたり、総合的かつ包括的な視点による対応が求められる理由がここにあります。

（2）生活の全体を見据えた相談支援の展開

上で述べたように、多様化・複雑化そして複合化、長期化している今日の生活問題に対しては、何かの一つの制度による対応やどこかの施設や機関、事業所の単独での対応では、問題の解決は困難を極めることになります。

そもそも人々が経験する生活問題は、それが心身の状態のことであっても、社会的あるいは経済的なことであっても、家族や地域、学校や職場などのさまざまな人や場所、すなわち日々かかわる社会環境や地域との関係のなかで生じるものです。したがって、支援者の目に見える問題の一部分をその関係から切り離して、その問題が当てはまるであろう制度やサービスだけで対応しようとすることには、自ずと限界があります。

また、一つの家族や世帯のなかで複数の問題を抱えている場合、それらの問題は、家族関係や親子・きょうだい関係に根差したものであり、さらに互いに影響を与え合っているため、何かの問題を一つだけ切り離して対応しようとしても、そのことがかえって全体に悪い影響を与えてしまうことにもなり得るのです。

そして、生活の全体を見据えた支援を行うなかでは、現在では対象となる制度やサービスが存在しないような、新たな生活問題に遭遇することにもなります。今日の「生活困窮」という言葉でとらえられるさまざまな生活問題がまさにそれです。たとえそれが既存の法制度に当てはまらないものであっても、当事者が抱える生活問題の現実に焦点を当てて、その人と状況にかかわり、寄り添い続ける、総合的・包括的かつ継続的な相談支援のあり方が求められているのです。

（3）地域を視野に入れた支援の展開

さらに、個人や家族、世帯の生活全体を視野に入れた支援ということは、当然ながらそれらの人々が暮らす地域をも視野に入れたものとなります。支援の展開が、人々の日常生活の現実に接近したものであればあるほど、生活の全体、すなわちその当事者の家族関係や社会関係、地域との関係へと拡がる視座が求められ、その支援は、総合的で包括的なものにならざるを得ません。

すなわち、個別支援と地域支援との連動の必要性もここにあります。総合的かつ包

括的な相談支援とそのような支援が地域で展開できる仕組みづくりが必要なのです。

　地域共生社会の実現に向けて、厚生労働省に設置された地域力強化検討会が平成29年9月に発表した報告書「地域力強化検討会最終とりまとめ～地域共生社会の実現に向けた新しいステージへ～」では、地域における住民主体の課題解決力の強化や地域における相談支援体制の構築等についての提言がなされました。

　その報告書には、今日の人々が抱える生活困難の特徴や地域の状況、そして求められる支援のあり方について、以下のように指摘されています。

○　私たちのまわりの生活を見てみると、深刻な「生活のしづらさ」が増しており、それは私たち自身にも起こっている、もしくは起こり得ることでもある。例えば、様々な問題が同時にいくつも重なったり、家族全員が何らかの課題を抱えたり、ある地域の中で似たような問題が続発したりしている。かつては家族や親戚、隣近所や知人によって支えられていたような困りごとでも、今はひとりで抱え込み、誰にも相談できず解決の糸口が見つからない状況になっている人や世帯があることも事実である。（3頁）

○　地域には、助けを求めることもできず、周囲からも孤立している人や世帯があることも事実であり、地域の中だからこそ相談できないで埋もれてしまうこともある。

　こうした課題は、必ずしも既存の「制度」の中で解決されるわけではない。いわゆる「ごみ屋敷」を例にすると、以前はごみの処理が問題になり、制度の中でどこが対応するかが問われた。しかしこうした課題を抱えた人が共通して社会的孤立の状況にあることが分かってきたことで、支援のあり方は変化している。例えば、相談支援の専門員が、本人に寄り添い信頼関係を築く一方、地域住民が片づけに参加することにより、ごみ屋敷の住人と住民との間に緩やかな関係ができることで、再度孤立に陥ることなく生活することが可能になる。さらにその人の参加の場や役割を持てる場、「働ける」場所を地域の企業や商店街の中に見出すこともできる。そのことにより、本人も支える側にもなり、やがて地域の活性化に向けた担い手にもなる。また、企業や商店街も地域福祉の担い手となっている。

　こうした取組は、「制度」の力ではなく、「人」の力である。[3]

▶3
厚生労働省「地域力強化検討会最終とりまとめ～地域共生社会の実現に向けた新しいステージへ～」（地域における住民主体の課題解決力強化・相談支援体制の在り方に関する検討会（地域力強化検討会））平成29年9月12日、7頁より抜粋

これらは、地域における総合的かつ包括的な相談支援とその体制整備の必要性、すなわち個人や家族、世帯に対する個別支援と、住民の暮らしを支える地域づくりや地域力の向上のための地域支援との連動が、地域の活性化や地域福祉の担い手の増加、ひいては住民主体の地域の福祉力の向上につながるという指摘です。

　何らかの「生きづらさ」や「生活のしづらさ」を抱えることは誰にでも起こりうることです。個人や家族、世帯で複数の生活課題を同時に抱えるということも発生しています。また、問題を抱えていても、誰にも相談することなく、自ら助けを求めないままに、社会的に孤立した状態にある人々の存在もあります。一方、地域に目を向けると、自治会や町内会の加入率の低下とともに、住民が相互につながり、互いに支え合うような地域の福祉力が脆弱化している状況があります。

　そのような状況のなかで、求められる相談支援のあり方としては、生活困窮状態にある当事者や家族、世帯それぞれに寄り添った個別支援であり、それらの人々が孤立することなく、参加できる場や役割を担える機会を地域につくる支援であり、さらに似たような問題を抱える人々を支えるネットワークの形成であり、地域住民や地域に存在する多業種との連携・協働による住みよい地域づくりの支援なのです。

（４）「断らない相談支援」「参加支援」「地域づくりに向けた支援」

　また、令和元年12月には「地域共生社会に向けた包括的支援と多様な参加・協働の推進に関する検討会（地域共生社会推進検討会）最終とりまとめ」が厚生労働省により出されました。この報告書では、市町村における包括的な支援体制の構築に向けての以下のような記述があります。

> ○　市町村における地域住民の複合化・複雑化した支援ニーズに対応する包括的な支援体制の構築を推進するためには、中間とりまとめにおいてその必要性が確認された以下の３つの支援を内容とする、新たな事業の創設を行うべきである。
>
> 　①　断らない相談支援…本人・世帯の属性にかかわらず受け止める相談支援
> 　②　参加支援…本人・世帯の状態に合わせ、地域資源を活かしながら、就労支援、居住支援などを提供することで社会とのつながりを回復する支援
> 　③　地域づくりに向けた支援…地域社会からの孤立を防ぐとともに、地域における多世代の交流や多様な活躍の機会と役割を生み出す支援
>
> ○　この３つの支援を一体的に行うことによって、本人と支援者や地域住民との継続的な関係性を築くことが可能となり、これらの関係性が一人ひとりの自律

的な生を支えるセーフティネットとなる。[4]

　ここでは、誰からのどのような相談も断らずに受け止めるとする「断らない相談支援」、地域資源を活かしながら社会とのつながりを回復する「参加支援」、そして地域での孤立を防ぎ多世代の交流等の機会を生み出す「地域づくりに向けた支援」の三つを一体的に行うことが、包括的な支援体制の推進に必要であるとされています。この三つの支援の連動が、地域における総合的かつ包括的な支援として求められています。

2 総合的かつ包括的な支援の実際

（1）生活困窮者への自立支援

　平成30年6月に改正され、10月に施行された生活困窮者自立支援法の第2条および第3条では、それぞれ生活困窮者に対する自立支援の基本理念および生活困窮者の定義として以下のように記されています。

（基本理念）
第2条　生活困窮者に対する自立の支援は、生活困窮者の尊厳の保持を図りつつ、生活困窮者の就労の状況、心身の状況、地域社会からの孤立の状況その他の状況に応じて、包括的かつ早期に行われなければならない。
2　生活困窮者に対する自立の支援は、地域における福祉、就労、教育、住宅その他の生活困窮者に対する支援に関する業務を行う関係機関（以下単に「関係機関」という。）及び民間団体との緊密な連携その他必要な支援体制の整備に配慮して行われなければならない。
（定義）
第3条　この法律において「生活困窮者」とは、就労の状況、心身の状況、地域社会との関係性その他の事情により、現に経済的に困窮し、最低限度の生活を維持することができなくなるおそれのある者をいう。

　基本理念では、まず生活困窮者の「尊厳の保持」を図ることが規定されています。そして就労や心身の状況に加えて、「地域社会からの孤立の状況」に応じた支援の必要

▶4
厚生労働省「地域共生社会に向けた包括的支援と多様な参加・協働の推進に関する検討会（地域共生社会推進検討会）最終とりまとめ」令和元年12月26日、8頁より抜粋

性があげられています。さらに第3条の条文においても、生活困窮者の定義として、就労や心身の状況に加えて「地域社会との関係性」があげられています。これらは、いわば当事者が置かれている「つながりの貧困状態」への対応が求められていることを示しています。

　また、第2条第2項では、支援においては、さまざまな分野の関係機関や民間団体との緊密な連携や支援体制の整備に配慮して行うことが規定されています。このことは、本節で述べている総合的かつ包括的な支援の実施と支援体制の構築にほかなりません。

　日本の社会福祉制度は、分野別あるいは対象者別にさまざまに専門分化され、それに応じて相談支援機関や施設、事業所も整備されてきました。しかし、今日では既存の制度の対象とならないままに、いわゆる「制度の狭間」に陥り、地域で孤立した人々の存在があります。さらに、分野別・制度別に整備されてきた機関や施設、事業所間の連携・協働がうまくいかない場合も多くあります。

　生活困窮者自立支援法とそれに基づく生活困窮者自立支援制度とは、生活困難を抱えながらも、こうした状況のなかで支援につながらない人々に対して、従来の社会福祉制度の枠内に、また特定の分野や制度の枠内にとどまらない、総合的かつ包括的な、そして継続的な支援を実施することをねらいとしたものです。就労や教育、雇用や住宅などの他の政策分野と積極的に連携しながら、人々や家族、世帯および地域の状況やニーズに応じた相談支援の実践を、創造的、開発的そして継続的に展開する必要があります。

（2）社会的孤立状態にある人への相談支援

　生活困窮者への自立支援という言葉からは、経済的に困窮状態にある人々への就労に向けた支援という印象がもたれやすいといえます。しかし、経済的な困窮状態の背景には、多様で複雑かつ複合的な生活困難を抱えていることが多くあります。そのような場合は、背景にある生活困難状況、すなわち当事者である本人が抱え続けている生きづらさへの理解とアプローチが必要であり、それがないままに、とにかく就労につなぐなどの経済的な課題のみへの対応では、本質的な解決には至りません。

　経済的困窮の背景には、例えば社会的孤立の状態があり、社会的孤立に至った背景には、例えば会社でのいじめや過労によるストレスからのひきこもり、配偶者を亡くして生きる気力を失ったことからのセルフネグレクト状態、持病の悪化で働くことができなくなるなど、多様な要因が存在するのです。

　さらに、この社会的孤立の問題は、同時に地域住民からの排除、すなわち社会的排

除の問題とも重なります。それゆえに、個人や家族、世帯への支援だけでなく、その人々が暮らす地域へのはたらきかけ、すなわち個別支援と地域支援の両方が求められるのです。

このような社会的孤立状態にある人々への支援として、例えば「ごみ屋敷」といわれる状態、いわばセルフネグレクトと地域での孤立という両方の課題を抱えた人への相談支援を考えたいと思います。相談支援の視点としてまず大切なことは、このような状態に対して、単に「ごみ」や「ごみ処理」の問題にするのではなく、その人の辛さ、苦しみや悲しみ、生きづらさや満たされなさの問題としてとらえることです。

すなわち、ごみを溜める、ごみを捨てない、捨てられないという行為の背景にあるものは何か、ごみを溜めるようになったきっかけや出来事は何か、何がその人をそうさせるのか、ごみを溜めることで何を満たそうとしているのかなど、本人の心身の状態も含めて、その行為に至らしめるものや出来事の背景にあることを探る視点が重要です。

なぜなら、このような背景にある課題が解決されなければ、いくらごみを片づけたとしても、時間が経てばまた同じように、ごみが溜まっていく状況を繰り返すことになるからです。このことは、ごみ屋敷の「ごみ」ではなく、今そこで暮らしている「人」に対して目を向け、その人の心身の状態や思いに寄り添った支援をするということを意味します。

例えば、「ごみを溜めなくてよい」「ごみを溜めなくても満たされる」「ごみがなくても落ち着く、暖かい、寂しくない、安心できる」といった状態を、地域の人や場所との出会いやつながり、すなわちその人にとっての「居場所」となる関係を地域でつくることです。

さらに、このような「ごみ」や「ごみ処理」ではなく、「人」に焦点を当てた相談支援の展開は、地域住民にとっても、排除の対象だったその人に対する見方や対応の仕方を変える経験ともなり、自らが将来的にも安心して暮らせる地域づくりにつながります。「人へのまなざし」を大切にして、「人に寄り添う」相談支援ならではの、総合的で包括的な支援の意義と役割がここにあります。

3 総合的かつ包括的な支援と ジェネラリスト・ソーシャルワーク

（1）ジェネラリスト・ソーシャルワークとしての相談支援

　生活困窮者への総合的かつ包括的な相談支援と今日におけるその必要性の高まりとは、ソーシャルワークの歴史的な文脈においては、ジェネラリスト・ソーシャルワークの登場と同じ意味をもつと考えます。言い換えれば、欧米におけるソーシャルワークの統合化の議論から生まれて、発展してきたジェネラリスト・ソーシャルワークの日本における展開のかたちが、生活困窮者に対する総合的かつ包括的な相談支援ということです。

　ソーシャルワークには、伝統的なケースワーク、グループワーク、コミュニティワークというような対象別の支援方法や技術の開発を通して発展してきた歴史があります。しかし、近年の社会状況や経済状況の変化のなかで、人々が直面する生活問題が多様化・複雑化し、このような従来からの対象別の枠組みによるソーシャルワークでは対応が難しくなってきました。ここからソーシャルワークの統合化に向けた議論も生まれ、システム理論や生態学の考え方がソーシャルワークに取り入れられていくことになります。

　そして、これらのシステム理論や生態学の考え方を基盤として、多様化・複雑化する人々の生活問題を全体的・総合的・包括的にとらえ、それぞれの状況に応じた支援方法を駆使するソーシャルワークのあり方、すなわち多様化・複雑化・複合化する問題に多角的に対応していけるソーシャルワークのあり方が発展してきたのです。

　そして、それは今日ジェネラリスト・ソーシャルワークと呼ばれ、人々が抱える生活問題への視点や認識の仕方、個人や家族への支援と地域や社会へのはたらきかけの方法やその実践過程、チームアプローチや多職種・多機関連携の方法などについて整理され、体系化されています。さらにジェネラリスト・ソーシャルワークは、医療や教育、司法や労働など、ソーシャルワークが求められる分野や領域の拡大、また必要とされる理論や方法・技術の多様化のなかで、ソーシャルワークの幅の広さや多様性、あるいは創造性を包括する理論と実践の枠組みでもあります。これは、日本における生活困窮者に対する相談支援の実践とも共通する考え方と枠組みであるといえます。

（2）システム理論や生態学に基づく対象の理解

　ジェネラリスト・ソーシャルワークは、人々や家族、地域や環境との相互関係の文

脈から、支援が必要な人や家族の生活状況と抱えている困難の状態を把握して、介入やはたらきかけの方法を探りながら、支援の展開につなげていきます。そのようなソーシャルワークならではの対象理解の理論的基盤となるのが、システム理論や生態学の考え方です。

システム理論も生態学も、その考え方の基本は、全体の構造とその全体を構成している要素間の相互の関係のあり方や相互に与えている影響の内容や度合いなどを重視するものです。例えば、全体としての家族と家族を構成する個々人の関係（夫婦関係や親子関係、きょうだい関係など）への視点であり、全体としての地域と地域で暮らす住民同士の関係（近隣関係や町内会や自治会での関係など）への視点などです。

このような全体と全体を構成する要素間の相互の関係を重視する視点は、ジェネラリスト・ソーシャルワークならではの支援に対する考え方を導きます。それは、問題の原因となっている（と思われる）人や出来事などを特定して、もっぱらその原因に対するはたらきかけによって問題を解決するという考え方（「治療モデル」や「医学モデル」）ではなく、問題が発生している状況の全体性と関係する人や場所、出来事などの相互関係のあり方をとらえて、その関係に介入してはたらきかけることによって問題解決を志向するという考え方（「生活モデル」や「ライフモデル」）です。

これは例えば、家族や地域のなかの誰かや何かを原因として特定して、変化を促すアプローチではなく、全体としての家族や地域と、それを構成する人々や出来事などの相互関係の現れとしての問題状況の把握と、その関係に介入してはたらきかけることを通して、関係のあり方に変化を生じさせることで問題の解決を図るという支援のあり方です。

人々や家族が、その地域のなかで、さまざまな人や場所といった周囲の社会環境と調和して、安定した生活を主体的に営むことができること、そしてそのような個人や家族への支援と地域づくり、そして社会環境の調整や整備を行うことが、本章で述べてきた生活困窮状態にある人や家族、世帯への相談支援の目的であり、役割です。

日本におけるジェネラリスト・ソーシャルワークの今後の発展が、これからの総合的・包括的な相談支援の発展につながるといえます。

（3）本人主体・地域主体の支援とストレングスへの視点

前述したように、ジェネラリスト・ソーシャルワークとは、システム理論や生態学的視点に基づいて、支援の対象となる人々とその生活状況を全体的・統合的にとらえ、家族や地域、そして人々の生活を取り巻く社会環境も視野に入れた多面的・多角的な対応をするべく、個々の生活困難状況に応じての総合的・包括的な支援の展開とその

過程を重視するソーシャルワークのあり方です。

　そして、その特徴としては、本人主体や地域主体の支援であること、また本人や地域のストレングスを見出しながら支援を展開するということがあげられます。人々や家族が抱える生活問題は、例えばそれが経済的なことであっても、介護や子育てのことであっても、また就学や就労をめぐることであっても、一つとして同じものはありません。したがって、それぞれの問題を当事者である本人や家族の視点からとらえることを重視します。

　生活困窮者への相談支援とは、支援者が本人や家族の代わりに問題を解決するのではありません。本人や家族が自らの生活の主体として、そこで生じた問題に対して、自分たちで向き合い、解決していけるように、継続的に支えることを支援の役割とするのです。

　このことは、地域への支援においても同様です。地域の主体は、そこで長年暮らしてきた、そして今暮らしている住民です。地域支援とは、地域の課題を専門家が地域住民に代わって解決することではありません。地域住民が、自分たちが暮らす地域の課題として共有し、自分たちが主体となって解決に向けた取り組みを進める、その過程を支えるのが専門家の役割なのです。

　解決するのはあくまでも本人であり、地域住民であるということを忘れてはなりません。そのためにも、それぞれに個別性、独自性そして歴史をもった存在や場所としての個人や家族、地域を知ろうとする姿勢が支援者に求められます。

　そしてそのような支援の過程のなかで重要となるのが、本人やその家族そしてその地域がもつストレングス、すなわち強さや力、長所、できること、特色や魅力、可能性などへの視点です。支援者は、支援の対象となる人や家族、地域のストレングスを見出して尊重し、課題の解決にそのストレングスが発揮されるような環境整備や調整を試みながら、人々とともに、協働して課題解決に取り組む過程を歩むのです。

（4）日本におけるソーシャルワークの発展と相談支援の展開

　これからの生活困窮者支援のあり方を考えるにあたり、地域における総合的かつ包括的な相談支援を、ソーシャルワークとしてますます発展させていく必要があると考えます。

　ソーシャルワークは、その時代の社会状況や人々の生活状況とともにあります。その意味で、ソーシャルワークの歴史とは、その時代の、その国や地域の社会的状況のなかで、その実践や方法のあり方が問われてきた歴史であるといえます。そして、その国や地域で生きる人々にかかわり、人々が抱える生活問題を解決するための支援や

はたらきかけの積み重ねを通して、ソーシャルワーク自体の存在意義や目的を見出し、その理論と実践を確立させようとしてきた歴史であったともいえます。

　今日の日本では、人々が抱える生活問題の多様化・複雑化・複合化に対応できる、総合的かつ包括的な相談支援としてのソーシャルワークが求められています。それはすなわち、生活困窮状態にある個人や家族、世帯への支援にとどまらず、そのような人々が支えられ、安心して暮らしていける地域づくり、さらに生活困窮状態を生み出す社会的・環境的・構造的な要因を見極めて、社会変革を志向する実践が相互に連動する営みです。

　このようなミクロレベル、メゾレベル、マクロレベルの実践が重層的に展開することが、総合的・包括的な相談支援とその仕組みづくりとして求められるソーシャルワークのあり方に他なりません。

　日本のソーシャルワークは、戦後、アメリカやイギリスのソーシャルワークの理論や実践から多くを学び、それらを日本の社会福祉教育や社会福祉の実践現場に普及させてきました。この長年の取組みがあったからこそ、現在の日本でのソーシャルワークの定着や発展もあるといえます。しかし大切なことは、諸外国のソーシャルワークから多くを学びつつも、日本の社会状況や日本の生活困窮者支援の現場におけるソーシャルワークのあり方を探求することです。

　地域における総合的・包括的な相談支援としてのソーシャルワークを、社会的に意義のある確かな営みとして実践するとともに、その実践を向上させていくためにも、それを導き、後押しするさらなる理論的発展が期待されます。

法改正による自立相談支援の強化

本節では、平成30年の生活困窮者自立支援法の改正のうち、特に自立相談支援事業に直接的に関係する事項について詳細に説明します。このほかの主な改正事項については、第1章を参照してください。

1 自立相談支援事業の定義

（定義）

第3条　（略）

2　この法律において「生活困窮者自立相談支援事業」とは、次に掲げる事業をいう。

　一　就労の支援その他の自立に関する問題につき、生活困窮者<u>及び生活困窮者の家族その他の関係者</u>からの相談に応じ、必要な情報の提供及び助言<u>をし、並びに関係機関との連絡調整</u>を行う事業

　二　生活困窮者に対し、認定生活困窮者就労訓練事業（第十六条第三項に規定する認定生活困窮者就労訓練事業をいう。）の利用についてのあっせんを行う事業

　三　生活困窮者に対し、生活困窮者に対する支援の種類及び内容その他の厚生労働省令で定める事項を記載した計画の作成その他の生活困窮者の自立の促進を図るための支援が<u>包括的</u>かつ計画的に行われるための援助として厚生労働省令で定めるものを行う事業

注：下線は改正部分

自立相談支援事業の定義を定めた法第3条第2項は、施行後3年間の実態を踏まえ、大きく3点を改正しています。一つ目は、自立相談支援事業の相談者について、従前は「生活困窮者からの相談に応じ」としていたものに、「家族その他の関係者」からの相談が追加されました。これは、本人のみならず世帯全体を支援する、という自立相談支援事業の支援の考え方を明示したものです。二つ目として、自立相談支援事業の機能に「関係機関との連絡調整」が追加されました。これは、さまざまな関係機関と

の連携のなかで支援する事業であることを明確化したものです。三つ目は、「一体的かつ計画的」な支援という規定が「包括的かつ計画的」な支援に改正されました。これは、基本理念の規定（第2条第1項関係）で「包括的」な支援を謳っていることを踏まえ、これに合わせたものです。

2 自立相談支援事業等の利用勧奨の努力義務の創設

> （利用勧奨等）
> 第8条　都道府県等は、福祉、就労、教育、税務、住宅その他のその所掌事務に関する業務の遂行に当たって、生活困窮者を把握したときは、当該生活困窮者に対し、この法律に基づく事業の利用及び給付金の受給の勧奨その他適切な措置を講ずるように努めるものとする。
>
> 注：本条は新設

　本条は、事業実施自治体の各部局（福祉、就労、教育、税務、住宅等）において、生活困窮者を把握した場合に、自立相談支援事業等の利用勧奨を行うことを努力義務化したものであり、平成30年の法改正で新設された条文です。自ら支援を求めることが難しい生活困窮者の状況を踏まえ、自立相談支援機関の主導による把握だけでなく、その他の関係機関が生活困窮の端緒を発見・把握した場合に、自立相談支援機関に確実につなげていくことを求めたものです。

　自立相談支援機関と支援関係機関との連携状況と新規相談受付件数に関する調査をみると、庁内の関係部局から本制度の担当部局に相談者がつながった実績が多い自治体ほど、自立相談支援機関の新規相談受付件数が多い傾向にあることが明らかになっています[5]。この結果は、本制度の担当部局が庁内の多様な部局とつながり、積極的に個別のケースの相談や協働して支援することの重要性を示唆するものであり、平成30年改正はその重要性を改めて法律上に明示したものといえます。

　また、本条の新設の趣旨である「より支援を広く届ける」ということを踏まえれば、自立相談支援機関は自ら相談に来る人のみに対応するのではなく、必要な人に相談支援が「届く」ように積極的なアウトリーチを実践することが重要です。アウトリーチ

▶5
社会保障審議会生活困窮者自立支援及び生活保護部会（第2回）資料1（https://www.mhlw.go.jp/file/05-Shingikai-12601000-Seisakutoukatsukan-Sanjikanshitsu_Shakaihoshoutantou/0000167334.pdf）7頁-9頁

の方法には、自宅訪問や同行支援、住民に身近な圏域での出張相談会の開催といった支援員が直接出向く方法のほか、各種会議体に参加して生活困窮のおそれのある人を見つけたり、自立相談支援機関の窓口を周知・広報するなどして地域の支援関係機関等から相談者をつなげてもらう、いわゆる「連携によるアウトリーチ」も重要となります。

　以上を踏まえると、平成30年の法改正は、自治体内の各部局に対して自立相談支援事業等の利用勧奨を努力義務化したものですが、支援を広く届けるためには、自治体外の関係者においても同様に、生活困窮の端緒を発見・把握した場合には、自立相談支援機関に確実につなげてもらうことが重要です。

3　福祉事務所を設置していない町村による相談等の実施

（福祉事務所を設置していない町村による相談等）

第11条　福祉事務所を設置していない町村（次項、第14条及び第15条第3項において「福祉事務所未設置町村」という。）は、生活困窮者に対する自立の支援につき、生活困窮者及び生活困窮者の家族その他の関係者からの相談に応じ、必要な情報の提供及び助言、都道府県との連絡調整、生活困窮者自立相談支援事業の利用の勧奨その他必要な援助を行う事業を行うことができる。

2　第5条第2項及び第3項の規定は、福祉事務所未設置町村が前項の規定により事業を行う場合について準用する。

（国の負担及び補助）

第15条　（略）

3　前項に規定するもののほか、国は、予算の範囲内において、政令で定めるところにより、前条の規定により福祉事務所未設置町村が支弁する費用の4分の3以内を補助することができる。

注：第11条及び第15条第3項は新設

　生活困窮者自立支援法の実施主体は、都道府県、市、福祉事務所設置町村とされており、福祉事務所を設置していない町村は実施主体とされていません。これは、生活保護行政に合わせたものですが、介護保険や障害など、他の福祉施策の多くは、住民

に身近な基礎的自治体である町村も実施主体となっています。

　そうしたなかで、自立相談支援事業の実施主体でない町村では、役場が一次的な窓口として、事実上、自立相談支援機関に類似した対応をしている自治体が約7割に上っています。町村内において相談体制が整備されていない地域で暮らす人は、時間をかけて自宅から離れた都道府県の自立相談支援機関に相談に行かなければならないという課題がありました。また、福祉事務所を設置していない町村のなかで、相談窓口の設置の必要性を感じていない町村が約5割強存在しているものの、他方その必要性を感じている町村も約1割強存在していました[6]。

　このような実態を踏まえ、平成30年の法改正に向けて議論を行った社会保障審議会の「生活困窮者自立支援及び生活保護部会」で取りまとめられた報告書（以下「困窮部会報告書」とする）には、「町村は住民に身近な行政機関であり、多くの福祉制度の実施主体であることを踏まえ、町村の実情に応じ、希望する場合は一次的な自立相談支援機能を担い、都道府県につなぐなど、連携して対応することができるようにすべきである」と記されています。

　これを受け、改正法においては、町村の実情に応じ、希望する場合には、一次的な相談支援の機能を担い、支援が必要な相談者を適切に都道府県につなぐことができるよう、福祉事務所未設置町村における事業が創設されました（第11条第1項）。

　また、これに対して、通常の自立相談支援事業と同様、補助率3/4の国庫補助規定を設けています（第15条第3項）。

4　生活保護法に基づく保護等についての情報提供等

（情報提供等）

第23条　都道府県等は、第7条第1項に規定する事業及び給付金の支給並びに同条第2項各号に掲げる事業を行うに当たって、生活保護法第6条第2項に規定する要保護者となるおそれが高い者を把握したときは、当該者に対し、同法に基づく保護又は給付金若しくは事業についての情報の提供、助言その他適切な措置を講ずるものとする。

注：本条は新設

法施行時から、自立相談支援機関と福祉事務所は、日常的に必要な情報交換等を行うなど緊密に連携し、生活保護が必要であると判断される人は自立相談支援機関から適切に福祉事務所につなぐことを重視してきました。

　平成30年の法改正では、この考え方を法律上明確化するとともに、必要な人には確実に保護を実施するという生活保護制度の基本的な考え方をより実効的なものとするために、要保護者となるおそれが高いと判断する段階で、生活保護制度に関する情報提供等を行い、適切に本人が保護開始の申請を行えるよう規定しています。

　この点、困窮部会報告書では、「生活困窮者自立支援制度と生活保護制度との関係性については、生活保護に至る手前で生活困窮者自立支援制度が支援を行い、支えきれない場合は生活保護を受給するという形を想起しがちである。しかしながら、生活困窮者自立支援制度から生活保護受給につながった後、生活保護を受給しながら生活を整え、生活保護から脱却する場合には、保護脱却後しばらくの間、生活困窮者自立支援制度による支援が必要と考えられる場合もある。生活困窮者の自立を支援するためには、生活困窮者自立支援制度と生活保護制度が、『切れ目のない、一体的な支援』を目指す必要がある」としています。

　すなわち、生活困窮者自立支援制度から生活保護制度に適切につなぐのみならず、生活保護制度から生活困窮者自立支援制度に適切につなぐことで、両者が切れ目なく機能することが重要です。

　また、こうした趣旨から、平成30年の生活保護法の改正において、生活保護法第81条の3の規定により、保護の実施機関において、被保護者が保護から脱却する際、生活困窮者に該当する場合には、生活困窮者自立支援制度についての情報提供等を講ずる措置が努力義務化されました。加えて、関係機関との連携強化の観点等から、先述したとおり、平成30年の法改正で新設された生活困窮者自立支援法第8条の規定において、福祉事務所設置自治体が、生活困窮の端緒を把握した場合には、自立相談支援事業等の利用勧奨等を行うことを努力義務化しています。これらの生活保護制度との連携に関する各種改正事項は、すでに支援の現場において実施されてきたものですが、法律に明文化することにより、福祉事務所の窓口において、保護から脱却するときだけでなく、福祉事務所において生活困窮の端緒を把握した場合にも、早期に自立相談支援事業等を利用勧奨することが強く意識づけられ、切れ目のない支援を目指すものとなります。

参考文献

第 1 節〜第 4 節

・ブレンダ・デュボワ，カーラ・K・マイリー著，北島英治監訳，上田洋介訳『ソーシャルワーク——人々をエンパワメントする専門職』明石書店，2017.

・団士郎『対人援助職のための家族理解入門——家族の構造理論を活かす』中央法規出版，2013.

・イアン・ファーガスン著，石倉康次・市井吉興監訳『ソーシャルワークの復権——新自由主義への挑戦と社会正義の確立』クリエイツかもがわ，2012.

・五石敬路・岩間伸之・西岡正次・有田朗編著『生活困窮者支援で社会を変える』法律文化社，2017.

・井出英策・柏木一恵・加藤忠相・中島康晴『ソーシャルワーカー——「身近」を革命する人たち』筑摩書房，2019.

・ジョンソン，L. C.・ヤンカ，S. J. 著，山辺朗子・岩間伸之訳『ジェネラリスト・ソーシャルワーク』ミネルヴァ書房，2004.

・勝部麗子『ひとりぼっちをつくらない——コミュニティソーシャルワーカーの仕事』全国社会福祉協議会，2016.

・川北稔『8050 問題の深層——「限界家族」をどう救うか』NHK 出版，2019.

・菊池馨実『社会保障再考——〈地域〉で支える』岩波書店，2019.

・厚生労働省「地域力強化検討会最終とりまとめ〜地域共生社会の実現に向けた新しいステージへ〜」地域における住民主体の課題解決力強化・相談支援体制の在り方に関する検討会（地域力強化検討会），平成 29 年 9 月 12 日

・厚生労働省「地域共生社会に向けた包括的支援と多様な参加・協働の推進に関する検討会（地域共生社会推進検討会）最終とりまとめ」令和元年 12 月 26 日

・空閑浩人『ソーシャルワーク論（シリーズ・福祉を知る 2）』ミネルヴァ書房，2016.

・空閑浩人「地域を基盤としたソーシャルワークへの期待——ソーシャルワークが求められる時代のなかで」『月刊福祉』（2018 年 5 月号），全国社会福祉協議会，40-45 頁，2018.

・空閑浩人「社会福祉における『場』と『居場所』をめぐる論点と課題——『地域共生社会』の構築が求められる時代の中で」『社会福祉研究』第 133 号，鉄道弘済会，19-25 頁，2018.

・空閑浩人・白澤政和・和気純子編著『ソーシャルワークの基盤と専門職（新・MINERVA 社会福祉士養成テキストブック 4）』ミネルヴァ書房，2021.

・空閑浩人「ソーシャルワークとは何か」山崎美貴子・渡部律子・空閑浩人編著『ソーシャルワークの基盤と専門職（社会福祉学習双書 9）』全国社会福祉協議会，1-44 頁，2021.

・松岡克尚「ソーシャルサポート・ネットワーク」久保紘章・福田あけみ編著『ソーシャルワークの実践モデル——心理社会的アプローチからナラティブまで』川島書店，185-204 頁，2005.

・宮本太郎編著『転げ落ちない社会——困窮と孤立を防ぐ制度戦略』勁草書房，2017.

・日本地域福祉学会『地域福祉教育のあり方研究プロジェクト報告書・協同による社会資源開発のアプローチ』2019.

・社会保障審議会福祉部会福祉人材確保専門委員会「ソーシャルワーク専門職である社会福祉士に求められる役割等について」平成 30 年 3 月 27 日

・鶴幸一郎・藤田孝典・石川久展・高端正幸著『福祉は誰のために——ソーシャルワークの未来図』へるす出版，2019.

・山辺朗子『ジェネラリスト・ソーシャルワークの基盤と展開——総合的包括的な支援の確立に向けて』ミネルヴァ書房，2011.

・保井美樹編著，全労災協会「つながり暮らし研究会」編『孤立する都市，つながる街』日本経済新聞出版社，2019.

・渡辺俊之・小森康永『バイオサイコソーシャルアプローチ——生物・心理・社会的医療とは何か？』金剛出版，2014.

・渡部律子『福祉専門職のための統合的・多角的アセスメント——相互作用を深め最適な支援を導くための基礎』ミネルヴァ書房，2019.

第 5 節

・鏑木奈津子『詳説 生活困窮者自立支援制度と地域共生——政策から読み解く支援論』中央法規出版，2020.

生活困窮者支援を通じた地域づくり

社会資源の活用と連携・協働

　生活困窮者への支援は、自立相談支援機関が抱え込む形で行うのではなく、ほかの制度や地域の多様な社会資源を活用して、チームによって行うことが必要です。支援にかかわる関係機関・関係者は、個別の支援サービス提供の担い手であるとともに、支援調整会議等で支援の方針について協議し、ともに状況をモニタリングする主体でもあります。

　本節では、自立相談支援機関が生活困窮者への支援を行うにあたって必要な社会資源の活用について基本的な考え方を述べます。

　なお、特に主任相談支援員に求められる社会資源の開発に関しては、第 2 節以降において詳細を述べます。

1　社会資源とは

　社会資源とは、生活困窮者支援のために用いられる制度や機関、人材、資金のほか、技術や知識などのすべてを総称する概念です。生活困窮者の複合的な課題に対応するため、社会資源を総動員して上手に活用しながら本人の自立に向けた支援を行っていくことが重要です。また、社会資源は支援員のみが活用するものではなく、本人が主体的かつ選択的に活用していくものでもあります。そのため、本人が社会資源を上手に活用できるように、支援員は必要な社会資源を調整していくという役割も求められます。

　社会資源を考えるとき、地域を重層的にとらえ、どの区域単位（近隣、市町村、都道府県など）で整備していくべきものであるのか、その運営や設置の主体はどこなのか、整理していくことが重要です。また、フォーマルなものとインフォーマルなものに分けて考えることもできます。

　フォーマルな社会資源とは、制度化された資源のことで、例えば、行政によるサービスや公的サービスを提供する民間組織などのサービスのことをいいます。本制度の自立相談支援事業をはじめ、住居確保給付金、就労準備支援事業、家計相談支援事業のほか、本制度以外の求職者支援制度や生活福祉資金の貸付けといった事業、さらに、福祉事務所や公共職業安定所（ハローワーク）といった公的機関なども、すべてフォーマルな社会資源に分類されるものです。

こうしたフォーマルなサービスの特徴として、一定のサービス適用に関する評価基準、利用手続きが設定されていることや、計画的な事業方針により安定した継続性のあるサービス供給、専門的なサービス供給が期待できることなどがあげられる一方で、利用基準などの面において、利用者のニーズに柔軟に対応できないという課題があります。

これに対して、インフォーマルな社会資源とは、制度化されていない資源のことで、例えば、家族による一時的なサポートや、親戚、友人・知人、近隣の人、ボランティア、自治会などの制度化されていない当事者組織（活動）などが含まれます。

こうしたインフォーマルな社会資源の特徴として、利害関係を含まない互酬や善意などを中心に成立していること、柔軟なサービス提供、体制構築が容易であることなどがあげられる一方で、一般的には継続性や安定性、専門的なノウハウが弱いことがあげられます。さまざまな状態にある生活困窮者に対応するためには、フォーマルな社会資源とインフォーマルな社会資源との両方が適切に組み合わされる必要があります。

支援員は、自らが活動する地域にどのような社会資源があるかを適切に把握し、このようなフォーマルなものとインフォーマルなものの特徴をしっかりと認識しつつ、それぞれの長所と短所を補完する形で、最大限に活用していくことが重要です。また、こうした社会資源の存在を生活困窮者本人が認知するとともに、本人が主体的かつ選択的に活用することによって、本人の真に自立した生活につながっていくことが望ましいといえるでしょう。

2 関係する制度施策の活用

生活困窮者支援は生活困窮者の生活全般にかかわり展開されるものであり、複合的な課題を抱えた生活困窮者の支援にあたっては、法に基づく事業だけではなく、多くの他機関と連携し、求職者支援制度や生活保護制度など、本人に必要な制度施策を活用し、包括的に支援を行うことが非常に重要です。

自立相談支援事業では、相談を進めるなかで、どんな支援を希望しているのかを丁寧に確認し、本人の意思を尊重しつつ適切な支援を行います。また、生活困窮者個々人に合った形で、関係する諸制度に適切につなぐことが大切です。

支援員は、生活困窮者の自立支援に関連する諸制度を広く深く理解し、支援の展開場面に即して、必要な対応を適切に行えるよう、関係機関との協力体制を構築してお

くことが求められます。支援の際には、それぞれの役割分担に従い適切に連携し、チームとして支援を行うことが大切です。また、支援調整会議において、本人に合った支援が行われているか確認します。

以下、生活困窮者支援に関係する主な制度について、概要を解説します。

（1）ハローワーク、福祉事務所との連携

まず、本制度は、生活保護受給者以外の生活困窮者の自立支援策を強化し、第2のセーフティネットを拡充するものです。したがって、関係機関のなかでも、特に、ハローワークと福祉事務所との緊密な連携体制を確保することが、包括的な支援体制の構築に向けた第一歩となります。そのため、自立相談支援機関、ハローワーク、福祉事務所という3機関の連携体制を確保することが大切です。

そのうえで、自立相談支援機関に来訪した人のうち、生活保護の適用が必要であると判断される場合には、適切に福祉事務所につなぎます。逆に、福祉事務所に相談に来た人で、現金があるなどで生活保護の要件に合致しない場合には、福祉事務所から適切に紹介される流れをつくることが必要です。

○生活保護制度
【制度の概要】

病気、けが、失業などにより生活に困窮するすべての人に、その世帯の最低限度の生活を保障し、自立を促進する制度。収入が最低生活費に満たない世帯に保護費が支給されます。コロナ禍にあって厚生労働省は「生活保護の申請は国民の権利です」と発信しています。

支援内容は、食べ物、衣類、水道光熱費など日常生活の費用、家賃・地代などの住宅の費用、けがや病気の治療、義務教育に必要な費用など、最低限度の生活を送るために必要な費用について支援が受けられます。支給額は、各地の実情に合わせて地域ごとに、年齢、世帯人員などにより定められています。

【対象者】

利用できる資産、能力その他あらゆるものを活用しても最低限度の生活を維持できない世帯が対象です。

※ 「その他あらゆるもの」の例＝国民年金、厚生年金、健康保険、雇用保険、労災保険、傷病手当金、児童扶養手当など

【問い合わせ先】

福祉事務所

就労が可能な人には、その人に合った適切な就労支援を行います。

まず、早期に一般就労が可能な場合には適切にハローワークにつなぎます。ハローワークでは、一般の求職者窓口があるほか、条件に合致すれば生活困窮者について個別の就労支援を行います。また、第1のセーフティネットである雇用保険や第2のセーフティネットである求職者支援制度の窓口でもあります。

一方、直ちに一般就労につなげることが難しいという場合には、本制度における就労準備支援事業や就労訓練事業（中間的就労）が考えられるほか、自立相談支援機関の就労支援員も支援を提供できます。

○雇用保険
【制度の概要】
　労働者が失業した場合に、生活費の心配をしないで求職活動ができるよう、手当てが支給されます。一定の被保険者期間が必要です。
【問い合わせ先】
　ハローワーク

（2）インフォーマルな社会資源

それぞれの地域には、さまざまなフォーマル、インフォーマルな資源が存在しています。それを本人が主体的・選択的に活用し、地域で自立した生活ができるように支援していくことが、社会資源の活用における大切な視点となります。特に、支援を行う際にはフォーマルな社会資源のみではなく、インフォーマルな社会資源を含めて積極的に活用していくことが重要です。

フォーマルな社会資源は、資金やノウハウの点で課題に対する解決策として機能しますが、すべての支援がフォーマル部門で完結するわけではなく、地域住民による取組みが重層的に存在することが必要です。特に生活困窮者の早期把握や見守りには、インフォーマルな活動・協力が不可欠と考えられます。

しかし、インフォーマル部門の取組みは地域住民の主体的な活動であることから、支援員が一方的に活用するという見方をしていたのでは、その力を十分に活かすことは期待できません。また、生活困窮をみんなで解決していこうとする地域が、すなわち、すべての住民にとって住みやすい地域となることを示すことも必要です。さまざまなフォーマル、インフォーマルな社会資源を上手に活用していくには、そうした社会資源の調整も支援員として担う重要な役割ということができます。

（3）生活困窮者支援において考えられる社会資源の一例

　それぞれの地域においては、生活困窮者支援に活用可能なサービスや事業などを洗い出し、整理しておくことが必要です。ここでは、社会資源の一例として図表5－1に示しますが、社会資源は多種多様であり、また、地域によって存在する社会資源やその数は大きく異なります。このため、それぞれの地域ごとに活用可能な社会資源を整理し一覧にしておくことが必要です。

図表5－1　生活困窮者支援において考えられる社会資源の一例

分野	具体的な支援の例	社会資源の一例
福祉相談窓口	・各種支援制度の相談 ・年金や障害者手帳取得などの各種申請	・市町村窓口
	・生活保護の開始申請	・福祉事務所
	・日常生活自立支援事業、生活福祉資金貸付、ボランティア活動支援	・社会福祉協議会
仕事	・求職者支援制度、求人情報紹介・マッチング、就職相談、職業訓練、就労の場の提供	・ハローワーク、地域若者サポートステーション、職業訓練機関、就労支援を行う各種法人・団体（中間的就労を含む）
家計	・多重債務等の問題解決、家計見直しによる生活再建支援	・消費生活センター、法テラス、弁護士会や司法書士会（相談会等）
経済	・就労の場の提供、職業体験、インターンシップ	・企業、商工会、商店街振興組合 ・農業者、農業団体
医療、健康	・健康課題の把握・解決、医療の提供	・保健所、診療所、病院
高齢	・高齢者の相談支援、各種介護サービスの利用	・地域包括支援センター ・居宅介護支援事業所
障害	・障害者福祉サービス、地域生活支援事業の利用支援、生活または就労に関する相談	・障害者相談支援事業所、障害者就業・生活支援センター
子育て支援等	・子育て、虐待やDVなどの相談支援、ニート、ひきこもりなどの相談支援 ・学習支援、居場所づくり	・児童相談所、家庭児童相談室、児童家庭支援センター ・DV相談支援センター、婦人相談所
教育	・学校中退者などへの連携支援	・学校、教育委員会 ・フリースクール
ニート、ひきこもり	・日常生活や社会生活への自立支援、就労支援	・地域若者サポートステーション、ひきこもり地域支援センター
ホームレス	・居住、健康、就労など生活全般の相談支援	・ホームレス自立支援センター、緊急一時宿泊所、ホームレス支援団体、救護施設、無料低額宿泊所
刑余者	・自立更生のための相談支援（生活基盤の確保、社会復帰・自立支援など）	・更生保護施設、自立支援ホーム、地域定着支援センター
外国人	・入国手続きや在留手続き等	・外国人在留総合インフォメーションセンター ・外国人在留支援センター

（1）社会資源の把握

　生活困窮者支援を効果的に進めていくためには、地域の社会資源を最大限に活用することが不可欠です。それぞれの社会資源が有する機能や役割に着目して、強みや弱みをうまく補いながら、それぞれがもつ社会資源の力を生活困窮者の支援に活かしていくことが大切です。そのためには、まず、地域に散らばる社会資源を把握することが求められます。

　また、地域のさまざまな社会資源の把握を深めていくためにも、支援調整会議での事例検討が活用できます。詳細については、第3節で述べますが、ここでは代表的な取組み例のみあげておきます。

社会資源の把握・発掘のための取組み例

○自治体の各種統計情報や福祉計画を調べる。また、関係機関や組織の一覧を作成する。
○さまざまな関係機関・関係者と「顔見知り」になるため、他分野の協議会・連絡会などに参加する。また、こうした関係者と一緒に、地域の共通課題の把握に努める。
○報告会などを実施することで、自立相談支援機関の取組みについて関係機関などに周知する。
○支援調整会議、また、合同ケース会議、研修会などの意見交換ができる機会を企画・実施する。
○地域活動などへの参加を活用して、地域のインフォーマルな資源と接する機会を確保する（地域で活動する任意団体、ボランティア、地域住民など）。
○市区町村等で行われている無料法律相談会より法テラスにつないでいく。

（2）社会資源の調整

　地域の社会資源を把握・発掘し、関係機関などと顔見知りになれた場合は、地域の生活困窮者への支援のために、そうした資源と自立相談支援機関とが、どのように連携を図ることができるか、具体的に検討していくことが必要です。

　よく「関係機関、例えば○○と連携していますか」と支援員に聞くと、「連携しています」という答えが返ってきます。しかし、「具体的にどのように連携していますか」と確認すると、言葉に詰まるということがしばしばあります。大切なことは、真に具体的な行動です。そして、その具体的な一歩がすべて生活困窮者を救済するために必要不可欠な一歩となります。例えば、次のような連携方法が考えられます。

第5章

社会資源との具体的な連携方法の例

○地域にある既存の社会資源の状況を把握して活用するため、関係機関等とワークショップを開催する（例えば、地域で活用できる資源、不足している資源などを把握して、地域における認識の共有を図る）。
○自立相談支援機関とその他の関係機関との連携体制の状況や課題を把握し、十分に機能していない状況があれば、その要因を分析することで、連携した支援体制が有効に機能するよう関係者間で定期的に協議・検討などを行う。
○地域の民間企業や事業所などへの訪問活動を行い、これらの機関が抱える雇用に関するニーズを把握し、就労や実習などのマッチングを促進する。
○日常生活（住宅、電気・ガス・水道などの公共インフラ、買い物など）に密接に関連する民間事業者との連携体制を構築して、地域の生活困窮者の早期発見に努める。
○ボランティアサポーターの養成講座を開催し、地域の協力者を増やしていく。

　支援調整会議には、本人への支援にかかわる関係機関・関係者が参加することとされていますので、把握した社会資源を個々の生活困窮者の状況に応じて、関係者間において柔軟に調整を進めることが可能です。日頃から地域の社会資源を把握することを心がけ、また、各サービスを提供する関係機関・関係者と連携を深めるために、定期的に勉強会や意見交換会のような場を積極的に立ち上げ、関係づくりを進めていくことも重要です。そうした日常の取組みの積み重ねが地域のネットワークの力を強固なものとし、生活困窮者支援にあたって、大きな力を発揮することにつながります。

　社会資源の調整は、このほかにも、地域の限りある資源をできる限り有効かつ効率的に活用すること、また、支援困難事例に対してチームアプローチを行っていくという観点からも大切となります。

（3）社会資源の開発

　先述したように、地域にある社会資源をしっかり把握して、必要な調整をして、今あるものを有効に活用していくことが前提です。似たような社会資源は意外に多くあるものです。特に福祉分野では、児童福祉、障害福祉、高齢福祉といったそれぞれの分野別に同じような仕組みの社会資源が縦割りのまま地域にあります。生活困窮の分野で、また新しいものをつくるよりも、できるだけ既存の資源を有効に使うことが大切です。「屋上屋にならない」ようにしなければ、地域の負担は増大するだけです。

　ただし第6節で詳細に述べますが、「資源がないからあきらめる」のではなく、「必要な資源がなければつくり出す」という社会資源開発の視点が必要です。こうした社会資源の把握・調整・開発を含めて、社会資源の活用といいます。

排除のない地域づくりの創造に向けて

1 排除のない地域づくりの目的

　自立相談支援事業では、「地域づくり」をしていくことが不可欠であり、生活に困窮している本人や家族だけではなく、彼らの暮らす地域に対しても働きかけていく必要があります。

　なぜなら、生活困窮であるということは単に経済的な困窮だけではなく、社会的に孤立していることが多いからです。本人の自立においては、何よりも本人が生きようという意欲を有することが土台となり、そのためには、本人が何らかの社会関係を取り戻せるようにしていかなくてはなりません。地域のなかで居場所や役割を確保し参加を促すのはそのためです。

　しかしながら、地域とは、さまざまな人たちを受け入れて、お互いに支え合う場であると同時に、ときには異質な人たちを排除してしまうという側面もあります。このため、さまざまな差別や偏見を解消し、排除しない地域づくりを進めなければなりません。

　「地域づくり」というと、地域経済や地域再生など広い分野で取り組まれています。社会福祉の分野でも、従来はコミュニティワーク（地域組織化：地域のなかでネットワークや活動等を組織化する）を中心に行ってきました。困窮者支援での地域づくりに必要な視点は、自立生活ができるような地域をつくるということです。つまり、個別支援と地域へのアプローチを一体的にとらえて、困窮者支援を通しての地域づくりです。「その人」が暮らす生活の基盤としての地域をよりよくしていくという支援です。

　誰もが地域のなかで安心して暮らすことができる。こうした包摂型の地域づくりのことを、最近では「ケアリングコミュニティ（caring community）」といいます。ケアリングコミュニティとは、「地域共生社会を目指し、相互に支え合うことができる地域」のことです。

　このケアリングコミュニティを考えていくとき、中核になるのが「当事者性」を育むということです。他人事ではなく、自分のこととして問題を共有することが大切です。また、支援を受ける側と支援をする側といった一方的な関係性に固定されずに、ケアリングコミュニティでは、お互い様という「互酬性」、双方の関係性に着目するこ

とが特徴です。この、お互いによりよく生きていこうという考え方を「相互実現」といいます。

　ボランティア活動を長年行い、振り返りを丁寧にしている人たちは異口同音に、「私たちは活動を通して、相手からたくさんのことを学んだ」という話をします。最初は何か他人のために役に立ちたいという動機で始めたボランティア活動であるとしても、いつしか気がつくと、活動を通して逆に相手から多くのことを教えてもらったというのです。それはその人が謙虚であるというだけではなく、ボランティア活動のもつ双方向性、つまり相互実現の世界に気がついているからです。

　ケアリングコミュニティをつくるとは、お互いに支え合える地域の関係をつくるということでもあります。支援を必要としている人はいつも支えられているばかりではありません。その人への支援を通して、その地域は豊かになっていきます。

2　地域づくりに必要な視点

　以上のような「地域づくり」を推進していくために、重要な視点を三つ紹介します。

（1）私たちの問題としてとらえる視点

　「一人の問題」を「私たちの問題」としてとらえることがとても重要です。地域住民が、そうした認識をもたなければ地域全体の問題として解決していくことはできないからです。しかし、これは同時に大変難しいことでもあります。そこで、まず支援員がそうした視点をもち、支援できなければなりません。

　一人ひとりの相談に対して丁寧に支援していくことは当然のことですが、一人ひとりの支援だけに目を奪われていると、ほかの人を見逃してしまいます。地域のなかには潜在的なニーズをもっている人たちがたくさんいます。地域を基盤としたソーシャルワークを展開していくためには、こうした潜在的なニーズを念頭におくことも必要になります。また、一人の支援員がすべての問題を解決することは不可能です。そこでいろいろな人たちと連携し、協働して解決にあたる必要があります。そのうえで地域の課題を共有し新しいプログラムを開発したり、問題解決のためのシステムを構築していかなければなりません。

　今のその人の問題は、明日の私の問題になるかもしれません。一人の個別の問題を自分たちにも共通する問題、つまり、私たちの問題として認識できることを「問題の共有化」といいます。そのことができて初めて、地域全体の問題として解決していく

ことができるのです。「1人の相談があったとき、地域のなかに同じニーズが10ある
と思え。同じような相談が10人からあったとき、地域のなかには類似したニーズが
100あると思え。100人のニーズに応えていくためには、必要な仕組み（プログラムや
システム）をつくれ」といわれています。

（2）地域住民が主体であること

　地域づくりといっても、最終的につくりあげていくのは、支援員ではなくそこに暮
らす住民自身です。このことは「住民主体の原則」として大切なものです。そこに住
んでいる地域住民の意思や選択を尊重し、彼らが主体的に自分たちの地域の問題解決
にあたっていくことができるように、支援員は援助していきます。

　しかし、実際の援助でこれを実現していくことは難しいものです。そもそも住民主
体といっても、地域住民は社会福祉に対して無関心なことが多く、関心がないばかり
か、批判的であったり、拒絶することもあります。福祉施設の建設反対運動などは典
型的な事例です。現時点では、生活困窮者支援の分野についても、住民の理解が十分
にあるとはいえない状況にあると考えられます。

　支援員の仕事は、地域の問題に対して必要な介入をしていくことから始まります。
しかし、いつまでも支援員が主導で援助していると、支援員に依存する形になってい
きます。何でも困ったことがあれば支援員に言えばよい、という関係が固定化してし
まいます。従来の行政依存や専門職依存から、次の段階にステップアップできない地
域では、支援員が全部抱え込んでしまっている傾向があります。地域住民が主体的に
地域づくりに参加していくためには、地域住民の主体性を育む取組みが必要です。

（3）地域特性を踏まえること

　一人ひとりの生活が違うように、地域にもそれぞれ違いがありますので、その違い
をきちんと把握していくことが重要です。特に生活困窮者支援の分野では、生活保護
世帯数や対応する社会資源に大きな違いがあります。地域によって異なる特性を活か
しながら、支援のあり方を考えていかなければなりません。地域特性を踏まえるとい
うことは、そこに暮らす人々の生活の違いを大切にするということでもあります。別
の言い方をすれば、コミュニティ・アセスメントを丁寧に行うということです。

　このためには、地域全体をしっかりと構造的に把握しておくことが必要です。実は
そうした把握を普段からしておくことが、スムーズな問題解決につながるのです。

コミュニティ・アセスメントの視点と方法

1 コミュニティ・アセスメントの方法

　地域づくりをしていくためには、地域をよく知っておく必要があります。

　地域特性を把握するためには、まず、基本的な事柄から押さえるためにその土地を初めて訪れる人になったつもりになるとよいでしょう。その土地の観光地や特産品、名産、歴史や自然など興味をもつことからあげてみます。次に役場のホームページから人口や行財政などの統計データ、地域の施策やサービスなどの行政情報を入手してその地域にどんな特徴があるのかを探っていくのです。

　ある程度、全体の様子がつかめてきたら、次に社会福祉に関する特性を整理していきます。まずはどんな社会資源があるかをあげていきます。生活困窮者支援に必要な社会資源のほか、地域のなかにある特別養護老人ホームや作業所の数、福祉サービスを提供している事業者、ボランティア登録をしている人数やNPO法人の種類や数など、役所や社会福祉協議会が発行している資料をもとに把握することができます。さらに、サービスの利用者やニーズの実態、例えば、生活保護の受給世帯などのデータのほか、要介護認定を受けた人数や障害者手帳の所持者の数なども調べていきます。

　こうした地域の社会福祉の現状を把握するためには、市町村で策定している各種の統計や福祉計画を入手するとよいでしょう。ホームページや役場の窓口、図書館などで閲覧できます。各市町村では必ず、介護保険事業計画、老人保健福祉計画、障害福祉計画、障害者計画、次世代育成支援行動計画などが策定されています。これらの計画を読むことで、その地域の社会福祉の現状や課題、今取り組んでいる施策などについて把握することができます。計画によっては、必要な統計データや計画策定にあたって実施した調査結果などが掲載されています。

　以上のようにさまざまな方法で入手したデータを、当該地域の特徴を把握するために整理してみます。そのためには比較の視点が必要になります。例えば、国や県の平均値とその地域のデータを比較してみるとか、都道府県内での順位をつけてみるとか、過去との推移や変化をみてみるとか、そうした分析を加えてみることで、その地域の特性をよりはっきりと示していくことができます。このようにデータ分析をすることで、課題が可視化され、関係者と考えを共有したり、はたらきかけたりすることが容易になります。

さらに、詳細に地域を把握するために、前述のとおり支援調整会議での事例検討を通じて情報を蓄積していくということが考えられます。このほか、地域の組織や機関に着目する視点、地域のなかにある集団資源に着目する視点、さらに地域に住む個人に着目する視点がありますので、次に具体的に紹介していきます。

（1）地域の社会資源として組織や機関に着目する

　一つ目は、社会資源としての行政組織、福祉系、保健・医療系、それから生活関連分野の組織や機関に関するものです。まずは地域のデータベースを作成するつもりで、一覧表を作成してみます。

　「行政組織の把握」については、市役所として把握するだけでは十分ではありません。福祉事務所だけではなく、行政組織全体を把握しておくことが必要です。例えばごみ屋敷という事案に対応していくためには、福祉部署だけではなく、市民課や環境課といった他部署とのネットワークが必要になります。それぞれの窓口の役割や機能を知っておくことが大切です。

　福祉施設や病院にしても、代表電話番号を知っているだけではなく、それぞれの部署と担当者までわかっていなければ、よいネットワークをつくることはできません。

　さらには、生活関連分野の組織として、消費生活センター、警察や消防、学校や幼稚園、銀行、商店街やスーパーなど、つながるネットワーク先はたくさんあります。これらをリストにして、データベース化しておくとよいでしょう。

（2）コミュニティ・グループに着目する

　二つ目は、地域の集団＝コミュニティ・グループに着目する視点です。コミュニティ・グループには、インフォーマルな組織が多くあります。それゆえに、地域のなかのグループを把握することは、地域を知ることにもつながります。

　図表5－2に示した八つの項目に沿って、地域のなかにどんなグループがあるかを整理してみます。八つの類型に照らし合わせて、自分の担当する地域には具体的に何があるかというのを、まずは網羅的に調べていきます。ただし、ここでいうグループというのは登録してあるグループだけではありません。支援員が地域に行って、その地域のなかにどんなグ

図表5－2 コミュニティ・グループ

| 1．当事者・家族等のグループ |
| 2．福祉系ボランティアのグループ |
| 3．福祉（専門職）に関係するグループ |
| 4．保健・医療に関するグループ |
| 5．テーマ別活動をするグループ |
| 6．商工会や組織・団体によるグループ |
| 7．伝統的な地域組織のグループ |
| 8．生涯学習や趣味のグループ |

ループがあるかということを調査してこなければ、地域のなかのネットワークというのが見えてきません。

　例えば当事者・家族等のグループは市全体であれば、○○の会として組織されています。しかし中学校区になれば、別に会の名称などはなく、近隣の介護者が5、6人で集まって活動をしていることがあります。そういう全くインフォーマルなものも、情報として把握しておくことが必要です。

　ほかにも福祉系ボランティアのグループ、福祉関係者、保健・医療関係者のグループがあります。テーマ別活動をするグループというのは、福祉にとらわれず、その町のなかにあるいろいろなテーマ別に形成されたグループです。また、町内会とかお祭りの保存会などの伝統的な地域組織があります。最後は生涯学習や趣味のグループです。

　お祭りの山車を出すグループを知っていてどうなるのか、一見、支援には関係ないようにも思われるかもしれません。しかし生活を支えていくためには、いろいろな分野のつながりを把握しておくことが必要になるものです。

（3）キーパーソンに着目する

　三つ目はキーパーソン、人に着目するという視点です。地域のなかには、地域のなかでリーダーになっている人、世話好きで知り合いが多い人など、いろいろな人がいます。キーパーソンとは、地域で何か行動を起こしていくときに要になるような人たちのことをいいます。しかしながら、自分から「私はキーパーソンです」と言う人はいません。では、どうやって調べていけばよいでしょうか。具体的には地域のなかで支援者が関係をつくりながら、地域の様子を観察していくことで、キーパーソンを捜していくことになります。支援者が地域のなかで活発な活動を行っていれば、自ずとキーパーソンを発見することができるでしょう。きっかけとしては、グループの代表者をチェックしてみます。ただし代表者とそのグループのキーパーソンとは同一のときもありますが、異なることもあります。代表者はAさんだけど、本当に要になっているのはBさんであるといった場合です。

　そうして情報を集めながら、この地域のキーパーソンは誰なのかを探っていきます。

（4）関係性に着目する

　ここまでの作業を通して、地域のネットワークがかなり把握できてくるはずです。それらを総合的に見立てるのが最後の「関係性」という視点です。

　リストや一覧表を作成するだけでは、それぞれの力関係が見えてきません。そのた

めには地域の人間関係、グループ間の力関係、組織間の力関係などを押さえておく必要があります。AとBとは良好な関係であるとか、CとDは険悪であるとか、EはFには必ず従うなど、関係性を把握しておくことです。

　難しいように思われるかも知れませんが、関係性に着目して理解するという視点や方法は、個別支援で行うエコマップと同じようなものです。

2　地域を重層的にとらえる視点

　「地域」と一言でいっても、どの範囲のことを指すのか、人によってイメージが違います。身近なところから、向こう三軒両隣（班、組）、自治会や町内会の単位、小学校の通学範囲、中学校の通学範囲、市町村の全域、近隣の市町村を含めた広域、県の全域といったように整理することができます（図表5－3）。もちろん小学校の通学範囲といっても都市部では狭い範囲になりますが、地方によってはスクールバスを使って通学するような小学校区もありますので、その範囲の規模は同一ではありません。とはいえ、このように階層化することで、地図上の平面的な理解ではなく、生活圏として重層的に理解することが可能になります。

　介護保険制度では、「日常生活圏域」として中学校区を基礎としこの圏域ごとに1か所の地域包括支援センターの設置を考えています。地域福祉計画でも住民参加を基本とする地域福祉活動の単位を「福祉区」としています。こうした圏域設定をどのように行うかは、各自治体のコミュニティ政策ともかかわることです。

　特に市町村合併をしてきたところは、旧町単位の自治機能を維持しながら、合併したスケールメリットを活かした地域経営をしようとしているところもあります。そうしたところでは、住民自治条例などに基づき、住民による自治組織（コミュニティ運営協議会や住民自治協議など）を設置して、従来よりも権限や財源も移譲して地域内分権を推し進めています。

図表 5 — 3 地域空間を重層的にとらえる

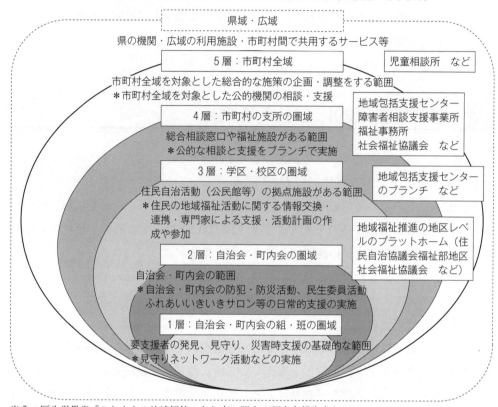

重層的な圏域設定のイメージ

（ある自治体を参考に作成したものであり、地域により多様な設定がありうる）

県域・広域

県の機関・広域の利用施設・市町村間で共用するサービス等

5層：市町村全域

児童相談所　など

市町村全域を対象とした総合的な施策の企画・調整をする範囲
＊市町村全域を対象とした公的機関の相談・支援

4層：市町村の支所の圏域

地域包括支援センター
障害者相談支援事業所
福祉事務所
社会福祉協議会　など

総合相談窓口や福祉施設がある範囲
＊公的な相談と支援をブランチで実施

3層：学区・校区の圏域

地域包括支援センター
のブランチ　など

住民自治活動（公民館等）の拠点施設がある範囲
＊住民の地域福祉活動に関する情報交換・
　連携・専門家による支援・活動計画の作
　成や参加

2層：自治会・町内会の圏域

地域福祉推進の地区レベ
ルのプラットホーム（住
民自治協議会福祉部地区
社会福祉協議会　など）

自治会・町内会の範囲
＊自治会・町内会の防犯・防災活動、民生委員活動
　ふれあいいきいきサロン等の日常的支援の実施

1層：自治会・町内会の組・班の圏域

要支援者の発見、見守り、災害時支援の基礎的な範囲
＊見守りネットワーク活動などの実施

出典：厚生労働省「これからの地域福祉のあり方に関する研究会報告書」2008.

1 生活困窮者支援に必要なさまざまなネットワーク

　本制度は、これまでに十分でなかった「第2のセーフティネット」を拡充・強化するものです。そして、これを実現するため、生活困窮者支援のための全く新たな仕組みとして、地域においてネットワークを構築していくことが必要になります。

　ネットワークとしては、さまざまなものが考えられます。例えば、生活困窮者を早期に発見・把握するためには、「発見のネットワーク」が必要です。福祉事務所や公共職業安定所（ハローワーク）、税の担当部局といった公的機関のほか、民生委員や自治会などと連携することで、SOSを発しにくい生活困窮者を早期に把握し、支援につなげます。

　また、さまざまな課題を有する生活困窮者を地域において包括的に支援するため、「支援ネットワーク」は不可欠で、これも自立相談支援機関が中心となって構築していきます。そのなかでも、就労支援について実効性を高めるためには、例えば、ハローワーク、就労準備支援事業所、障害者就労支援事業所、地域若者サポートステーション、都道府県の商工労働部局、商工会議所などとネットワークを組むことが必要です。

　このほか、その地域の生活困窮者支援のあり方全体を見渡す協議会のようなものを創設することも考えられますし、生活困窮者支援を適切に行う人材を養成するため、地域の関係者がともに学び、研鑽していく「交流ネットワーク」も必要になるでしょう。

　これらのネットワークは、いずれも不可欠なものと考えられますので、確実に構築するよう、機能としては分けて考えるとよいと思われます。ただし、実際のネットワークは、もちろんそれぞれ重なることもあり得ます。

2 ネットワークを構築するプロセス

　ネットワークを構築していくためには、具体的に関係者を組織化していくことが重要です。ここではその過程について整理していきます。

　一つは「問題解決型のネットワークのつくり方」です。問題解決型のネットワーク

づくりというのは、まずニーズがあって、このニーズを解決していくために、必要な人たちに集まってもらい、一緒に問題解決の方策を考えてもらおうということからネットワークを構築していきます。

　集められたメンバーで、生活困窮者のニーズや地域の問題を解決していくためにどうするかという計画を立て、実施して、評価をしていきます。

図表 5 − 4　ネットワーク構築のプロセス

問題解決型の組織化
問題把握　→　計画　→　実施　→　評価
　　　　組織化

問題共有型の組織化
問題把握　→　計画　→　実施　→　評価
組織化

　もう一つのプロセスは、「問題共有型のネットワークのつくり方」です。

　例えば、虐待予防のネットワークなどがこれにあたります。現時点では、虐待は起こっていないけれども、虐待が起こる前から関係者を集めて虐待予防のネットワークをつくろうというものです。まず、課題の前に組織化が先行します。

　組織ができて、お互いの活動報告や事業報告、あるいはそれぞれのセクションでどんな問題を抱えているのかということを報告し合いながら、現状や課題を共有していきます。そして、いざ問題が起こったときに組織がうまく機能します。何か差し迫った問題はなくても、まずはネットワークをつくっておこうというプロセスです。

　この二つのプロセスの違いは、「組織化」の段階が問題把握より先にあるかどうかという違いです。また、何のためのネットワークをつくるのかという目的の違いです。一般的には前述の「発見のネットワーク」は「問題共有型」、「支援ネットワーク」は「問題解決型」といえるでしょう。ただし、そのとき地域のおかれている状況にもよると考えられます。その目的に合わせてどんな方法、プロセスをとればよいのかを支援員が見極めて、方法を選択していくことになります（図表 5 − 4 ）。

3　「組織化」を促していくための方法

　ネットワークを構築していく際に重要なポイントが「組織化」であることを述べましたが、さらに「組織化」を促していくために、二つの方法があります。一つは文字通り一定の組織を設けることで「組織化」を図る方法と、もう一つ最近注目されているのは、「プラットフォーム」を活用するという方法です。

　前者において、組織を設けるとは、集まった人のなかで、役員やルール・規則を決めることです。ネットワークが一つの組織体として機能できるように整備していきま

す。要綱をつくって、その要綱に基づいてネットワークをつくり、○○協議会とか連絡会などといったものをつくっていく手法が、従来型の組織化の手法です。

　ネットワークの推進組織をしっかりと組織化しておくことで、継続的な活動がしやすくなります。ただし、活動のマンネリ化や形骸化が起こりやすいという弱点があります。

　一方で、住民参加を促しながらネットワークをつくっていこうとしたときに、組織をつくるという手法では、住民はなかなか集まってくれません。そこで最近、注目されているのが、プラットフォームという考え方です。

　プラットフォームというのは、固定的な組織ではなく、目的を共有したゆるやかな空間といったイメージです。そこでは「こういうことをしましょう」と目的を明確にして、それに賛同した人が集まります。組織化との最大の違いは、未来永劫、ずっとネットワークを維持し続けるという発想ではありません。よって、人が組織に縛られたり拘束されるのではなく、柔軟な出入りが可能になります。これにより住民の側からすれば参加しやすい場になるのです。ただし、プラットフォームは、それをコーディネートする人がいないと機能しません。また、常に変化するので、運営にはきめ細かい対応が求められます。

　それぞれ一長一短がありますから、これについても支援員がどういうネットワークを構築したいのか、そのためには組織化の手法がよいのか、プラットフォームの手法がよいのか、選択をしていくことになります。

4 ネットワークの二面性

　支援員として、どういうネットワークを構築していくかということを考えるときに大事なのは、当事者主体のネットワークをどうつくるかということです。

　というのは、ネットワークには二つの側面があるからです。一つはそのネットワークによって問題解決が可能になるという正の力です。しかし、もう一方の側面として忘れてはいけないのは、ネットワークというのが場合によっては、個人にとっては生きづらさの源になってしまうという負の力です。

　例えば、よかれと思って見守りのネットワークをつくっても、本人にとって24時間見張られているような気になれば、それは見守りではなくて監視になってしまいます。ネットワークをつくることはよいことだと無批判的にネットワークをつくった結果、逆にその人を縛りつけたり、場合によっては個人を抑圧する装置になってしまうおそ

れがあります。

　共に生きる場も地域であり、抑圧して排除するのも地域なのです。支援員は、ネットワークの構築にあたっても当事者中心ということを常に意識し、ネットワークをつくることで、地域の力関係を変えていくことが求められます。ケアリングコミュニティを構築するため、ネットワークによって地域社会を変革していくという視点も必要になります。

5　ネットワーク構築のための企画

　ネットワークを構築していくためには、「企画できる」ことが重要になります。「ネットワークの5w2h」と呼ばれています。図表5－5のような内容です。

　「Why」なぜネットワークが必要なのか。ネットワークをつくること自体が目的ではなく、ネットワークをつくることで、どうしていきたいのか、目的を明確にしておく必要があります。

　「Who」そのために、支援員は誰に声をかけていくか。これは人の問題です。本制度が目指す包括的な支援を実現するため、多様な関係者がネットワークに参加してもらうことが大切です。

　「Where」どこでというのは、地域を重層的にとらえたときに、どの層で構築していくのかということです。例えば、前述した1層の町内会や自治会の単位でつくるネットワークなのか、3層でつくるネットワークなのか、5層でつくるネットワークなのか、そのことを明確にしていくということです。

　「When」いつまでにつくるのか。緊急に応じて、すぐにつくらなければいけないネットワークなのか、2、3か月かけていいのか。あるいは1年間かけてじっくりつくるネットワークなのかを考えることです。

　「What」何をテーマにするのか。最初のネットワークの会議は何をテーマにしていくのか、このネットワークで何をしていくのかといったことです。

　「How」それをどうやって運営していくのか。ネットワークの運営について考えます。その運営のなかには「How

図表5－5　ネットワーク構築のための企画

ネットワークの5w2h
Why…なぜネットワークが必要なのか（目的）
Who…そのために誰が、誰に声をかけるのか
Where…どこで（どの圏域で）つくるのか
When…いつまでにつくるのか
What…何をテーマにしていくのか
How…どうやって運営していくのか
How much…必要な経費等はどうするのか

much」も含まれます。必要な経費等はどうしていくのかをあらかじめ考えておかなければなりません。

いずれにしても、ネットワークをつくっていくための方法として、これらを企画書として作成してみることが最初の取組みになります。

ネットワークとは抽象的で、それさえあれば問題が解決されるような魔法の言葉のようにも聞こえます。しかしながら、これは本来、目的を達成していくための具体的な手段です。支援員はネットワークのことをまず企画し、それらを「見える化」することで、そのネットワークに賛同する人たちを組織化していきます。

6 地域福祉ガバナンス・協働という考え方

地方分権が進むなかで、ガバナンス（governance）が注目されています。従来は行政を上位主体、住民活動やボランティア活動などを下位とみたり、統治する主体としての行政、統治される対象としての住民、といった位置づけを「ガバメント」ということがありました。

これに対して、行政、市民、企業、地域住民等、多様な主体が相互に協議をしながら、社会や地域の問題解決に向かって役割を担い合うというスタイル、つまり、対等な関係性のなかで合意形成を重視するスタイルのことを「ガバナンス」ということがあります。現在、「ガバメント」から「ガバナンス」へ、という変化が生じてきています。

社会福祉法第4条第2項では、地域福祉の推進は、①地域住民、②社会福祉を目的とする事業を経営する者、③社会福祉に関する活動を行う者という三者で、相互に協力して、推進に努めなければならないとされています。平成29年の改正では、第6条第2項が新設され、「国及び地方公共団体の責務」として地域福祉の推進が規定されました。この改正で、地域福祉の推進は関係者のみならず、行政もしっかりと役割を果たしていくことが位置づけられ、これからは四者で推進していくことになりました。

この四者がしっかりと協働していくためには、地域福祉ガバナンスという考え方が大切になります。力の弱い立場にある者の声をしっかりと受け止めて、お互いに理解しながら、地域福祉の推進にあたる必要があります。

その際、協働という考え方には、二つの立場があります。一つは「合理的な事業遂行のための協働」です。もう一つは「過程を重視した対等型の協働」です。前者は事業の効率化や合理的な運営を目的に行われますが、後者は時間をかけてプロセスを丁

寧に進めます。同じ協働という言葉を用いていても、その目的や機能は異なります。

　協働していくことは大切なことですが、どういう仕組みのもとで、どんな目的に向けて、どのように協働していくか。そのことを関係者でしっかり共有しておくことが、地域福祉の推進にあたっては重要です。

第5節 関係機関間の情報共有を行う会議体（支援会議）

1 支援会議の概要

　支援会議は、会議の構成員に対する守秘義務を設け、構成員同士が安心して生活困窮者に関する情報の共有等を行うことを可能とすることにより、地域において関係機関等がそれぞれ把握している困窮が疑われるような個々の事案の情報の共有や地域における必要な支援体制の検討を円滑にするものです。

　支援会議の仕組みを有効に活用することにより、相談者の課題が深刻化する前に未然に対策を講じたり、生活困窮者に対して早期に適切に支援を開始するための体制づくりが期待されています。支援会議の創設の背景や意義を理解し、本来の目的にそった役割や機能を発揮していくことが求められます。

　なお、生活困窮者自立支援法が施行された当初から開催されてきた支援調整会議[1]は、自立相談支援事業において支援プランの適切性等を協議する会議体[2]であり、主にはその後の具体的な支援や地域づくりにつなげていくことを目的とするものです。法的な根拠規定は置かれておらず、支援調整会議で情報共有する場合は、本人同意が必要です。

2 支援会議の創設の背景

　支援会議は、平成30年の生活困窮者自立支援法の改正において創設された会議体です。平成30年の法改正では、本書第4章第5節で解説した法第8条の「自立相談支援事業等の利用勧奨の努力義務」とあわせて、関係機関とのネットワークづくりを今まで以上に進める仕組みが検討されました。そのためには、関係者間で情報を共有し、チームとして支援を進めることが重要です。しかし、そうした取組みを進めるうえでの課題の一つが、本人同意のない事案に関して、関係者間による情報共有ができない

▶1
「生活困窮者自立支援制度に関する手引きの策定について」（平成27年3月6日社援地発0306第1号厚生労働省社会・援護局地域福祉課長通知）の別紙「1. 自立相談支援事業の手引き（別添1）」に基づき実施している。
▶2
支援調整会議の役割には、「プランの適切性の協議」「支援提供者によるプランの共有」「プランの終結時等の評価」「社会資源の状況の把握と創出に向けた検討」が位置付けられている。

ことでした。自治体においては、個人情報保護条例のほか、地方公務員法第34条や地方税法第22条との関係が常に課題となっており、特に地方税法第22条の守秘義務規定[3]は非常に厳格です。

　平成30年の法改正に向けた議論を行った社会保障審議会の「生活困窮者自立支援及び生活保護部会」（以下「困窮部会」とする）では、自治体の構成員から、納税推進課や税務課、保険年金課、上下水道課、住宅課、こども課等のさまざまな関係各課から自立相談支援機関に相談者を紹介される実績が多いが、それらは原則、本人同意が得られた場合に限られることが課題であるとの意見がありました。実際、児童福祉法に基づく要保護児童対策地域協議会や介護保険法に基づく地域ケア会議等、本人同意がない案件でも情報共有ができる会議体があります。

　このほか、困窮部会では、本人同意がない場合の情報共有に関しては要件を定める必要があり、例えば、生命の危険が予測される場合等が考えられるという意見がありました。他方で、そのような情報共有を行う目的が本人の利益であったとしても、結果として本人の権利や自由、生き方を侵害することにつながるおそれや、不必要な介入となる可能性があることを忘れてはならないという指摘もありました。これは、支援会議を開催するにあたっても極めて重要な観点であり、関係者は常に本人を中心とした支援を実践し、適切かつ早期に支援を届けるために支援会議があることを忘れてはなりません。

　これらの議論を踏まえ、平成29年12月15日に取りまとめられた困窮部会の報告書では、「例えば、『支援調整会議』の仕組みを活用し、構成員の守秘義務を設けることで、関係機関間で把握している生活困窮者に関する情報の共有を、必ずしも本人の同意がない場合も含めて円滑にし、生活困窮者への早期、適切な対応を可能にするための情報共有の仕組みを設けるべきである」と指摘されています。

　これを受け、改正法においては、

> ・福祉事務所設置自治体は、関係機関や法定事業の委託を受けた者等を構成員とする、生活困窮者に対する自立の支援を図るために必要な情報の交換や生活困窮者が地域において日常生活及び社会生活を営むのに必要な支援体制に関する検討を行うための会議を組織することができること（法第9条第1項および第2項）

▶3
地方税の賦課徴収に従事する職員については、地方税法（昭和25年法律第226号）第22条により、地方公務員が業務上取り扱う一般的な個人情報よりも厳しい守秘義務が課せられている。

・生活困窮者に関する関係者間の情報共有を円滑に行うため、会議の構成員に対する守秘義務を設けること（法第9条第5項）
・上記守秘義務の規定に違反して秘密を漏らした者については、1年以下の懲役または100万円以下の罰金に処すること（法第28条）

などが新たに規定されました。

3 支援会議の意義

支援会議においては、地域の関係機関や法に基づく事業の委託を受けた者等が、生活困窮者等に関する情報を共有し、自立相談支援機関など関係機関の適切な連携のもとで対応していくものであり、以下の効果が期待されています。

① 支援につながっていない生活困窮者等を早期に発見することができる。
② 生活困窮者等に対して、迅速に支援を開始することができる。
③ 各関係機関等が連携を取り合うことで情報の共有化が図られる。
④ 情報の共有化を通じて、それぞれの関係機関等の間で、それぞれの役割分担について共通の理解を得ることができる。
⑤ 各関係機関等の役割分担を通じて、それぞれの機関が責任をもってかかわることのできる体制づくりができ、支援を受ける生活困窮者やその世帯にとってよりよい支援が受けやすくなる。
⑥ 関係機関等が分担をし合って個別の事例にかかわることで、それぞれの機関の限界や大変さを分かち合うことができる。

これらの効果を発揮することによって、関係機関の狭間で適切な支援が行われないといったことの発生を防止するとともに、深刻な困窮状態にある世帯など支援を必要とする人々を早期に把握し、確実に相談につなげることができるようになることが期待されています。

4　支援会議で協議・検討する事例

支援会議で協議・検討する事例は、主に以下のような事案が考えられます。

> ・本人の同意が得られないために支援調整会議で共有を図ることができず、支援にあたって連携すべき庁内の関係部局・関係機関との間で情報の共有や連携を図ることができない事案
> ・同一世帯のさまざまな人がそれぞれ異なる課題を抱え、それぞれ専門の相談窓口や関係機関等で相談対応が行われているが、それが世帯全体の課題として、支援にあたって連携すべき関係機関・関係者の間で把握・共有されていない事案
> ・より適切な支援を行うために、他の関係機関・関係者と情報を共有しておく必要があると考えられる事案

支援会議で協議・検討する対象者像は、基本的には、法第3条第1項に規定する「生活困窮者」または生活困窮の端緒が疑われる者ですが、これに制限されるものではなく、生活保護受給世帯の世帯員であっても、上述の事案に該当するものであれば、支援会議において情報共有をすることができます。とりわけ、生活保護廃止の見込まれる世帯等のうち、地域から孤立しているなどの事案については、支援会議を活用して地域の関係機関等の間で情報を共有し、必要があるときにすぐに支援を届けられるようにすることが重要です。

なお、支援会議に諮る具体的な対象者や対象世帯のイメージについては、各自治体において、支援関係機関同士で事例を持ち寄り協議するといったプロセスを経て合意形成を図りながら整理・標準化していくことが重要です。しがたって、自治体によって対象とする事案や対象者には当然ながら相違があり、またそれらは時間の経過とともに変化することも想定されます。

5　支援会議の構成員

支援会議の構成員については、自治体職員、自立相談支援事業の支援員、サービス提供事業者、地域において生活困窮者に関する業務を行っている福祉、就労、教育、

医療、住宅その他の関係機関の職員、社会福祉協議会職員、民生・児童委員、地域住民などが想定されます。

　また、支援を必要としている生活困窮者を相談につなげ、しっかりと支援していくためには、生活に何らかの課題を抱えた人が相談に訪れる各自治体の福祉、就労、税務、住宅等の関係部局の職員はもとより、学校や家庭教育支援等の取組みを通して子どもやその保護者の状況を把握している教育関係者等も考えられます。このほか、行政では把握が難しい地域住民の些細な変化に気づくことができると考えられる公的サービスの提供機関、ガス・電気等の供給事業者、介護保険法に基づく訪問介護・訪問看護等を行う民間のサービス提供事業者、新聞配達所、郵便局等の関係機関のほか、地域に根ざした活動を行っている NPO やボランティア等を構成員とすることも想定されます。ただし、こうした生活に課題を抱えた人たちの存在を把握する経路については、地域の社会資源等の整備状況や地域の状況、諸機関との関係性等に応じて多様であることから、まずは、設置主体である自治体において、地域において構成員とすべきサービスや事業、各種の取組みを洗い出し整理することが、構成員の人選を考えるうえで重要となります。

　また、情報共有を行う対象者ごとにその関係者の範囲も異なることが考えられたり、地域の多様な主体を網羅的にカバーしようとすると会議体の規模が大きくなりすぎるため、効率的・効果的な運営の観点から、検討事案や開催時期によって支援会議の構成員を変えることも可能です。例えば、行政区ごとなどで複数の支援会議を組織することや、すべての構成員が参加する会議とは別に、特定の事例ごとに実務者レベルで開催する支援会議を組織するなど、実施方法を二層構造として構成員を調整することも一案です。

　以上のように、地域の実情に応じて構成員や実施方法を適切に検討することが重要ですが、当然ながら、いずれの開催方法であっても構成員それぞれに守秘義務が課されることに留意する必要があります。

6　構成員の役割

　構成員に求められる役割には、主に以下の内容が想定されます。もちろん、これらに限らず事案の内容や状況に合わせて柔軟に対応していくことが求められます。

①気になる事案の情報提供・情報共有

　守秘義務を課された構成員が、各所属機関において日常的な業務を行うなかで把握した、生活困窮の端緒が疑われる「気になる事案」に関する情報の共有を図ることにより、関係者の間で共通の問題意識やそれぞれの役割分担について共通の理解を得られるようにします。

②見守りと支援方針の理解

　関係機関等の役割分担を通じて、それぞれの関係機関が責任をもってかかわることのできる体制を構築します。事案の内容によっては、構成員が各々の権限の範囲内で継続的な見守りを実施したり、所属機関のなかで支援体制を構築する役割を担うことが期待されます。

③緊急性がある事案への対応

　緊急の支援が必要な場合には、事案の主担当となる者が関係機関と連携して支援にあたります。課題が複雑で、主担当となる者や機関を明確に定めることが難しい場合には、自立相談支援機関が主担当として支援にあたりつつ、関係機関との総合調整の役割を果たすことが求められます。

　なお、緊急の支援が必要な場合とは、栄養状態が悪く衰弱している場合や、重篤な疾患等により、急迫した状態にあり緊急に医療機関につなぐことが必要な場合等があげられます。また、虐待やDVを受けていると疑われる場合にも、緊急の対応が必要になることがあり、とりわけ、事件性が疑われる場合には、警察に協力を依頼することも検討する必要があります。

7　支援会議の開催にあたっての留意点

　支援会議を実施する自治体を対象にした調査では、関係機関間の情報の共有、関係機関の役割分担の促進、生活困窮者に対する迅速な支援の開始等の効果が明らかになっています[4]。いずれも重要な効果であり、関係機関による包括的な支援体制が迅速かつ有機的に構築できるようになったことを意味するものといえます。しかしながら、支援会議の実施にあたっては、留意しなければならない点があります。それは、

[4]
令和2年度社会福祉推進事業「生活困窮者自立支援制度の実施状況の把握・分析等に関する調査研究事業報告書」（北海道総合研究調査会）

支援会議は、支援する側の事務や連携のみを円滑化するためのものではないという点です。あくまで生活困窮者のため、とりわけ、自ら支援を求めることが困難な潜在的な相談者をチームで包括的に支援するために設けられたものです。支援会議は、本人の尊厳を何よりも重んじ、そして本人中心の支援を行うためのツールの一つであることを忘れてはなりません。すべての構成員が、支援会議の創設の背景と趣旨、ルールに関する考え方を理解したうえで会議に参加し、本人にとって最善の支援方策やそのための体制等を検討していくことが求められます。

参考資料

・厚生労働省社会・援護局地域福祉課長通知「生活困窮者自立支援法第9条第1項に規定する支援会議の設置及び運営に関するガイドラインについて」平成30年10月1日社援地発1001第15号

1　地域の関係者とともに社会資源開発を行う

　生活困窮者の支援においては、「社会資源」を開発することが重要になります。既存の制度だけでは援助できなかった人たちを支援するわけですから、自ずと新しい支援のプログラムやサービスが必要になります。社会資源の開発なしには、生活困窮者支援は成り立ちません。

　社会資源を開発しようとするとき、これまでの経験知からすれば、重要なことは、「周りの人たちにその必要性に共感してもらうこと」です。

　その観点から重要なのは支援調整会議の活用です。それぞれの事例を検討していくなかで、地域に不足する社会資源が見えてきます。これをその個別事例の問題としてのみとらえるのではなく、地域全体の問題として抽出し、参加メンバー間で共有します。

　そして、この問題共有の輪を広げながら解決に向けて話し合いを重ねていきます。社会資源を開発していく作業は、民間団体だけではできません。施策や予算といった手段を有する行政と機動的で柔軟な対応に強みを有する民間団体、さらにはインフォーマルな主体とが正に官民協働のなかで、一つひとつ必要な社会資源を開発していきます。

　「なぜ社会資源を開発しなければならないのか」、そう問われたときに、優秀な支援員ほど、一つのストーリー（物語）を語ることができます。その物語によって、当事者と関係者が相互につながります。そして個人と地域がつながり、やがて問題と社会がつながっていきます。それは「説得」ではありません。物語を通して、共感が生まれ、「納得」して何らかの行為が営まれるようになり、能動的にネットワークが構築されていきます。

　例えば、地域の人たちが集うサロンが求められていたとします。そのときに、行政計画で小学校区単位で1箇所のサロン設置が位置づけられているから、という説明だけでは実際にこれを担う関係者は協働してくれません。「一人暮らしのAさんが、近隣の人たちとお茶をしてみたいと言っている。なんとか実現できないだろうか」、そんなことから共感してくれる人を集めていきます。形式的に社会資源をつくってもうまくいきません。社会資源を開発していくためには「意味づけ」が大切です。結果と

して内発的に始まった活動は、主体的なサロンの運営につながり、マンネリ化することもなく継続されることが多いといいます。

なぜこうした物語が語れるのか、それは支援員が、「そこにニーズがある」と発見し「あきらめない」「かかわり続ける」といった使命感（ミッション）を大切にしているからです。一つひとつはバラバラの出来事でも、優秀な支援員は共通する文脈として集約化する嗅覚が優れています。それによって「共有化」が促されていきます。

また、このような支援員の内側に存在する「思い」を、今度は相手の立場も考慮して、客観的な状況分析や説得的な根拠とともに伝えることも大切です。財源を投入したり仕組みを変えるためには、より多くの関係者の理解を得る必要があります。Aさん個人の思いから出発しながら、それをシステムとしての対応に広げていくために、そこで初めて行政計画とのかかわりや他地域との比較データなども示していくことになるのです。

社会資源の開発には、短期でできるものもあれば、時間をかけていくものもあります。しかし、そこに「必要性がある」という事実に基づく強い動機があればこそ、開発できる可能性が高まっていきます。

また忘れてはならないのは、「地域社会の資源」であるという視点です。その人だけ、あるいはその組織内だけのものではありません。つまり、自己完結的なプログラムであれば、わざわざ「社会資源」とは呼ばなくてもよいわけです。大事なことは、「一人の問題を私たちの問題にする」という視点です。

2　中間的就労の場の創出・開拓

生活困窮者のおかれた状況はさまざまであり、それぞれが目指す自立のあり方も異なりますが、就労が可能な人については、できる限り就労による自立を目指して支援を行っていくのは当然です。

その際、重要な役割を担うものに、就労訓練事業における就労（いわゆる「中間的就労」）があります。これは、一般就労とも福祉的就労とも異なる働き方であり、その大きな特徴は、支援付きで就労を行う点と就労を行う人の個別の事情に合わせて、仕事の内容や時間などが柔軟に調整される点にあります。

生活困窮者のなかには、就労に困難を抱えていてすぐには一般の事業所で働くことができない人がいますが、そのような人については、将来の一般就労を目指し、「中間的就労」の利用の機会を提供することが考えられます。

また、「中間的就労」には、一般就労に向けたトレーニングの機会であるという性格がある一方で、定期的なアセスメントが講じられることなどを前提に、社会参加の場として利用される場合もあると考えられます。

　これは、民間主体による自主的な取組みですが、自立相談支援事業においては、自治体とともにこの「中間的就労」を行う事業者を創出・開拓することが重要です。

　そのため、さまざまな支援ネットワークを構築するなかで、ハローワーク、就労準備支援事業所のほか、商工会議所や商店街、経営者団体などとの就労支援ネットワークを構築していきます。就労訓練事業は第2種社会福祉事業として位置づけられており、特に税制優遇措置の手厚い社会福祉法人には積極的な取組みが期待されています。国や都道府県によって、全国レベルや都道府県単位で設けられた団体には、協力依頼が行われていると考えられますが、個別の法人にアプローチするのは自立相談支援機関の支援員の役割です。障害福祉分野の就労継続支援A型、B型事業所も、類似のノウハウを有していることから、開拓先の中心になると考えられます。

　その際、生活困窮者支援を通じた地域づくりという観点からは、「中間的就労」を通じて地域への貢献や地域の活性化を図るということも、十分に視野に入れるべきです。そのためには、行政と十分連携していくことが必要です。なお、自治体や公の施設には、中間的就労の場を設置していくことが強く期待されています。また、地域住民とのコミュニケーションのなかでそのニーズをよく把握し、地域にとって重要な事業（例えば、地域によってはお年寄りの見守りや買い物支援などがこれに該当する場合があります。）は何かを検討する必要があります。中山間地域では、十分な社会資源や働く場を創造することが難しいともいわれます。しかし、そうした地域だからこそ、官民が協働してこれに取り組んでいくことが大切です。また、こうした地域では一つひとつは小さくてもさまざまなやるべき仕事があり、したがって働く場となり得るものです。このような事業にかかわることで、生活困窮者も地域のために貢献しているという実感がわき、社会関係を取り戻すことにもつながると考えられます。

地域住民への福祉教育の推進

1 社会的孤立・社会的排除に向き合うこと

　生活困窮者支援を進めていくうえで、さまざまな社会資源の開発が必要となります。その土台となるのは住民の参画であり、そのため究極的には、地域における社会的孤立や社会的排除に向き合っていくことが必要です。具体的には偏見や差別の解消、地域住民の福祉意識への働きかけです。

　平成26年には障害者権利条約を批准し、平成28年4月には、障害を理由とする差別の解消の推進に関する法律（障害者差別解消法）も施行されました。心のバリアフリーに向けた取組みやノーマライゼーションが紹介されてから久しくなります。しかしながら、社会的排除を助長するような事件や事例は残念ながら後を絶ちません。

　生活困窮者支援の分野はどうでしょうか。生活困窮という状態を「自己責任」という言葉で一括りにせず、新たに公費を投入して支援の枠組みを創設しようと法が制定されました。日本社会として大きな判断をしたともいえますが、地域住民の意識が変わったとまではいえません。しかし、法の目指す支援と地域社会を実現するため、住民が生活困窮は自分にも起こり得ることと認識し、自分の住むまちが誰にとっても住みやすいところになるよう、協働していくことが不可欠です。新たな法の制定は、こうして地域を変えていくということも要請するものであり、実際そのきっかけになるものです。自立相談支援事業の支援員は、排除のない地域づくりに向けた取組みの中心となることが期待されています。このため、地域の関係機関や住民に対し、生活困窮に関する問題について積極的に情報発信をし、理解とかかわりを促進していくことが大切です。

　福祉意識の傾向として「総論賛成・各論反対」といわれることがあります。総論では「共生社会が大事だ」と言っていた人たちが、身近なところに精神障害者のグループホームが開所することには反対する、といった事例です。これは「施設コンフリクト」といわれますが、こうしたコンフリクト（摩擦や対立）の問題にも支援員は向き合っていく必要があります。

2 地域共生社会の実現に向けて

　地域共生社会を実現していくためには、制度や体制を整えていくことが必要ですが、それだけでは実現しません。先述してきたように、共に生きるということを選択し、それに向けて意識や行動を変えていかなければ、地域共生社会は実現しません。

　そこで包括的支援体制や重層的支援体制整備事業では、地域づくりの支援のなかに「交流・参加・学び」が位置づけられています。社会福祉法第106条の3には、地域住民等に対する研修の実施として、地域福祉活動への関心の向上および参加を促すとともに、活動をさらに活性化していくことが求められています。

　地域力強化検討会（地域における住民主体の課題解決力強化・相談支援体制の在り方に関する検討会）では、「『我が事』の意識は、誰かに押し付けられるものではない。『共生』は『強制』されることで画一的になってしまう。従来の封建的な側面を残した地域に縛り付けるものでもない。個人の尊厳が尊重され、多様性を認め合うことができる地域社会をつくり出していくこと。それは住民主体による地域づくりを高めていくことである。それはそれぞれの地域で共生の文化を創り出す挑戦である」としています。

　共生の文化を創り出すような働きかけが、それぞれの地域で求められるのです。

3 社会的排除・社会的孤立に対して福祉教育が果たせる役割

　地域福祉の推進にあたっては、福祉教育が大切にされてきました。住民自身が地域福祉を主体的に推進していくためには、福祉理解や福祉意識の涵養（かんよう）といった学びが不可欠だからです。そもそも「福祉の世話になりたくない」「福祉は社会的弱者への慈恵」といった貧困的な福祉観がまだまだ根強く存在します。福祉が人権にかかわるものであることや共生社会の必要性を学習していく必要があります。

　そして、自分たちの地域の問題を、自分たちの力で解決していこうという共感や気づきを促し、地域福祉の推進に向けた内発的な動機づけ、社会的孤立の解消や社会的排除をなくしていくための学習を続けていくことが大切です。

（1）生きる意欲を喚起すること

　生活困窮者支援のなかで難しいのは、本人に生きる意欲が見受けられない場合です。そういうときに大事なことは、「居場所と出番」の確保です。そして、それ以前の、居場所に行きたいという意欲や、出番がほしいという動機をどうもてるようになるか、そこへの支援が必要になります。しかしこの支援は簡単ではありません。相談できる人がいない、あるいは相談しても裏切られ続けてきた、そんなことの繰り返しのなかで、あきらめざるをえなくなったのかもしれません。どう生きる意欲を喚起していくか、エンパワメントの支援をどう行っていくかという問題です。まさに「生きる力」を育む学びの支援です。

　福祉教育では自立について次のように考えてきました。①身体的自立、②生活技術的自立、③経済的自立、④精神的・文化的自立、⑤社会関係的自立、⑥政治的自立[5]、こうした多層な自立観のもとで主体形成をしていくことが重要です。そこでは、多くの関係機関、地域住民の人たちと協働し、本人や地域での学びを豊かにしていきます。

（2）ノーマライゼーションを具現化する過程として

　社会的包摂とは、皆を同じ価値観や生活様式に同化させることではなく、その人らしさ、あるいはお互いの違いを認め合い、共生していく姿です。福祉教育では、一人ひとりの違いを大切にしてきました。違っていても「仲間外れにしない」という非排除の原則を基本にしなければなりません。このことは、人権を基盤に共生の文化をつくるというノーマライゼーションの考え方です。

　地域における差別や偏見・無理解・無関心・コンフリクト（葛藤や対立）を直視し、それを乗り越えて「合意形成」をどのように進めていくか。福祉教育とは相互理解を促し、結果として福祉意識を変えていくためのアプローチです（図表5－6）。

　生活困窮者支援の発想は、縦割りの制度の狭間にもれた人々を、横断的なネットワークで支え合うことです。社会的排除の対象となり得る人たちの人権と尊厳を確保し、社会的な役割・参加を促し、関係を結び直すとともに、その過程を共有していくことで「地域の福祉力」を構築し、共生文化を創出していく。これは「制度」だけで成り立つのではなく、まさに地域住民を主体にした「学びと活動」が根底になければなりません。

▶5
大橋謙策『地域福祉の展開と福祉教育』全国社会福祉協議会，28頁，1986.

図表 5 ― 6 学びによる福祉意識の変化

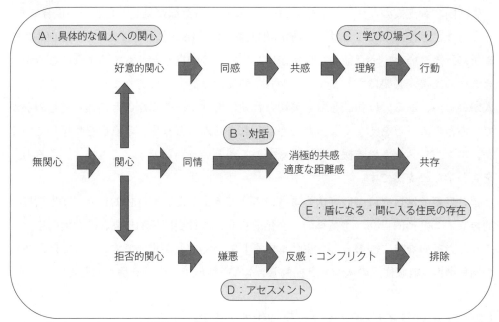

出典：「社会的包摂にむけた福祉教育　―実践にむけた福祉教育プログラムの提案」社会福祉法人全国社会
　　　福祉協議会／全国ボランティア市民活動振興センター，2014．より作成

（3）社会的包摂に向けた福祉教育の展開

　真に包括的な支援が行われるためには、専門職による支援のみならずインフォーマルな支援が不可欠であり、そのためには社会福祉に対して無関心な人たちへ働きかけることが重要です。そこでまず、さまざまな手法で地域住民への広報・啓発を行います。しかし、広報・啓発だけでは地域住民の一人ひとりの意識はなかなか変わるものではありません。いくら広報誌やホームページを作成しても、関心がない人たちはそもそもそれに反応しません。

　そこでさまざまな機会をつかって、もう一歩、関心をもってもらうための働きかけが必要になります。地域のキーパーソンと連携して、あるいは地域のサロンなどを利用して、地域単位の学習会を企画していくことも大切だと考えられます。

　学習会では、「自分には障害がなくてよかった」「年はとりたくない」「福祉なんか税金の無駄だ」といった否定的な意見もあるかもしれません。しかし、こうした反応も、無関心に比べれば、はるかに関心を示しているといえます。それを全否定するのではなく、その感情を受け止めて、客観的な姿勢で、少しでも好意的な関心にしていく際は働きかけが大切です。

　地域住民のすべての人が生活困窮に問題意識をもち、理解を示し、その解決に向け

て行動をしてくれるわけではありません。しかし、それを目指した福祉教育が必要です。

　そのなかで、社会問題としては同感できなくても、この人の生き方には同情できる、この人も同じ地域の人だから応援したい、そういった気持ちを共有していくことで排除しようとする人と当事者の間に入り、当事者の味方となって盾になってくれる人たちの存在が欠かせません。

　地域住民への福祉教育を丁寧に行っていくことで、福祉意識を変え共生文化につながる地域づくりを推進します。

第
5
章

第 **8** 節　地域づくりに活かす地域福祉計画

1　地域福祉計画の策定と住民参加の原則

（1）地域福祉計画とは何か

　平成 12 年に成立した社会福祉法が地域福祉の推進に重要な意味をもつ理由は、同法の基本理念規定のなかに「地域福祉の推進」が位置づけられた（第 4 条）ことに伴い、地方自治体がその理念の具現化に向けて取り組むための一つの有力な手段として「市町村地域福祉計画」と「都道府県地域福祉支援計画」を法定化した（第 107 条・第 108 条）ことにあります。地域福祉計画は、その策定については平成 30 年 4 月の社会福祉法の一部改正により、任意とされていたものが努力義務とされました。社会福祉法において、「福祉サービスの提供体制の確保等に関する国及び地方公共団体の責務」として計画的な実施の責務を規定している（第 6 条）ことから、この計画的な実施の責務を果たすうえで、地方自治体には地域福祉計画の策定に取り組むこと、さらに「包括的な支援体制の整備に係る事業に関する事項」が計画に盛り込むべき事項として新たに追加されています。

　計画に定める内容については社会福祉法（第 107 条・第 108 条）に規定されています（図表 5 － 7）。また平成 29 年の社会福祉法の改正により、任意とされていた策定が努力義務とされました。さらに、「地域における高齢者の福祉、障害者の福祉、児童の福祉その他の福祉の各分野における共通的な事項」を記載する、いわゆる「上位計画」として位置づけられました。地域福祉計画の位置づけが、各分野別計画を横断する基盤になったということです。また同法第 106 条の 3 第 1 項各号で規定する「包括的な支援体制の整備に係る事業に関する事項」が計画に盛り込むべき事項として新たに追加されました。

　厚生労働省では、上記法改正の施行に向けて、平成 29 年 12 月に各都道府県知事、指定都市長、中核市長宛に「地域共生社会の実現に向けた地域福祉の推進について」を通知し、市町村地域福祉計画、都道府県地域福祉支援計画の策定ガイドラインを示しました。

　このように、地域福祉計画は、自治体が行政計画として策定するものですが、自立相談支援機関においても、それが地域福祉を推進するための手段であることを認識し、その概要等について知っておくことが必要です。平成 29 年 12 月には「地域共生社会

図表5－7 地域福祉計画に定める内容

（市町村地域福祉計画）
1．地域における高齢者の福祉、障害者の福祉、児童の福祉その他の福祉に関し、共通して取り組むべき事項
2．地域における福祉サービスの適切な利用の推進に関する事項
3．地域における社会福祉を目的とする事業の健全な発達に関する事項
4．地域福祉に関する活動への住民の参加の促進に関する事項
5．地域生活課題の解決に資する支援が包括的に提供される体制の整備に関する事項
6．要援護者の支援方策（地域における要援護者に係る情報の把握・共有及び安否確認方法等）
※平成19年追加

（都道府県地域福祉支援計画）
1．地域における高齢者の福祉、障害者の福祉、児童の福祉その他の福祉に関し、共通して取り組むべき事項
2．市町村の地域福祉の推進を支援するための基本的方針に関する事項
3．社会福祉を目的とする事業に従事する者の確保又は資質の向上に関する事項
4．福祉サービスの適切な利用の推進及び社会福祉を目的とする事業の健全な発達のための基盤整備に関する事項
5．市町村による地域生活課題の解決に資する支援が包括的に提供される体制の整備の実施の支援に関する事項

社会福祉法（第107条・第108条）に規定。ただし、市町村地域福祉計画の「6．要援護者の支援方策」は平成19年に通知（地方自治法に基づく技術的助言）されたもの。

の実現に向けた地域福祉の推進について」（通知）の「策定ガイドライン」も示されています。また、計画の策定に必要な情報の多くは、自立相談支援機関が提供するものであることも理解しておくとよいでしょう。

（2）計画策定等における住民参加の原則

　市町村地域福祉計画を策定または内容を変更する際には、社会福祉法で、「あらかじめ、住民、社会福祉を目的とする事業を経営する者その他社会福祉に関する活動を行う者の意見を反映させるために必要な措置を講ずるよう努めるとともに、その内容を公表するよう努めるものとする」と規定されています（第107条）。都道府県地域福祉支援計画においても、「公聴会の開催等住民その他の者の意見を反映させるために（後略）」とするほぼ同じ内容の規定があり、地域福祉計画はその策定等の過程で「住民や社会福祉事業者等の意見の反映（住民参加の手続きの保障）」や公表について努力義務とされていることが特徴です。

2　生活困窮者支援と地域福祉計画

（1）生活困窮者支援を地域福祉計画に位置づける意義

　生活困窮者を地域のなかで支援していくためには、法に基づくサービスや他制度、他機関等の提供する公的な福祉サービスだけでは十分とはいえません。また、それは単に量的な問題だけを指しているわけでもありません。例えば、近隣のふれあいや、生きていてよかったと思える充足感、あるいは、その地域で生活していることの安心感など、一人ひとりの自己実現に即したニーズは、決して行政サービスだけで充足されるものではないからです。ボランティアや近隣の人々のかかわり、すなわちインフォーマルサービスの役割と機能が必要であり、そのためには、地域住民の参加が不可欠です。

　生活困窮者支援においても、この点の理解は大変重要です。地域において社会的に孤立した状態にある生活困窮者を早期に発見し支援に結びつけていくためにも、また、支援の過程や自立生活を始めた人々の居場所づくり等を考えるうえでも、地域住民の理解と協力が必要になります。

　一方で、自立相談支援機関には、本章第3節に記載したコミュニティ・アセスメントの方法等によりそれぞれの地域の強みや特徴を把握し、強化すべき点は伸ばし、不足している点は補っていく努力が求められます。具体的には、例えば、地域における就労訓練の基盤整備にかかる社会資源の開発等が考えられます。

　これらを踏まえると、本制度が目的とする「生活困窮者支援を通じた地域づくり」には、「生活困窮者の地域生活を支える視点」と「生活困窮者を支える地域をつくる視点」の両方の視点が求められていることに留意する必要があります。本制度の施行は、地域福祉を拡充し、まちづくりを進めていくうえで重要なさまざまな施策を地域で展開することにつながります。本制度を実施する自治体においては、地域福祉計画に位置づけて計画的に取り組むことが、分権的・創造的支援を推進する観点からも効果的であるといえます。

（2）生活困窮者自立支援方策について地域福祉計画に盛り込むべき事項

　平成27年4月の本制度の施行に向けて、国は、「市町村地域福祉計画及び都道府県地域福祉支援計画の策定について」（平成26年3月27日社援発0327第13号　厚生労働省社会・援護局長通知）を発出して、「生活困窮者自立支援方策について市町村地域福祉計画及び都道府県地域福祉支援計画に盛り込む事項」を通知（技術的助言）し

生活困窮者自立支援方策について市町村地域福祉計画及び都道府県地域福祉支援計画に盛り込む事項（抜粋）

1．生活困窮者自立支援方策の位置づけと地域福祉施策との連携に関する事項
　　地域福祉推進の理念や基本目標を含む地域福祉計画の適切な部分に生活困窮者自立支援方策を位置づけるとともに、総合相談支援や権利擁護の推進等、既存の地域福祉施策との連携に関する事項を明記する。
2．生活困窮者の把握に関する事項
　　本制度における支援の対象となる生活困窮者を把握するために必要な情報の種類とその把握方法等について具体的に明記する。
3．生活困窮者の自立支援に関する事項
　　相談支援体制の整備、生活困窮者自立支援法に基づく法定サービス、関係機関や他制度による支援、民生委員や自治会、ボランティア等によるインフォーマルな支援等とともに、生活困窮者支援を通じた地域づくりについて明記する。
　(1)　生活困窮者の自立支援のための各種支援の実施
　　①　生活困窮者自立支援法に基づく支援
　　②　関係機関・他制度等による支援
　(2)　生活困窮者支援を通じた地域づくり
4．その他の留意事項等

ています（図表 5 ― 8）。

　生活困窮者自立支援方策を盛り込んだ地域福祉計画は、平成 27 年 4 月の法施行に合わせて策定されることが望ましいといえますが、地域福祉計画は、その計画期間について策定指針で「概ね 5 年とし 3 年で見直すことが適当」とされています。すでに計画策定済みの自治体においては、それぞれの自治体における改定の時期、あるいは、見直しの時期に合わせて盛り込むことを検討することになりますが、なるべく早期に対応することが望ましいことはいうまでもありません。

（3）地域福祉計画策定への参画

　策定指針では、地域福祉計画策定の体制と過程として、各自治体の行政内部における計画策定体制のあり方や策定委員会の設置等について示しています。

　市町村地域福祉計画を例にすると、計画策定体制について、「市町村が福祉事務所、保健所、市町村保健センター等を設置している場合には、地域福祉計画の策定体制にこれらの組織や職員が積極的に参加することが基本」であり、「とりわけ、社会福祉士や保健師などの地域活動の展開方法や技術に係る専門職が中核的な役割を担うことが望まれる」としています。このことから、「地域福祉計画策定委員会」等の組織が設置

された際には、生活困窮者支援の要の役割を担う自立相談支援機関が委員として参画していくことは十分に考えられます。また、委員会参画以外でも、「必要に応じて適宜」とされる「委員以外のその他の関連する専門家、地域の生活課題に精通し地域福祉計画に関心の深い者、その他関係者等の意見を聞くことや、住民等が計画策定に積極的に関わることができる機会」等を積極的に活用し、実践の立場から、あるいは、生活困窮者を代弁（アドボケート）する立場から、計画の策定や遂行に対して必要な意見等を示していく必要があります。

3　策定プロセスへの参画における留意点

（1）地域の福祉課題を意識化させること

　地域福祉計画においては、地域住民に共通する、一般化できる普遍的な問題だけでなく、マイノリティの問題、すなわち、これまで排除されたり抑圧されたりしてきたニーズにも着目しなければなりません。福祉ニーズには顕在化されたものと潜在的なものがあり、特に留意しておきたいのは潜在的な福祉ニーズです。それらを顕在化していくために多様な方法を組み合わせていくことが必要になります。各種の調査や住民懇談会、ワークショップなどに加えて、すでに保健・福祉関係者がもっている情報を集め、事例検討等を積み上げていくことも有効です。さらに、そのことを関係者間だけで検討するのではなく、地域住民とも協議を重ねることで地域の福祉ニーズや生活課題について意識化することが第一歩になります。

（2）地域福祉計画策定における住民参加の手法を理解する

　地域福祉計画の策定における住民参加の手法として、ここでは、「ワークショップ」「参加型住民懇談会」「住民参加型調査」「シンポジウムなど学習プログラムの企画」「先進地の視察や情報交換」について概要を整理します。この五つのプログラムをそれぞれの地域の実情に応じて組み合わせながら活用していくことになります。

　地域福祉計画の策定は自治体の行う事務ですが、こうした住民参加の手法を知っておくことと、これらを必要に応じて活用できることが、今後、自立相談支援機関がさまざまな地域づくりを進めるうえで重要なスキルになりますので紹介しておきます。

①ワークショップ

　ワークショップは、最近、特に広がっている方法ですが、特に固定化された技法が

あるわけではありません。その場の目的に向かって、進行役（この場合ワークショップのファシリテーターと呼ばれることが多い）の個性を活かしながら、参加者と一緒になって行う共同作業のことをいいます。ワークショップでは、完成された成果よりも対話をしながら作業を進めるプロセスを大切にします。

②参加型住民懇談会

身近な地域を単位とした「行政説明会」や「首長と語る会」などはこれまでも行われており、また、社会福祉協議会による「地域福祉懇談会」なども開かれています。目新しい方法ではありませんが、ここで強調したいのは「参加型」という点です。そこでは「一問一答」形式ではなく、参加者相互の「対話」を促しつつ、あるテーマについて語り合うことを意図しています。地域における一つの課題を共有し、その解決に向けてどうしたらよいか相談していくことができるように進行していくことが求められます。

③住民参加型調査

従来のように地域住民を調査対象として位置づけるのではなく、住民が実態を把握し問題を見つける主体として参加することに大きな意義があります。調査を設計する段階から住民が主体的に参加して、自らが作成した調査票に基づいて実施し、その分析と考察を行い、最後には調査結果を発表します。このプロセスが大切であり、この過程を通して住民自らが地域福祉について学習していくことにもなります。

④シンポジウムなど学習プログラムの企画

まずは地域福祉について関心を寄せてもらうことを目的に、講演会やシンポジウムを企画します。最初はワークショップ等で抽出された地域で共通する課題をテーマにすると多くの参加を得やすくなります。また、地域福祉全般を対象とした催しであっても、生活困窮者支援についての分科会を用意することなども考えられます。シンポジスト等を住民から選出するなどして、日常生活のなかで感じている生の言葉や、体験を元とした想いを素朴に語ってもらうことで、参加者であるほかの住民の共感を得やすく、地域の課題が明確化される等の効果があります。1回だけでは課題が限られてしまうため、何回かの連続した学習企画を立案することが重要です。

⑤先進地の視察や情報交換

計画策定を本格的に始める段階では、地域住民による先進地の視察や情報交換が有

効です。百聞は一見にしかずといわれるように、実際に先進地を視察し、視察先の人々と意見や情報を交換するなど交流を行うことで、計画の具体的なイメージをもつことができます。自分の地域と比較して検討できるよう、事前の情報収集や学習が必要なことはいうまでもありません。視察先の決定、実施、報告という一連の過程に住民がかかわることで住民自身が力をつけていったという事例もあります。

参考文献
・岩間伸之・原田正樹『地域福祉援助をつかむ』有斐閣，2012.
・日本社会福祉士会編『ネットワークを活用したソーシャルワーク実践　—事例から学ぶ「地域」実践力養成テキスト』中央法規出版，2013.
・平野隆之・原田正樹『地域福祉の展開』放送大学教育振興会，2010.
・『社会的包摂にむけた福祉教育　—共感を軸にした地域福祉の創造』全国社会福祉協議会／全国ボランティア市民活動振興センター，2013.
・地域福祉コーディネーターと協働する住民に関する研究委員会『地域のキーパーソンとつながる・協働する』東京都社会福祉協議会，2013.
・コミュニティソーシャルワーク実践研究会編『コミュニティソーシャルワークと社会資源開発　—コミュニティソーシャルワーカーからのメッセージ』全国コミュニティライフサポートセンター，2013.
・大橋謙策『地域福祉の展開と福祉教育』全国社会福祉協議会，1986.
・白澤政和『地域のネットワークづくりの方法』中央法規出版，2013.
・土橋善蔵・鎌田實・大橋謙策編集代表，茅野市の21世紀の福祉を創る会・日本地域福祉研究所編『福祉21ビーナスプランの挑戦—パートナーシップのまちづくりと茅野市地域福祉計画—』中央法規出版，2003.
・上野谷加代子・原田正樹監『新・福祉教育実践ハンドブック』全国社会福祉協議会，2014.

第6章

自立相談支援機関における就労支援

生活困窮者に対する就労支援とは

1　就労支援の重要性

　従来の就労支援といえば、公共職業安定所（ハローワーク）を中心とした体制のなかで、早期かつ効率的・効果的に行われてきましたが、複合的な課題を有する人への就労支援や基礎的自治体などでの対応は必ずしも十分なものではありませんでした。しかし、稼働年齢層を含む生活保護受給者やその他の生活困窮者が増加するなかで、直ちに一般就労に至ることが難しい層も含め丁寧な就労支援を行っていくことの必要性とともに、基礎的自治体の役割の重要性が認識されるようになりました。

　生活困窮者自立支援法の施行以降、これまで必ずしも支援が行われてこなかった生活困窮者に対する支援が拡大され、生活保護に至る前の段階から相談にあたる体制の充実や各種就労支援施策等の総合的な仕組みが整備されることになりました。いうまでもなく、就労に関する問題は、個人の意欲や能力の有無といった単純な問題ではなく、生活歴や健康状況、家族関係等多くの背景や課題が複合的に絡みあっており、これらの課題を一つひとつひも解きながら、多様な働き方のなかから本人に合った働き方を実現し、より安定した就労に結びつけていくことが求められています。このため、生活困窮者の現状の理解からスタートして、具体的な就労に至るまでの効果的な相談の進め方、地域資源との連携、新たな就労の場の創出等に至る包括的で幅広い知識が従来以上に必要となっています。

　生活困窮者が複合的な課題を有している場合、就労への道のりは平坦ではないかもしれません。そういうときには時間をかけて丁寧に、そして、生活支援と組み合わせて就労支援を展開する必要があります。本制度における就労支援や、就労支援に携わる支援員への期待もこの点にあります。

2　就労支援の目指すもの

（1）就労の意義と就労支援

　就労支援は、支援対象者一人ひとりが、「就労」という人間にとってかけがえのない営みを、それぞれの状況に即して実現できるよう支援することです。

「就労（働くこと）」は、単に収入を得るばかりでなく、日々の生活をつくり、社会とのつながりを構築し、自己実現を図るという大切な意義をもつものです。また、「就労」には、「有給労働（ペイドワーク）」（労働市場における賃金が得られる労働）とともに、「無給労働（アンペイドワーク）」（生活の維持、自己実現につながる賃金を伴わない労働）も含まれており、「中間的就労」といわれるような働き方も含め、多様な働き方があります。自立相談支援機関の支援員は、こうした就労の意義を、支援を通じて、支援対象者に実感してもらえるようにかかわるとともに、多様な働き方があることを踏まえて、就労支援を行う必要があります。

　日本国憲法では、「すべて国民は、勤労の権利を有し、義務を負ふ」（第 27 条第 1 項）と規定されています。生活困窮状態にある人々は、社会状況、そして一人ひとりのさまざまな背景から、働くことの権利の側面を実現することができない状況におかれていることが少なくありません。支援員は、こうした状況を踏まえて、支援対象者一人ひとりに働きかけて、よりよい形でそれぞれにとっての就労を実現させていきます。また、これにとどまらず、地域のなかの理解者を増やし、支援対象者が「多様な働き方」を実現できる「場」や「協力者」を広げていくことが期待されています。

　自立相談支援事業における就労支援は、単なる「職」と「求職者」を結びつけるジョブマッチングにとどまらない、一人ひとりの生活や人生を豊かにすることを支援する、大変重要な取組みなのです。

（2）生活困窮者の状況に応じた就労支援

　本制度の最大の目標は「生活困窮者の自立と尊厳の保持（確保）」です。

　ここで、繰り返しになりますが、自立の概念には、健康や日常生活をよりよく保持する「日常生活自立」、社会的なつながりを回復・維持する「社会生活自立」、そして経済状況をよりよく安定させる「経済的自立」があります。そして、これらの自立概念の基底をなすのは、自己選択、自己決定という理念です。「就労（働くこと）」は、単に経済的自立に関するものではなく、まさに、三つの自立につながる営みです。

　生活困窮者の状態は多様であり、早期に一般就労が望める人から現時点では直ちに就労に向かうことが難しくみえる人までさまざまです。そこで、一人ひとりの支援対象者によって、就労支援の目標や形は異なります。特に気をつけなければならないことは、拙速に「就職」をゴールとした支援を支援員主導で行ってしまうことが、かえって、支援対象者のもつ力を損なったり、尊厳の確保から離れた支援を、図らずもしてしまうことにつながりかねないということです。就労支援は、就職支援ではないことを、心にとめておく必要があります。就労支援を行うにあたっては、長期的な展望を

第 6 章

もち、目標とする取組みが、支援対象者の将来の生活の安定につながるかどうかを考慮することも重要です。

　支援対象者のなかには、それまで就労に関してうまくいかなかった経験を重ねるなかで、就労に向けて動き出すことに積極的になれない場合もあります。さらには、就労の経験がなく、一歩踏み出すまでに時間がかかってしまう場合もあるかもしれません。これまで周囲から「なぜ働かないのか」「なぜできないのか」と言われ、苦しみ傷ついている人も少なくありません。そうした人々を否定せず、それぞれの背景や思いの理解に努めることが大切です。利用者の希望を尊重するとともに、就労支援のプロセスでの出来事を丁寧に振り返り、たとえそれがうまくいかない経験であっても次につながる「大切な経験」としてとらえ直し、支援員がともに歩むことを通じて、支援対象者は、自分が大切にされていることを実感することができます。

　本人の状況に合った就労支援を行うため、就労支援員はプランの作成時から相談支援員などと相談していくことが大切です。そして、自立と尊厳の確保という理念のもとで、本人が今後どのように自立を目指していくのかを確認し、すぐに一般就労を目指した就労支援を行うのか、あるいは、生活支援等の福祉サービスを活用しつつ中間的就労に就くことを目指した就労支援を行うのか、本人の状況に応じてどのような就労支援を行うかなどを考えていく必要があります。これは就労支援員のみならず、相談支援員とともに、支援調整会議で議論し決めていきます。

　まずは、支援対象者自身の希望をしっかり受け止め、言語化されないニーズの把握にも努めながら、支援対象者が今後どのように就労に向けて取り組むか、本人自身が自己選択、自己決定できるような情報提供、提案、はたらきかけをすることが大切です。本人が求めること以上の、豊かな選択肢や方向性を提案できてこそ、本当の支援といえます。

　また、就労支援員は、直接的な就職支援にとどまらず、就労意欲の喚起、体験講習、ボランティア活動への参加等、就労に向けた準備のための多様な支援策も提供していく必要が出てきます。こうした支援も就労支援員の重要な業務であることを理解しておく必要があります。

3　生活困窮者を取り巻く厳しい雇用環境の現状

　就労支援を行うにあたっては、生活困窮者を取り巻く厳しい雇用環境の現状を理解

しておくことが必要です。第1章第1節でもふれられていますが、1990年代のバブル経済崩壊後、構造的な不況が長期化し、長期失業者や、若年層の失業者が増加しました。労働市場の現状をみると、雇用情勢は非正規化が進み、総務省の「労働力調査（基本集計）」によると、令和2年度の雇用者全体に占めるパートやアルバイトなどの非正規労働者の割合は37.1％となりました。正規雇用にくらべると、非正規雇用は、不安定雇用、低賃金、能力開発の機会の乏しさなどの課題があり、生活や経済の基盤が弱くなりがちです。

令和3年度『厚生労働白書』においては、令和2年1月以降、新型コロナウイルス感染症の感染拡大の影響を受けて、人と人との接触を極力減らす対策がとられ、経済活動の多くを止める措置がとられたことで、令和2年4月には休業者数が急増し、就業者数も大幅に減少することで、完全失業率は高水準となり、有効求人倍率も大きく低下するなど、雇用情勢が厳しくなったことが報告されています。

また、令和3年版「労働経済の分析」（厚生労働省）においても、失業期間が1年以上の完全失業者（長期失業者）および1年未満の完全失業者（1年未満失業者）は令和元年まで減少傾向が続いていましたが、令和2年には、長期失業労働者は「25〜34歳」「45〜54歳」の年齢層を中心に増加し、1年未満失業者は「25〜34歳」「55〜64歳」の年齢層を中心に大きく増加していることが報告されています。一度失業すると再就職は容易でないとの指摘もあります。地域によっては働く場が容易に見つからないということもあるでしょう。

さらに、正規労働者についても、非正規雇用労働者の増加に伴い、人によって労働時間が長期化している状況にあり、こうした長時間労働が、心身の健康や仕事と生活のバランスを崩すことにつながり、さらには女性の就労の継続にも影響を与えている[1]との指摘もあります。

こうした状況を理解し、地域の求人や求職状況等の雇用情勢をしっかり把握・理解したうえで、支援対象者の支援と同時に、働く場を開拓していくことが、自立相談支援機関、特に就労支援員の重要な役割といえます。

4 就労支援員の役割とチームアプローチ

就労支援員は、生活困窮者が将来の不安を払拭し、長期的安定的に就労を継続でき

▶1
朝日雅也・布川日佐史編著『就労支援 第2版』ミネルヴァ書房、41頁、2013.

るよう、時間をかけて生活困窮者のニーズに耳を傾け、個々の状況を理解したうえで、就労に向けた意欲の喚起から就労後のフォローアップまで、一連の活動を支援していきます。

　もとより、こうした支援は、就労支援員一人でできるものではなく、チームによる対応（チームアプローチ）が重要です。自立相談支援機関にあっては、主任相談支援員、相談支援員と連携します。本人の生活再建のためにどのようなゴールを設定し、就労支援員はそのなかでどのような役割を果たすのかを明確にしていきます。逆に、一人ひとりの目標を達成するためには、就労支援員以外の相談支援員は何を行うのか、支援が全体として包括的なものになるよう、十分に調整することが必要です。

　就労支援員の役割、業務は、相談支援員、主任相談支援員と重なり合う場合も多々あります。それぞれの役割を常に固定化せずに、支援対象者の状況に即して、個別に柔軟に調整していくことが求められます。

　また、関係機関であるハローワーク、自治体内で就労支援を行う窓口、就労準備支援事業を行う事業所、就労訓練事業（中間的就労）を行う事業所、障害者雇用の促進に取り組む地域障害者職業センター、障害者就業・生活支援センター、若者の就労支援を行う地域若者サポートステーション、母子世帯・父子世帯への就労支援を行う母子家庭等就業・自立支援センター等との連携が必須です。本章第3節3を参考に、それぞれの役割分担を明確にしたうえで、全体として支援効果が高まるよう連携・協働していきます。

第2節 就労支援員による就労支援

就労支援員による就労支援には、三つのアプローチがあります。第一は、本人への
アプローチです。第二は、企業・事業所へのアプローチです。第三は、新たな資源創
出に向けたアプローチです。

第一の本人へのアプローチは、支援対象者本人への面接等を通じた支援を意味して
います。第二の企業・事業所へのアプローチは、支援対象者の就労先となる企業・事
業所への支援を意味しています。企業・事業所は連携・協働のパートナーでもありま
すが、今後は、企業・事業所が、支援対象者個人を円滑に受け入れるという観点のみ
ならず、多様な人材を受け入れ、企業・事業所として発展していくことにつながるよ
うな、企業・事業所支援も含めた就労支援が期待されています。第三の新たな資源創
出に向けたアプローチは、地域に新たな就労の場を創出することを意味しています。
これは、生活困窮者自立支援制度の理念として掲げられている「生活困窮者支援を通
じた地域づくり」に通じる支援であるともいえます。

生活困窮者自立支援制度が施行されて間もない頃は、就労支援員が担う支援のイ
メージは、第一のアプローチに示される、本人へのアプローチを主とするものでした。
しかしながら、制度施行後、理念に基づく実践を積み重ねるなかで、本人へのアプロー
チは、必ずしも就労支援員のみが担うものではなく、むしろ、自立相談支援事業とし
て、本人をアセスメントしてプラン策定するなかで、主任相談支援員、相談支援員と
ともに行うものであると考えられるようになっています。

こうしたなかで、今後、就労支援員には、第二のアプローチである、一人ひとりの
支援対象者に合った企業・事業所の開拓や、企業・事業所が、継続的、安定的に人材
の受入れができるような、企業・事業所への支援を充実させていくことが期待されて
います。

第三のアプローチにも、就労支援員のかかわりは不可欠ですが、就労支援員のもつ
多様なネットワークを活かしながら、自治体、自立相談支援機関が、地域にあるさま
ざまな団体や住民と協力して、一丸となって取り組んでいくことであるといえるで
しょう。

こうした三つのアプローチの意義は、本章「コラム　就労支援の実際④」に書かれ
ている、豊中市の就労支援の展開からも理解することができます。

1 本人へのアプローチ

（1）就労支援員の業務

　就労支援員は、相談支援員やほかの関係機関と連携しながら生活困窮者の就労の実現に向けて支援するため、キャリアカウンセリング、履歴書・職務経歴書の作成支援、面接対策、ニーズに応じた職業紹介、個別求人開拓、働く場の創造などの支援を行います。

　また、ほかの就労支援事業を利用した場合も含め、支援のプロセスにおけるモニタリング、支援の評価、終結に際する支援、定着支援（就労後のフォローアップ）、就労支援機関との連絡調整、就労訓練事業者の開拓などを行います。

（2）就労支援の流れ

　就労支援員は、就労を希望する者に対し自立相談支援機関におけるアセスメントの段階から関与し、どのような支援を受けることが適切であるか、相談支援員と協働で本人と相談しながらプランを作成します。また、支援開始後は、支援の実施状況を定期的・継続的に確認します。

①インテーク

　本人と就労支援員がはじめて出会い、面接を行う段階であるインテークは、支援関係を構築するための重要なプロセスです。初回面接では、まず、就労支援員から自己紹介し、就労支援員の役割を伝えることが大切です。本人が、不安や緊張をできるだけ緩和できるよう、温かく、心のこもった対応を心がけたいものです。そのために、安心して話ができるような面接環境を整えることや、パンフレット等の説明資料を準備しておくこと、面接終了時に今後の支援に向けて必要な情報や次回面接の日時や場所を記したメモを渡すこと、相談してくれたことへの感謝を直接伝えるなどの、細やかな配慮が必要です。

②アセスメント

　アセスメントは、現状の把握（現在の生活状況や生活困窮となった原因等の聴取、就労に向けた思いや意欲の確認、就労するにあたっての悩みや阻害要因の聴取など）、自己理解への支援（自分の性格、興味、関心、働くことの意義・価値観）、職歴や将来の職業生活の希望を考えながら、職業選択や将来のキャリア形成を考えられるように

する支援、職業理解への支援（労働市場や職業情報の提供）を行っていくものです。アセスメントの段階では、本人のストレングスや、将来に向けた希望を把握することも重要です。

③プランの作成

アセスメントの結果、生活課題と本人の希望する職業や働き方への課題や目標が明確になったら、自立相談支援機関として、相談支援員と連携しながら本人の状態に応じその目標を実現するためのプランを、本人とともに作成します。

④プランに基づく就労支援

就労支援員は、プランに基づき、必要に応じて就労支援機関とも連携しながら就労支援を行います。職業紹介や個別求人開拓を行う場合は、本人の希望や特性に合った企業を探し出し、マッチングを行います。その際、本人のみならず雇用主の希望を聞きつつ、その理解が得られるよう調整していくことが重要となります。

なお、自立相談支援機関が職業紹介を行う場合には、職業安定法に規定される「無料職業紹介事業」の届け出を経て、実施することが求められます。

⑤モニタリング

支援が開始された後は、定期的に支援対象者との面接の機会を設けて、支援対象者がどのような状況にあるか、支援が計画どおりに行われているかなど、状況を確認（モニター）する機会をもちます。あらかじめ、時期を決めておいたり、支援対象者の状況によっては、緊急的に対応することもあります。

⑥支援の評価

支援の評価は、支援対象者とともに、実施されてきた就労支援を振り返り、見直したうえで、目標が達成できたかどうかということを確認し、新しい課題があればそれに対する新たな支援を再検討していくプロセスです。支援目標が達成されていれば、支援は終結に向かいます。

支援の評価を行う際には、できるだけ、支援対象者本人も参加して、チームで実施することが期待されています。

⑦支援の終結

支援目標が達成した場合に、就労支援も終結の段階を迎えます。目標を達成したと

ころで終結する場合には、支援対象者、就労支援員ともに、一定の達成感を共有しつつ支援を終えることができると考えられます。一方で、支援目標が達成できずに支援を終える場合や、支援対象者と就労支援員との関係性が密になっていた場合には、支援対象者によっては、終結することに不安を覚えることがあるかもしれません。こうした場合には特に、支援が終了しても見通しをもって今後の生活が営めるように、必要な機関や支援者につないだり、困ったときにはいつでも相談に応じることができることを伝えたりするなどして、支援対象者の不安が解消できるようなはたらきかけをすることが大切です。

⑧フォローアップ

支援目標が達成できたからといって、そこで支援がすぐに終わるわけではありません。就労支援においては、就職後の定着支援などのフォローアップも、とても大切です。支援目標を達成したあとの、状況確認などの声かけやはたらきかけ、見守りが、支援対象者の就労や生活の安定につながる、有効な対応であることを心にとめてほしいと思います。本人ばかりでなく、就労支援員のはたらきかけにより、本人を受け入れた就職先（事業所）の担当者に対するフォローアップも心がけたいものです。

（3）就労支援の種類

本制度においては、複合的な課題を抱え多様な状態にある生活困窮者に対して、その状態に応じた就労支援を展開していきます。

本人の状態に応じた就労支援には、①就労支援員による就労支援、②就労準備支援事業を活用した就労支援、③就労訓練事業による就労・訓練の場を活用した就労支援、④自治体とハローワークが一体的に行う「生活保護受給者等就労自立促進事業」の利用、⑤ハローワークの一般窓口の利用などがあります。

本人の状態と支援の関係は図表6−1のとおりであり、就労支援員は求められる役割の範囲で柔軟に、それぞれの支援に関与します。

①就労支援員による就労支援

就労に向けた準備が一定程度整っており、ある程度時間をかけて個別支援を行うことで就労可能な者や、ほかの就労支援策の適用がない者については、就労支援員が自ら就労支援を行います。

図表6-1 生活困窮者に対する就労支援について

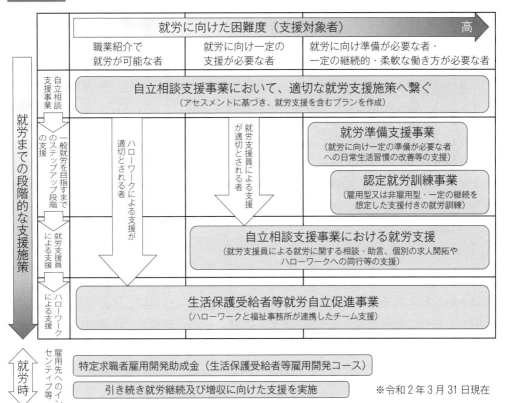

②就労準備支援事業を活用した就労支援

　生活のリズムが崩れているなどの理由により、就労に向けた準備が整っていない場合には、就労準備支援事業による支援を行います。

　ただし、就労意欲が希薄であることなどにより、就労準備支援事業の利用にも至らない場合や、当該自治体において就労準備支援事業が実施されていない場合には、就労支援員が意欲の喚起やセミナー、ボランティア、就労体験の場の提供など、必要な就労支援を行うことも検討する必要があります。

③就労訓練事業による就労・訓練の場を活用した就労支援

　就労への移行のため柔軟な働き方を認める必要がある場合は、就労訓練事業（中間的就労）の利用ができるよう支援していきます。このためには、支援対象者を受け入れる就労訓練事業者の確保に努めていくことが重要となります。就労支援員はほかの支援員とともにこれを担います。

④自治体とハローワークが一体的に行う「生活保護受給者等就労自立促進事業」の利用

　就労に向けた準備が一定程度整っており、個別の支援により早期の就労が可能な場合については、自治体とハローワークの協定等に基づき、一体的に就労支援を行う「生活保護受給者等就労自立促進事業」の利用を勧めていきます。

　この場合、就労支援員は、当該事業の対象者を選定し、ハローワークへの支援要請を行い、支援期間中はハローワーク担当者と福祉事務所担当者で構成される就労支援チームに参加し、継続的な支援を行います。

　なお、本事業では、自治体庁舎内に設置されたハローワークの常設窓口での支援およびハローワークから自治体への巡回相談による支援により実施されています。

⑤ハローワークの一般窓口の利用

　一般的な職業紹介により早期に就労が可能な場合については、ハローワークの一般窓口を利用して就職活動を行うことになります。就労支援員は、生活困窮者がハローワークを有効に利用できるよう支援を行います。そのためには、就労支援員自身が、ハローワークの一般窓口の利用方法を熟知しておく必要があります。状況に応じて、就労支援員が、本人に同行して、ハローワークで一緒に求人情報を検討するなどの同行支援も、本人のアセスメントを深めるために有効です。

（4）就労支援を行う際の心構えとポイント

①本人の自尊感情の回復が鍵となること

　重要な点ですので繰り返しとなりますが、就労支援、それも特に複合的な課題を抱えた生活困窮者への就労支援においては、多くの場合、本人の自尊感情や自己有用感の回復・醸成が最初の鍵となります。

　生活困窮者がなぜ次の一歩を踏み出せないのかと考えた場合、これまでの本人の経験から、自分自身に対する自信を失い、あるいは「自分は何の役にも立たないのだ」との思いから、どうしても前に進めないということが多々あります。また、周囲の人との人間関係をうまく構築できないという場合にも、就職が難しかったり続かなかったりして困窮状態に陥るリスクがありますが、こうした方の多くも、これまでの自身の辛い経験などが背景にあります。

　このような場合、まずは自分自身に対し、そしてその次の段階では他者に対し、自信や信頼という気持ちを自然ともつことができるようになることが必要であり、支援員はこれを支援することが求められます。

②一人ひとりの状況に即したプロセスを大切にすること

　就労支援の際には、一人ひとりの状況に即したプロセスを大切にすることが求められます。どのような形で、その人に合った就労を目指すかということについては、決められたプロセスがあるわけではありません。長らく就労の場から離れていたり、就労の経験がない方であっても、働く場とつながることから、就労支援がはじまる場合があります。また、就労訓練や就労体験については、一つの場に長く留まることだけにこだわらず、本人に合った就労の場や業務と出会えるまで、経験を重ねていくことが必要になる場合もあります。

　支援機関が備えている就労支援のメニューに、本人を当てはめるようなかたちの支援は避け、本人を中心に考え、その状況に応じた支援を行うことを心がけます。本章の「コラム　就労支援の実際④」で述べているように、「働きながら、仲間とともに、次のキャリアステップを準備する」支援や「働きながら、学び（訓練を利用し）、次を準備する」支援など、多様な支援の展開が期待されています。

③支援対象者に対し、共感的な姿勢で支援を行うこと

　本人が、自分自身が認められ、大切にされていると感じるためには、本人を否定しないで、ありのままに受け止めることが大切です。また、自信を失い、自分自身のもつ力やよいところが見えなくなっている生活困窮者に対しては、支援員によるねぎらいや、共感のメッセージにより、支援対象者の前向きな気持ちや意欲を引き出すことが重要です。

　支援対象者が約束を守れないようなときに、支援対象者を責めたり、責任を追及しても、自信をなくしたり自尊心を損なうばかりで、そこからは、前向きな力は生まれてきません。支援対象者の言動を冷静に受け止め、その背景にどのような状況や、本人の思いがあるかを考慮することが、本人の状況に即した適切な支援を行うことにつながっていきます。

　例えば、約束のキャンセルは本人の不安の表現であるかもしれません。キャンセルの連絡があったときには、まずは「連絡をありがとう」「お大事にしてください」などと、本人の状況に寄り添ったメッセージを伝えることによって、関係が途切れないように対応することが大切です。また、そこで終わらせずに、必ず次の面接の約束をすることも重要なポイントです。状況によっては、度重なるキャンセルなどが適切ではないことを本人に伝える必要がある場合もあります。その際にも、対面などにより、それを伝える支援員の意図が、支援対象者にしっかり伝わるよう心がけてください。

④支援対象者の強み、力、よいところに着目した支援を行うこと

　就労支援においても、支援対象者本人の強み、力に着目した支援を行うことが求められています。支援対象者自身に、自らの目標に向かって力を発揮してもらうためには、本人自身が気づかない、強みや力、よいところを支援員が積極的に見出し、それを本人に伝えることが大切です。支援対象者が自らの強みや力、よいところを再確認することは、次のステップを踏み出す、大きな推進力となります。また、就労訓練事業者や企業と就労に向けた相談を行う際にも、本人の強みを伝えることが大切です。

　「思うようにいかない」という結果ではなく、「思うようにいかない経験から何を学んだか、そこでは、どんな力が発揮できたか」というような形で、支援のプロセスのなかで、支援対象者自身が発揮できた強み、力に積極的に着目することで、今後の取組みに活かせるたくさんの示唆を得ることができます。

⑤支援対象者（当事者）から学び、支援対象者の声を活かした支援を行うこと

　自立相談支援事業における就労支援においては、これまでになかった新しい就労支援を創造的に展開していきます。新しい支援や地域における理解者を増やしていく支援体制づくりにあたって最も大切にしなければならないことは、一人ひとりの支援対象者から学ぶ姿勢をもつことです。支援対象者こそが、支援をよりよくしていく鍵を握る存在なのです。

　支援対象者は、生活をよりよくしたり、目標を達成するにあたり、どのような支援や対応が役立つかを体験を通して理解しています。支援のプロセスや、支援が終結する際には、意識して支援対象者の感想や思いを聴かせてもらい、次の支援に活かしていくことが求められます。「これからの就労支援をよりよいものにしたいので、ぜひ、どんな些細なことでも、思ったことや感じたことを聴かせてください」と、お願いするのも一つのアプローチです。こうした支援対象者の「声」や「経験談」は、可能であれば、チラシやパンフレットなどに掲載するなどして見える化することも有効です。就労支援を利用しながら一歩踏み出すことに戸惑いを感じている人々にとって、大きな力となるに違いありません。

2 　企業・事業所へのアプローチ

　生活困窮者自立支援制度における就労支援の取組みが始まってから、本人へのアプローチとともに、その重要性が再確認されたのが、企業・事業所へのアプローチです。

支援対象者の就労先となったり、認定就労訓練等の受け入れ先となる企業・事業所と、自立相談支援機関および就労支援員をはじめとする支援員が良好な関係を構築することは、よりよいかたちで就労支援を進めるうえで不可欠です。企業・事業所へのアプローチは、「企業・事業所への支援」と考えることもできます。

　企業・事業所へのアプローチにおけるポイントは、以下のとおりです。

（1）自立相談支援機関および就労支援員の役割への正しい理解を促すこと

　企業・事業所にアプローチする際には、自立相談支援機関および就労支援員の役割への正しい理解をもっていただけるよう、はたらきかけていく必要があります。

　企業・事業所にはじめてコンタクトをとる場面は、さまざまです。例えば、支援対象者との相談を経て、具体的な求人情報をもとに支援員が連絡を入れる場合や、就労先や認定就労訓練の受け入れ先となってもらうために連絡を入れたり、職場を訪れたりする場合などがあるでしょう。

　いずれの場合も、「生活困窮者の就労支援をしている機関（者）です」「働くことができずに困っている人を受け入れてください」というような説明や一方的なお願いは、企業・事業所との関係構築をする最初のはたらきかけとしては適切とはいえません。

　「○○自治体（役所）で運営している○○センター（自立相談支援機関）で、就労支援をしている○○です」「○○自治体では、働くことを希望しているが、なかなか就労の場と結びつくことができない方の就労を支援（応援）しています」「就労支援員が、求職者のご紹介から、働いたあとのフォローアップまで担当し、採用後も企業・事業所のお仕事が円滑に進むようお手伝いさせていただきます」というような形で、自立相談支援機関の位置づけや、具体的に「できること」を伝えていく必要があります。

（2）企業・事業所の理念、職場、業務を理解すること

　企業・事業所と良好な関係を構築していくためには、企業・事業所の理念、職場、業務についての理解を深めることも重要です。企業・事業所は目的をもって運営されており、企業・事業所の理念のもと活動しています。個々の企業・事業所には、それぞれがもつ文化や風土があります。個々の企業が大切にしたいこと、業務内容、求めている人材を、企業・事業所を訪問したり、経営者や企業・事業所の担当者等と面接をするなかで、理解することが大切です。個々の企業・事業所の考え方を尊重しながら、企業・事業所が、自立相談支援機関と協働し、紹介された支援対象者を受け入れることにより、理念の実現や、経営をよりよくしていくことに資することが実感できるように、はたらきかけていくことが求められているといえるでしょう。

（3）支援対象者（求職者）の状況を適切に企業・事業所に伝えること

　支援対象者との相談を経て、企業・事業所に、具体的な支援対象者の就労について相談する場合には、支援対象者の状況を適切に先方に伝える必要があります。

　その場合、支援対象者とともに作成した「プロフィールシート」を準備しておくことも有効です。「プロフィールシート」には、決まった形式はありませんが、学歴、職歴、資格などの経歴のほか、セールスポイント、苦手なこと、勤務にあたり先方に知らせておきたいこと（本人の生活状況、健康状況、勤務可能な時間帯）などをまとめておきます。「プロフィールシート」については、本章「コラム　就労支援の実際①」でも紹介されています。

　支援対象者のありのままの状況を企業・事業所に伝えていくことで、本人にできる業務の切り出しや、本人が安定的に業務を継続するためのハード面、ソフト面の工夫などを具体的に検討することにつながり、本人の適性にあった業務に無理なく従事することが可能になります。

（4）企業・事業所へのフォローアップおよび関係の継続に向けたはたらきかけをすること

　企業・事業所へのフォローアップは、支援対象者が就労や就労体験をはじめたばかりのタイミングや、それらがうまくいかなかったときに、タイムリーに行うことが重要であることは言うまでもありません。

　配慮したいことは、企業・事業所へのアプローチの結果、支援対象者の受け入れを承諾してくれた企業・事業所に人材の紹介がまったくできず、長らく連絡をとらないような状況をそのままにしないことです。こうしたことは、企業・事業所と支援機関との良好な関係づくりという観点からは、望ましいことではありません。

　すぐに支援対象者を紹介することに至らない場合でも、企業見学や企業体験実習等に協力していただいたり、企業・事業所のネットワーク構築や情報交換を目的としたセミナーや会合を開催し、参加を呼びかけるなどして、自立相談支援機関との関係が途切れないようにするための具体的な取組みを行うことが大切です。

　セミナーや会合は、企業・事業所同士のネットワークの構築にもつながります。そのような場では、自立相談支援機関と連携して支援対象者を受け入れた経験をもつ企業・事業所の立場から、受け入れの現状、メリット、課題等を共有することも有効です。本人へのアプローチと同様に、企業・事業所の「声」をよく聴くことが、よりよい就労支援に結びついていくといえるでしょう。

　本章「コラム　就労支援の実際①」で紹介する「なごやモデル」は、支援対象者の

アセスメントのみならず、企業を理解するためのアセスメントを丁寧に行うことで、就労困難者といわれていた方々が、「職場でなくてはならない人」になり、支援対象者と企業、そして地域の抱える課題の解決にもつながるアプローチです。

3 新たな資源創出に向けたアプローチ

　生活困窮者に対する就労支援を進めていくためには、企業・事業所など、既存の就労の場と支援対象者を結びつけていくアプローチのみならず、個々の支援対象者に合わせて、新たな就労や就労につながる場を創出したり、働き手がなく人材を求めている地域の企業・団体等と連携しながら、新たな資源（就労の場や機会）を創出するアプローチも必要となります。自治体内で働く場を創出する取組みも、この間、いくつかの自治体で行われており、働く場の創出にとどまらず、自治体職員全体が就労支援の意義と必要性を認識する機会となりました。

　新たな資源創出に向けたアプローチに、決まった形はありません。例えば、本章「コラム　就労支援の実際②」で紹介されているような、地元図書館から依頼された緑化作業や、地域の困りごと（草刈り、山の整備、企業からの封入作業の依頼）などを請け負う任意団体の立ち上げにより、働きたい人と地域の困りごとを結びつけていく取組みはその一例です。

　また、本章「コラム　就労支援の実際③」で紹介されている、釧路市の「音別ふき蕗団」の取組みも、蕗の栽培を継続したいと願う農家の方々と、地域を活性化させたいと願うさまざまな立場の方々、そして、働く機会や地域に居場所を必要とする人々が力を合わせていくなかで生まれた取組みです。

　これらの取組みは、就労支援の枠を越えて、地域づくりにつながる実践になっています。就労支援員のみならず、自立相談支援機関、自治体担当者が、それぞれのもつネットワークを活かしながら、地域のさまざまなニーズに応えるなかで、今後、充実していくことが期待されています。

1　ハローワークとの連携

（1）ハローワークの一般窓口の利用

　一般的な職業紹介により早期に就労が可能な場合には、ハローワークの一般窓口を利用して就職活動を行うことになります。現在、ハローワークは全国に 500 か所以上設置されており、求職者は住所地を管轄するハローワークに出向いて、求職申込みを行い、職業相談や職業紹介を受けることが可能です。また、ハローワークインターネットサービスからスマートフォン等で求職登録することも可能です。ただし、雇用保険受給手続きなどを行う場合は、住所を管轄するハローワークで手続きする必要があります。

　ハローワークによっては、子育て中の女性等を支援する「マザーズコーナー」や正規雇用を目指すフリーター等を支援する「わかもの支援コーナー」などの専門支援窓口が設置されていますので、就労支援員は、地元のハローワークにどのような専門窓口が設置されているのかを把握しておき、利用者がハローワークを利用する際に助言しましょう。

　就労支援員は、生活困窮者がハローワークを有効に利用できるよう、アセスメントの段階で必要に応じて、具体的な職業の選択や通勤可能な範囲、労働時間などをあらかじめ整理し、漠然とした就職活動とならないよう支援を行うことが重要です。

図表 6 － 2　ハローワークでの職業相談の流れ

① 　求職申込み（求職申込書への記入またはハローワーク内のパソコンでの入力：氏名、住所、連絡先、希望職種、雇用形態、就業場所、賃金、過去の主な職歴など）
② 　ハローワーク受付票の受領
③ 　職業相談（窓口で相談しながら希望条件に合う求人を探したり、ハローワーク内に設置されたパソコンで求人の検索が可能。また、応募書類のチェックや面接の受け方などのアドバイス等、就職活動に関するさまざまな相談が可能）
④ 　応募する企業が決まったら、ハローワークが企業に連絡のうえ、面接日時等を調整。ハローワークが発行する紹介状を受領。
⑤ 　応募の準備（履歴書・職務経歴書などの作成）、企業の意向に応じて応募書類の事前送付
⑥ 　応募企業への面接
⑦ 　採用決定

（2）自治体とハローワークが一体的に行う「生活保護受給者等就労自立促進事業」の利用

　「生活保護受給者等就労自立促進事業」は、自治体とハローワークの協定等に基づき、一体的に就労支援を実施する取組みであり、生活保護受給者、児童扶養手当受給者および住居確保給付金受給者、生活困窮者、生活保護の相談段階の者等を対象として実施されています。[2]自立相談支援機関からハローワークに支援要請を行うことにより、ハローワークの専門職員（就職支援ナビゲーター）の担当者制による支援を行い、就労による自立を促進する事業です。

　一般就労に向けた準備が一定程度整っており、個別の支援により早期の就労が可能な場合には、この事業の利用を勧めていきます。

　この場合、就労支援員は、当該事業の利用者を選定し、ハローワークへの支援要請（就労支援員からハローワーク宛に支援対象者の就労経験や希望職種、支援に当たっての留意事項等を記載した連絡票（個人票A）を送付して行います）を行い、支援期間中はハローワーク担当者とで構成される就労支援チームに参加し、継続的な支援を行うことになります。

①就職支援ナビゲーターとの連携

　就労支援員は利用者を選定し、ハローワークに支援要請を行った後、就職支援ナビゲーターに連絡をとって、支援対象者の希望職種等の情報を提供するとともに相談のアポイントメント（予約）をとりつけます。就職までうまく進められるかどうかは、就職支援ナビゲーターとの連携にかかっていますので、就職支援ナビゲーターとの日常的な連携は非常に重要です。

　ハローワークでは、職業相談、希望や経験を踏まえた応募求人の選定、企業への職業紹介、履歴書作成や面接などの応募準備、定着支援を行います。支援対象者のハローワークでの相談内容、面接に出かける企業名や日程、面接結果などについて常にナビゲーターと連絡を取り合って支援の進捗状況を把握しておくことが大切です。

②巡回相談の活用

　自治体とハローワークとの協定に基づき、ハローワークの職員が自立相談支援機関に定期的に出張して、職業相談を行う取組みもあります。この巡回相談の機会を利用して、支援対象者の求人・求職状況や管内の労働市場の状況の理解を促進したり、就

▶2
「生活保護受給者等就労自立促進事業の実施について」平成 25 年 3 月 29 日雇児発 0329 第 30 号・社援発 0329 第 77 号、職発 0329 第 21 号

履歴書　　　　　令和○○年○○月○○日現在

ふりがな	○○○　○○○　○○○　○○○	写真をはる位置 写真をはる必要が ある場合 1．縦　36～40mm 　　横　24～30mm 2．本人単身胸から上 3．裏面のりづけ
氏　　　名	○　○　○　○	
	○○年○○月○○日生　　（満○○歳）	※性別

ふりがな	○○けん○○し○○○ちょう　　　　　　　○○○○	電話
現住所	〒000－0000 ○○県○○市○○町一丁目2番地3号○○アパート○号室	(×××)×××-××× FAX兼用

ふりがな		電話
連絡先	〒　　　　　　　　（現住所以外に連絡を希望する場合のみ記入） eメールアドレス　：　××××＠××××.ne.jp	090-××××-××××

年	月	学　歴・職　歴（各別にまとめて書く）
		学　歴
昭和○○	4	学校法人○○学園○○高等学校商業科　入学
昭和○○	3	学校法人○○学園○○高等学校商業科　卒業
昭和○○	4	○○大学○○学部○○学科　入学
平成○○	3	○○大学○○学部○○学科　卒業
		職　歴
平成○○	4	株式会社○○　入社
		（事業内容：○○販売業、従業員：約○○人）
		新人研修後、営業職として○○支店○○部に配属
		法人顧客（約○○社）を対象に○○製品の営業を担当
平成○○	○	○○課○○主任に昇格
平成○○	○	株式会社○○　会社都合により退社
平成○○	○	株式会社△△　入社
		（事業内容：○○販売業、従業員：約○○人）
平成○○	○	営業職として○○業務（一日○件）及び○○業務を担当
令和○○	○	株式会社△△　一身上の都合により退社
		以上

年	月	免　許・資　格（各別にまとめて書く）
平成○○	○	普通自動車第一種運転免許　取得
平成○○	○	日本商工会議所主催　簿記検定2級　合格
令和○○	○	TOEIC700点　取得
		※　パソコン（Word、Excel）を実務で使いこなせます。
		※　現在、○○資格の取得に向けて勉強中です。
		以上

※「性別」欄：記載は任意です。未記載とすることも可能です。

志望の動機、特技、好きな学科、アピールポイントなど
私はこれまで○年間にわたり、法人固定顧客に対する○○製品の営業に従事し、○年度には売上高の対前年度○○％増を達成致しました。しかしながらお客様のニーズにもっと幅広く応えるとともに、新規顧客開拓にも挑戦したいと考え、転職を希望致しました。このような中で、取扱い製品が多岐にわたる貴社から求人募集が出されたことを知り、お客様に対してニーズに合わせた幅広い提案や製品の提供ができ、新規顧客開拓にも挑戦できるという点で大変魅力を感じました。○○の取り扱い経験を活かしてお客様第一主義の地道な営業に専心し、是非貴社のお役に立ちたく応募した次第です。

本人希望記入欄（特に給料・職種・勤務時間・勤務地・その他についての希望などがあれば記入）
営業職を希望いたします。

（注）履歴書作成時の留意点
1．表記法
　　・筆記具は黒か紺のボールペンを用いる
　　・楷書で読みやすく、字の大きさをそろえる。
　　・職歴の終わりには、「以上」と書く。
　　・年号は、昭和、平成、などの元号を使う。
　　・連絡用の電話、携帯番号を書く。
2．学歴
　　・義務教育終了時から書く。
　　・高校以上は「入学」、「卒業」、「中退」を書く。
　　・大学は、学部名、学科名を書く。
3．職歴
　　・会社名は、正式名を略さず書く。
　　・社名の後に、従事した仕事の内容を書く。
4．免許等
　　・資格取得中のものは、「挑戦中」と書く。
5．志望動機
　　・自分の強み、セールスポイントを意識し、自分が貢献できる内容のものを書く。

職務経歴書

令和○年○月○日

労 働 花 江

○○市○○町○丁目○-○

090-××××-××××

<応募職種>　　医療事務

<志望動機>

　これまで、派遣スタッフとして事務職と接客・販売職に従事し、事務処理能力と接客能力のスキルアップを図って参りました。両方のスキルを活かせ、かつさらに専門的な仕事に挑戦したいと考え、医療事務を志しました。

　患者様とのコミュニケーションと、安心できる温かい雰囲気を大切にしていらっしゃる貴院は私の周りでも評判であり、ぜひ私も貴院の雰囲気作りに参加しお役に立ちたいと考え志望いたしました。

　実務は未経験ですが、訓練校で実習も経験し、専門資格も取得しており、またこれまでの職務経歴から新しい仕事の吸収力には絶対の自信があります。

<職務経歴>

■事務職

平成○年○月～平成○年○月（2年6ヶ月） 　株式会社□□□（□□スタッフ株式会社より派遣）	経理事務（伝票起票、データ入力、月次決算資料作成、来客対応等）
平成○年○月～平成○年○月（8ヶ月） 　株式会社◇◇◇（株式会社△△サービスより派遣）	一般事務（データ入力、電話対応、消耗品・備品購入と在庫管理、郵便物の仕分け等）

■接客・販売職

平成○年○月～平成○年○月（2年2ヶ月） 　○○スポーツ店（株式会社△△サービスより派遣）	店頭販売（接客、品出し、レジ打ち伝票発行、在庫管理）
平成○年○月～令和○年○月（1年9ヶ月） 　○○モバイル（○○店）（株式会社△△サービスより派遣）	携帯電話の新規契約、機種変更等各種手続業務

<取得資格等>

　　訓練歴：平成○年○月～平成○年○月　医療事務コース（○○県職業能力開発センター）

　　資　格：平成○年○月　　　　　　　　医科医療事務管理士認定試験合格

　　　　　　令和○年○月　　　　　　　　マイクロソフトオフィス スペシャリスト合格

　　　　　　　　　　　　　　　　　　　　（Word・Excel）

<活かせる能力>

　　<u>迅速かつ正確な事務処理ができます。</u>

　　　　派遣就業のため残業が認められていなかったことから、就業時間内に迅速かつ正確な事務処理ができる能力を身につけました。

　　<u>お客さまの気持ちに沿った接客ができます。</u>

　　　　接客・販売職として、さまざまなタイプのお客様に接して参りましたので、お客さまが求めていらっしゃることをすばやく把握して的確な接客ができます。

※実際には上下左右に余白を十分とります。1枚に収まらない場合は複数枚でも差し支えありません。

労のモチベーションのアップにつなげることが期待されます。

③ハローワークへの就労支援員の同行

ハローワークに支援対象者が職業相談に訪問する際には、就労支援員が同行すると効果的です。初めてハローワークに出かける支援対象者は何かと戸惑いがありますので、就職支援ナビゲーターに支援対象者を紹介し、顔合わせをしてつないでいくことが、最初のスタートとして支援対象者の安心につながります。また、同行を機会に、ハローワークでの求人検索機の操作の仕方を教えることもできます。このような同行支援が、支援対象者との関係構築や、支援対象者のアセスメントにも有効な機会となります。

2　就労準備支援事業および就労訓練事業との連携

（1）就労準備支援事業

就労準備支援事業は、生活困窮者自立支援法に位置づけられる、一般就労に従事する準備としての基礎能力の形成を、計画的かつ一貫して支援する事業です。自立相談支援事業におけるアセスメントのなかで、一般就労に向けた準備（訓練）が必要であると判断された人を対象としています。「就労準備支援プログラム」を個人ごとに作成し、支援対象者個々の状況に応じて、目標達成を目指して支援が行われます。したがって、就労支援員は、本事業を担う事業所で支援にあたる職員と密に連携し、支援開始後は、利用状況を定期的・継続的に確認するなど連絡調整を図ります。本人を交えたカンファレンス等を計画的に開催しながら、支援対象者本人の取組み状況を丁寧に把握するとともに、その結果を次の支援につなげていく必要もあります。

（2）就労訓練事業（中間的就労）

就労訓練事業（中間的就労）は、社会福祉法人、NPO法人、営利企業等の自主事業として実施するものとされており、事業者が、生活困窮者に対して就労の機会の提供を行うとともに、就労に必要な知識および能力の向上のために必要な訓練等を行う事業を実施する場合、その申請に基づき一定の基準に該当する事業であることを、都道府県知事等が認定する仕組みとなっています。

就労訓練事業には、非雇用型（訓練計画に基づく就労訓練）と雇用型（雇用契約に基づく就労）がありますが、いずれの形態で就労するかの判断は、自立相談支援機関

が行います。

　就労訓練事業には、必ず、就労支援担当者を置くことになっています。就労支援担当者は、①就労支援プログラム（訓練計画の策定）、②支援対象者の就労状況の把握、助言、指導、③支援対象者に対する一般就労に向けた相談援助、④生活支援、健康管理の指導、⑤自立相談支援機関との連絡、などの役割を担っており、支援対象者を受け入れる職場と本人をつなぐ内部の調整、そして、自立相談支援機関など外部との調整を図るキーパーソンです。就労支援員と各事業所の就労支援担当者とは、積極的に連携を図り、支援対象者一人ひとりの状況に即して、支援を行っていく必要があります。

　就労訓練事業については、これを確保していくことが重要となります。社会福祉法人は、その社会的な使命と役割を踏まえて、こうした事業への取組みを積極的に行おうとする流れにあります。先進的に実践している社会福祉法人の就労支援担当者の協力を得ながら、より多くの社会福祉法人で、就労訓練事業を実施してもらえるよう働きかけていくのも、就労支援員その他の自立相談支援事業の支援員の役割です。NPO法人や企業についても同様です。このため、就労支援員はほかの支援員とともに、個別の求人開拓の機会や経営者等が集まる交流会等でのネットワークづくり、商工会議所等へのアプローチ、地元の人材ニーズの発掘など地域資源に対しアンテナを張る取組みを進める必要があります。また、先進的な事業については、その内容を発信し、関係者に周知していく工夫も求められています。

　自治体によっては、農業・林業・漁業の担い手不足や施設等の修繕など、さまざまな地域課題を解決する仕事を生活困窮者に担ってもらうということを企画するところもあります。本制度は「地域づくり」もその目標の一つとしており、自治体と自立相談支援機関が協働して「働く場」を開発していくことが大切です。これには、主任相談支援員と就労支援員が重要な役割を担います。

　なお、就労に向けた意欲等がもてず、就労準備支援事業の利用にも至らない場合などについては、意欲喚起の支援を就労支援員が提供することもあります。アセスメントと並行して、自立相談支援機関において意欲喚起のためのグループ活動などを開催しつつ、キャリアカウンセリングを行うことが効果的な場合もあります。

　なお、就労訓練事業の促進のため、生活困窮者自立支援法第7条第2項第3号に基づく事業として、都道府県に就労訓練アドバイザー（経営コンサルタント、中小企業診断士等の資格を有する者など）や、福祉事務所設置自治体に就労訓練事業所育成員（キャリアコンサルタント、産業カウンセラー等の資格を有する者など）を配置し、就労訓練実施事業所の開拓・育成を推進することが可能となっています。

3 　その他の機関との連携

　相談の結果、ハローワークでの求職活動開始までには少々の時間を要したり、支援対象者の状況に即した、より専門的な就労支援が必要であると判断されたときには、以下のような機関や専門職に連絡・紹介し、連携することができます。

（1）若者関係の就労支援機関
①わかものハローワーク
　全国には、おおむね35歳未満の若者を対象としたハローワークが設置されています。職業相談、職業紹介、セミナーなどを実施し、若者に特化した就職支援を実施しています。

②地域若者サポートステーション
　地域若者サポートステーション（愛称：「サポステ」）では、働くことに悩みを抱えている15～49歳までの若者に対し、キャリア・コンサルタントなどによる専門的な相談、コミュニケーション訓練などによるステップアップ、協力企業への就労体験などにより、就労に向けた支援を行っています。

　サポステは、厚生労働省が認定した全国の若者支援の実績やノウハウのあるNPO法人、株式会社などが実施しており、全国177か所に設置されています。

③若者就職支援センター（ジョブカフェ）
　若者就職支援センター（ジョブカフェ）は、地域の実情にあった若者の能力向上と就職促進を図るため、若年者が雇用関連のサービスを1か所で受けられるようにした就職支援のワンストップサービスセンターのことです。

　都道府県が、各都道府県の労働局、経営者協会等と連携し、30歳代までの若者を対象にした就職支援サービスを行っています。ハローワークコーナーが併設され、キャリアカウンセリングから職業紹介まで、一環したサービス提供により就職活動を支援しています。

（2）障害者関係の就労支援機関
①地域障害者職業センター
　地域障害者職業センターは、ハローワークと連携して、専門的な職業リハビリテー

ションを実施する機関であり、全国の都道府県に設置されています。障害のある人に対する職業評価、職業準備支援、障害のある人の円滑な職場適応を図ることを目的とした職場適応援助者（ジョブコーチ）による支援事業、精神障害者とその者を雇用する事業主に対して、職場復帰・雇用継続などに向けた専門的かつ総合的な支援、事業主に対する相談援助、地域における職業リハビリテーションネットワークの形成などを行っています。

②障害者就業・生活支援センター

障害者就業・生活支援センターは、就業およびこれに伴う日常生活、または社会生活上の一体的な支援を必要とする障害のある人を対象に、職業生活における自立を図ることを目的として設置されています。都道府県知事に指定された社会福祉法人、NPO 法人等により運営されており、就職準備支援、就職活動支援、職場定着支援、雇用管理等企業への助言等の支援が行われています。

③ハローワークの障害者専門窓口

ハローワークでは、障害のある人のために、専門の職員・相談員を配置し、ケースワーク方式により障害の種類・程度に応じたきめ細やかな職業相談・紹介、職場定着指導等、一貫した支援を実施しています。

（3）ひとり親関係の就労支援機関

①母子家庭等就業・自立支援センター事業

母子家庭等就業・自立支援センター事業は、母子家庭の母や父子家庭の父等の自立支援を図るため、就業相談、就業支援講習会、就業情報の提供等、一貫した就業支援サービスを提供することを目的として、都道府県、政令指定都市、中核市で実施されています。

就業準備に関するセミナー、養育費の取得率の向上のための特別相談なども実施しています。

②母子・父子自立支援員による支援

母子・父子自立支援員は、母子及び父子並びに寡婦福祉法に基づき、福祉事務所を設置する自治体に配置されている、母子家庭等を支援する職員です。母子家庭等の自立に向けた情報提供、支援を行うとともに、職業能力の向上や求職活動に関する支援を行っています。

③ハローワークにおける子育て中の女性等に対する就職支援

ハローワークでは、母子世帯に限らず子育て中の女性等の就職支援を行っています。子どもを連れて来所しやすい環境を整備した「マザーズハローワーク」のほか、ハローワークの中に「マザーズコーナー」を設置し、きめ細かな職業相談・職業紹介を行うとともに、自治体と連携して、保育関連情報の提供も行っています。

（4）高齢者関係の就労支援機関

①シルバー人材センター

シルバー人材センターは、高年齢者等の雇用の安定等に関する法律に基づいて事業を行う、都道府県知事の許可を受けた公益法人です。定年退職者などの高年齢者に、そのライフスタイルに合わせた「臨時的かつ短期的又はその他の軽易な就業」を提供するとともにボランティア活動をはじめとするさまざまな社会参加を通じて、高年齢者の健康で生きがいのある生活の実現と、地域社会の福祉の向上と、活性化に貢献することを目的に、市（区）町村単位に設置されています。

②ハローワークの生涯現役支援窓口

働きたい高年齢求職者の再就職支援のため、全国の主要なハローワークに「生涯現役支援窓口」を設置し、特に65歳以上の高年齢求職者に対して、本人の状況や高齢期の生活に応じた職業生活の再設計に係る支援や支援チームによる就労支援を重点的に行っています。

（5）社会福祉協議会、社会福祉法人との連携

就労に向けての意欲がなかなかもてない人、支援が長期化している人等に対しては、ボランティア活動や就労体験プログラムへの参加を通じて、就労準備を進めていく方法もあります。ボランティア活動や、就労体験プログラムなどへの参加により支援を行う際には、受け入れ先の担当者との相互理解や連携が不可欠であることは、いうまでもありません。ボランティア先の開拓や実施体制づくりに際しては、社会福祉協議会のボランティアセンターや、社会福祉法人との連携を検討してみてください。

なお、ここで注意したいことは、ボランティアへの参加を、有給労働ができないことの代償として求めることがないように徹底することです。ボランティア活動は、「自発性」をその理念としており、誰かの求めで「強制的に参加させられる」ものではありません。就労支援の流れにおけるボランティア活動への参加は、「無給労働（アンペイドワーク）」を通じて、社会参加の機会をつくるとともに、人や地域に貢献すること

によって誰かの役に立つことを実感することを通じて、自尊感情、自己有用感を醸成するために有効であるといわれています。また、ボランティア活動の場や機会はできるだけ複数準備して、支援対象者自身が選択し、何度でもチャレンジできるような柔軟性を備えておくことが、支援対象者が自分に合った働き方を自分自身で見きわめていく契機とするためにも大切です。

（6）庁内の専門職との連携

就労支援員が実施できるその他の支援としては、生活リズムや日常生活習慣の改善支援、障害者手帳の取得支援等が考えられます。これらは、保健師、福祉事務所の担当職員などの専門職員と連携しながら行うことが大切です。

就労に向けた支援を行うなかで、支援が思うように進まないときほど、解決すべき課題をみきわめるチャンスとなります。目標を達成することばかりにとらわれず、目標に向かって支援対象者とともに小さなステップを重ねていくなかでのさまざまな経験や、そこでの気づきを大事にできる支援者であってほしいと思います。

4　就労支援に必要とされる労働関係法令の知識

就労支援を進めるにあたっては、支援対象者の労働者としての権利が守られるなかで、それぞれの就労が実現できるように、労働関係法令を理解しておくことが求められています。ここでは、生活困窮者自立支援制度にかかわる支援者に必要とされる労働関係法令をご紹介します。

（1）雇用に関連した法律
①雇用保険法

相談の過程で、失業給付の質問がよくあります。離職した際のハローワークへの手続き（離職票の提出等）、基本手当の受給資格要件、手当の額、支給期間等に関する質問です。基本手当の額は、離職前賃金額のおおむね5～8割、給付日数は、年齢、被保険者期間、離職理由等に応じ90～360日となっています（図表6-5）。

また、失業すれば、自動的に基本手当が受給できるわけではなく、労働の意思および能力があり、求職活動をし、4週間に1回の認定日に失業の認定を受けることが必要であることもよく伝えておきます。また、自己都合対象により離職した場合には2か月間（過去5年間に2回以上自己都合で離職している場合は3か月間）、重責解雇で

図表6-5 基本手当の所定給付日数

① 契約期間満了、定年退職、自己の意思で離職した方（②および③以外の全ての離職者）

離職時の年齢 ／ 被保険者であった期間	10年未満	10年以上20年未満	20年以上
全　年　齢	90日	120日	150日

② 倒産、解雇、一定の要件を満たす雇止めで離職された方（③を除く）

離職時の年齢 ／ 被保険者であった期間	1年未満	1年以上5年未満	5年以上10年未満	10年以上20年未満	20年以上
30歳未満	90日	90日	120日	180日	―
30歳以上35歳未満	90日	120日	180日	210日	240日
35歳以上45歳未満	90日	150日	180日	240日	270日
45歳以上60歳未満	90日	180日	240日	270日	330日
60歳以上65歳未満	90日	150日	180日	210日	240日

※一定の要件を満たす雇止めにより離職された方に②の表が適用されるのは暫定措置です（令和4年3月31日までの間に離職された方が対象）。

③ 障害者等の就職が困難な方（ご本人からの申し出が必要となります）

離職時の年齢 ／ 被保険者であった期間	1年未満※	1年以上
45歳未満	150日	300日
45歳以上65歳未満	150日	360日

※「1年未満」欄は、②に該当する理由またはその他やむを得ない理由により離職された方にのみ適用されます。

離職した場合は3か月間の給付制限期間があります。

②職業能力開発促進法、求職者支援法（職業訓練の実施等による特定求職者の就職の支援に関する法律）

　これらの法律は、働く人たち（求職者を含む）に職業訓練を受講させ安定した職業に結びつけることなどを目的とする法律です。職業訓練を通じて新たに技能・技術を身につけることは就職にあたっての大きな武器となります。相談の過程では、若年者や女性に職業訓練の受講を勧めることがあります。訓練は、希望者のニーズに応じて訓練科目などが細かく提供されていますので、内容、開始時期、場所などを確認して情報提供します（具体的な申請手続きは、主にハローワークで行います。）。また、求職者支援法による求職者支援制度では、離職して雇用保険を受給できない人、収入が一定額以下の在職中の人が、月10万円の生活支援の給付金を受給しながら、無料の職業訓練を受講できます（図表6-6）。

図表6－6　職業訓練の概要

種　類	実施機関	対象者	主な訓練職種	給付内容	根拠法
1．公共職業訓練	㈱高齢・障害・求職者雇用支援機構職業能力開発促進センター(ポリテクセンター)、都道府県職業能力開発校、民間教育機関等	雇用保険受給者、就職困難者等（障害者、母子家庭の母等）	NC旋盤、金属加工、情報ビジネス、介護サービス、ソフトウェアプログラマー等		
2．教育訓練給付金	民間教育機関	雇用保険に3年以上（初回利用は1年以上）加入していること	医療事務、FP、宅建、社労士等	受講経費の2割を支給（上限10万円） ※受講修了後に給付金の申請を行う。	雇用保険法
3．求職者支援訓練（基礎コース・実践コース） ※基礎コース：基礎的能力を習得する訓練 ※実践コース：基礎的能力から実践的能力まで一括して習得する訓練	民間教育機関	雇用保険を受給できない者	OA事務、医療事務、介護サービス、ソフトウェアプログラマー等		

③障害者雇用促進法（障害者の雇用の促進等に関する法律）

この法律は、障害者が職業生活において自立することを促進するための措置を総合的に講じることで、障害者の職業の安定を図ることを目的としています。すべての事業所は、従業員の一定割合（＝法定雇用率。民間企業においては、2.3％）以上の障害者を雇用することが義務づけられています。また、地域のハローワークには、障害者専門の職業相談・紹介窓口があり、さまざまな支援を行っています。

④高年齢者雇用安定法（高年齢者等の雇用の安定等に関する法律）

この法律は、働く意欲のある高齢者の方々がその能力を十分に発揮し、継続して活躍できる環境整備を図っていくことを目的としています。わが国の高齢者における身体機能は向上し、平均寿命と健康寿命も伸びてきています。そうしたなか、高齢者の多様なニーズに応えられるさまざまな選択肢として、定年制の廃止、定年年齢の引き上げ、継続雇用制度の導入のほかに、雇用によらない創業支援等措置（業務委託や社

会貢献事業）により、高年齢者の雇用確保等を図ることを内容としています。

（2）働く人の保護等に関連した法律

　この分野の主な法律には労働基準法、労働安全衛生法、労働者災害補償保険法、最低賃金法等をあげることができます。働く人々の労働時間、職場環境、賃金等を守る役割がこれらの法律にはあります。労働者を守るルールとして、これらについて知っておく必要があります。なお、就労訓練事業等で非雇用型の場合、これらの法律は適用されませんが、安全衛生面などについては適切な配慮が求められます。

①労働基準法

　この法律は、労働者が健康で安心して働けるよう、これだけは守らなければならないという労働条件の最低基準を定めることを内容とした法律です。

> ・労働条件の基本原則
> ・労働契約（契約期間や解雇制限）、就業規則（労使対等の立場）
> ・賃金（賃金の支払い等）
> ・労働時間（法定労働時間1日8時間・1週40時間、休憩・休日等の設定）

②労働安全衛生法

　この法律は、事業主が行う労働者の安全と健康を確保するために必要な安全衛生管理体制、危険・有害物の規制、労働者の健康管理等を規定する内容で、労働基準法と一体的な関係にある法律です。

③労働者災害補償保険法

　この法律は、業務上の事由または通勤による労働者の負傷、疾病、障害、死亡等について、補償を行うためのものです。労働災害が発生した際は、労働基準監督署に保険給付の請求を行います。

④最低賃金法

　就労支援のなかでは、賃金の話も出てきます。都道府県ごとに最低賃金の額が決められており、事業主は最低賃金額以上の賃金を支払わなければなりません。賃金額や賃金の遅配に関する相談には、近くの労働基準監督署を案内します。この法律も労働

基準法と一体的な関係にある法律です。

⑤労働契約法

この法律は、個別労働関係紛争を防止し、労働者の保護を図りつつ、個別の労働契約の安定に資することを目的として、労働契約に関する基本的な民事ルールを定めた法律です。労働契約が使用者および労働者の対等の立場における合意に基づいて締結・変更されるべきものであることや、解雇権の濫用に該当する解雇については無効とされること等が定められています。

⑥男女雇用機会均等法（雇用の分野における男女の均等な機会及び待遇の確保等に関する法律）

この法律は、1985（昭和60）年に、前身となる勤労婦人福祉法が改称されて制定されたもので、性別による差別や女性労働者の婚姻・妊娠・出産等を理由とした不利益取扱いの禁止、セクシャルハラスメント対策、妊娠・出産等に関するハラスメント対策、母性健康管理措置、ポジティブアクション（企業における男女間の格差解消のための積極的取組み）等を規定しています。

⑦パートタイム・有期雇用労働法（短時間労働者及び有期雇用労働者の雇用管理の改善等に関する法律）

この法律は、パートタイマーや契約社員といった短時間・有期雇用労働者の適正な労働条件の確保、雇用管理の改善等を講ずることにより、通常の労働者との均衡のとれた待遇の確保等を図ることを目的としています。短時間・有期雇用労働者を雇用する事業主は、通常の労働者との間のあらゆる待遇について、不合理な差を解消すること等が求められます。

（3）各種助成事業等

①特定求職者雇用開発助成金

特定就職困難者コースでは、高年齢者（60歳以上65歳未満）や障害者などの就職が特に困難な者を、ハローワークまたは民間の職業紹介事業者等の紹介により、継続して雇用する労働者として雇い入れた事業主等に対して助成します（図表6－7）。

②トライアル雇用助成金

新型コロナウイルス感染症の影響で離職し、離職期間が3か月を超え、かつ、就労

■概要

　高年齢者や障害者などの就職が特に困難な者の雇用機会の増大を図るため、これらの者をハローワークや民間の職業紹介事業者などの紹介により、継続して雇用する労働者として雇い入れる事業主に対して助成する制度。

■助成内容等

助成金の種類	対象労働者	助成内容※	
		助成対象期間	支給額
特定就職困難者コース	高年齢者（60歳以上65歳未満） 母子家庭の母等 障害者　　等	1～3年	30～240万円 （2～6期に分けて支給）
生涯現役コース	65歳以上の離職者	1年	40～70万円 （2期に分けて支給）
被災者雇用開発コース	東日本大震災による被災離職者・被災地求職者	1年	30～60万円 （2期に分けて支給）

※助成対象期間や支給額は、対象労働者、企業規模等によって異なる。
※支給額は、支給対象期（6か月）ごとに対象労働者が行った労働に対して支払った賃金額を上限とする。

■予算及び実績

	平成27年度	平成28年度	平成29年度	平成30年度	令和元年度	令和2年度
予算額	864億円	812億円	748億円	520億円	512億円	573億円
実　績	659億円	524億円	445億円	480億円	－	－

第6章

　経験のない職業に就くことを希望する求職者を、ハローワークまたは民間の職業紹介事業者等の紹介により、1週間の所定労働時間が20時間以上30時間未満で一定期間試行雇用する事業主に対して助成します（図表6－8）。

トライアル雇用助成金

令和4年度要求額 29.3億円 (29.7億円)

（新型コロナウイルス感染症対応（短時間）トライアルコース）

■ 概要

　新型コロナウイルス感染症の感染拡大の影響により離職を余儀なくされた者（シフト減により同様の状態にあるとみなされるものを含む）であって、離職期間が3か月を超え、就労経験のない職業に就くことを希望する者の早期再就職支援を図るため、一定期間（原則3か月）試行雇用する事業主に対して、試行雇用期間中の賃金の一部を助成する。

　　　　　　　　　　　　⇒ 労働者が新たな職業に対応できるようになるまでの間の事業
　　　　　　　　　　　　　　主の負担を軽減し、異なる分野への円滑な移動を支援。

■ 助成内容等

対象労働者	本人の希望	所定労働時間	支給額
令和2年1月24日（※）以降に離職した者等であって、離職期間が3か月を超え、就労経験のない職業に就くことを希望する者 （※）雇用調整助成金による特例措置の適用開始日	常用雇用	週30H以上	月額4万円
	短時間労働	週20H以上 〜30H未満	月額2.5万円

■ 助成のイメージ

トライアル雇用開始　　　　　　　本雇用契約　締結

| トライアル雇用
有期雇用契約（原則3か月） | 期間の定めのない雇用
（常用または短時間） |

└──賃金の一部を助成

〈参考：トライアル雇用助成金（一般トライアルコース）〉

○職業経験の不足などから、安定した職業に就くことが困難な求職者※について、常用雇用への移行を目的に、
　一定期間（原則3か月）試行雇用する事業主に対して、月額4万円助成。（30時間未満は助成対象としない）

※2年以内に2回以上離転職を繰り返している者、離職している期間が1年超の者、育児等で離職し安定した職業に就いて
　いない期間が1年超の者、フリーターやニート等で55歳未満の者、特別の配慮を要する者（生活保護受給者等）

参考文献

・『社会福祉学習双書』編集委員会編『貧困に対する支援』全国社会福祉協議会，2021.
・社会福祉士養成講座編集委員会編『新・社会福祉士養成講座⑱就労支援サービス（第4版）』中央法規出版，
　2016.
・朝日雅也・布川日佐史編著『就労支援（第2版）』ミネルヴァ書房，2013.
・『厚生労働白書 令和3年版』2021.
・社団法人日本社会福祉士会『ソーシャルワーク視点に基づく就労支援実践ハンドブック』中央法規出版，
　2010.

コラム　就労支援の実際①―環境支援型就労支援

一般社団法人草の根ささえあいプロジェクト／名古屋市若者・企業リンクサポート

渡辺ゆりか

なごやモデル──「仕事に人を合わせる」から「人に仕事を合わせる」就労支援

　私たちが支援現場で日々出会う相談者の方々は、既存の「働く」という枠組みに適応できず、短期離職の繰り返しや、長期の未就労状態から困窮に陥っています。それらの方々を、訓練等により企業の望む働き方や業務に適応させていく、既存の「仕事に人を合わせる」就労支援は、キャリアアップ型の能力開発には有効かもしれませんが、職場に自分を合わせることが難しく、職場環境の不適応によって能力の発揮を阻まれ、結果大きなストレスを抱えてきた方々には、かえってリスクになりかねません。相談者の自立や自尊心の回復につなげるには、「人に仕事を合わせる～なごやモデル～」の就労支援が有効です。

＜なごやモデルが有効な方の特徴＞
① 　できることとできないことに、大きく偏りがある
② 　社会の環境（人間関係・職場のルール・文化・物理的環境）に臨機応変に適応しづらい
③ 　これらの生きづらさを人に理解されにくく、人間関係のトラブル等につながりやすい

「なごやモデル」で大切なアセスメント

　訓練によって適応を目指すのではなく、本人の強みにスポットを当てて、苦手やできないことは環境調整をしていくのが「なごやモデル」です。そのためにはまず「アセスメント（相手を深く知ること）」が重要になります。そしてアセスメントは、相談者だけでなく「企業」にも行うことが大切です。

企業を知るための四つの文化

　「企業の文化性と、本人の文化性の相性がよいこと」は長期就労実現における一番のポイントです。企業が長年培ってきた文化を脅かさないマッチング、相談者の持ち味が否定されないマッチングを行い、両者の相互理解・相互成長につなげていくことが大切です。なごやモデルでは、企業の文化を四つにわけて特徴をつかんでいます。

四つの企業文化

①	チームワーク	チーム力や協働性に対する関心が高い
②	意欲・自主性	仕事の姿勢に対する関心が高い
③	成果・正確さ	成果や品質に対する関心が高い
④	組織・ルール	組織の体制や帰属に対する関心が高い

「決め手」の環境調整

　お互いの文化性が一致すると、信頼関係をベースとした職場のナチュラルなサポートのなかで、相談者の能力が活かされはじめます。しかし、そもそも適応に対して困難を抱える方々も多いため、念押しの環境調整はとても有効です。相談者にとって大きな躓きになるのは、仕事面よりむしろ、人間関係やコミュニケーションです。そのため環境調整は、ハード面だけでなく、企業も導入のしやすいソフト面を積極的に取り入れていきます。

＜環境調整の例＞
・こまめに声かけをしてくれる人をつくる
・メールやホワイトボード、日報などを用いた報連相（ほう・れん・そう）の仕組み
・視覚情報を用いたマニュアルの作成　など

信頼関係をベースにした、企業とチームの就労支援——プロフィールシート・見学・実習

　従来の就労支援では履歴書等の添削により、プラス面をいかに企業にアピールするかに焦点が当てられてきました。しかし、なごやモデルでは、プラス面マイナス面、両方を同等に記載した「プロフィールシート」を作成します。相談者がその企業で働くうえで大切な要素すべてを、企業側に一番はじめの段階で伝えること。そのうえで、きちんと理解を得ることを、なごやモデルでは長期就労につなげる大切なポイントと見ています。プロフィールシートをベースに、企業に相談者の人となりを紹介する機会を丁寧につくり、可能であれば見学や実習といった時間をともにするタイミングを増やすことで、"探り合い"ではない「信頼関係をベースにした雇用の入り口」をつくっていきます。

＜プロフィールシートのポイント＞
① プラス面を書き出し、どのように職種に活かせるかを表現する
② マイナス面を書きだし、どのような環境的配慮でカバーできるかを表現する
③ 対象者の人となりを表すエピソード（物語）を豊かに添える
④ 見やすい文字の大きさで A4 1枚にまとめる

"就労困難者と企業が潜在的な可能性を引き出し合う姿"を日常にする仕事

　なごやモデルのなかで、私たちは「使えない」「トラブルメーカー」などといわれてきた方々が、職場で活躍し出す姿をたくさん見てきました。また、企業側が受入れの工夫や環境調整をした結果、職場のチーム力が上がり、売上げの向上、離職率の低下など、企業の価値が上がっていく場面も見てきました。

　就労困難者といわれていた方々が、職場で「なくてはならない人になる」ことから始まるこの豊かな連鎖は、相談者や企業だけでなく、やがて地域の抱える長期的なリ

スクの解決にもつながっていくと確信しています。その担い手である私たちの仕事
は、とてもダイナミックでクリエイティブで豊かです。ぜひ楽しみましょう。

＊本コラムで紹介されている「環境支援型就労支援」の詳細は、厚生労働省ホームページ、令和２年
　度生活困窮者自立支援制度人材養成研修　就労支援員・就労準備支援事業従事者養成研修実践報告
　資料「就労支援の考え方と実施方法」をご覧ください。(https://www.mhlw.go.jp/content/
　12000000/000777702.pdf)

コラム　就労支援の実際②―働くことを応援する就労支援

東近江圏域働き・暮らし応援センター "Tekito-"

野々村光子

「働きたい」だけではない彼らの気持ち

　働くことに少しの工夫や経験が必要な人たちにとって、企業就労を目指すということは、目の前に終わりの見えない階段が現れる感覚なのかもしれません。そう考えると「働きたい」という一言はそんな階段を前にして発しなければならないとてもハードルが高い言葉であることがわかります。私たちは「働きたくない」「働かなければならない」という気持ちが存在することを知ったうえで、目の前にいる人に向き合わないといけないと日々感じます。

地域性を知る

　私が取り組む地域は、集落と集落の間に山が存在する高齢化と過疎化が進む地方です。よくいえば集落のなかで知らない人はいない顔の見える関係が息づく地域です。一方でその関係性とは、世間体をとても大事にしてこられた地域であるともいえます。学生を卒業すると地元企業へ就職をするという人生の階段が王道とされ、所属をもたない、働いていない時間は世間の噂になり、家族はそんな世間から本人を守るように、時には本人自ら隠れるように自宅のみでの時間が流れ始めます。

　「働き・暮らし応援センター」、私の所属する機関の名称です。家族にとって「働く」という言葉は安心のキーワードになると本人を心配するお母さんに教えてもらいました。私たちは、働けるか・働けないかを窓口の基準にせず、「働く」というワードだからドアをノックして来られた方の手を握ることを大事にしたいと思っています。

本人のコトを知る

　長い時間、働くことや他人との会話、外の風に吹かれていない彼らの得意や苦手を知ることは、間に求人票を置いても見えないことを実感しました。

　そんなとき、地元図書館の緑化管理作業の依頼を受けました。大きな庭の剪定から草むしりまで作業が盛りだくさんでしたが人手が足りない……私は自宅で過ごす彼らにそのままを話し「手伝って欲しい」と頼みました。「草むしりなら」と集まってくれた彼らとの作業時間は、挨拶はしないけれど丁寧な草集めができるなど得意を発見する大切で貴重な時間になりました。そして作業が終わり、彼らから出た「次はいつや？」という言葉から、働くとは人生に予定が入ることであると教わりました。そして15年間、地域の困りごとを救う団体として「Team 困救」を受け皿に、田んぼの草刈りや山の整備、企業からの封入作業など多くの仕事に彼らと取り組んでいます。

地域がデッカイ応援団

　「Team 困救」での時間のなかで、私たちは本人の素敵を見つけ本人自身は働くことへの憧れを見つけます。そして、彼らの多くが地元企業での働きへ卒業して行き、時々、「Team 困救」の現場へ顔を出してくれます。自分にとってちょうどいい働き方、生き方を見つけるまでの時間に多くの人が彼らのことを知ります。それは彼らに多くの知り合いができるということになります。

　働くことを応援するとは「人生は階段ではなく長い廊下である」といえる彼らを含めた地域づくりであると学びます。

コラム　就労支援の実際③―就労支援を通じた地域づくり

一般社団法人釧路社会的企業創造協議会

櫛部武俊

常識を覆した自立支援

　地域経済の衰退で生活保護受給世帯が増加し続けていた釧路市は、2003（平成15）年、国の「経済的自立・社会生活自立・日常生活自立」という生活保護の三つの自立に基づき、常識を覆した自立支援を始めました。

　ハローワークでの一般就労に至る前に公園整備や動物園での軽作業、病院での話し相手などボランティア活動に参加することがそれです。地域の協力で取り組まれ、日々通うことで受給者の居場所になり、自尊心が育まれる小さなドラマが日々起きました。この営みを、一般就労でも家で悶々としているわけでもないので「中間的就労」と当時呼んでいました。

釧路社会的企業創造協議会の誕生

　2005（平成17）年から国は、自立支援プログラムの策定を全国の福祉事務所に求め、多様なプログラムが生まれました。

　自立支援プログラムの経験を生かし、報酬が払える仕事づくりを目的として（一社）釧路社会的企業創造協議会が生まれ、漁網の整網作業を生活保護受給者と始めました。この分野はなり手がいません。編む技術と経験がものをいう成果報酬型なので、生活保護で支えられながら編む技術を身につけました。漁業の盛衰に左右され、報酬も作業量も変動しましたが約10年を経て10名ほどで年間1300反の製造と240万円ほどを稼ぎ出しています。

　地場産業の隙間を埋め、整網技術を継承して支える側に回る支援の循環になりました。納期を守るのが彼らの誇りで、業界の信用がそこにあります。

釧路社会的企業創造協議会の取組み

　生活困窮者自立支援制度が施行され、地域共生社会への諸施策が打ち出されたころ地域の関係者が集まり、地域食堂・子ども食堂の部会、音別部会などが立ち上がりました。

　2005（平成17）年に釧路市と合併した旧音別町の人口は2800余名、それから17年余の現在は1600余名となり限界集落化し始めています。音別町に転居し、カフェを営む看護師のまわりに離農農家の方が集い音別の未来を話し合っていました。そこで、漢方薬栽培話をもちかけたところ「音別は蕗だ。蕗で盛り上げたい」と一蹴されました。地場の蕗に彼らの誇りを感じ、取り組む確信が逆に湧きました。2017（平成

29年）年3月に銀行・行政・障害者施設・企業、クリエーターなど多様なプレイヤーが参加する音別部会、5月には（一社）音別ふき蕗団を結成しました。「蕗で音別町が有名になり……どんな人も自信をもって生き生きと暮らせる」のが目標です。3か年で40tの生蕗を無農薬で栽培することを目標にしました。雑草取り、防虫などのために不織布で圃場を覆うなどの蕗栽培作業は生活困窮者、ひきこもりの若者、地域の障害者施設の障害者、生活保護自立支援プログラムの参加者で行っています。

地域づくりの新しいベクトルとして

　2020（令和2）年から生蕗を九州の生協をはじめ市内・北海道内に出荷できるようになりました。居場所づくりと加工等による通年雇用と地域活性化を目指し、音別ふき蕗団は製造・流通・販売の新たなフェイズを迎えました。音別の良質な水で育ち体にやさしい蕗をブランディングするとともに関係人口づくり、新しい出会いをそれぞれの局面で不断に広げる包摂性がこのステージを左右する根幹になってきました。音別ふき蕗団の取り組みは属性や年齢対策などではなく「どんな人も生き生きと暮らす」ために持ち味を発揮し、その活性化で地域を支える参加支援、活躍支援であり、地域づくりの新しいベクトルとなっています。

コラム　就労支援の実際④—企業との関係づくり

A´ワーク創造館（大阪地域職業訓練センター）

西岡正次

就労支援の射程—インクルーシブな企業や地域づくりへ

　拡大する就労困難者を対象に豊中市で就労支援が始まったのは生活困窮者自立支援制度が誕生する7年前。雇用の仕組みや慣行が変容し、非正規雇用の拡大やワーキングプアなどが社会問題化するなか、就労の問題を一気に噴出させたリーマンショックの少し前でした。果たして、わが国の「働く」仕組みや慣行は再生できるのだろうか、誰もが当事者として不安を募らせました。

五つの取組み

　豊中市の挑戦を振り返ると、健康や障害、収入、家族等をめぐる相談と一体となった就労支援を進めながら、第一に取り組んだ課題が相談者が目指す職業生活（「キャリア」という）の模索・形成に向き合う支援の改革でした。雇用市場の求人に安易に頼るのではなく、企業・働く場との連携、職場環境調整等による継続した支援が欠かせないと考え、市独自に無料職業紹介が始まりました。「履歴書と面接」という一般的な求職活動ではなく、就労体験等を介した「履歴書・面接の要らない」求職準備活動が可能になりました。第二に、支援つき雇用（日払あるいは数か月から1年の有期）というキャリアステップに対応した支援の展開です。リーマンショック後の緊急雇用対策を利用し、相談者の希望や特性、キャリアステップ等に対応した仕事内容や職場環境等を企業ごとに調整する「支援つき」の働き方を一気に拡大させました。この過程で優秀な企業支援スタッフが育ち、多様な相談者の強みや働き方を企業に通訳できる相談支援員経験者が活躍しました。第三に障害者や高齢者、ひとり親、女性、若者（ひきこもりや無業等）、生活保護利用者など、制度（分野）別に始まっていた就労支援との役割分担です。制度別支援は「福祉や保健医療等の各サービスを利用しながら」、雇用市場（求人）につなぐ内容が一般的で、早期離職の族生に悩まされていました。体験等を含め「働きながら、就労を準備する」あるいは「働く場と連携した」支援プログラムを示し庁内連携を推進していきました。第四に中核市移行に伴う保健所設置によってメンタルヘルスと連携した就労支援が拡充しました。就労準備支援に対する保健医療サイドの理解が進んだほか、うつ等に特化した就労移行支援サービス等の誕生などを応援しました。第五に個別支援の内容拡充から多様な庁内外の連携を経て、インクルーシブな企業づくりを就労支援の課題に掲げました。企業との関係が個別支援レベルの協力や調整から、無料職業紹介登録企業のネットワーク化を進め、国の地域雇用創造等の事業を利用し企業の人材開発（就労支援の機能と重なる内容が多い）を

積極的に応援しました。

支援のさらなる重層化を

生活困窮者自立支援制度が打ち出した就労支援は、個々の就労実現だけではなく、相談者が目指すキャリアの模索・形成に寄り添うこと、すなわちさまざまなステップで悩み迷ったときに依存できる断らない相談や希望実現の多様な選択肢を用意することではないでしょうか。「キャリア形成の孤独・孤立」が特に深刻だといわれるわが国にあって、同市の後輩たちの取組みを厳しく見守りたいと思います。今後「働きながら、仲間とともに、次のキャリアステップを準備する」支援や「働きながら、学び（訓練を利用し）、次を準備する」支援がさらに重層化することを期待しています。

※豊中市の取組み：同市ホームページのくらし支援課
https://www.city.toyonaka.osaka.jp/joho/kakubu/shiminkyoudou/kurashi
_shien.html

第7章 任意事業の展開

任意事業の意義と実施に際しての留意点

1 任意事業の意義

　生活困窮者自立支援制度には、就労準備支援事業、家計改善支援事業、一時生活支援事業、子どもの学習・生活支援事業といった、任意事業が位置づけられています。これらの任意事業には、次のような意義があります。

　第一は、自立相談支援事業による相談によって明らかにされた、支援対象者のさまざまな課題の解決を図る場や機会となることです。

　第二は、各事業の支援員が支援対象者とともにすごす時間が相対的に長く、支援対象者の現状や変化にふれる機会が豊かにあることから、きめこまかな本人理解（アセスメント）が可能になることです。

　第三は、各事業の支援を通じて、制度利用者の新たな支援ニーズを把握することができることです。第四は、事業を実施する自治体、各事業の支援を担う支援員、受託する事業者が、各地域状況に即して支援を展開することができることです。

2 任意事業実施に際しての留意点

　任意事業を実施するにあたっては、次のようなことを留意してすすめる必要があります。

　第一は、自立相談支援事業と各任意事業を、有機的に実施していくことです。各事業を独立したものとして分断せず、自立相談支援事業における支援と各任意事業における支援を連続的に考えていくことが大切です。

　特に、自立相談支援事業、就労準備支援事業、家計改善支援事業は、一体的に実施することにより、支援効果の向上が認められており、積極的に実施していくことが推奨されています。

　第二は、各任意事業における支援対象者のアセスメントを、自立相談支援事業における支援に活かしていくことです。各任意事業における目標達成や終結などの、結果のみならず、支援のプロセスで得られた本人理解やアセスメントの内容こそが、生活困窮者自立支援制度における支援を、総体としてよりよく進めるうえでの「宝」にな

ることを忘れてはなりません。

　第三は、福祉事務所設置自治体内での、自立相談支援事業と各任意事業の支援員が、それぞれの役割や支援の現状を理解するための場を、必ずもつようにすることです。相互理解をうながす場や機会があって初めて、有機的実施が確実なものになっていきます。

3　生活困窮者と生活保護受給者に対する支援の一体的実施

　生活困窮者自立支援制度における任意事業は、図表７－１のとおり、被保護者に対しても同等な事業として生活保護法に位置づけられ、実施されています。

　ご承知のとおり、生活困窮者自立支援制度と生活保護制度における「自立」や「自立支援」の考え方は同様であり、本人の意思を尊重した自立支援を目指しています。今後は、両制度における事業を、できるだけ切れ目なく一体的に行うことが期待されています。

図表７－１　生活困窮者自立支援制度と生活保護制度に基づく事業の関係

生活困窮者自立支援制度に基づく事業	生活保護法に基づく事業
自立相談支援事業 （生活困窮者自立支援法第３条第２項）	被保護者就労支援事業 （生活保護法第55条の７）
就労準備支援事業 （生活困窮者自立支援法第３条第４項）	被保護者就労準備支援事業 （生活保護法第27条の２に基づく予算事業）
家計改善支援事業 （生活困窮者自立支援法第３条第５項）	被保護者家計改善支援事業 （生活保護法第27条の２に基づく予算事業）
子どもの学習・生活支援事業 （生活困窮者自立支援法第３条第７項：生活保護世帯の子どもも対象とする）	

（新保作成）

第７章

第１節　任意事業の意義と実施に際しての留意点　　301

1 就労準備支援事業の概要と意義

　就労準備支援事業は、生活困窮者自立支援法第3条第4項に規定されている、「雇用による就業が著しく困難な生活困窮者（当該生活困窮者及び当該生活困窮者と同一の世帯に属する者の資産及び収入の状況その他の事情を勘案して厚生労働省令で定めるものに限る。）に対し、厚生労働省令で定める期間にわたり、就労に必要な知識及び能力の向上のために必要な訓練を行う事業」です。

　生活困窮者自立支援制度の創設以来、就労準備支援事業は、各福祉事務所設置自治体の創意工夫により、さまざまな状態像の支援対象者を受入れ、多様な支援メニューを準備することにより、支援対象者の日常生活、社会生活、就労の三つの側面での自立を促し、一人ひとりのもつ可能性を広げる新たな支援を展開してきました。

　就労準備支援事業の意義としては、次のようなことがあげられます。

　第一は、さまざまな状態像の支援対象者を受け入れることができる、多様なメニューを準備できることです。就労準備支援事業を利用する支援対象者のなかには、疾病や障害、居住環境等の影響から、生活習慣の形成ができない方や、他者とのかかわりに不安を抱えておりコミュニケーションがうまくできないなど、社会参加するための準備が必要な方、自尊感情や自己有用感を喪失しており、一歩踏み出す自信を失っている方などがおられます。

　こうした多様な状態像の支援対象者に合わせて、ワークショップ、セミナー、職場見学、就労体験、就職に向けた模擬面接や応募書類作成支援、ボランティア活動への参加、就農訓練事業、社会福祉法人等の福祉専門職との連携支援事業など、多様なメニューを準備し支援することによって、一人ひとりの状況に即して、就労の機会に結びつけることができます。

　第二は、オーダーメイド型の支援によって、一人ひとりに合わせた多様な就労を目指すことができることです。就労準備支援事業では、支援対象者のニーズにあわせて、必要なメニューを開発・開拓するとともに、それを組み合わせて支援を実施するオーダーメイド型の支援を実施しています。

　多様なメニューによる体験や学習の機会は、多くの支援対象者に、自信を取り戻したり、自分自身の適性を理解したり、働くことの具体的なイメージを獲得したりする

などの変化をもたらしています。そして、そのことが、認定就労訓練事業の利用、一般就労に向けた就職活動の開始、就労準備支援事業の利用中にかかわった事業所での一般就労など個々に応じた多様な就労につながっています。

第三は、就労体験等の場づくりが、地域づくりにつながる取り組みになっていることです。例えば、観光業界からの依頼を受けて地域行事に向けた準備をしたり、商店街の空き店舗を使って農産物や食品等の販売を行う就労体験などは、地域の活性化に結びついています。また、担い手が不足している農業、漁業、林業などの第一次産業や、観光業等との協働は、広域的に人材を確保することも含めて、人材不足の解消に寄与しています。

2 就労準備支援事業を進めるうえでの留意点

就労準備支援事業を進めるうえでは、次のことに留意する必要があります。

第一は、自立相談支援事業はもとより、家計改善支援事業との一体的実施を心がけることです。自立相談支援事業の支援員は、就労準備支援事業の支援員と、密に事業の内容や支援対象者の状況を共有し、就労準備支援事業における支援で把握された本人の状況や変化を、自立相談支援事業総体の支援に活かしていく必要があります。

家計改善支援事業との協働は、今後の家計を含めた生活の見通しをもつことにつながり、どのような働き方をするかを具体的に検討したり、就労することへの意欲を高めるなどの効果が生まれます。

第二は、一人ひとりに合わせたオーダーメイド型の支援を基本とすることです。準備できるメニューに参加できる人だけが利用できる就労準備支援事業は、生活困窮者自立支援制度が求める本来の就労準備支援事業とは異なるものです。どのように、オーダーメイド型の就労準備支援が実施できるかは、厚生労働省のウェブサイト「人材養成研修 等」（https://www.mhlw.go.jp/stf/seisakunitsuite/bunya/0000073227. html）に掲載されている、過去の国研修「就労支援員・就労準備支援事業従事者養成研修」等の研修資料や、同ウェブサイトの「就労準備支援事業事例集」などが参考になります。

オーダーメイド型の豊かな支援が実施できるよう、人材養成研修等に参加した際のネットワークを活かして、就労準備支援事業の受託者だけでなく、自治体担当者、自立相談支援機関の各支援員とともに、検討していただきたいと思います。

第三は、「多様な働き方」を念頭におき、支援を行うことです。「一般就労」に就い

たり、「一般就労」の就労体験をすることだけが、就労準備支援事業の目標ではありません。また、支援対象者が望まない体験やプログラムを無理に勧めることのないようにする必要があります。多様な状態像にある支援対象者を、かけがえのない一人の人間として受けとめ、その人のペースでともに歩みながら、さまざまな可能性を見出す就労準備支援を心がけてください。

第3節 ┃ 家計改善支援事業

1 生活困窮者と家計改善支援

　家計改善支援事業とは、家計収支の均衡がとれていないなど、家計に課題を抱える人への相談支援を行う事業です。利用者の多くは、生活困窮に至る背景や原因がさまざまに絡み合い、課題は多様に重なり合っています。そのため、今対処しなければならない困りごとに意識が集中してしまい、そもそもの課題の全容がわからない状態にあることが多くあります。そのような状態にある利用者に寄り添い、傾聴しながら家計の状況を明らかにし、家計の視点から利用者本人とともに生活困窮の出口を見つけ出すのが家計改善支援です。また、本人が家計の現状を理解し、生活を見直すことで家計の改善方針を見出して、将来にわたって収支を自己管理できるよう伴走していくことも重要な支援といえます。

　平成30年の法改正で、自立相談支援事業と家計改善支援事業と就労準備支援事業は一体的に実施することが努力義務化されました。また、改正前の家計改善支援事業の定義にあった「指導」という文言がなくなり、「収入、支出その他家計の状況を適切に把握すること」「家計の改善の意欲を高めること」を支援するという表現に変わりました。これは、家計改善支援のあり方として、指導をする支援ではなく、利用者の家計に関する理解を支援し主体的な意思を尊重することを示したものです。

第
7
章

2 家計改善支援の業務と支援方法

（1）家計改善支援の主な支援内容

　家計改善支援には五つの基本的な支援があります。

① 家計の現状を理解してもらう支援
② 利用者自身が自ら家計を管理できるようにする支援
③ 行政窓口に同行し、給付制度の利用や税金、公共料金等の滞納を解消する支援
④ 法テラス等の相談に同行し、借金や家賃滞納などの債務に関する支援
⑤ 生活の健全化を図るために必要な貸付をあっせんする支援

（2）家計改善支援の基本となる四つの帳票（ツール）を活用した支援

　利用者への支援を進めるなかで、利用者のみならず世帯全体の状況を把握するために、四つの帳票、具体的には「相談時家計表」「家計計画表」「ライフイベント表」「キャッシュフロー表」を作成します。

- ・相談時家計表…初回面談で利用者に家計収支の現状を理解してもらうために作成するもの。支援員が面談のなかで聞き取り、利用者とともに作成する。
- ・家計計画表…相談時家計表をベースに作成する、利用者の意思と改善要素を反映した予算書である。
- ・ライフイベント表…利用者世帯全体の将来の収入や支出の変化や予定をまとめたもの。例えば、「子どもの進学で支出が増える」「退職で給与が減る」などの具体的に予測できる生活の変化（イベント）の発生時期と金額を、家族一人ひとりごとに書き出す。
- ・キャッシュフロー表…ライフイベント表を組み込んで、1～3年先の家計収支の変化を月ごとに見通すことができるようにしたもの。赤字になるのはどの月か、いつ黒字になるのか等の今後の予測が可能で、赤字の月に備えながらいつまで頑張ればよいのかといった目安がもてるようになる。

　家計改善支援では、相談時家計表や家計計画表を間に挟んで利用者とコミュニケーションを深め、現状と予算を見える化し信頼関係を築き上げていくことを基本としています。しかし、上記四つの帳票は、全ての作成が求められるものではなく、利用者の状態に応じて用いるものです。家計改善支援の専門性とは、ツールを使いこなすと言うよりツールを活用して利用者に寄り添いながら家計にフォーカスし、利用者の自己決定を支援していく姿勢であるといえます。ツールはそのための道具です。

3　家計改善支援の効果の例

　家計改善支援を実施すると、家計の視点から本人自身も気がつかなかった課題や利用者を取り巻く状況が見え、幅広い支援につなぐことが可能となります。これまでの支援事例を踏まえ、どのような効果があるのかを紹介します。

（1）生活の現状を本人自身が把握できるようになる

　利用者は、1か月どれくらいのお金が不足しているのか、家計収支の全体像がつかめていないため、家計の改善に向けてどうすればよいのかわからない状態におかれていることが多くあります。相談時家計表の作成を通して、利用者はいくら赤字が出ているのか、支出の大きな費目にはどのようなものがあるのか等、家計の現状に気づくことができ、課題の解消に向けて具体的に考えることができ、相談が可能となります。

（2）自立相談支援事業などの家計以外の支援員にも利用者の状況が見えてくる

　家計改善支援では、家計にまつわる利用者世帯のセンシティブな情報も聞き取りながら相談時家計表を作成していきます。例えば、家族の誰がいくら家計にお金を入れているのか、それが就労収入であればどのような仕事か、お金を入れていないとすれば理由は何か等を聞き取ることで、家族の関係性や課題も見えてきます。収入の聞き取りで、今後、家族の協力が得られるのかがわかったり、逆にDVや家族からの経済的虐待などの厳しい現実が見えてくることもあります。支出の聞き取りでは、異常に高額な電気料金や食費から、ひきこもりの子どもの存在や高齢夫婦の認知症の進行がわかり、ひきこもり支援センターや地域包括支援センターと連携する場合もあります。

（3）生活を維持するためにいくら必要であるかがわかる

　今の生活を続けるために必要な収入額がわかると、就労先の選択肢が広がります。やみくもに高収入（例えば月収20万円）を目指して就職活動をするのではなく、家計改善支援によって生活の維持に必要な収入額（例えば7万円）がわかると、利用者の生活に合った的を絞った就職活動を行うことができます。

　また、利用者のなかにはただちに一般就労を目指すことが難しく、スモールステップで就労先を選ぶ必要のある人もいます。家計の状況がわかり、生活の見通しがつくことにより、一般就労の前段階の状態にある人が利用する就労準備支援事業や認定就労訓練事業、ハローワークでの職業訓練等の利用に前向きとなり、時間をかけて一般就労にステップアップしていくことも可能となります。加えて、家族や周りの人たちの理解や協力を得やすくなります。

（4）収入を増やせない場合は、家計支出の減額を具体的な数字で相談できる

利用者が支援員とともに作成した相談時家計表をもとに相談を進めることにより、

見直す費目と減額の目標を利用者本人が考え、家計計画（予算）を定めることができるようになります。本人自身が定めた目標はやる気につながり、家計の安定につながることが多くあります。一方で、実行するのが難しいと思える減額には支援員としての率直なアドバイスも必要となります。

（5）債務整理や滞納の解消のための返済額や目標を定めることができる

家計表とキャッシュフロー表を活用することで、1か月にいくらまでなら借金や滞納金の返済ができるかがわかり、実行可能な返済計画を立てることが可能となります。分割納付相談で根拠を示してスムーズに相談を進めることもできます。

4　家計改善支援が必要な利用者とは

本節3で示した家計改善支援の効果を踏まえると、次に紹介するような状態の人（世帯）が家計改善支援事業の対象として想定されます。なお、想定される利用者は以下に限定されるものではなく、家計に課題を抱える人を幅広く受け止めていくことが重要です。

・借金の返済や公共料金、税金等の滞納があり、支払いが困難になっている人

・毎月一定の収入ではなく、年間を通して収入に波がある自営業者等で事業収支と家計が混合し、生活が苦しくなっている人

・家族それぞれに収入があるが、それぞれ勝手にお金を使っているため、公共料金や家賃を滞納している世帯（債務もそれぞれに抱えていることが多い）

・生活福祉資金等の貸付を予定している人（貸付申請の背景に生活困窮がかくれていることが多い）

・年金や児童扶養手当などの2か月に1回の支給月に滞納金の支払いが集中し、次の支給月までの生活費が不足しがちな人

・預貯金もなく入院や施設入所などで出費が増える人

---

5 自立相談支援事業と家計改善支援事業との円滑な連携の重要性

　先述のとおり、家計の聞き取りでは、単なる家計の収支状況だけではなく、困窮の背景や原因と課題、家族の関係性、将来予測なども見えてきます。したがって、自立相談支援の早い段階から家計改善支援につなぐことは、課題解決を早め自立相談支援の幅を広げることも期待できます。

　利用者の「支払いができない」「滞納がある」「借金がある」「お金がなくて生活できない」などの相談に、初回面談から自立相談支援員と家計改善支援員との２人体制で臨み、自立相談支援員は傾聴に徹しながら総合的な相談支援を進めることは有効な方法です。支援員体制に余裕がなく家計改善支援と自立相談や就労支援などを兼任しながら利用者の家計状況を聞き取る場合は「今は家計改善支援員である」と自らを位置づけ、利用者の相談の背景を丁寧に聞き取りながら家計表を作成してみることが重要です。

　また、どのような状態像の人を、自立相談支援事業から家計改善支援事業につなぐかについては、両事業者が共通して理解していることが重要であり、日ごろからお互いが有するケースを共有したり、支援調整会議等で協議することが望ましいでしょう。

6 自立相談支援事業が家計改善支援の利用をどのように勧めるのか

　生活困窮状態が長かった人ほど、家族や身近な人たちからの非難や批判を受け、自己責任論から逃れようのない状態にあると思われます。自己肯定感が低く、罪悪感や社会からの孤立感や周りへの不信感、絶望感でいっぱいの利用者に、自立相談支援事業が家計改善支援を勧めても、「家計状況について叱責され批判されるのではないか」「どんな指導をされるのだろうか」と不安な気持ちが強い傾向があります。それゆえに「家計改善」という言葉の重さを緩和するつなぎ方を考える必要があります。その際の言葉かけのヒントを紹介します。

・家計についての専門の支援員がいて、「支払いを軽くする制度を教えてくれるかもしれない」「滞納の窓口に一緒に行って無理がないように相談をしてくれ

るから」などのメリットを示す。

・自立相談支援事業の支援員自身が家計のことを聞かれることに抵抗感があると、その気持ちは利用者に伝わりがちである。「専門の支援員に相談するといいことがいっぱいあるかも」と事例等をさらりと紹介するとつながりやすい。

　以上のように声掛けの方法等に配慮しながら自立支援事業から家計改善支援事業に適切につないでいくことが本人の抱える複合的な課題を包括的に支援するために重要です。

第4節 一時生活支援事業

1 安定的な住まいの確保は生活困窮者支援の要

　住まいは生活の要（かなめ）と言われます。これを逆さにして、住まいが不安な状態の場合にどのような困難に直面するかについて考えるところから、この節を始めたいと思います。

　例えば、野宿の場合や、ネットカフェや友人・知人宅で寝泊まりしている場合のように、住所不定だと、生活困窮者自立支援制度のもとで就労支援を行おうとしてもハローワークでの求職者登録ができません。あるいは、家計改善支援を活用しようとしても預貯金口座の新規開設ができません。もし金銭を支払って友人・知人宅に寝泊まりしているとしても、賃貸借契約を結んでいない場合は住居確保給付金を利用することができません。そのほか、住所不定だと、さまざまな登録や手続き、行政サービスの利用が困難となります。

　このようにみると、住まいが不安定な状態だと、生活困窮者の生活を立て直すことが難しいことがわかります。そのため、安定的な住まいの確保は、まさに生活困窮者支援の要といえます。

2 一時生活支援事業が目指すもの

（1）一時生活支援事業とは

　一時生活支援事業は、住居に不安を抱えた生活困窮者を対象に、一定期間の衣食住や相談支援の提供を通して、安定した居住の確保と地域生活の実現を目指すものです。かならずしも対象を野宿状態のホームレスに限定しているわけではありません。

　この一時生活支援事業は、生活困窮者自立支援制度における任意事業であり、国庫補助率は3分の2となっています。実施自治体は、令和2年度実績で304自治体（34％）です。実施主体については、この制度の必須事業や他の任意事業と同様に、福祉事務所を設置する自治体が直接実施するか、民間団体等への委託によって実施します。

（2）一時生活支援事業の拡充——居住支援の強化

　一時生活支援事業の主な内容は、第一に一時的居住の提供、第二に恒久的居住の入居にあたっての支援、第三に居住を安定して継続するための支援、という柱で構成されています。このうち第二と第三の柱は、平成30年の生活困窮者自立支援法改正において、一時生活支援事業の拡充を図る目的で新たに盛り込まれたものです（平成31年4月施行）。

　この法改正における一時生活支援事業の拡充は「居住支援の強化」と呼ばれており、その目的は、一時的居住の提供に留まらず、一時的居住の退所後の恒久的な住まいを確保するうえでの支援や、恒久的な住まいに入居した後も継続して見守り等を行うことにより、安定的な地域居住を支えることにあります。

3　一時生活支援事業の仕組み

（1）一時的居住の提供

　上記の一時生活支援事業の主な内容のうち、まず一時的居住の提供は、一定の住居をもたない生活困窮者で所得が一定水準以下の者を対象に、一時的な宿泊場所と衣食の提供を行います。

　一時的居住として提供される宿泊場所には、大都市部でみられる生活困窮者・ホームレス自立支援センターと、生活困窮者一時宿泊施設（シェルター）があります。そのうちシェルターには、施設を活用した施設方式と、実施主体がアパートやビジネスホテル・旅館などを借り上げて活用する借り上げ方式があります。これらの宿泊場所の形態や活用方法には、自治体によってさまざまな種類がみられます。

　これらの宿泊場所の提供期間は、原則3か月（最大で6か月）とされています。なお、一時的居住の提供期間中には、必要に応じて自立相談支援機関の相談員が相談支援を行います。

（2）恒久的居住の入居にあたっての支援

　次に、恒久的居住の入居にあたっての支援は、一時的居住の退所後の恒久的な住まいを確保するために、アパート等の物件や家賃債務保証業者を探すのを手伝うなど、円滑な入居の支援を行うことが目的とされています。そのため、この支援を実施するうえで、不動産業者や家主、住宅確保要配慮者に対する賃貸住宅の供給の促進に関する法律（住宅セーフティネット法）に基づく居住支援法人などとの連携が求められて

います。

（3）居住を安定して継続するための支援

　上記の（1）一時的居住の提供、（2）恒久的居住の入居にあたっての支援は、一定の住居をもたない生活困窮者に対する一時的居住のフェーズにあたります。次いでここで取り上げる、居住を安定して継続するための支援は、恒久的居住のフェーズにあたります。

　居住を安定して継続するための支援においては、一時的居住を退所した者や、居住に困難を抱えて孤立状態にある低所得者等を対象として、一定期間（1年間）、恒久的居住の入居後のいわゆるアフターフォローを行います。例えば、訪問による見守りや日常生活支援の提供、地域とのつながり促進支援として共同利用のリビング設置等を通して近隣に居住する者同士の助け合いの環境づくり支援などが求められています。

（4）環境整備

　以上のように、一時生活支援事業は、一時的居住のフェーズと恒久的居住のフェーズにおける個別支援を通して、安定した居住の確保を目指しています。この二つのフェーズにおける個別支援と並行して、環境整備を行うこととされています。

　この環境整備に含まれるのは、例えば、保証人や緊急連絡先の不要な物件や低廉な家賃の物件に関する情報収集、民間の家賃保証業者や協力的な不動産業者に関する情報収集などです。あわせて、居住支援関係機関（不動産業者、家主、住宅セーフティネット法に基づく居住支援法人等）等との連携体制の確保が求められています。

4　一時生活支援事業の実施状況とニーズ

（1）一時生活支援事業の実施状況

　先に述べたとおり、一時生活支援事業は任意事業であり、全国的にみた実施割合は令和2年度実績で34％です。全体的にみると、人口規模の小さい自治体で実施していない傾向にあります。都道府県単位でみると、事業の広域実施の取組みなどによって、実施割合が100％に達している府県もあります（令和2年度実績で、大阪府、愛媛県、熊本県、沖縄県）。

　他方で、未実施自治体に対して実施意向を尋ねた調査結果をみると、「実施しない」（22.4％）と「未定」（31.9％）で5割を占めています（無回答が43.4％）。実施する

上での課題については、最も多いのが「事業を利用する見込みのホームレスがいない」（48.9％）で、次いで「一定数の利用者を見込めない」（48.0％）、「事業を利用する見込みのホームレス以外の利用者がいない」（40.5％）となっています（令和3年度社会福祉推進事業「新型コロナウイルス感染症の影響を踏まえた生活困窮者支援のあり方に関する調査研究事業」）。ただし、潜在的なニーズの把握を行っている自治体が43.5％にとどまっていることや、そのニーズの把握方法として厚生労働省「ホームレスの実態に関する全国調査」の割合が最も高い（71.8％）ことから、未実施自治体が一時生活支援事業のニーズを十分に把握できていない可能性が高いと考えられます。

（2）一時的居住の提供、地域居住支援事業の実施状況

　一時生活支援事業のうち一時的居住の提供の実施状況をみると、生活困窮者・ホームレス自立支援センターでは実施自治体数9、施設数16、定員数1333人、施設方式シェルターで実施自治体数32、施設数48、定員数456人、借り上げ方式シェルターで実施自治体数206、施設数1001、定員数4195人となっています（令和元年度）。

　これらの一時的居住を利用する前の主な宿泊先をみると、最も高い割合を占めているのは「自宅・知人宅等」（16.4％）と「ネットカフェ」（14.3％）となっています（令和2年3月31日時点の入所者の状況）。この結果をみると、野宿状態のホームレスが多く確認されていない自治体においても、一時生活支援事業による一時的居住の提供等のニーズが存在すると考えることができます。

　一時的居住の退所状況について、まず退所者の利用期間をみると、生活困窮者・ホームレス自立支援センターで割合が高いのは1〜3か月未満（20.7％）と3〜6か月未満（29.9％）です。施設方式シェルターでは14日以上1か月未満（47.9％）、借り上げ方式シェルターでは7日未満（30.9％）の割合が高くなっています。次に退所理由をみると、割合が高いのは生活困窮者・ホームレス自立支援センターでは「就労による退所」、施設方式シェルターと借り上げ方式シェルターでは「福祉等による措置による退所」となっており、合わせて65％の退所者が就労や福祉等の措置の利用に結びついていることがわかります。

　次に、一時生活支援事業のうち、平成30年改正で創設された地域居住支援事業については、実施自治体数が19にとどまっており、未実施自治体における実施にあたっての課題として「対象となる利用者がいない」や「居住支援関係機関との連携が取れていない」などの回答がみられます（令和2年度社会福祉推進事業「生活困窮者自立支援制度の実施状況の把握・分析等に関する調査研究事業報告書」）。

（3）安定した居住の確保のニーズ

　先述した厚生労働省「ホームレスの実態に関する全国調査」の概数調査結果によると、野宿状態のホームレス数は減少傾向にあるものの、令和3年で依然として全国で約4000人が確認されています。そして近年の調査では、野宿状態にはないものの、友人・知人宅やネットカフェなどで寝泊まりする不安定居住者が多数存在していることが明らかになっています（令和2年度社会福祉推進事業「不安定な居住状態にある生活困窮者の把握手法及び支援の在り方に関する調査研究事業報告書」）。

　したがって、概数調査結果に表れる野宿状態のホームレス数だけで、一時生活支援事業に対するニーズを十分に把握することはできません。概数調査結果で野宿状態のホームレス数が確認されていない自治体においても、実際に自立相談支援機関や福祉事務所（生活保護）では、野宿状態や不安定居住状態にある相談者がみられる場合もあります。さらに、一定の相談支援を行った結果、恒久的居住に入居した場合でも、日常生活を順調に送ることができず野宿状態へ戻る事例がこれまでもみられることから、恒久的居住の入居後のアフターフォローを必要に応じて行うことも重要です。

　なお、全国の自立相談支援機関が応じた相談者の抱える課題について、新型コロナウイルス感染症による変化をみると、感染拡大前の2020年1月に比べて感染拡大後の2021年1月には、「経済的困窮」（3.2倍）や「ひとり親」（1.5倍）などとともに、「住まい不安定」（2.2倍）や「ホームレス」（1.6倍）が大きく増加しており（厚生労働省が生活困窮者自立支援統計システムより抽出）、居住に関する支援課題が今日の生活困窮者支援の主要部分に位置していることがわかります。

　各地域の実際のニーズに応じて、一時生活支援事業等を活用し、安定した居住の確保を支援することが求められます。

第5節 子どもの学習・生活支援事業

1 子どもの貧困と学習・生活支援

　雇用の流動化や家族のあり方、社会経済上の変化により、いわゆる現役世代でも仕事を失い一時的に、または長期に生活困窮に陥る可能性が高まっています。そこには当然、子育て世帯も含まれ、これを放置すると相対的貧困のなかで育つ子どもがさまざまな不利益を受けてしまいます。日本の子どもの相対的貧困率は 13.5 ％（「2019 年国民生活基礎調査」）で、先進国のなかでも高い水準です。

　日本では、教育や子育て支援への税の再分配が少ないために、保護者が教育や子育て費用を私費で負担する割合が高くなっています。そのために、保護者の収入や資産が子どもの学力や学歴などと強くひもづく「教育格差」が起こっています。その結果、貧困家庭に生まれた子どもは、十分な教育が受けられず進学や就職で不利になり、子どもにも貧困が受け継がれていく「貧困の連鎖」が起こりやすい構造になっています（図表 7 － 2 ）。

　子どもの貧困を放置することで、本来はしっかりと自立し社会を支える側になる子どもたちが、支援を受ける側になることは、日本社会全体にとっても大きな損失です。困窮家庭の子どもが必要な学習支援や生活支援を受けて、一人ひとりが自分の未来に夢や希望をもち、成長できる社会を作ることが重要です。

図表 7 － 2　貧困の連鎖

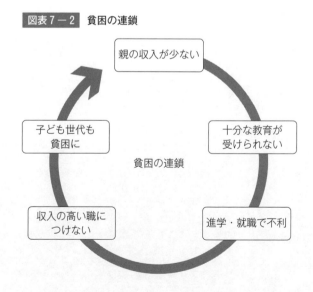

2　教育格差の背景

　全国学力調査の結果から、日本では保護者の所得が高いと子どもの学力が高く、逆に所得が低いと学力も低いということが明らかになっています。なぜ、教育格差が生じるのか？　という背景には、単に塾に行けない、問題集や参考書が買えない、というような教育費用の問題だけではなく、さまざまな要因が絡み合っています。

　私たちが平成29〜30年に、お茶の水女子大学基幹研究院人間科学系、耳塚寛明教授（当時）と行った「教育格差背景調査」からは、困窮家庭の子どもがしっかりとした学力を形成するためには、経済的資本に加え、文化的資本、社会関係資本を整えることが重要だということがわかりました（図表7－3）。

（1）経済的資本の貧困

　お金がないために、教育費の不足に加えて、家が狭いために落ち着いて勉強する場所がない、ひとり親家庭で保護者が低賃金の非正規の仕事に昼夜問わず従事しているために、家で子どもの勉強を見る時間がない、満足な食事も用意できないなど、経済的な困窮により子どもにはさまざまな不利が生じます。日本では同質性を求める社会のため、子どもも親も、持ち物や服装には気を使い、貧困家庭でも高価なゲーム機やスマートフォンなどをもっている子どもが少なくありません。そのために貧困が見えづらいのですが、一歩家庭に入ると、狭い住居で、勉強部屋はおろか自分の勉強机もない、肉や魚は買えずに、卵や豆腐が主なタンパク源、米は高いので十分に買えないというような状況である場合もあります。

図表7－3　学力形成に必要な資本

文化的資本：モノ（本、美術品等）、価値（学業重視、学歴期待等）、行動様式（努力、欲求
　　　　　　充足延期等）
社会関係資本：人的ネットワークに埋め込まれている、子どもを見守り、ケアし、育てていく
　　　　　　　上で活用できる手段の総体

出典：お茶の水女子大学・耳塚寛明教授（当時）との調査資料より

（2）文化的資本の貧困

　さらに、上記のような経済的資本に加え、「教育は大切だ」というような価値観や、さまざまな体験活動などの文化的資本が不足します。子どもの貧困の学習支援というと、「勉強したくても塾などに行けずに勉強ができない」という姿を思い浮かべる方が多いのですが、実際はそのような子どもよりも、「親に言われたから渋々来たけれど、勉強する気はまったくない」「勉強は嫌い。高校には行かなくてもいい」「高校中退を親に相談したら、好きにしていいと言われた」というような子どもが多いのです。

　小さなときから、子どもに読み聞かせをしたり、休みには家族で旅行に出かけたり、さまざまな体験をするというような機会がないために、社会への興味関心が育ちづらく、勉強するモチベーションが育めないために、勉強から遠ざかってしまいます。

（3）社会関係資本の貧困

　また、日本では社会全体で子どもを育てる基盤が弱く、時代の変遷で子ども会のような、地域住民が地元の子どもを共同で育てるような仕組みも減っているなかで、困窮子育て家庭は孤立しがちです。お稽古は月謝がかかる、スポーツ少年団などは、月謝はそれほどかからなくても、ユニホームや道具代が高額であったり、また当番や練習試合の送迎など保護者のかかわりが求められます。低賃金長時間労働に従事しているワーキングプア状態の保護者や、体を壊して働けない保護者は、当番などの役目を果たせないために子どもの参加が進みません。

　その結果、困窮家庭の子どもは、自分の親以外の多様な大人と出会う機会があまりなく、「自分もああなりたい」と思うロールモデルに出会えません。パートで疲れ切っている親の姿しか見たことがなければ、「働くのは辛いこと。大人になると大変だ」としか思えないので、「大人になりたくない、働きたくない」と思い、将来の夢や希望を育むことが非常に難しいのです。さまざまな大人と出会う、良い人的ネットワークを子どもに与えることが重要です。

3　子どもの居場所と生活支援の重要性

　一方、子どもの貧困への関心が高まり、その実態が明らかになるなかで、日本でも非常に厳しい家庭環境で育つ子どもがいることが明らかになってきました。例えば、さまざまな研究から虐待と貧困は強い関連があることがわかっています。北海道の児童相談所で調査した北海道大学の松本伊智朗教授の調査では、入所理由を虐待とする

世帯のうち、制度的に貧困・低所得と区分される世帯が 74.6％でした[1]。

　家庭に安心して過ごせる居場所がなく、食事も用意されていない、生活習慣が乱れ、朝起きて学校に行くことが難しいなど、学習以前の問題を抱える子どもには、生活支援も併せて行うことが必要です。キッズドアでは、東京都足立区で中学生を対象にした「居場所を兼ねた学習支援」事業を受託運営しています。本事業は、平日は 15 時〜20 時まで、土日や祝日、夏休み等の長期休みの期間は午前中から開けています。毎日簡単な夕食を提供し、子どもは居場所のスタッフやボランティアと交流しながら過ごし、学習時間は一緒に勉強します。

　学習支援事業の利点は、子どもも保護者も利用する心理的ハードルが低いということです。「子ども食堂は家で食事も出せないような子どもが利用するところ」というイメージで、困窮家庭ほど「絶対に利用をしたくない」と頑なになりがちですが、「勉強には困っているので、学習支援は利用したい」と子どもも親も納得しやすいのです。地域で埋もれがちな困窮子育て家庭や、最近存在が浮かび上がってきたヤングケアラーを、学習・生活支援事業を行うことでキャッチし、そこから必要な支援につなげる、困窮子育て家庭と社会をつなぐ仕組みとしても、学習・生活支援事業は重要です。

4　学習・生活支援事業の今後

（1）切れ目のない支援の工夫と多様な連携の推進

　子どもの貧困は、保護者の貧困です。学習・生活支援事業を、小学生、中学生など子どもの成長段階で区切っても、家庭の状況が変わらなければ、子どもの大変さは継続します。小学生までは手厚い支援があったのに、中学生で途切れてしまうと、せっかく積み上がった学習習慣やコミュニケーションなどの非認知能力も失われてしまいます。できれば、子どもの自立が見通せるまで切れ目なく学習・生活支援事業が続くのが理想です。さまざまな事情でそれが難しい場合でも、子どもが困ったときに相談できるような場所や仕組みを作り、子どもを孤立させないことが重要です。例えば、年に一度は学習会を、卒業した子どもたちも招いて交流会を開くなど、「いつまでも自分を見守ってくれている」と子どもが実感できることが重要です。

　また、学習・生活支援事業は、子どもや保護者との連携はもちろん、学校や町会、民生委員等の地域、また、ときには児童相談所や子ども家庭支援センターなどの機関

▶1
松本伊智朗・大澤真平「子ども虐待問題と被虐待児の自立過程における複合的困難の構造と社会的支援のあり方に関する実証的研究」総合報告（平成 20 年度，21 年度厚生労働科学研究報告書），2010.

との連携が必要であり、地域のなかでどんな環境の子どもでも温かく見守る風土の醸成がよりよい支援を作ります。

（2）高校生世代支援の重要性

　日本では、高校が義務教育ではなく、また設置主体も市区町村から都道府県になるために、中学生までは基礎自治体が積極的に支援を行いますが、高校生になると、極端に支援が手薄になります。貧困家庭の高校生はアルバイトをしなければ高校生活が送れない、勉強がわからず赤点をとってしまうが塾などに行けないので中退せざるを得ない、本当は高校卒業後に大学や専門学校に進学したいけれど、家庭の状況をみて諦めた結果、無気力になるなど、大変厳しい状況がわかってきました。しっかりと自立してもらうためにも、高校生や高校を中退した子どもを社会が支援していくことが必要です。

第8章

職員の資質向上と職場づくり

職員の育成と職場づくり

　本制度の理念である「生活困窮者の自立と尊厳の確保」と「生活困窮者を通じた地域づくり」を着実に実施していくためには、その実務を担う職員の育成と職場づくりをよりよく行うことが不可欠です。自立相談支援事業では、生活困窮者への包括的な支援を創造的に行っていくことが求められています。そのため、それを担う職員には、現在もっている知識や経験等を存分に活かすとともに、必要な知識や技術の習得を重ねながら、生活困窮者自立支援制度の理念を踏まえた質の高い支援を行っていくことが期待されています。これを実現するには、国および都道府県による養成研修の受講のみならず、それぞれの職場における不断で継続的な取組みが必要となります。

　ここでは、自立相談支援事業の担い手と組織の特性を踏まえて、職員の育成と職場づくりをいかに実施していくことができるか、それぞれの目的を明らかにしながら、具体的な内容と方法を紹介します。

1　職員の育成の目的

　職員の育成の目的は、生活困窮者自立支援制度の理念を踏まえた質の高い支援を行うため、これを担う職員が高い倫理と正しい姿勢を身につけ、さまざまな状況に対応できる実践力を磨くことです。

　生活困窮者自立支援制度は、「生活困窮者の自立と尊厳の確保」と「生活困窮者支援を通じた地域づくり」という理念を掲げています。そして、この二つの目標を実現させる支援の形として、「包括的な支援」「個別的な支援」「早期的な支援」「継続的な支援」「分権的・創造的な支援」の五つを示しています（本書第1章第2節参照）。

　本書では、理念に掲げる目標を達成するために必要な自立相談支援事業の各支援員に求められる基本倫理（行動規範）として「権利擁護」「中立性・公平性」「秘密保持」の三つ、基本姿勢として「信頼関係の構築」「ニーズの的確な把握」「自己決定の支援」「家族を含めた支援」「社会とのつながりの構築」「チームアプローチ」「さまざまな支援のコーディネート」「社会資源の開発」の八つを明示しています（本書第2章第3節参照）。

　職員の育成をすすめるうえでは、ここに掲げられた理念、基本倫理、基本姿勢を職員が理解し、支援に活かせるようにすることが求められます。その際大切なのは、こ

うした理念、基本倫理等を個々の職員が「知っている」だけでなく、「具体的に実現できる」ことです。そのためには、職員個々が、自分自身に人権感覚や倫理観が備わっているものと過信せず、常に謙虚に、自分自身の価値観、倫理観を見直していくことに躊躇しないことが大事です。また、地域社会における生活困窮者に対する理解がまだ十分とはいえず、社会的排除が生じるなかで、職員は、一人ひとりの支援対象者とのかかわりを通じて地域の人々の差別や偏見の念を解消し、理解者を増やしていけるよう、一般市民にも制度の理念等が伝わるような態度、姿勢で、かかわっていく必要があります。

　職員の育成においては、理念等を具現化できる方法を、職員一人ひとりが実践に照らして考え、明らかにして、組織で共有できる力を育む必要があります。

2　自立相談支援事業の特性を踏まえた人材の育成

　人材育成を適切に行うためには、自立相談支援事業のもつ以下の四つの特性を考えることが重要です。第一は、地域の実情に即した新しい支援を創造的に行っていくこと（支援の創造性）、第二は、さまざまな実施体制のもと、多様な経験をもつ職員が職場をつくり、チームとなって支援を行っていくこと（職場の多様性）、第三は、多様な背景をもつさまざまな対象者とかかわること（対象者の多様性）、第四は、地域への働きかけを行うなかで、市民を含めさまざまな人や組織、関係機関と柔軟に連携・協働していくこと（連携・協働の柔軟性）です。

　各自治体によって、自立相談支援機関につながる相談者の状況は異なります。また、相談者を迎える職場のあり方にも違いがあります。そして、支援は、相談者のニーズに対応する形で創造的に展開されていくことから、各自治体、自立相談支援機関によって、取組みの実施状況も一様ではありません。

　地域の状況とその地域に生活する生活困窮状態にある人々の現状をとらえ、個人と地域を対象として展開する創造的な支援は、それほど簡単なものではないかもしれません。しかしながら、こうした「これまでになかった支援」を実現させていくことこそが、この自立相談支援事業の意義、醍醐味です。職員は、社会や地域の課題の解決に向けて、たくさんの可能性をもつ本事業に携わることに、ぜひ誇りをもってほしいと思います。

　人材の育成を行うにあたっては、先に掲げた四つの特性を「強み」として職員が質の高い支援を実現するとともに、意欲とやり甲斐をもって業務にのぞめるよう、工夫

していくことが必要となります。

3 職員の育成の方法

（1）職員の育成の方法

　職員の育成の方法としては、「OJT」「OFF-JT」「自己研修」といった形態があります。それをまとめたものが、図表8－1です。

　ここでは、「研修」という用語は、研修会というような形態だけでなく、自分自身で文献を読んだり、優れた実践にふれて学んだりすること、あるいは、必要とする資格の取得を目指した勉強をするなど、さまざまな形の学びの総体を表していることに留意が必要です。このほか、職員育成のための方法の一つとして、スーパービジョンがあります。職員の育成を適切に行うためには、これらの方法を活用して計画的な取組みを行うことが重要です。

図表8－1　職員の育成と研修の方法

形態	① OJT（職務内教育）	② OFF-JT（職務外教育・研修）	③ 自己研修
内容	職場内で行われる、職務を通じた職員への教育。管理的な立場の職員や、経験の長い職員が、部下、新任職員、経験の浅い職員に対して行う。このほか、知識や情報をもっている職員が、それをもたない職員に行うことも望まれる。	職場の内外で行われる、職務を離れた研修。自立相談支援事業従事者養成研修のほか、外部のさまざまな研修、職場として行われる研修会、先進的な取組みを行う機関で実施する体験・交流型研修などもここに含まれる。	職員が、業務外に自主的に自己研鑽、自己啓発の機会として参加する研修。①②によらず、職員が自分で必要と考える研修を受講することを推奨し、自己研修への参加も研修履歴に加える。

① OJT（職務内教育）

　OJT は、on the job training（オン・ザ・ジョブ・トレーニング）の略語で、職場で、職務の一環として行われる職員への教育を意味しています。具体的には、管理的な職員、経験の長い職員が、部下、新任職員、経験の浅い職員に対して、職務の遂行に必要な価値、倫理、知識、技術、方法等を、職務を通じて教えていくことです。

　OJT は、支援業務に直結する研修方式であるとともに、支援業務一つひとつが学びにつながるという意味で、大変重要な教育方法です。このため、場当たり的に行うのではなく、PDCA サイクルに基づき、計画的に行う必要があります。自立相談支援事業においては、OJT のリーダーシップを取るのは、第一義的に、管理者および主任相

談支援員となります。しかし、必ずしもその役割を固定化せず、自立相談支援機関あるいは相談支援の領域での経験が長い職員や、修得すべき知識や情報をもつ職員が、ある部分についてはその役割を担うことを積極的に考えていくことが望まれます。

OJT は、教える側にとっての貴重な学びの場であるといわれています。職員それぞれがもつ知識や経験は、OJT の場面で「他者に教える」ことを通じて洗練され、自分のものとなります。同時にそれは、他者にとっての学びとなり、本事業のよりよい展開に活かされていきます。こうした OJT のあり方は、自立相談支援事業の「職場の特性」を、「強み」として活かした取組みともいえるでしょう。

○スーパービジョン

職員を育成するための方法の一つにスーパービジョンがあります。スーパービジョンは、スーパーバイザーの役割をもつ職員あるいは外部者が、スーパービジョンを受ける職員（スーパーバイジー）に対し行います。スーパーバイザーは、単に職員のみを支援するばかりでなく、職員が支援対象者によりよい支援を行うために働きかけることから、間接的に、支援対象者への支援を行うものとも考えられています。スーパービジョンについては、本章第3節で具体的に解説されていますので、ぜひ学びを深め、スーパービジョンの機会を活用していただきたいと思います。

なお、OJT とスーパービジョンとでは、それぞれ重なり合う部分も多くありますが、OJT は、業務のなかで行われるものであるのに対し、スーパービジョンでは、OFF-JT として、外部講師を招いたり、研修会方式で行われる場合もあります。また、相談支援の専門家の育成という側面により焦点があてられています。それと比較すると、OJT は、社会人、組織人として必要な基本的なマナーの修得も含め、幅広い目的で行われるものといえるでしょう。

② OFF-JT（職務外教育・研修）

OFF-JT は、off the job training（オフ・ザ・ジョブ・トレーニング）の略語で、業務を離れて職場の内外で行われる教育・研修を意味しています。自立相談支援事業従事者養成研修のほか、外部で開催されるさまざまな研修、先進的な取組みを行う機関への視察や、そのような機関に一定期間滞在して行う、体験・交流型研修などもここに含まれます。

OFF-JT は、職務を離れて日常と異なる視点で学んだり、外部の新しい知識を獲得するために必要な研修方法です。

なお、事例検討会も、集団での研修方法の一種ともいえますが、業務の一環として

行われる場合は、OJT に該当します。一方、職場内で正式な行事として行われる研修や職務命令のもとで参加する研修は OFF-JT であり、次に説明する自己研修とは異なります。

　自立相談支援事業では、厚生労働省、都道府県が職員を対象とした自立相談支援事業従事者養成研修を実施し、自立相談支援事業に携わる主任相談支援員、相談支援員、就労支援員に必要な知識、技術を習得する機会をつくっています。厚生労働省が行う「国研修」の内容と資料は、厚生労働省ホームページ「人材養成研修等」（mhlw.go.jp/stf/seisakunitsuite/bunya/0000073227.html）に掲載されていますので、ぜひ活用してください。なお、職員の OFF-JT は、「国研修」と「都道府県研修」だけでは十分とはいえません。職員は、自立相談支援事業の四つの特性を踏まえて、必要な知識や技術を、さまざまな機会を通じて学んでいく必要があります。以下に、いくつかの例を示します。

＜ OFF-JT の例＞

①　都道府県、市区町村が企画・開催する「生活困窮者自立支援制度」「自立相談支援事業」に関連する研修の受講および参画

　　生活困窮者自立支援制度の実施主体である福祉事務所を設置する自治体には、制度やそこで行われる支援についての周知、必要な知識や技術の習得、情報共有等を目的とした研修を企画・開催することが求められています。職員は、このような研修会を受講するばかりでなく、研修会の主催者として積極的に参画し、支援にかかわる関係者のみならず、広く市民に対しても、資質向上、啓発活動を行うことが期待されています。

②　都道府県、市区町村が開催する「社会福祉行政職員研修」の受講

　　自立相談支援事業の実施主体は、地方自治体です。自治体の社会福祉関係職員は、都道府県、市区町村が開催する「社会福祉行政職員研修」を受講し、資質向上を図っています。こうした研修会に職員が参加できるよう働きかけ、社会福祉行政および社会福祉の知識の習得を行うことが必要です。また、職員がこうした研修会に参加することは、単に知識や技術の習得にとどまらず、自治体内のネットワーク形成にも役立ちます。

③　生活困窮者自立支援制度ブロック別研修の受講

　　厚生労働省が一般社団法人生活困窮者自立支援全国ネットワークに委託して実施している「ブロック別研修」は、全国を 6 ブロックに分けて実施する研修です。各ブロックの研修開催地の希望をもとに企画されており、受講者の資質向上およびネットワークづくりに資する機会となっています。

　　なお、生活困窮者自立支援関係のさまざまな研修については、以下のウェブサイトで紹介されています。

　　生活困窮者支援情報共有サイト〜みんなつながるネットワーク〜

　　https://minna-tunagaru.jp/

---

④　社会福祉関係団体等が実施する研修の受講

　各都道府県、市区町村では、社会福祉協議会、社会福祉法人などの職員向けの研修会が行われています。こうした研修会の情報を収集し、活用するのも一つの方法です。

⑤　先進的な取組みをする機関への視察および「体験・交流型研修」の実施

　自立相談支援事業は、各地域の実情に即して新しい支援を創造的に行っていくことを、特性の一つとしています。各自治体で取組みを展開するなかで、課題の解決や、新たな取組みの企画・実施の推進力となるのが、先進的な取組みをしている機関への視察です。事前に情報収集を行い、訪問の目的を明確にしたうえで現地を訪れ、支援の場を視察し、支援担当者の話を聴くことから、多くの示唆が得られます。

　また、視察という限られた時間内ではなく、実際に、その場に一定期間滞在し、研修生のような形で、職員の実務や支援を学ぶ「体験・交流型研修」も、職員の資質向上には大変有効です。こうした研修の機会を、ぜひ導入していきたいものです。

⑥　地域の関係機関と共同で実施する勉強会、研修会の実施

　地域の関係機関と共同で実施する勉強会や研修会も、関係機関の専門職同士がそれぞれの機関のもつ機能や、職員の果たす役割等を理解しあい、相互に研鑽する機会として有効です。最初は、関係機関への訪問や見学を依頼し、その際に自立相談支援機関について説明する時間を設けてもらうなど、無理のない形で相互理解を図ることから始めてもよいでしょう。

⑦　「伝達研修」と「相互研修」（職員自らが講師となる研修の実施）

　自立相談支援機関は、それほど人数の多い組織ではない場合が大半です。OFF-JTはとても大切ですが、そのために、日常業務や支援にあたる時間が十分に確保できなくなってしまうのは、本末転倒といえます。そのような状況のなかで、ぜひ取り組んでほしいのが、「伝達研修」と「相互研修」です。

　「伝達研修」は、OFF-JTで行われた研修会に参加した職員が、復命も兼ねて、研修で学んだ知識や技術を、参加しなかった職員に伝えるとともに、研修での学びを確実にすることを促進する職場内研修です。これはむしろ、職場における習慣的な取組みとすることが重要です。そして、「相互研修」は、職員自らがもつ知識や技術を「研修」として企画・実施することで、個々の自己啓発を促すとともに、職員一人ひとりが尊重される職場・組織づくりをすすめる職場内研修です。職員個々がもつ「学びの経験」や「もっている知識や技術」を最大限に活かせるこれらの研修スタイルは、気負わず、ぜひ積極的に取り入れてほしいと思います。

③自己研修

　自己研修は、職員が自主的に自己研鑽、自己啓発の機会として参加する研修のことを意味しています。自立相談支援機関の職員には、「OJT」「スーパービジョン」「OFF-JT」に限らず、職員自身が、自分にとって必要と考える研修を受講することを推奨することが求められます。このため、自己研修として行われる研修会への参加について、後述する研修計画における研修履歴に加え、休暇取得にも配慮することが望まれます。

　自己研修は、職場内外における自主勉強会、職務に関連した資格取得を目指した講

習、専門職団体の研修等への参加を通じて行われます。組織のなかには、こうした研修費用の一部を支援するところもあります。職員自らが、自身の能力の開発に向けて行う自己研修は、職員自身の資質向上のみならず、職場を活性化させることにもつながっていくものであり、職員が積極的に取り組めるような職場の風土づくりが期待されています。

研修計画

（1）計画的な研修
①組織としての研修計画

前述のとおり、研修は計画的に行うことが必要です。このため、まずは組織内に、研修担当者を明確に定めます。多くの場合、これは主任相談支援員が当たることになると考えられます。そのうえで、組織として年間を通じて、さらには当該自立相談支援機関におけるキャリアパスも念頭に複数年単位で、戦略的な研修計画を立てます。年間スケジュールをあらかじめ定めることは、同行支援、アウトリーチなどで職場を離れることが多い相談員にとっても有益です。

②職員ごとの研修計画

また、職員は毎年必ず、主任相談支援員またはOJTのリーダーに相談しながら「研修計画」を作成し、自らが必要な知識・技術を計画的に身につけていくことが求められています。

職員の育成にあたっては、本章第4節で述べられているように、主任相談支援員の果たす役割は大きいものです。しかしながら、自立相談支援機関の職員としての資質向上に向けた取組みの主体は、個々の職員自身であることを忘れてはいけません。自分自身の将来像や目標を意識しながら、現状を見つめ、研修の課題を設定していくことが求められているのです。

「研修計画」の作成方法は、以下のとおりです。[1]

<研修計画の作成方法>
Step 1. 職員自ら、年度の研修計画案をつくる。

▶ 1
特定非営利活動法人ホームレス支援ネットワーク「生活困窮者のステージに応じた伴走型支援を行う人材育成の在り方に関する研究事業報告書（厚生労働省 平成24年度 社会福祉推進事業）」49頁, 2013. を一部改変

図表 8 - 2 研修計画シートの例および記載例

> この部分には、一定の経験と研鑽を積んだ将来像をイメージして記入してください。

作成年月日：令和4年4月10日
職種：相談支援員　　氏名：○○　○○

目指す相談支援員像（3年後のイメージと目標）
　生活困窮者への包括的な支援の担い手として、利用者一人ひとりに質の高い相談支援を行うとともに、地域の課題を察知して、利用者を包摂する地域づくりに向けた働きかけのできる相談支援員。

- -

自分の強み（さらに伸ばしたい力）
①傾聴する力
②チャレンジする力

> 研修の目標は「○○ができるようになる」というような形で具体的に記述します。

- -

自分の研修課題（身につけていきたい力）
①アセスメント、プラン作成の力
②地域に働きかけていくための力

- -

今年度の研修目標
①自立相談支援制度の内容と理念を理解し、理念を踏まえた支援が行えるようになる。
②相談支援を適切に実施するための支援技術を修得し、実践できるようになる。
③地域に働きかけていくために必要な支援技術を理解し、説明できるようになる。

	身につけたい知識・技術 （具体的な目標）	研修方法 （a:OJT、b:OFF-JT、c：自己研修および研修名・機関・実施主体など）
〔組織領域〕 組織の目的、使命を達成するために求められる能力	①自立相談支援制度の内容と理念の理解	①aおよびb（自立相談支援事業従事者養成研修会:厚生労働省主催）
〔個人・家族領域〕 個人と家族への働きかけに求められる能力	①アセスメント、プランニングを中心とした支援技術の修得 ②面接技術の修得	①aおよびb（自立相談支援事業従事者養成研修会:厚生労働省主催、相談支援技術研修会：県社会福祉協議会主催）、c 文献購読 ②→①に同じ
〔地域領域〕 地域への働きかけに求められる能力	①地域に働きかけていくために必要な支援技術の修得	①aおよびb（自立相談支援事業従事者養成研修会：厚生労働省主催）、c（地域福祉研究会への参加）

出典：特定非営利活動法人ホームレス支援ネットワーク「生活困窮者のステージに応じた伴走型支援を行う人材育成の在り方に関する研究事業報告書（厚生労働省　平成24年度　社会福祉推進事業）」49頁，2013．を一部改変

第8章

Step 2. 主任相談支援員・OJT リーダーと相談をして、研修計画案の修正・確定を行う。
Step 3. 研修計画に基づき研修を受講する。
Step 4. 研修履歴を作成し、振り返りを行う。
Step 5. 年間を通しての研修の自己評価を行い、次年度の研修計画案へつなげる。

　個人の研修計画は、図表8－2のような研修計画シートを活用して作成することができます。

（2）研修を企画する際のポイント
① 職員に求められる能力
　社会福祉の仕事に従事する職員（福祉職員）には、専門性（専門技術の修得と向上）と、組織性（組織やチームの一員としての適切な役割行動）の両面を実践できる能力が求められているといわれています。[2]

　また、表面に現れる職員の職務行動は、図表8－3のように、表面には必ずしも現れない「価値観・態度（価値観、倫理観、思いや意欲）」「知識・情報（相手や業務内容の理解）」「技術・技能（実務的な技術、技能、ノウハウ）」に支えられていると考えられています。

　自立相談支援機関の支援員が、研修を通じて身につけていきたい能力（スキル）は、図表8－4のように分類されます。

　第一は、組織の目的、使命を達成するために求められる能力（組織領域）です。自立相談支援制度の理念、目的、内容、職員の資質向上、組織づくり、職場づくりに必要な知識、方法、技術がここに含まれます。

図表8－3

《行動を支える3つの能力／能力と行動のメカニズム》

価値観・態度	価値観、倫理観、思いや意欲	「やる気」を支える能力
知識・情報	相手や業務内容の理解	「わかる」を支える能力
技術・技能	実務的な技術、技能、ノウハウ	「できる」を支える能力

出典：福祉職員キャリアパス対応生涯研修課程テキスト『改訂2版　福祉職員キャリアパス対応生涯研修課程テキスト　初任者編』全国社会福祉協議会，49頁，2021.

▶2
福祉職員キャリアパス対応生涯研修課程テキスト『改訂2版　福祉職員キャリアパス対応生涯研修課程テキスト　初任者編』全国社会福祉協議会，46頁，2021.

求められる能力（スキル）	内　容
組織の目的、使命を達成するために求められる能力（組織領域）	・自立相談支援制度の理念、目的、内容 ・職員の資質向上、組織づくり、職場づくりに必要な知識、方法、技術
個人と家族への働きかけに求められる能力（個人と家族領域）	・個人と家族への支援に必要な知識、方法、技術 ・就労支援に必要な基礎知識、方法、技術
地域への働きかけに求められる能力（地域領域）	・地域づくりに必要な知識、方法、技術 ・求人開拓、中間的就労の場づくりに関する知識、方法、技術

（筆者作成）

　第二は、個人と家族への働きかけに求められる能力（個人と家族領域）です。個人と家族への支援に必要な知識、方法、技術や、就労支援に必要な基礎知識、方法、技術などがこの領域に含まれます。

　第三は、地域への働きかけに求められる能力（地域領域）です。地域づくりに必要な知識、方法、技術や、求人開拓、中間的就労の場づくりに関する知識、方法、技術などがこの領域に含まれます。

　これら三つの領域の具体的な内容は、必ずしも明確に分かれておらず重なり合う部分もあります。職員の育成にあたっては、これらのことを考慮しながら、個々の職員のOJTを実施したり、研修計画をたてていく必要があります。

②研修スタイルの工夫

　自立相談支援事業における職員の育成・教育にあたっては、できるだけ、職員が受け身でなく学び、学んだことを実践に活かしたり、場づくりや人材育成に資することができるよう、工夫していくことが求められています。

　図表8－5は、学びの三つのスタイルと九つの学習法です。

　集合研修には、「レクチャー（講義）」「ワークショップ（協働）」「リフレクション（省察）」という、学びの三つのスタイルがあります。[3]

　レクチャーは、講義型の研修で、「①聴く」「②見る」「③考える」という学習法が中心的に用いられます。ワークショップは、演習というような形で行われることの多い協働型の研修で、「④話し合う」「⑤体験する」「⑥創作する」という学習法が中心となります。リフレクションは、「振り返り」といわれることも多い省察型の研修で、「⑦分かち合う」「⑧内省する」「⑨深め合う」という学習法が中心となります。

　研修は、レクチャー、ワークショップ、リフレクションを組み合わせて実施するこ

▶3
堀公俊・加留部貴行『教育研修ファシリテーター』日本経済新聞出版，30～31頁，2010.

図表8－5　マルチスタイルメソッド

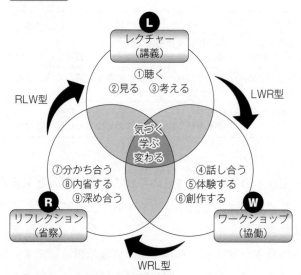

出典：堀公俊・加留部貴行『教育研修ファシリテーター』日本
経済新聞出版，31頁，2010.

とで、互いの相乗効果が高まるといわれており、学んだことを深め、成果をもち帰る
ことが容易になります。講義のみの研修も少なくありませんが、講義の前後に、「④話
し合う」「⑦分かち合う」「⑧内省する」というような学習法を組み合わせるだけでも、
職員の学びは立体的になり深まります。前述した「伝達研修」は、OFF-JT の研修が
講義のみで終わった場合に、ともすれば受講した職員だけの学びで終わってしまう経
験を、リフレクションという研修スタイルによって、何倍にも活かされる学びに転換
していく有効な研修例の一つといえるでしょう。

　図表8－5のように、レクチャーからはじめる LWR 型、ワークショップからはじ
める WRL 型、リフレクションからはじめる RLW 型などがありますが、こうした学
習方法の組み合わせについても、研修の企画の際に確認することが重要です。

③「経験から学ぶ力」の涵養

　地域の実情を踏まえて、新しい支援を創造的に行っていくことを特性とする自立相
談支援機関の職員に求められることは、「経験から学ぶ力」を養うことです。

　個々の職員がさまざまな支援対象者や地域とかかわりながら経験したことは、丁寧
に振り返ることによって、そこから次の実践や自分自身を高めていくための概念、い
わば示唆を得ることができます。そこで得られたものを、また新しい状況に適応する
というサイクルを繰り返すなかで、職員、そして組織は成長することができます。

ここで培われた「経験から学ぶ力」は、職員が、個々の支援対象者の経験を、支援対象者自身が次につながる経験として活かしていくことを支援する場面でも、活用できることと思います。

5　職場づくり

（1）職場づくりの目的
　職場づくりは、職員が個々の能力を最大限発揮し、求められている役割を果たし、質の高い支援を行う環境を整えるために不可欠な要素です。

　職場はまさに「働く場」ですが、そこは単なる職務を行う場所ではなく、職員同士の人間関係のなかで成り立つ社会的な空間でもあります。生活困窮者への支援は、支援者と本人との間の信頼関係が基礎となります。その際、まずは職場内での良好な人間関係が確立していなければ、本人との信頼関係など望むべくもありません。働きやすい執務環境をつくっていくことはもちろん、「人間関係で成り立つ社会的な空間」としての職場を居心地のよいものとすることは、職員個々にとってはもちろん、制度、事業の目的を遂行するためにも不可欠であるといえるでしょう。

　また、風通しのよい職場では、職員同士のコミュニケーションが豊富で、OJT など日常の人材育成が自然な形で行われていくものです。

（2）自立相談支援事業の職場特性を踏まえた職場づくり
　自立相談支援事業の職場の特性は、前述のように、さまざまな職場体制のもと、多様な経験をもつ職員が職場をつくり、チームとなって支援を行っていくことです。支援機関によって、①職員が所属する組織の体制（行政直営型・民間委託型等）、②職員数、③職員の経歴や資格、④支援内容（任意事業の実施状況等）なども異なります。このため、職場づくりをよりよく行っていくためには、自分自身が所属する職場がどのような状況にあるかを理解しておくことが必要です。そして、職場に足りないところばかりでなく、現有の「強み」は何かをしっかり分析し、共通認識としておくことも大切です。

　なお、支援困難な事例に数多く対応することは、支援員にとって、心身ともに容易なことではありません。職員にストレスがたまり、支援の質に影響を及ぼさないよう、明るく前向きで、悩みがあれば相談しやすい職場をつくっていくことが大切です。

　職場づくりのリーダーシップをとるのは、機関の長や主任相談支援員となりますが、

職場づくりの主体は職員一人ひとりです。職場づくりにはリーダーシップが必要ですが、同時に、リーダーに任せておけばうまくいくというようなものではなく、職員一人ひとりのもつ意識によって、よくも悪くもなってしまうことを忘れてはなりません。

（3）よりよい職場づくりのためのポイント

　自立相談支援事業の職場の特性を踏まえて、よりよい職場づくりを行っていくためのポイントとしては、以下のような内容があげられます。

①理念の共有

　よりよい職場づくりを行うための第一歩となるのは、当該自立相談支援機関において、理念など重要な事項を共有することです。それぞれの職員が正しい方向性を共有する職場は、質の高い支援の土台になるとともに、個々の職員にとっても建設的な努力を促すために不可欠な要素でもあります。本書にもさまざまな形で記述されていますが、その組織にとって大切なことを皆で話し合って、具体的な形として表すことが重要です。

②職員同士の相互理解

　職場の職員同士がお互いをよく知り、理解しているということも大切なことです。相互に理解しておきたいことは、主に二つあります。

　第一は、それぞれの立場と役割です。例えば、組織における機関の長、主任相談支援員、相談支援員、就労支援員は、それぞれの立場、そして担う役割、業務が異なります。組織によっては、いくつかの役割を兼務する場合があるかもしれません。また、個々の支援機関によって、職員が担う業務にも違いがあることと思います。

　こうしたそれぞれの役割に対する相互理解がないままに業務を続けると、お互いに、できない期待をし合ってしまったり、「自分の仕事ではない」として、必要な対応をしないままに放置し、支援対象者に不利益を与えるというようなことが起こってしまいます。

　それぞれの立場と役割を、暗黙のうちにお互いが理解しているものと考えず、特に、新しい職員を迎える時期には、会議などで全員で確認することも必要です。

　第二は、職員が個々にもつ、知識、経験、個性などについて、職員自身とその周囲が理解することです。これは、業務を通じて自然にわかればよいと思われるかもしれません。しかしながら、本事業のような、これまでになかった新しい支援を創造的に行っていく職場では、職員自身の持ち味をお互いに理解し、すぐにでも、職務のなか

で最大限に、それぞれが「もっているもの」を活用していくことが求められます。

これも自然に任せず、会議などの場を用いて「お互いを知り合う」自己紹介や、個々の職員が感じていること、考えていること、最近取り組んでいることなどを、共有し理解し合える時間を、職務時間のなかで意識してつくることが大切です。

③職員個々の経験の尊重ー「経験から学ぶ力」の発揮

自立相談支援機関では、さまざまな経験をもつ職員が、チームとなって支援にあたります。ここで大切なことは、職員個々の経験を尊重することです。これには二つの意味があります。

第一は、職員がすでにもっている経験を尊重するということです。新しい職場では、「以前の職場のことは忘れて仕事をする」ことが求められることもありますが、自立相談支援事業では、さまざまな背景をもつ、さまざまな支援対象者の支援を創造的に行います。こうしたときに、相談支援の経験や、職務の経験というような側面ばかりでなく、個々の職員のもつ、生活経験、人生経験において、その人が獲得した各々異なる知識や知見も、支援の展開にぜひ活かしていっていただきたいと思います。

ここで大切なのは、個々の経験をそのまま「正しいこと」「役立つこと」と決めて職場や支援の場面に持ち込むのではなく、現在の職場や支援の場面で「どのように活かせるか」を皆で考えるプロセスを挟むということです。職員のもつ「経験」を職場で共有することによって、職員が自分一人で考える以上に、その「経験」が「省察」され、次に活かせる「知見」となっていきます。それを実践に活かしていくというサイクルのなかで、職員一人ひとりのもつ「経験」が職場の力になっていきます。

第二は、職員が、職務を通じて経験したことを尊重するということです。職員が経験したことは、どのようなことであっても、良い悪いという価値判断を挟まず大切にするという職場の風土をつくっていくことが求められます。

自立相談支援機関のような、創造的な支援を展開していく支援機関では、職員が「うまくいかない」と感じたり、支援対象者や地域との関係において「葛藤（コンフリクト）」を起こしていたりするような経験が、むしろ次に展開するよりよい支援につながる大事なポイントとなります。「うまくいかないこと」を、自分自身の力量のなさと考え、一人で抱え込んでしまったり、かなり大変な事態になるまで誰にも言えなかったりというような状況をつくってしまう職員が少なくありません。熱意があり、よい仕事をしたいと願い、自分に厳しく仕事をしている職員ほど、こうした状況に陥りやすいものです。

「経験」の共有化が組織の力となることを職場全体で理解し、「うまくいかない」と

感じたときに、それを組織的な対応に結びつけられるようにしておくことが求められています。

（4）よりよい職場づくりのための工夫

　ここではよりよい職場づくりを行ううえで参考となる工夫を二つ、紹介します。

①「見える化（可視化）」の工夫

　自立相談支援機関では、職員同士がコミュニケーションをよりよく図り、業務に取り組んでいくことが求められています。しかしながら、職種が異なるメンバーが、それぞれに忙しく動いていくような状況のなかにあっては、よりよいコミュニケーションを図るためにも工夫が必要です。そうしたなかで大切にしたいことが、コミュニケーションを「見える化」するということです。

　例えば会議の場面では、資料が配られ、資料に書かれている内容の報告や、議題についての話し合いがなされることが多いと思います。そのようなときに起こりがちなことが、各々が理解したことを各々にメモに書き取り、それで会議が終わってしまうというようなことです。このような場合、話し合われたことなどをそれぞれに理解したつもりが、結果的に個々の解釈で終わってしまい、職場の合意にならないというようなことが起こります。こうした「ズレ」をなくす工夫のひとつが、ホワイトボードなどを用いて、議論を「見える化」することです。話し合いのプロセスを、ホワイトボードに記録し、皆で共有しながらすすめることで、合意形成が容易になります。

　ホワイトボードは、ケースカンファレンスを含む会議の場面ばかりでなく、日頃の業務において、さまざまな形で活用することができます。「見える化」のツールとして、ぜひ導入したいものです。

②「チームづくり」の工夫

　自立相談支援機関においては、職場の内外において、チームをつくり、そのなかで、個々の職員が柔軟にその役割を果たしていくことが求められています。そして、自立相談支援機関の職員は、主任相談支援員に限らず、さまざまな場面で、チームづくりの推進役となることが期待されています。しかしながら、チームのメンバーとして動くのはまだしも、チームにおいてリーダーシップをとっていかなければならないときに、それを苦手だと思ってしまう人もいるかもしれません。

　チームをつくるうえで役立つのが、「場をつくり、人と人とをつなぐ技法」を知ることです。「場をつくり、人と人とをつなぐ技法」は、現在は、ファシリテーションとい

うような形で、広く紹介されています。例えば、会議やミーティングの机と椅子の並べ方、話し合いを始める前のアイスブレーク（緊張を解きほぐすための自己紹介やきっかけづくり）、前述のようなホワイトボードを使った可視化、模造紙や付箋を活用した参加型の討議法など、こうした知識や技術を少しでも備えていることで、どのような場であっても、臆することなく、集まった人々の力を活かした「場づくり」を実現することができます。ここでは、そのすべてを紹介することはできませんが、ぜひ、こうした知見を習得し、さまざまな場面で活用してください。

参考文献
・特定非営利活動法人ホームレス支援ネットワーク「生活困窮者のステージに応じた伴走型支援を行う人材育成の在り方に関する研究事業報告書（厚生労働省　平成24年度　社会福祉推進事業）」2013.
・福祉職員キャリアパス対応生涯研修課程テキスト『改訂2版　福祉職員キャリアパス対応生涯研修課程テキスト　初任者編』全国社会福祉協議会, 2021.
・堀公俊・加留部貴行『教育研修ファシリテーター』日本経済新聞出版, 2010.
・加留部貴行『参加したくなる会議のつくり方――公務員のためのファシリテーション入門』ぎょうせい, 2021.

都道府県による研修等の市等への支援事業の創設

　法施行以来、厚生労働省（国）が「生活困窮者自立支援制度人材養成研修」（以下、「国研修」という。）を実施し、支援に携わる人材の養成を担ってきました。それまでの実績と成果を踏まえて、平成28年度に都道府県における人材養成をどのように実施するかが検討され、平成30年に生活困窮者自立支援法が改正されました。そのなかで「市等の職員の資質を向上させるための研修の事業」が都道府県の努力義務と位置づけられたこと、地域の実情やニーズに応じた研修が求められるようになっていることなどを踏まえて、令和2年度より人材養成研修の一部の実施主体が都道府県に移管されました。

1　都道府県における研修の目的と要件 ——令和2年度以降の従事者養成研修

（1）都道府県研修の目的と意義

　都道府県研修における人材養成の目的は、国研修と同様に、「生活困窮者自立支援制度の理念を踏まえた質の高い支援を行うため、これを担う職員が高い倫理と正しい姿勢を身につけ、さまざまな状況に対応できる実践力を磨くこと」とされています。

　令和2年度以降当面の間は、国研修の一部継続、地域ブロック別研修の実施等は行われているものの、都道府県も修了証発行要件を満たす研修を実施し、修了証を発行することになりました。そして、修了証発行要件を満たす研修のみならず、任意の都道府県研修の継続、国研修に参加できなかった新任者等を対象とした基礎研修の実施を含め、本人主体の支援のあり方を考えるきっかけとなる研修を身近にかつタイムリーに行うことで都道府県において継続的に人材を養成していくことが求められています。

　さらに都道府県で研修を実施することにより、支援員同士の顔の見える関係性をつくり、互いに支え合うネットワークを構築することで地域づくりや管内市区町村の横のつながりができ、支援員のバーンアウトを防ぐことにも役立ちます。また、長期的には都道府県の市区町村支援や担当者負担の軽減につながるものですので、積極的に取り組むことが期待されます。

令和２年度以降の修了証発行要件を満たす都道府県研修の要件

```
1．研修の実施方法の要件
  ①参加型研修の形式を取り入れること
    ⇒座学中心の研修ではなく、事例検討やグループワーク、意見交換会等、受講者同士の交流を図る
      ことができる参加型研修を導入することで、支援員同士の横のつながりを生み、「困った時に相談
      し合える」関係性を構築することが望まれる。
  ②研修企画チームをつくり企画・立案すること
    ⇒現場の支援員とともに検討することによって、現場の実情に沿ったテーマが提案されたり、参加
      型研修が円滑に進むことが期待できる。また、研修企画チームを中心に、研修実施協力者を募っ
      ていくプロセスそのものが、「地域づくり」につながっていく。
  ③制度の理念と基本姿勢を伝えること
    ⇒研修を通して、支援員が制度の理念や基本姿勢を再確認できる機会を提供する。

2．開催時間の要件
  ○開催時間は、計10.5時間以上とする。
  ○複数回に分けて開催することも可。
    ⇒複数回に分けて開催することで、受講者同士の継続的な交流を図り、ネットワーク構築を円滑に
      する効果も期待される。
```

出典：厚生労働省「2020年度以降の生活困窮者自立支援制度支援員養成研修について」2頁、2019.

（2）都道府県研修のこれまでと今後の必要要件

　令和元年度までの都道府県研修の考え方は、①国研修のエッセンスを反映し、②国研修の修了者が企画立案・講師となることを期待し、③ノウハウの蓄積を行うことをめざしていました。[▶4]

　そして令和２年度以降に都道府県で実施する修了証発行要件を満たす研修は、困窮者支援に従事する支援員が受講しなければならない研修という位置づけになり、これを踏まえ、国は令和２年度以降の修了証発行要件を満たす都道府県研修の要件を、図表8－6のとおり示しています。

2 よりよい企画・立案、実施に向けた都道府県の体制づくり

（1）「研修企画チーム」の結成

　よりよい研修の企画・立案、実施に向けて重要なのは、都道府県所管課担当者が、都道府県の責務として責任をもって人材養成を行っていくことです。運営を委託する

▶4
厚生労働省「平成28年度の人材養成研修と都道府県研修の考え方」7頁、2016.

場合でも、企画・立案、実施のすべてを委託先に任せきりにするようなことは絶対にあってはなりません。

　人材養成研修は、単に人材を養成する場ではなく、支援現場における課題をあらためて見つめ直し、それに対して何ができるかを共有していく場にもなっています。都道府県所管課は担当者のみに研修の業務を委ねることなく組織的に対応するとともに、都道府県内の支援員以外の自治体担当者も、研修の企画・実施・運営に参画し、研修を受講できるようにはたらきかけていくことが大切です。そして研修の企画・立案、実施に際しては、都道府県所管課担当者を中心に、国研修受講者、企画・立案、実施担当者等との協働により実施するものであることを心得るとともに、研修企画・実施の体制づくりをしていくことが重要です。

　このために「研修企画チーム」を結成することが都道府県研修の要件となっています。研修企画チームの活動が充実することにより、人事異動等があっても過去の研修から得られた課題やノウハウ等を円滑に引き継ぐことができます。また、研修企画チームに多様な組織、多様な経験をもつ人材が加わることで、都道府県の実情に応じた研修の企画がしやすくなるほか、地域づくり、県内での講師の育成、都道府県所管課担当者の負担の軽減などの効果が期待されます。

（２）研修企画チームの構成メンバーと求められる役割

　都道府県研修における「研修企画チーム」の構成者としては、以下のようなメンバーがあげられ、各々期待される役割があります。

①都道府県の生活困窮者自立支援制度の所管課に所属する担当者
　（都道府県所管課担当者）

　都道府県所管課担当者は、研修の企画・立案、実施の中核を担う存在です。生活困窮者自立支援制度の理念と基本姿勢を理解して、国研修受講者や企画・立案、実施担当者等と協働して「研修企画チーム」を立ち上げ、メンバーの協力を得て、都道府県の実情に応じた研修の企画・立案、実施、評価を行います。

　特に、国の制度の動向や、自治体管内の取組みの状況や課題、各事業の実施体制等を把握できる立場を活かし、研修に参加しやすい職場づくりを促して、学びを通じて身近に相談し合える仲間をつくる重要性を伝えることが求められます。

②国が実施する研修の修了者（国研修受講者）
　国研修受講者は、都道府県研修の企画・立案に携わるとともに、国研修で受講した

研修内容や、受講者同士の情報交換等で知り得た全国各地の実践内容等をさまざまな場面で伝達し、可能な限り、研修企画チームメンバーや研修の講師、グループワークのファシリテーター等として都道府県研修に協力することが求められます。国研修で学んだ内容のみならず、実際に生活困窮者自立支援制度の実務に携わる立場から、自らが所属する地域状況を踏まえて、必要となる研修の内容を提案するなど、積極的なかかわりをすることが求められています。

③その他、都道府県研修の企画・立案や実施にかかわる者（企画・立案、実施担当者）

行政や社会福祉協議会等が設置する研修センター、社会福祉協議会の生活困窮者自立支援制度の担当課、生活困窮者自立支援制度の事業に携わる民間団体等に所属する職員が想定されます。これらの担当者は、生活困窮者自立支援制度の理念や研修の目的を十分に理解して、「これまでになかった新しい支援」を担う支援員の養成に、それぞれがもつ資源、知識、経験を活かしていくことが求められています。

3 都道府県研修担当者としての心得

まず押さえておきたいことは、「研修を実施することが目的ではない」ということです。研修はあくまでも「手段」です。主催者として研修という手段を通じて、何をめざすのかをしっかり考えることが肝要です。これをキチンと押さえておかなければ、研修参加者にその趣旨が伝わらず、担当者自身も「やらされ感」ばかりが出てしまいます。まずは手段が目的化しないように十分に注意しましょう。

したがって、研修は単なる事務仕事でもありません。日程調整や講師の手配、会場や資料の準備などの単なる事務作業をすることに留まるものではなく、人と組織を成長に導く大切な存在であることを十分に理解することが必要です。前年度の内容を何も考えずにそのまま事務的・機械的に踏襲することや、講師に研修内容を「丸投げ」するようなことは基本的に避けなければなりません。

都道府県所管課担当者には研修の主軸を創りあげる責務があります。主催者としての自覚をもち、研修を行う意味と価値を見出しながら、何よりも現場の支援員の気持ちを元気にさせるような研修を実現させていきましょう。

参考文献
・「生活困窮者自立相談支援事業における都道府県研修実施のための手引」
・「生活困窮者自立相談支援事業における都道府県研修実施のための標準カリキュラム」

第8章

　自立相談支援機関で職員育成・教育を行うことは、その職員の成長につながるとともに、利用者に提供するサービスの量と質の担保・向上に役立ちます。そのために行われる支援の専門家の育成・教育手法の一つがスーパービジョンです。スーパービジョンは、直接実践する者（スーパーバイジー。以下、「バイジー」という。）と、その実践を支援する者（スーパーバイザー。以下、「バイザー」という。）との関係のなかで営まれます。

　スーパービジョンは、利用者に対するバイジーの支援プロセスに並行して実施されるという意味で、利用者に対する間接支援でもあります。バイザーは組織内では上司や主任相談支援員などがあたりますが、教育機関など組織外の者とでも、契約することによって実施可能な場合も考えられます。自立相談支援事業においては、利用者の複合的なニーズに対応する包括的な支援を行うことが必要です。ここでは、こうした支援の特性を考慮しながら、主任相談支援員にとって特に重要な、スーパービジョンの内容と仕組みのありよう、その実際について説明します。

1　スーパービジョンの重要性

　スーパービジョンは、対人支援にあたる職員が陥りやすい燃え尽き症候群に対する緩衝機能としても、近年新たに注目を集めています。また、介護保険では、介護支援専門員のなかでもスーパービジョンを行う役割をもつ主任ケアマネジャー制度がつくられました。社会福祉士についても、高い専門性をもつ認定社会福祉士および上級認定社会福祉士制度がつくられ、その資格の基盤にスーパービジョンを受けた、また実施した経験と実績が求められています。このように対人支援の専門家を専門家たらしめるために必要不可欠な方法として、スーパービジョンが認識され位置づけられています。

2　スーパービジョンのポイント

　一方で、スーパービジョンは対人支援という職業の歴史とともに存在し発展してき

ました。その定義は領域により多様ですが、社会福祉の分野においては、利用者に対する直接支援のプロセスのなかに組み込まれて実施されるようになっています。

ここでは、スーパービジョンにおける、⑴二つの目的、⑵システム化の必要性、⑶バイジーとバイザーとの関係、⑷三つの機能、⑸方法と評価について説明します。

（1）二つの目的

スーパービジョンは単に先輩が後輩に助言することではありません。その目的は、一つにはバイジーの実践能力が向上・成長に向かうことであり、もう一つとしてバイジーが支援している利用者がそのニーズを充足するサービスを十分に受けることにあります。これは、現場の支援者の実践に対する評価を基礎とし、利用者がより良いサービスを受けられるようにする責任がバイジーのみならず、バイザーにも求められることを意味します。

この二つの目的は、双方が連関し合いながら、相互作用のなかで進みます。実践力が高まれば利用者の利益になり、利用者の利益になることが確認できれば実践力はさらに上がります。このように、スーパービジョンと現場実践とは、効果や評価をお互いに確認しつつ、並行的にかつ相互作用的に進行していきます。

（2）システム化の必要性

一方で、スーパービジョンの目的はこの二つに限られません。つまり、バイジーの成長と利用者の個別の問題解決だけではなく、より大きな視点に立って、組織ぐるみで地域社会に向けてサービスの充実を働きかけることも重要です。このためには、スーパービジョンがシステム化されることが必要です。

スーパービジョンが主任相談支援員などの職務管掌に組み込まれ明文化され、支援員の受講時間の保証や人材の導入などが組織的に行われること、有効な人材育成プログラムが存在し能力のあるバイザーの存在とその研鑽プログラムが設定されていることなど、スーパービジョンの仕組みを整備し、システム化を図る努力が組織ぐるみでなされる必要があります。

特に主任相談支援員は、そうした仕組みをとり入れるよう組織に働きかけ、また、行政にもシステム化を奨励する施策を策定するように提案するなど、ソーシャル・アクションも視野に入れて取り組みます。その基盤には、まず職員自体が困っていることを相談できる雰囲気と仕組みを担保する組織的土壌をつくることがあります。また、従来プライベートに義務も責任もなく行われていた相談ごとを、公的仕組み・体制にしていく働きかけが必要です。

（3）バイジーとバイザーとの関係

　バイジーとバイザーとの関係は、一種の契約によって成立しており、複雑な支援課題に対してお互いの信頼のもと、支援に資する知識や技術を取り入れることで、支援の打開を目指します。

①契約関係

　スーパービジョンは、バイジーとバイザーとの間で展開するため、その基盤として明確な関係性が必要です。職場や組織の上司と部下、主任相談支援員と相談支援員との間には、その関係性は明文化され、あるいは了解されていると考えられます。

　一方、バイザーを組織外から招聘（しょうへい）する場合は、組織として契約を取り交わし、バイザーには原則、組織の方針や手続きに沿った内容で実施することが求められます。しかしながら、現場の問題解決とスーパービジョンとが乖離（かいり）し、助言の範囲で実施されているところが多くあるので、注意が必要です。そこで、バイザーとバイジーの両者が開始時に、組織との関係も含め、スーパービジョンによって何をどの範囲まで解決することを見込んでいるのか、それぞれにどのような役割が期待されているのかなど、契約にまつわる考えをお互いに話し合い明確化しておくことが重要です。

②信頼関係

　スーパービジョンにおいては、相互の信頼関係もその基礎となります。この信頼関係は、一方通行や上下関係で生まれるものではありません。お互いを専門家・実践家同士として尊重し合う気持ちや姿勢をもったうえで、異なった意見や感覚を交換し合うことが重要です。その交流が相乗効果を生み、新たな方向へ支援が転化・変容するきっかけとなるような関係を結ぶことが望ましいといえます。そうした相互交流の積み重ねのうえに信頼は築かれます。

　一方でスーパービジョンは、組織的枠組みや方針に応じて、強制的な要素が要求されることもあります。それによってジレンマ状態に陥り、信頼関係が脅かされることも考えられます。しかし、そうしたジレンマの解決を双方で考え乗り越えていくことによってこそ、お互いの信頼はさらに深めていくことができます。

③異なる専門性

　スーパービジョンにおいては、バイジーとバイザーの専門性が同じ（ホモ）場合と、異なる専門性（ヘテロ）の場合の両方が存在します。自立相談支援機関では、包括的な支援を行うために、さまざまな専門性を背景にもつ人たちが集まりますので、支援

の質を高めるため、ヘテロな関係であってもスーパービジョンが実施されることが重要です。自信をもって行いましょう。

○コンサルテーション

　かつてバイジーとバイザーとの専門性が異なる指導は、「助言をすることイコールコンサルテーションであって、スーパービジョンではない」ということがいわれたことがあります。一方でコンサルテーションは、指示・命令に服する義務が生じない、管理的機能のないスーパービジョンであるともいわれていました。しかし、多様な生活困窮者に対し包括的な支援を展開するため、自立相談支援機関においては、多彩な知識や技術を利用しながら解決を図ることが必要です。このため、スーパービジョンも多職種連携チームの枠組みで、考えていくことが必要になります。その際、個々人が異なる専門性をもつ一つのチームのなかで、コンサルテーションが支援に生きるように、スーパービジョンに取り組むことが望まれます。

（４）三つの機能

　スーパービジョンを実践するため、①管理的機能、②教育的機能、③支持的機能の三つの機能を理解しましょう。これらの機能は個々のスーパービジョンのなかで混在し、相互補充的に発揮されます。

図表8-7 スーパービジョンの構造

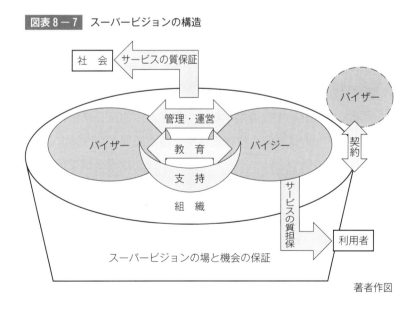

著者作図

①管理的機能

スーパービジョンにおける管理的機能とは、自立相談支援機関という組織が求める支援業務をバイジーが適切に遂行できるようにすることです。これを実現するため、組織には組織方針や手続などの管理構造が存在します。

そしてこの管理的機能には、二つの側面があります。一つは、バイザーがバイジーに対して監督、管理、指導、命令、確認、評価等を行うことです。これは、まさに管理的要素が強いため、一方的でその関係性はストレスになりがちとされますが、サービスの質を担保するために重要な側面です。またそれはバイザー、バイジーを守ることでもあります。

もう一つは、サービスを提供するバイジーへの支援により焦点をあて、バイザーが組織運営上さまざまな配慮をし、組織に働きかけてより良い環境をつくるとともに、バイジーにも組織運営への参加方法を伝授することです。これにより、支援員と組織との双方向のやりとりが確保されれば、自由闊達な組織運営につながります。

②教育的機能

教育的機能は、バイジーが支援をするうえで要求される知識・態度・技能を向上させるものです。この教育的機能にも二つの側面があり、一つは利用者の個別事例に役立つもので、他方はバイジーの成長に役立つものです。この二つは当然連動しており、バイジーの成長が支援の向上につながり、支援の向上を目指すことでバイジーは成長します。

教育的機能の発揮はまず、学びの動機づけから始まります。バイジーが困難な事例に消耗し、支援の意欲が削がれているような場合には、後述の支持的機能も使いながら、より良い理解に向けた次の一歩を自分自身で踏み出せるように状況を整理していきます。次の段階では、不足する情報や知識、経験上の知恵、技法のつたなさを補います。ここではバイザーの積極的な情報提供や指示が必要となります。

そのうえでバイジーの気づきにつながるような知識や技術を伝授していきます。気づきはバイザーとバイジーの相互作用のなかでこそ生じることで、命令や助言といった一方通行や上下の交流では育まれません。双方向の交流のためには、バイザーはバイジーに「何でも話して大丈夫だ」という安心感を十分にもたせて、「実は…」という話を引き出すことも重要です。そして、バイザーは鏡のようにふるまって、バイジーが何につまずいたのか、何にひっかかっているのかを自分の言葉で説明できるようになるよう心がけます。すぐに指示・命令・助言をせず、十分待って、質問には質問で答えていくコミュニケーションが大切です。

また、気づきとは、バイジーが理解している問題の枠組みを変更することで生まれることがあります。「目から鱗だ」とか「視点を変えたら違う世界が見えた」などと、バイジーが発言するのがこれにあたります。その気づきが自己の内面に向かい、「自分の見方や行動傾向がわかった」とか「自分の考え方や行動は自分の過去の体験が影響している」などと気づくことも重要です。これを自己覚知と呼びますが、バイジー自身が見聞きしたことや体験したことなどについて、自分が支援者としてどのように受け止め、また、その結果、どのように行動する傾向があるかを認識することが大切です。

　スーパービジョンは、その専門性を伝えるために教育的機能を発揮します。専門性の基礎には組織としての理念があります。この理念をもとに実践を振り返り、ポジティブな姿勢と考え方を伝えることで、バイジーがあらためて業務を理解し、組織の理念を実現するために必要な、具体的に役立つ知識と技術を検討することで、適切な支援の姿勢を身につけます。

③支持的機能

　スーパービジョンにおいては、バイジーを支持していく姿勢も重要です。すなわち、支持的機能は、スーパービジョン関係において基礎となる機能です。管理的機能を発揮する前提には実践者としてのバイジーを肯定的に認識し、その実践を非難・否定することではなく、支援することによってバイジーをエンパワメントします。また、教育的機能を発揮するには、支持的機能を発揮することでバイジーが受け入れられやすい状況をつくることが必要です。なぜならバイジーは一人の成人した人間であり、アメとムチでストレスや褒美を与えて教え込むような教育は不適切です。自分が興味をもったことを自分の理解したいように理解する傾向をもつ一人の人間として、教育手法を考えていく必要があります。バイジーの興味を知ることや興味をもたせる対応をするには、支持的機能の発揮が必要です。

　また、利用者への直接支援に対してスーパービジョンは間接支援です。利用者支援の実践はバイジーが主体となって行うしかありません。バイザーが代わるわけにはいきません。その意味でも、スーパービジョンはバイジーの潜在的能力を発見・発掘し、やる気を引き出し、バイジーのやれる範囲でやれそうなことを一緒に考えていくものです。そのためにも支持的機能は欠かせません。

（5）方法と評価

　スーパービジョンにはさまざまな方法が開発されています。バイザーとバイジーが

1対1の個別、1対多のグループ、多対多で行うこともあります。事例検討会やカンファレンスなども、バイザー／バイジーの役割と機能を発揮することでグループやユニットスーパービジョンの形をとることが可能です。また、自分で自分のスーパーバイズを実施する、セルフスーパービジョンも、一定のツールを使うことによってその方法が開発されています。さらに、最近ではメールやビデオ、PC、タブレット上の画面や映像などのツールを多用することで、間接的や時間差で実施している場合もあります。業務上、時間や場所の制約が多いなか、さまざまな工夫が可能となっています。

　題材は困難事例の検討や支援の確認が多くなりますが、そのほかにもケース全体のスケジュール調整であったり、地域に対するイベント企画の問題であったり、組織における部門運営とそこへの役割分担がテーマであったりします。そうしたさまざまな業務上の課題を検討し合うなかで、スーパービジョンは営まれます。

　スーパービジョンにおいて評価は大変重要です。従来はバイジーの成長や利用者の問題解決に向けて、バイザーが行う事後評価の意味が強かったのですが、今では前もって、バイザーが介入ゴールの予測や問題発生の予防を事前評価し、それを目標としてスーパービジョン介入を実施することが重要となってきています。バイザーがバイジーに前もって効果や評価を説明し共有しながら、スーパービジョンに責任をもつことがより重要になっています。

3　スーパービジョンの実際

　ここでは、事例によりスーパービジョンの実際について説明を行います。2事例のうち1事例目が単身者、2事例目は家族との同居事例です。いずれも制度による解決が困難な複合的な問題をもつ利用者および家族全体をどのように支援するかを課題に、スーパービジョンを実施したものです。

事例①

　Aさん（40代後半の女性、一人暮らし）　不安定就労と経済的問題のため持病の糖尿病治療がうまくいきません。経済的に困窮していますが、クレジットカードの借り入れを主にして生活は曲がりなりにもできており、また、要件に該当していないため、生活保護を申請しても受理されず、今まで公的支援のネットから漏れていました。1か月前生活支援のNPOに本人が電話で相談してきました。NPOでは新人相談支援員が担当し、主任相談支援員がスーパービジョンを行いました。

バイザー＝バイジー間のやりとり	スーパービジョンに関するコメント
新人：来週のカンファレンスに出すＡさんの事例なのですが、その前に少し相談に乗っていただけますか。	バイザーとバイジーとの関係性がすでに明確になっている
主任：カンファレンスの前に、私に何をしてほしいんですか。	まず最初に、バイジーのニーズを確認する
新人：Ａさんのことでよくわからない点があるので、カンファレンスでいろいろ言われて落ち込む前に、もう少しわかっておきたいんです。	カンファレンスの仕組みが存在し、自分の支援を振り返り、相談する機会が提供されている
主任：今から15分でやりましょう。よくわからないって？	時間枠組みを設定する　契約
新人：Ａさんが今後どうしたいのか言ってくれないんです。このまま借金の膨らむ生活をしていて良いのかと私は思うんですけど。本人はあまり心配してない様子で困ります。	
主任：心配してなさそうに見えるのはなぜなのかしら。	判断の根拠を明らかにする
新人：私が何とかしてくれると思っているのではと、思ってしまいます。	
主任：どんなところが？	具体的根拠を明確にする
新人：「何とかなると思うんです」と、私に言うんです。	
主任：Ａさんのその根拠は？	バイジーのアセスメントを言語化させる
新人：よくわからないんですが、今まで頼った人には、助けられてきた自分なりの実績があるからでしょうか。	
主任：例えば？	具体的に言語化させることで、その認識や理解の正確さを検討する
新人：夫のDVで家出をしたり、子どもをおいて駆け落ちしたりしたときに、お姉さんや友人に借家を紹介してもらったり、お金の援助をしてもらったりして、曲がりなりにも暮らせてきたからじゃないかと思います。	
主任：ほかには？	情報整理と洗い出しの促し
新人：えーと、今回うちへつながったのも勤め先の病院のソーシャルワーカーさんに相談した結果と聞きました。	
主任：今回と今までとは同じパターンなの？	同じ状況かどうかの再吟味
新人：解決を人まかせというのは同じじゃないですかね。	
主任：違うところを、エコマップを書いて探してみて。	エコマップを使っての情報整理とアセスメントの勧め

新人：これまではインフォーマルな資源に頼ってきたけれど、今回は福祉事務所や病院やうち、フォーマルな資源ですね。福祉事務所には生活保護の申請も断られてますし。	
主任：今回はどうしてフォーマルな資源につながったの？	新人の気づきへの促し
新人：そうですね。どうしてなんでしょう。インフォーマルな資源に見放されたのか。聞いてないのでわからないです。	「なぜ資源とつながったのか」「何があるとつながるのか」は、今後の成功するつながり方をアセスメントするうえで重要
主任：この人の職歴は、住まいのアパート近くの病院の調理パートと、失業後も再度同じ病院の清掃パートの6年間ですよね。糖尿病の発症はいつからですか？	
新人：6〜7年前と聞いてます。そういえば「病気だから病院勤めがよいと思った」とおっしゃってました。	「そういえば」と思い当たることを、バイジーが言えることは重要
主任：自分の職場や病気の関連のところだから、新しい頼る先を探せたしつながったということ？	新人の気づきを待つため、布石を打っていく過程
新人：そうかもしれません。	
主任：そうしたら、Ａさんの姿勢は今までとどう違うのだと思いますか。	
新人：Ａさんは今新しい方法にチャレンジしているところなのですね。私が頼られて「重い」と感じたのは、支援者としてこの私が解決しなきゃと思う、私自身の問題ですね。	バイジーの自己覚知
主任：Ａさんがどのように今まで自分の問題を解決してきたかについて、カンファレンスまでに整理して文書にしてください。それをもって今回の解決に向かうプランを皆で考えましょう。またＡさんの糖尿病の病状や予後、療養上の注意点については、主治医にきちんとコンサルテーションを受けておいてください。	課題の設定と共有の範囲の指定・指示 必要な知識・情報の確認指示
新人：わかりました。糖尿病のコントロールが良くないことは申し送りがあります。直接詳しく聞いてみます。	
主任：6年間同じ病院に勤め続けたＡさんの努力の成果が、病院を通じて紹介された今回のわれわれの支援につながっているのかもしれませんね。	バイザーによるＡさんに対するストレングス視点の例示
新人：なるほど。Ａさんは病気を意識していても、その関心の焦点は、治療ではなく病院とのつながりに向いているということでしょうか。カンファレンスに向けて整理してみます。ありがとうございました。	関心がないわけではなく、その解決の方向性の問題であるかもしれないという見方の変更

事例②

　Bさん（25歳、男性）　知的障害児として小中学校を特別支援学級で過ごしました。5年前にアルコール関連障害で亡くなった父はBさんを放置していたので、十分な生活スキルや福祉サービスを受ける機会がないまま成長しました。バイト程度の仕事をいくつか転々としましたが続かず、2年前より自宅にひきこもり状態となり祖母の遺族年金を頼って生活していました。時々、兄がお金を入れていたので生活保護は申請していません。

　母はBさんが5歳の時に蒸発し、一緒に育った5つ上の兄からは暴力を受け続け、今も関係は良くありません。兄は窃盗と傷害で1年半の刑期で半年前より刑務所にいます。Bさん兄弟を育てたのは同居の75歳になる父方の祖母であり、Bさんは日常生活動作以外の家事や近所づきあいなど生活の全般を、祖母に頼っていました。

　その祖母が転倒し大腿骨頸部骨折のため入院・手術が必要となり、祖母を見守っていた担当の地域包括支援センターより社会福祉法人の困窮者支援係に依頼がありました。

バイザー＝バイジー間のやりとり	スーパービジョンに関するコメント
若手：緊急ケースだったので、とりあえず私がBさんのインテークをとりましたが、誰が担当するかも含めて、今後の計画を相談したいです。私が担当しますか？	ケース担当運営の相談
上司：多くなって大変だと思うけど、新人には難しい事例なのであなたに担当してもらえると、安心できるのだけどどうでしょうか。新人を1人、サブでつけるから。	厳しい業務への支持と具体的サポート
若手：わかりました。そんな気もして、しっかりインテークはとったつもりですが、Bさんは確かに難しいケースですよ。	
上司：それじゃあ、今から30分でケース検討を2人でしましょう。大変に思うのはどのあたりですか。何を手伝いましょうか。	時間の管理 問題の整理と焦点化を促す
若手：Bさんは生来、中等度の知的障害と軽い身体障害がありますが、	
①　手帳をとらず年金も申請がなく、公的サポートは今までに何ら受けていません。本人や祖母にもサービスを受ける動機づけも経験もありません。 　今回は祖母の入院のため、民生委員経由で地域包括支援センターから相談があったのですが、包括のしてきたことも祖母の見守りだけです。	当事者の動機づけと地域資源の支援状況について確認 エコマップに書いて説明するように指導するとよい
②　Bさんは祖母の入院とともに行方不明になってし	一番に問題にして、気になることの提示

まい、このままだと、今後私がBさんに会うこと自体が困難です。今回は入院から10日たって、祖母の病院にお金の無心にきたところにばったり会いました。見知らぬ人と一緒に公園で野宿をし、その人に家に残っていたお金も盗られたそうです。金銭管理だけでなく生活基盤や習慣、周辺環境自体にも介入しないと、ホームレスになる可能性が強いです。

③　Bさんの祖母は認知症の進行のためか、退院後の生活に危機感をもっておらず、早く帰りたいと強く主張してリハビリテーション訓練がうまくできないと、病院のMSWから聞きました。車いす自立も困難ではないかとのことで、受け皿調整が難しいことになっていますが、病院では1か月後の退院が予定されています。

④　支援できそうな人は兄ですが刑務所におり身動きがとれず、Bさんとの関係も昔から悪く、支えにはなりそうにありません。母親も行方不明のままです。Bさんは祖母の指示と世話でなんとか自宅でひきこもった生活ができていたところ、その支えをなくし、持ち家なのに、自宅で単身生活することもできなくなっています。祖母のことは心配し、自分の支えとなっているので、何かしてあげたい気持ちもあるのだと感じました。しかし、実際のBさんとのインテーク面接では、就労したい、結婚したいとの希望が強く出ました。金銭管理等の日常生活や習慣の基礎自体ができていないことなど、こちらで問題と思っていることは気にしていませんでした。

⑤　将来的には自宅で一人でも、地域のサポートを受けながら生活できるようになることを大目標として、そのために必要な具体的な金銭の管理への支援や生活の組立てが可能となるような計画づくりが必要だと思います。

　そのために、まず、うちの法人でやっている宿泊所に生活訓練のために入所をしてもらいたいと思うのですがいかがでしょう。

上司：なるほど。でも宿泊所は法人の規則で、自宅のない人を対象とするとなっていますよね。それを説得する根拠がほしいですがどうですか。

若手：確かに自宅がある人ですが、自宅として使用できていない事実があるので、そこを言い立ててもらえればと思うのですが。

上司：訓練の必要までは決定会議のメンバーたちもわかると思うのですが、訓練することで再び自宅として使用できるようになるという根拠が必要です。あと、その訓練期間のめども必要ですね。

若手：そうですね。自信や根拠があるわけではないのです

| 出会いのいきさつとバイジーの意気込みの確認 |
| 介入の範囲や見通しの提示 |

| 地域連携、多職種連携のなかでのチーム支援を想定し、当事者以外の家族の状況も情報を共有する |

| 支援の範囲や対象を、家族や世帯に広げてとらえていく　システム的視点があることがわかる |
| アセスメントの提示 |

| プランニングの提示 |

| 当面の提案と上司にお願いしたいこと |

| 組織運営上の手続き方針にふれる方向性であることの指摘とバイジーの理解の確認 |

| バイジーの方策や計画をまず聞く |

| バイザーに考えを聞く　新たな視点の提 |

が、何を言ったらよいと思いますか。	示を質問で実施する
上司：今回Bさんが家を出てしまったのには、何があったのですか。	
若手：本人が言うには、「祖母が入院したらお金があったから、それを持ってちょっと遊びに出たら、一緒に遊ぼうという人が来て断れなかった」ということでした。	
上司：Bさんは自由になるお金があると、誘惑する人に対して断れない状況になってしまう人なのですね。そうした状況をつくらないことについて必要なことと、本人がどうしたら防止できるかについて、Bさん自身の考えを聞いてみて、それを訓練の根拠にすることはできますか。	上司としての助言　当事者の自身の考えをあらわす言葉であることの重要性を指摘
若手：まだBさんには言っていないんですよ。上司にだめと言われるかと思って。でも、本人の納得を得ておかないと、せっかく宿泊所を利用しても途中で逃げ出してしまったら困りますよね。支援者側も自信をもって計画を進める根拠でないといけませんよね。	利用者に計画を提案していないことの吐露とバイジーの意味づけ
上司：目標をBさんと一緒に前もって話し合うことができると、何か問題が生じたときも2人でそこに戻れます。今回の出来事は、Bさんにとってどのように困ったことだったのですか。Bさんの言葉で教えてください。	方針の共有の意味の言い直しと思考の展開　ストレングス視点に結びつける
若手：そういえばお金がなくて困ったことよりも、祖母に怒られるのが嫌だと言っていました。	「そういえば」という思い当たることの大事さ
上司：そうなのですね。お金がなくなるよりも祖母に怒られるほうが嫌なのですね。それならば祖母の意向に沿って生活訓練を受けると話していくほうが、Bさんはこの提案を受け入れやすいですかね。	Bさんに対する気づきやアセスメントの深まりへ誘導
若手：わかりました。早速祖母の様子をみながら、できれば同席してもらって、一緒にBさんに入所を納得してもらえるように話してみます。それから運営会議に議題で出してもらうようにします。	手順の確認
上司：一応理事長には根回しはしておくけれど、いろいろな考えの人がいるから、納得してもらうようにするには納得できる根拠を提示できないとね。また、病院や地域包括支援センターなどともうまく連携をとって、地域で推し進めていくのだということを組織や地域に示せるようにしてください。うちが単独で突っ込むのではないということを、エコマップをつくって説明できるようにしましょう。いろいろ大変だけどあなたならできるわ。助力できることは言ってください。	方針の総括とサービスの管理の意思の提示
	地域や組織から見た事例運営の俯瞰的視点の提示
若手：わかりました。またBさんと話したら報告します。サポートをお願いします。	支持的機能の発揮と運営への相互交流や影響力の保証

以上、スーパービジョン 2 事例の実際とその背景にある視点や意図についてコメントしました。業務上の短い時間でもスーパービジョンとしてサービスの質の担保・管理と人材育成にかかわっていることの自覚を高め、スーパービジョンの方法論を身につける努力につなげていくことが重要です。

第4節　主任相談支援員が行うスーパービジョン

1　はじめに

主任相談支援員の役割は、①相談支援業務のマネジメント、②高度な相談支援（困難事例への対応等）、③地域へのはたらきかけの三つに大別されています。

このなかで、①相談支援業務のマネジメントは、⑴支援の内容および進捗状況の確認、助言、指導、⑵スーパービジョン（職員の育成）と明記されています。相談支援業務に関連する職種のマネジメントとともに、職員個々の育成を目的とするスーパービジョンを担当するのが主任相談支援員の役割でもあります。

とはいえ、主任相談支援員の職に就いたその日から、適切なスーパーバイズができるかというと、必ずしもそうでないのが実情です。ある程度経験がある主任相談支援員でも、「スーパービジョンの経験がないので自信がない」「自分より年齢も経験も上の相談支援員にコメントするのは気が引ける」という声を聞くことは少なくありません。本稿では、主任相談支援員および相談支援員の双方の立場からスーパービジョンについて実践的な内容を整理します。

2　効果的なスーパービジョンを行うために

効果的なスーパービジョンを行うためにはいくつかの前提があるため、それらを簡単に整理しておきます。

（1）事例のリアルタイム情報の上書き

主任相談支援員（以下、「主任」という。）の役割を円滑に行うために、相談支援員や就労支援員（以下、「支援員」という。）と、日常的に事例情報の把握や支援の進捗管理を行う機会をもつ必要があります。できるだけ対面で行えるとよいのですが、それが難しい場合には、アクティブ事例の経過記録を把握しておくとよいでしょう。「支援員が行っている具体的支援を、その現場に立って見ている」というイメージです。

日々、上書きされていくリアルタイム情報の蓄積が、スーパービジョンの深さに影響を与える場合が少なくありません。これらは、「職場づくり」としても重要ですが、

スーパービジョンを効果的に行うためにも必要な要素です。

（2）個々のスタッフと職場全体の把握

　主任という立場と、支援員という立場では、見える景色が違います。主任という立ち位置に立って、見るべきところ、見えるもの、具体的アプローチを整理すると、次のことがいえます。

　見るべきところ、つまり観察しなければならないことは、個々の支援員のコンディションです。「なんとなく元気がない」「少し疲れているようだ」「他の職員との会話が少ない」など、支援員のパフォーマンスに影響する現象は、努めて気にかけておきたいものです。

　また、職場全体を見渡して職員間の力動（人間関係や力関係）にも目を向けておきましょう。職員は「同じ方向を向いているか」「足並みはそろっているか」等々、事業所のパフォーマンスに直接的・間接的に影響する要素を把握しておくことはとても重要です。

　さらに、職場全体の士気を高めていくことも大切です。事業方針（あるいは目標）から逸れていないか、事業の成果はどの程度出ているか等々を図表や文章などで表現できるとよいでしょう。

（3）支援員のレディネスの把握

　レディネス（readines）とは、学習の前提となる知識や経験が支援員の側に備わっている状態を指します。簡単にいうと、学習に必要な準備状態です。支援員のレディネスを把握しておくことは、スーパービジョンで用いる言語のチャンネルを合わせる作業です。支援員のレディネスを超える言葉や概念を使うことを控え、理解できる言葉を用いること。支援員のレディネスを評価する明確な基準はないのですが、一つの目安として、支援員が使う言葉や話の内容の「わかりやすさ」をあげることができます。例えば、専門用語を使わずに、自分の言葉で、簡潔に、事例の状況や自分の状況を説明できることです。

　私たち日本人は、「自分の考えは明示的な表現をしなくてもわかり合える」という前提で会話をする傾向があります。言葉の発信者は正確に情報を伝達する必要はなく、言葉の受け手が文脈的な流れのなかで発話意図を察する、というコミュニケーション形態です。美辞麗句や多義的な言葉を用いると、支援員のレディネスの程度によって、さらに曖昧に解釈される可能性があります。主任が用いる言葉は、端的で意味が明快であることが必要です。

スーパービジョンは、主任と支援員の「双方向的な関係」です。主任の「スーパービジョンを行う」という意識と、支援員の「スーパービジョンを受ける」という意識のうえに、スーパービジョン関係が成立します。この関係のうえで、スーパービジョンは具体的にどのように行われるのでしょう。主任と支援員は、それぞれに、「観ているもの」「感じていること」「考えていること」が違います。ここでは、主任の側から、その点について解説していきます。

（1）支援員の向こう側にいる事例を観る

スーパービジョンでは、主任の立ち位置から支援員の向こう側にある事例の理解を深めていきます。super-vision の super は「超える」、vision は「観る」という意味。つまり、支援員を超えて事例を観るということです。「見る」は受動的、「観る」は能動的。主任にとってスーパービジョンは、能動的な行為なのです。

なお、ここでいう「事例」とは、原則として支援対象者本人を指します。支援対象者の家族や身内を含めて「事例」という括りをすると、思考の混乱を招く可能性があるため、本稿では「事例」を「人格をもった個人」という意味合いで、支援対象者本人を指すこととします。

（2）スーパービジョンのポイント

図表8－8は、スーパービジョンが行われている場面を表したものです。支援員と事例との間で行われる支援を「A」とします。支援員は、Aの場面で展開されている情報（あるいは事象）を、スーパービジョンの場（B）に持ち込みます。一方、主任は、支援員の情報をもとに、頭の中で「事例イメージ」をつくり上げています。主任の頭の中の事例イメージは、支援員が提供する情報以外に、推察や類推を行いながらつくり上げるものです。主任の実践経験や各種のエビデンスに基づいて、事例のイメージが生き生きと（あるいは生々しく）、主任の頭の中に動画として浮かび上がってきます。これが前述した「観る」という行為（C）です。

このとき、支援員が情報提供する内容と、主任の頭の中で形成される事例イメージの間に「ズレ」が生じる場合があります（図表8－8の①と②の部分）。これがスーパービジョンの重要なポイントです。

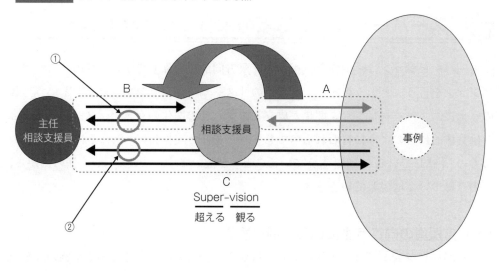

図表 8 − 8 スーパービジョンのポイントとなる点

（図中の文字）
① ②
B A
主任
相談支援員
相談支援員
事例
C
Super-vision
超える　観る

（3）プロセスをともに歩む

　前項で、「Aで起こっていることをBに持ち込む」という表現をしました。支援員は、事例との間で交わされる情報ばかりでなく、支援員の問題の切り取り方、支援員の価値観、事例に対する感情や態度、支援の傾向などもスーパービジョンに持ち込みます。例えば、頻回に電話をかけてくる事例に対応している支援員の場合、事例が語る電話の内容や回数だけでなく、その状況に辟易している様子や、対応しきれない気持ちを表現することも少なくありません。その場合、まずはそれらを吐露してもらったうえで、「なぜ頻回に電話をしなければならないのか」「支援員の対応が、その現象を引き起こしている可能性はないか」等について、もう一歩踏み込んだ問いを投げかけます。この問いは、支援員が自らの支援を客観的に振り返るための「スイッチ」として機能します。

　スーパービジョンは、「事例と支援員」という二者関係を、「主任と支援員」という二者関係のなかで生々しく、かつ客観的に振り返るものです。事例の状況分析、支援の傾向や態度、価値観や癖などについて、支援員が気づき、咀嚼し、よりよい方向に自ら修正をかけていく。そのきっかけを見出す場でもあります。支援員は、主任との語らいのなかで主任の価値観を取り込み、支援の世界観を広げ、ゆっくりと実務に反映させていく。そのプロセスをともに歩むのが、スーパービジョン関係といわれるものです。

4 主任（スーパーバイザー）は何を観ているのか

主任は、支援員を超えて何を観ているのでしょう。ここからは、その点について整理します。

（1）主任の見立て

主任は、支援員の情報をもとに事例の見立てを行っています。見立てとは、①現状の査定、②背景の理解、③当面の課題の焦点化です。

①現状の査定とは、事例が、今、どのような課題に直面し、どのような状況に置かれているかを把握すること。②背景の理解とは、どのような経過を経て現状に至ったのか、その背景を理解すること。③当面の課題の焦点化とは、①と②を経たうえで、当面、どの課題に焦点化するかを決めることです。もちろんさまざまな課題があると推測されます。最初の段階では「当面の課題」に焦点化し、連鎖する課題の状況が明らかになるにしたがって、「根底に流れる主要課題」にアプローチすることを視野に入れていきます。

主任は、支援員の情報に基づきつつ、自らの経験智を総動員して、「想定する事例イメージの輪郭」を明確にし「見立て」を行います。これが、図表8－9の【A】の部分です。

図表8－9 バイザーは何を観ているのか

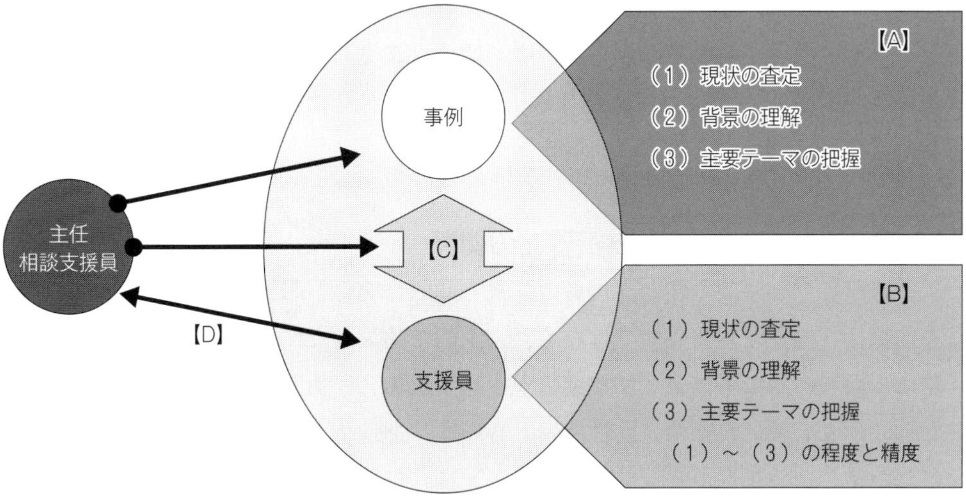

（2）支援員の見立ての程度と精度

　主任の見立てと並行して、支援員の「見立て」と、その「程度や精度」を読み込んでいきます。支援員が把握する事例の見立てと、主任が見立てた事例イメージに「ズレ」が生じる原因はここにあります。その「ズレの程度と精度」を読む。それが、図表8－9の【B】の部分です。

　「ズレ」の程度や精度を読み込む際に、前述した支援員のレディネスを意識しておくとよいでしょう。支援員はどのような切り口で情報を読み取っているのか、どのような意識や感情で向き合っているのか、支援員の視点を変えた場合、どのような見え方になるのか等も想定していきます。

　言葉のキャッチボールを繰り返しながら、事例の状況を明らかにすると同時に支援員とのコミュニケーションを深めていきましょう。その際、いきなり結論を伝えるのではなく、少し遠回りをしたり、時間をかけたりしながら、支援員の理解や気づきを促すフィードバックができるとよいでしょう。

（3）支援員と事例との関係

　「ズレ」が生じる要因はいくつかあげられます。一つは、支援員と事例との間に、支援の土台となる「支援関係」が形成されているかどうか。例えば、支援者は事例に信頼されているか否か。あるいは逆に、支援員は事例の課題解決力を信頼しているか否か。事例と支援員の信頼が交流しているからこそ、「信頼関係」が生まれます。

　支援は、「支援関係」を土台にしながら展開されていきます。その関係のなかでこそ、事例の口からさまざまな情報が語られ、双方の関係がさらに深まり、課題の解決へと進んでいくものです。単なる「サービスフィッティング」に終始していないか、対象者理解を十分に行おうとしているか、謙虚に対応しているか等、支援員の姿勢と事例のセルフケア能力が共鳴しながら、両者の関係が深まっていくものです。支援員と事例との「支援関係」は、どの程度深まっているのか、そこに焦点を当てます（図表8－9の【C】）。

（4）スーパーバイザーと支援員との関係

　スーパービジョンは主任と支援員の「双方向的な関係」の上に成り立っています。この関係は「お友だち関係」ではなく、人工的で建設的な関係です。

　時に、両者の間にネガティブな感情が生起する場合があります。主任がそれに気づいたら、ネガティブな感情（陰性感情ともいう）を適切な言葉に変換し、それをテーマにした話し合いをもつとよいでしょう。逆に、支援員に生起する場合もあるため、

それを口にすることを推奨しておくことが肝要です。相談支援の場では、支援者の心のなかに沈んでいる抑圧された課題や感情が動き出し、主任に向かうことがあります。これは、継続的なスーパービジョンプロセスのなかでは、ごくごく自然なことと考えてよいものです。

　陰性感情は敬遠されがちなテーマですが、その感情が思考によって統制されたものであれば、積極的に取り扱えるとよいでしょう。ただし、この扱いは一朝一夕にマスターできるものではありません。主任も支援員も、少しずつトレーニングを積んでいくとよいでしょう。

5　主任（スーパーバイザー）が意識していること

　前述した「支援員の見立ての程度と精度」の把握は、スーパービジョンの核となる部分です。この部分には、さまざまな要因が関与しているため、主任は他にも意識を向けなければなりません。その点について解説していきます。

（1）事例の能力と周辺状況（図表8－10の【E】）

　主任が意識していることの一つは、事例の能力とその周辺状況です。具体的には、①事例のセルフケア能力、②インフォーマルケア、③フォーマルケア、これらの種類と程度です。

図表8－10　主任が意識していること

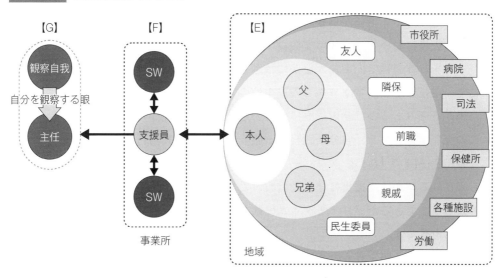

①セルフケア能力とは、知的能力、身体能力、課題解決力、集中力、計画性、忍耐力、興味や関心などを含むこともあります。②インフォーマルケアは、事例の家族、職場の上司や部下、近所に住む知人等。③フォーマルケアは、事例が通う病院や市役所等の公的な資源です。これらをうまく活用できているか否か。ここに、「事例の生活圏」という視点を加え、「地域（中学校区程度）」という面を加えます。事例が自分の生活圏のなかで生き生きと生活できているか、身近な地域のインフォーマルサポートを活用できているか、生活圏を離れた場所であってもフォーマルケアサービスを活用できているか等々について意識を向けていきます。

（2）支援員を取り巻く状況

一方、支援員を取り巻く状況に目を向けておくことも必要です。支援員と他の支援員との意思疎通は良好か、支援をめぐって何らかのわだかまりや齟齬はないかなど、職場内の人間関係等も把握しておきましょう。また、支援員のプライベートな課題が業務に影響している場合も少なくありません。いうまでもないことですが、支援員も一生活者です。さまざまな課題を抱え、それを解決しながら自分の生活を回しているのです。

ある支援員のパフォーマンスが落ちた場合、その支援員がどのように SOS を出していくのか、あるいは他のスタッフがそれに気づき、どのようにサポートしているのか。支援員のコンディションの把握とともに、他のスタッフとの協力関係の程度を把握しておくことも大切なポイントです（図表8−10の【F】）。

（3）自分を観察する眼

最後にもう一つ、主任が自分自身について向ける眼について説明します。スーパービジョンの場において、主任は支援員にさまざまなアプローチを行います。また、アプローチを行う過程で、主任のなかにはさまざまな思考や感情が生起するものです。ここで、主任が行ったアプローチの妥当性の評価や、主任の内部に起こる感情について、誰が評価（あるいはサポート）するのか、という課題が残ります。

この課題に対応する「自分を観察する眼」のことを「観察自我」と呼ぶことにします（図表8−10の【G】）。スーパービジョンのなかで生起する陰性感情の根源はどこから来ているのか、支援員に発した言葉は妥当か、自分の感情をコントロールできているか等々、できるだけリアルタイムに観察することが理想ですが、事後的に振り返ることも有効です。

自分を観察する眼を養うためには、主任自身もスーパービジョンを受けていること

が理想です。現場から離れた場所で学びを得ることもよいでしょう。また、職場内に事例検討を行う場を設定し、あるスタッフにスーパーバイザー的役割を担ってもらい、それを客観的に観るというトレーニングも有効です。

主任は万能ではありません。主任が支援員を支えるのと同じように、主任を支えてくれる対象が必要です。それをどこに求めるか、観察自我をフル稼働させながら発見できるとよいでしょう。

6 支援員（スーパーバイジー）は何を観ているのか

これまで、主任の立ち位置からスーパービジョンを解説してきました。ここからは、支援員（スーパーバイジー）の立場に立って若干の解説を行います。これらを頭の片隅に置いて、スーパービジョンのポイントをより明確にできるとよいでしょう。

（1）スーパービジョンのなかで支援員が行っていること

スーパービジョンにおいて支援員は、「①吸収すること」と「②磨くこと」を同時に行っています（図表8−11）。「①吸収すること」とは、いわゆる知識です。法制度に関する知識や学術的な知識など、吸収すべき知識は多方面に及びます。一つの知識は未来永劫続くものではなく、ある程度定期的に更新されるため、新たな知識を身につけておくことは必須の条件です。

一方、「②磨くこと」とは、思考力、論理力、価値、感性、直観、と呼ばれるものです。思考力とは考え抜く力、論理力とは情報を体系的に組み立てる力、価値とは福祉実践を貫くために必要な価値観、感性とは利用者の「生活」をリアルに感じることの

図表8 −11 吸収することと磨くこと

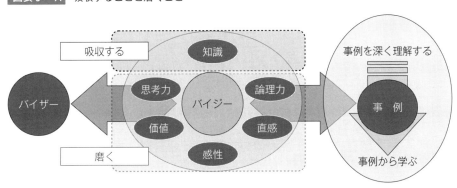

できる生活感覚、直観とは理屈を挟まない直接的・即自的認識のこと。これらはすべて「磨くもの」です。極論をいえば、スーパービジョンという場において、事例の胸を借りながら、主任の力を借りながら、支援員たちはこれらの力を磨いていきます。

　これらは、単なる知識の積み重ねだけで達成できるものではありません。時間と経験を費やしてこそ血肉になっていくものです。スーパービジョンが単発的なものではなく、継続的・反復的に行われる必要性はここにあります。

（2）支援員が観ていること

　スーパービジョンに限らず、支援員は日常的に主任の「仕事ぶり」を観ています。スーパービジョンにおける主任の発言と、日常業務で示す主任の「仕事ぶり」の間に乖離があると、支援員は戸惑いを覚えます。主任は、日常業務でも、スーパービジョンでも、一貫したアイデンティティーをもって職務遂行することが求められます。

　さて、ここでいう「仕事ぶり」とは、どのようなものでしょう。図表8－12をもとに説明します。

　「仕事ぶり」とは、波の上に見える小島のようなものです。波の下には、幾重にも層が重なり、裾野を大きく広げています。「仕事ぶり」を最直下で支えるのが、①仕事に対する知識や技術。その下にあるのが、②考え方や価値観です（図表8－12の【A】）。知識や考え方は、言葉として表現可能なものです。支援員は、スーパービジョンで主任が語る内容を肌で感じ、主任の「仕事ぶり」を思い浮かべながら、知識や価値観を咀嚼していきます。さらに下層には、③主任としてのあり方やふるまい、④信念や生きざまなどが広がります（図表8－12の【B】）。この部分は言葉よりも、日常的な仕草、あるいは困難や課題にぶつかったときの行動に現れてくるものです。

図表8－12　バイジーが観（感じ）ていること

出典：西村佳哲『自分をいかして生きる』筑摩書房，206頁，2011.を参考に作図

スーパービジョンは、「主任の仕事ぶりが凝縮される場」ということもできます。支援員は常々、主任の「仕事ぶり」の下層にあるものを観（感）じていると理解してよいでしょう。しかし、主任といえども支援員と同様に、課題や困難を抱えながら生活しています。辛い状況のなかでも前を向いている姿、あるいは巻き返していく姿を、支援員は感じているかもしれません。また、そういう姿のなかにこそ、真の強さを感じることも少なくありません。

7　スーパービジョンの構造と現場への落とし込み

最後に、まとめの意味を込めてスーパービジョンの基本構造について整理し、それらを現場に落とし込む方法について提案します。

（1）中堅者・上級者にも必要なスーパービジョン

スーパービジョンは、中堅者あるいは上級者にも必要です。経験を積めば積むほど、ほんの少しの情報だけで「先がみえる」という感覚をもつようになります。この感覚は決して悪いものではありません。しかし、根拠をもたずに結論を置くことは控えておきたいものです。ものの見方や考え方、あるいは支援スタイルが「我流」になっている可能性も否定はできません。だからこそ、中堅者や上級者も、適切な思考力、論理力、価値、感性、直観力を磨いておくことが必要です。これらは、磨けば磨くほど光るものです。自分の実践をより一層豊かなものにするために、あるいは支援員が体系的に理解できる説明ができるようになるために、中堅者や上級者、あるいは管理者自身がスーパービジョンを受けることをお勧めします。

（2）スーパービジョンの基本構造

スーパービジョン関係の構造を簡単に図示すると図表8－13のようになります。

その目的は、支援員の「考える力」を醸成することです。考える力は、教えられて伸びるものではありません。自ら気づき、発見してこそ身につきます。困難な課題にぶつかりながら、主任の力を借りながら、少しずつ積み上げられていくものです。

スーパービジョンの主たる内容は、「①焦点化」「②明確化」「③直面化」といえます。「①焦点化」とは、混沌とする事象のどの部分に焦点を当てるかということ。「②明確化」は、焦点を当てた事象のどの部分を明確に切り出していくかということ。「③直面化」は、切り出した内容が支援員にとって対峙困難なものであっても、しっかりと対

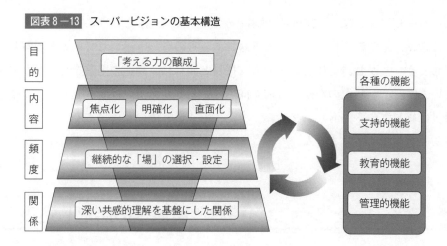

図表8—13　スーパービジョンの基本構造

目的　「考える力の醸成」

内容　焦点化　明確化　直面化

頻度　継続的な「場」の選択・設定

関係　深い共感的理解を基盤にした関係

各種の機能

支持的機能

教育的機能

管理的機能

峙できるようにサポートすることです。①や②は、前述した「見立て」に直接的に影響する部分です。これが甘いと、「浅い見立て」あるいは「ピント外れの見立て」になってしまいます。「③直面化」こそ、バイザーのサポートが必要な部分といえるでしょう。支援員の反応を観察しながら、「どのように直面化を促すか」を常に吟味していくとよいでしょう。

　スーパービジョンを行う頻度について特別な基準はないのですが、単発的・一時的に行われるよりも、定期的・継続的に行われることが理想です。支援員にとって、それが「安心できる場」「学びの場」「リセットの場」になるように、適度な間隔を置いてじっくりと行える場を設けたいものです。

　スーパービジョン関係の「質感」について例えるなら、支援員が感じている温度感を、主任も肌感覚として感じ取れるようになることです。事象を客観的に観る一方で、支援員が感じていることを生々しく、リアルに感じ取ること。支援員のレディネスを理解し、支援員がいるところまで下りていき、そこから見える風景を一緒に眺める。そんな感覚がもてるようになると「深い共感的理解」を味わうことができます。この関係は、一朝一夕にできるものではありません。慌てずに、じっくりと時間をかけて作り上げていきましょう。

　以上述べてきた「基本構造」は、「スーパービジョンの3機能（支持的機能・教育的機能・管理的機能）」と密接に関連しています。支援員がスーパービジョンの場に持ち込む問題や課題によって、あるいはその過程において、3機能のウェイトが推移することもあります。支援員のレディネス、直面する課題、事業所としてのパフォーマンス等を配慮しつつ、「基本構造と機能は循環している」という意識をもてるとよいでしょう。

（3）創意工夫によるスーパービジョン

　最後に、スーパービジョンの現場への落とし込みについて説明します。「忙しい現場ではなかなか時間が取れない」という言葉を耳にします。しかし、前述したスーパービジョンの構造や3機能を備えていれば、それぞれの現場の実情に合わせた方法で実行することが可能です。大切なことはスーパービジョンの「目的」です。「方法」は、それぞれの職場の実情に合わせてアレンジすればよいのです。

　例えば、朝夕の申し送りの際に、ワンショットスーパービジョンのような試みをするのもよいでしょう。あるいは週の始めや終わりに「1週間の振り返り」を行いながら、簡易的なスーパービジョンを行うのも方法です。もちろん、月単位でしっかりと時間をつくることができれば、それに越したことはありません。場合によっては、年度単位で事例検討会を開催したり、他の研修会に事例を提出してみるのもよいでしょう。スーパービジョンにさらに磨きをかけたいのであれば、職場外にバイザーを求めて定期的なスーパービジョンを受けることも一つの方法です。

　「スーパービジョン」と聞くだけで肩に力が入ってしまう人が多いと思います。慣れないうちは主任だけがバイザーになるのではなく、「みんなで意見を出し合える場」「みんなで考えられる場」を事業所内に設けられるとよいでしょう。

参考文献
・平成31年3月29日社援発0329第9号「『生活困窮者自立支援制度に関する手引きの策定について』の一部改正について」別添1「自立相談支援事業のてびき」https://www.mhlw.go.jp/content/000520647.pdf
・上原久『生活困窮者を支える連携のかたち』中央法規出版、2017.
・西村佳哲『自分をいかして生きる』筑摩書房、2011.

第8章

　本制度の対象となる生活困窮者は、生活困窮に至る就労や住居、債務、養育などといった複合的な課題を抱えており、また、それらの課題は世帯や家族を単位としている場合もあり、本人個人のみならず家族それぞれの個別性にも配慮しつつ、必要に応じて家族を包括的に支援していくことが必要となります。さらに、生活に困窮している人は、時間の経過とともに、地域との接触を失い、次第に孤立し、自ら相談に向かおうとしなくなる傾向があります。そのため、待っていても解決の手立てがないことから、孤立状態が長引かない早い機会に出向いて相談に応じていくことも重要です。

　自立相談支援機関の相談支援業務は本制度の要であるとともに、こうした包括的で早期の支援を具体化する重要な業務となります。そのなかで、主任相談支援員は、相談支援員や就労支援員（以下、本節において「相談支援員等」という。）のケース管理や困難事例への対応、さらには相談支援員等の資質向上や倫理観の涵養について、リーダーシップを発揮することが極めて重要です。

　ここでは、主任相談支援員の五つの役割について説明します。

1　高い倫理観の保持とリーダーシップ

　生活困窮者の相談支援に従事する相談支援員等の規範は、利用者の自己決定・自己実現を支える中立的仲介と代弁が基礎となります。

　相談支援員等は、相談支援の過程において、利用者が自立した日常生活を送ることができるよう支援をするために、さまざまな社会資源や保健、医療、福祉、教育、就労等のサービスの調整を図ります。そのときに、相談支援員等は、本テキストで示した専門職としての基本倫理などを遵守して支援を行う必要がありますが、なかでも特に認識する必要があるのは、「利用者の権利擁護」という倫理と基本姿勢です。

　ここでは、自立相談支援機関の相談支援員等をスーパーバイズする立場にある主任相談支援員の倫理観の保持について、あらためて説明します。

（1）本人の主体性の確保

　まず、利用者が自分の生活をどのようにしたいのか、どうなりたいのか、将来の意思表示をし、その実現のために努力するのは利用者本人であることを前提にすること

が相談支援の基礎となります。

本人の主体性の確保は、「自己決定の原則」として、相談支援の過程に具体的に現れてくるものであり、主任相談支援員としては、自立相談支援機関の全職員がこれを常に実践するよう意識の向上を図ります。

（2）利用者の尊厳の確保

主任相談支援員は、相談支援員等が、権利擁護の立場で利用者の尊厳を確保するために代弁者として中立的に介入することを、わかりやすくスーパーバイズする重要な役割を担います。

基本的人権が侵害される例として、

① ほかに行き場がないために、業者から劣悪な住居の提供を受けている。

② 生活困窮世帯であることを理由に、サービス提供者から呼び捨てにされるなど、不当な扱いを受けている。

③ 生活困窮の母親が、子どもの養育を放棄し、朝食を食べさせず、衣服も洗濯をしないで登校させ、クラスの子どもたちからいじめにあっている。

④ 老人夫婦の年金を失業した息子夫婦が生活費として使い、老人夫婦の生活費が足りなくなっている。

といったものがあげられます。

このような人権侵害が生まれる理由としては、人間としての存在そのものを、温かく受け入れることが「尊厳の確保」の前提となるにもかかわらず、それができずに、尊厳が否定的になっているのだと考えられます。

例えば、前記②は、経済的に低い人間という存在としてみているため、「サービスを提供してやっているんだ」という間違った優越感につながり尊厳が否定されることになるのです。

主任相談支援員をはじめ、相談支援員等は、家族や地域の人権の侵害に対しては、権利擁護の立場で利用者の代弁者になることが求められます。主任相談支援員は、日々の取組みのなかで、具体的にどのような行為が人権侵害につながり、また、どのようにすれば避けることができるのか、相談支援員等に示していくことが求められます。

（3）個人情報の保護

個人情報の保護は、利用者の尊厳にかかわる大切な部分であり、利用者との信頼関係の要となるものです。この信頼関係が損なわれることは、相談支援の展開にも大き

く影響します。

　個人情報の保護についても、自立相談支援機関の職員全員が意識を高くもち、組織としてルールを徹底する必要があります。主任相談支援員は、そのためのリーダーシップを発揮することが期待されます。

（4）公平性の確保

　公平性の確保は、相談支援過程における地域のフォーマルサービスをはじめとするさまざまな社会資源や利用者の個別性に配慮したサービス調整という点において大切な視点です。加えて、相談支援員等は、価値観の異なる利用者や家族との相互関係においても、専門職の倫理観にのっとり、公平な支援関係を築く自覚が不可欠です。

　主任相談支援員は相談支援員等が、利用者や家族との感情的な問題に巻き込まれず自己コントロールや自己評価を繰り返し、適切な相談支援ができるようスーパービジョンを心がける必要があります。

（5）中立性の確保

　中立性の確保は、利用者と事業者において最も重要な位置づけとなるものです。利用者の自立支援に対する希望に反して、主任相談支援員の所属する法人等や関係の深い事業者等との利益が優先されることがないように、常に利用者の権利を代弁する中立性を念頭におくことが大切です。

　以上、基本となる倫理観について述べましたが、主任相談支援員は、直接利用者と接する機会が多い相談支援員等に対して、確認の意味で、繰り返し、リーダーシップをもって指導を徹底することが必要です。なぜならば、人は「馴れ」に流されることを知っていながら、忘れてしまうものであり、また、高い倫理観を日々徹底することこそが、主任相談支援員のリーダーシップの向上と自立相談支援機関の評価にもつながるからです。

2　支援困難事例への対応

　相談支援員等にとって、支援困難事例で疲弊し、解決の糸口がつかめない時間が長くなると、自らが精神的苦痛に陥り、利用者との信頼関係にも影響を与えかねない事態を招いてしまいます。

主任相談支援員にとって、相談支援員等のケース管理において、最も注意を払わなければならないのがこうしたケースへの対応です。主任相談支援員がスーパーバイザーとしての力量を発揮し、相談支援の質の向上を図るようにします。

支援困難事例といっても、適切な対応を図ることができれば実は支援困難事例ではないということもあります。時宜に応じて業務内研修（OJT）を活用したケースカンファレンスを行うことで、相談支援員等同士の力量を高めていく文化を築くことも大切です。

また、支援困難事例は以下のように有効に活用することも考えられます。

（1）地域の支援レベルの向上

困難な課題を抱えた生活困窮者の多くは、問題がこじれ深刻化した状況で相談に来ます。そのような場合でも、本人の問題解決に結びつく地域の支援体制が構築されていれば、フォーマル、インフォーマルなサービスを含めた支援調整が可能になりますが、地域の支援体制が構築されていないために、支援困難な状況が長引き、解決の糸口さえ見出せないということもあります。主任相談支援員には、日頃から行政や関係機関の協議の場を設けるなど、地域への働きかけをすることが求められます。自治体のなかには協議の場はあっても、十分に機能していない場合もあります。そのようなときは、その活性化に向けた働きかけも必要になります。つまり、協議の場の充実は、地域の支援困難事例の共有の場にもなり、地域の支援レベルの向上にも役立ちます。

（2）社会資源開発の新たなニーズを気づかせる契機

支援困難事例に対して、前述のように、主任相談支援員が地域の支援体制を構築するために、地域の協議の場に参加し、関係者と事例を共有することは、不足している社会資源の新たなニーズの開発に気づく契機にもなります。主任相談支援員が、支援困難事例を負ととらえるのではなく、自立相談支援機関の支援を向上させるきっかけであり、地域づくりに変えていく事例としてとらえることができるようになれば、支援困難事例の解決に向けた環境づくりが進むことになります。

なお、よくある事例として、早期の申請やサービス提供が必要であるにもかかわらず、本人が同意しないというケースがあります。このようなケースであっても、本人の同意を得るよう努力することが必要です。これは、後に想定されるさまざまな苦情や法的なリスクにも対抗できますので、十分に時間をかけて人間関係を構築し、相互信頼の関係性ができるまで、相談に乗りながら見守っていくことが重要です。主任相談支援員は、相談支援員等と利用者との信頼関係ができるような面接の頻度やタイミ

ングのマネジメントをする重要な役割があることも心得ておく必要があります。

3　多機関の協働による支援の統括

　自立相談支援事業を地域における支援システムとして考えるとき、そのキーパーソンになるのは相談支援員等です。しかし、相談支援員等が一人で利用者の複合的な課題解決のすべてを負うことはできません。相談支援員等は、利用者が生活をしていくうえで保健、医療、福祉、教育、家計、就労、住宅など、さまざまな領域にかかわっていくので、相談支援は特定の「誰か」がすべてを担当するのではなく、自立相談支援機関の内外でその人にかかわるさまざまな領域の専門職が協働して対応していく必要があります。

　このように、地域の他分野・他職種の専門職による多様なかかわりやサービスを一体的かつ継続的に利用することができるようにすることが、多機関の協働による支援といわれるもので、地域づくりを実現していくうえでも必要となります。この多機関の協働による支援の要となるのが、主任相談支援員で、その人脈や知見が問われることになります。

　主任相談支援員は、まず、地域の社会資源について幅広い情報を得ておき、また、日頃から関係者との良好な関係性を構築することが大切です。そして、アセスメント情報の分析過程において、地域の多様な人脈から、適切な専門職が多機関の協働による支援に入ってもらうようアドバイスをします。主任相談支援員から紹介された人脈が、多機関の協働による支援に取り込まれることにより、支援の幅を広げられることになります。

　また、多機関の協働による支援が行われる際、それぞれの専門職やサービス提供者が多様な生活課題などを個々に把握して対応するのではなく、対象者の生活全体を包括的・総合的にとらえ、役割分担を明確にして対応することが重要です。それぞれの専門性を前提として、そこで明らかになった個々の課題の関係性などをもとに、サービスの総合調整が行われなければならないということです。その総合調整を行う段階でのスーパーバイズも、主任相談支援員が行うことになります。

　主任相談支援員は、それぞれの専門職が個々に把握した複合的なサービスや社会資源などを利用者の視点で整理し、相談支援員等がサービスの複合化を進め、より調整された多機関の協働による支援が行われるよう統括していくことになります。

　このような多機関の協働による支援を適切に行うためには、上手に支援調整会議を

活用します。

　なお、主任相談支援員は、真に困難な事例に際して、同意を得られていないものについて、生活困窮者自立支援法第９条に基づく「支援会議」の開催を求め、多機関の協働による情報共有と同意を得られる協議の場を求めることも重要な役割です。

4　地域へのはたらきかけとネットワークの構築

　これまで、生活困窮に関する相談については、例えば福祉事務所の窓口で対応してきましたが、生活保護費給付以外の生活困窮者への相談支援としては十分ではなかったことが指摘されています。

　生活困窮者の多くは、とにかく困ったから、「悩みを聞いてほしい」「相談に乗ってほしい」「息子がひきこもっていて、どうしたらよいかわからない」という素朴な相談をしたいのに、制度に当てはまらない相談は、窓口ではなかなか対応できなかったという実情があります。そうなると、徐々に「どうせ相談しても」というあきらめの気持ちが強くなり、地域や社会との接触から遠ざかるとともに、ひきこもり傾向、さらには孤立していくことになります。

　自立相談支援機関は、このような「制度の狭間（谷間）の人」といわれてきた人々の相談にもしっかりと対応し、複雑多岐にわたるニーズに適切に対処することが求められます。

　地域によっては支援体制がないというところもあれば、支援機関があってもネットワークが十分ではないところもあると思われます。既存の制度も含めたネットワーク構築に向けた地域への働きかけが、主任相談支援員に求められる役割（任務）になります。つまり、主任相談支援員の地域への働きかけの姿勢が、地域のネットワーク構築の評価となり、相談支援員等がより効果的な支援を展開することにつながっていきます。

　主任相談支援員の地域への働きかけには、例えば、次のようなことが求められます。

① 　地域づくり展開のビジョンの共有

② 　既存の協議会等の活性化やさまざまな協議会の関係整理などの提案（既存の協議の場の確認・評価と活性化）

③ 　対象者情報における生活困窮の状況分析と課題整理など

　以上のような働きかけの例示のとおり、主任相談支援員は、地域の現状を行政内部で共有したり、地域の関係団体・機関と共有することにより、支援ネットワーク体制

第8章

構築の重要性を地域に働きかけていくという役割を担っています。

　加えて、生活困窮者支援は、地域福祉のフィールドでさまざまな関係者によって展開されていくことも考えられますが、その場合、地域福祉計画にも生活困窮者支援体制が盛り込まれることが重要であり、主任相談支援員が地域福祉計画の策定に参画することも考えられます。

5　リスクマネジメント等

　リスクマネジメントとは、リスク（危険にあう可能性）などを組織的にマネジメント（計画、調整など）し、ハザード（問題や危険の発生源、発生原因）、損失・事故などを回避、低減するプロセスをいいます。

　重大な事故が発生すると、それへの対応に追われ、日々の支援業務が適切に行えなくなってしまいます。

　自立相談支援機関の管理的な役割も担う主任相談支援員は、相談支援員等の相談支援業務としてあらかじめ想定されるリスクに備えておく必要があります。

　以下、想定されるリスクについて、いくつか例示します。

（1）リスクマネジメントの例
①支援員への適切なサポート
　支援員は本人への丁寧なアセスメントのもと、本人の抱える課題やニーズに対して適切な支援を行うことで本人の自立を促していくことになります。しかし、支援員が本人の抱える課題やニーズを見誤るようなことがあれば、本人への適切な支援を行うことはできず、困窮状態から脱却することが困難になるばかりか、状況をさらに悪化させてしまうリスクもあります。また、こうしたリスクは、支援終結後に本人への適切なフォローアップが行われない場合にも当てはまることに留意する必要があります。

　このようなリスクを最小限に抑えるため、主任相談支援員は、個々の支援員に対し適切なタイミングでスーパービジョンするとともに、各支援員が担当するケースの状況を複数の支援員で確認する機会を定期的に設けることが重要です。もちろん、支援調整会議は、客観的に支援状況を確認する最大の機会となります。こうした機会を通じて、個々の支援員が担当するケースについて、一人では見落としがちな抜け・漏れの発見や、支援に関する新たな気づきを得られます。主任相談支援員は、各支援員が

本人の抱える課題やニーズを的確に把握し、適切な支援が行えるようサポートしていく姿勢が大切です。

②職員の健康管理

相談支援員等の健康管理は、適切な業務運営を行う第一歩です。このため、職員が健康診断を必ず受けるようにすることが大切です。また、相談支援員等は、利用者と向き合って相談業務を行うことから、風邪などが利用者に感染しないよう感染症対策も行わなければなりません。

さらに、対人援助業務では、利用者との関係性で計り知れない心の問題を抱えることがあります。主任相談支援員は、相談支援員等との日常的なコミュニケーションやケース検討などを通して、精神保健上の配慮にも心がける必要があります。

③守秘義務

守秘義務に問題が生じれば、利用者との信頼関係が損なわれ、自立相談支援機関の機能は失われることになります。自立相談支援機関は極めて重大な個人情報を扱う業務であることから、公務員と同等の守秘義務が課されることをしっかりと職員に教育しておくことが重要です。また、退職してもなお、仕事上知り得た秘密の保持については同様であることも厳重に教育しておくことが求められます。

④ケース記録等

記録は、利用者の単なる記録だけではなく、苦情や事故、疾病、通院・入院、死亡など、さまざまな場面で、関係者との情報共有ツールになり、さらには訴訟等における重要な資料にもなります。このため、適切な記録は、リスクマネジメントの一種と位置づけられます。一方で散見される例として、事故が発生したときに、ケース記録が改ざんされていたという事案があります。

現在、記録はパソコンのソフトによるデータ管理が多くなってきていますが、記録が容易に修正できたり、表現を変えることができますので、ケース記録用紙としてプリントアウトし、定期的なケース記録の確認およびケース指導を行う場合に、主任相談支援員は押印することが必要です。ケース記録の確認およびケース指導を行う際に、相談支援員等が訂正した場合は、訂正したことがわかるように見え消しにし、相談支援員等の訂正印のほかに、主任相談支援員の訂正確認印を押すなど、主任相談支援員は、記録の改ざんが起こらないよう管理を行うことが求められます。

一方、個人情報の記載された書類を相談支援員等が自宅などに持ち帰るなどの際に

紛失してしまうといった事例が生じることがあります。たとえ自宅で作業をすると
いった目的であっても、個人情報の記載された書類を所外に持ち出すことは避けるべ
きであることを、徹底する必要があります。

⑤苦情対応

　相談支援業務を行う場合、苦情と向き合うことが多くあります。苦情には、自立相
談支援機関の相談支援員等に対する苦情と自立相談支援機関以外のサービス提供者お
よび関係機関・団体等に対するものとがあります。

　自立相談支援機関に対する苦情は、苦情受付け担当者を決めておき、窓口を一本化
しておくことが重要です。苦情受付け担当者は、基本的に主任相談支援員が担うこと
になります。事前に「苦情受付け票」で受理し、その責任の下に、早期かつ適切に解
決することが求められます。苦情対応が遅延することは、相談支援機関そのものの評
価を悪くするだけではなく、苦情の内容をさらに悪く、深めることにもなりかねませ
ん。そもそも苦情は、支援の質を高めるための貴重な資料と受け止めることが大切で
す。

　自立相談支援機関以外への苦情の場合も、自立相談支援機関の苦情受付け票で受理
したら、行政機関と協議を行い処理します。例えば、事業者が、満足なサービスを提
供しない場合など、利用者からの苦情を受けた場合は、苦情の相手先に伝える方法も
十分に吟味することが求められます。
・支援決定した行政に伝えるべき苦情か
・直接、サービスを提供した事業者に伝えるべき苦情か
・モニタリングや再アセスメントの段階におけるサービス調整会議等の場で伝えるべ
　き苦情か
など、さまざまな対応のタイミングや手段があります。対応を間違えば、思わぬ大き
な問題に発展しかねない場合がありますので、主任相談支援員は経験則にも基づきつ
つ、慎重な対応が必要です。

　さらに重要なことは、苦情対応に関しては、場合によっては訴訟に発展しかねない
ことを勘案し、組織として対応するということです。主任相談支援員のみで処理する
のではなく、苦情対応委員会などの組織体制を設けることで、組織全体で把握・共有
されることになります。

⑥事故

　車で移動する際に、交通事故のリスクは最も重大な問題です。必ず、各種保険に加

入しておくことが求められます。また、主任相談支援員は、自立相談支援機関の安全運転管理者の講習も受講しておくことが求められますので、交通法規の遵守については、朝礼等などでの指導の徹底が求められます。

　相談支援員等が家庭訪問などで、訪問先の家財・骨董品等を破損することも想定しておく必要があります。このようなリスクに対する各種保険の加入についても、検討が必要になります。

（2）ヒヤリハット

　ヒヤリハットとは、支援現場のなかで、「ヒヤリとしたこと」「ハッとしたこと」を収集・整理し、事前の予防策として職員教育に活用するものです。一つの重大事故が発生する前に、類似の軽微な事故が必ず数多く発生しているものです。このため、ヒヤリハットを整理することがリスクマネジメントにつながります。例えば、以下のような事例が考えられます。

事例①

　面接中に、相談者から「にわ（庭）」という漢字がわからないと言われたので、「わからないんですか？」と言ったら、「人をばかにして」と気分を害された。ただし、その場は、それ以上のことはなかった。こんなこともリスクかと思われがちですが、場合によっては重大なリスクになり、後日、主任相談支援員に、「○○さんに、字がわからないのかと言われ、とても傷ついた。市長に訴える」という電話がくることもあります。そこで、軽微と思われる事例が発生したときに、相談支援員等が共有しておくことが重要となります。

≪対応のポイント≫

　この場合の対策としては、「にわ（庭）」という漢字がわからないと言われたら、「わからないんですか？」と反復しないで、「にわですね」と言って、受容型で対応するといったことを徹底することが考えられます。

事例②

　母子世帯に訪問したとき、母親が少々ふらつきながら玄関に出てこられた。玄関で話をして、満足に食事もしておらず、低栄養状態であることがわかった。次回の訪問を取りつけ帰ろうとしたときに、見送るため母親が立とうとした瞬間、前のめりに倒れ込んできた。咄嗟に上体を受け止め大事に至らなかったが、身構えていなかったら大けがをしていた。

≪対応のポイント≫

　介護保険や障害者の認定調査におけるヒヤリハット事例では有名なものですが、生活困窮者支援の現場では、要介護状態の対象者が中心ではないことから、あまり想定されない場面と思われるかもしれません。しかし、低栄養や貧血、病状悪化などの状態像は、実は多いと思われますので、本人の健康状態などから予想されるリスクを想定した態勢で対応する、ということを知っておくことは重要です。

　ヒヤリハットを丁寧に整理し、職員教育として役立てているか否かは、自立相談支援機関の評価にも結びつくことになります。

（3）リスクマネジメントの基本原則

　主任相談支援員は、リスクマネジメントの基本原則を、自立相談支援機関の職員に提示しておかなければなりません。これは、事故等が起きてから、事後処理的に行われているのが現実かもしれません。しかし、それでは、職員の意識の向上や職員教育の効果は期待できません。何事も、初めが肝心で、自立相談支援事業を開始する時点で掲げることが大切です。

　主任相談支援員は、おおむね以下の項目について、職員へのリスクマネジメント宣言をしておきます。

① 　リスクマネジメントは、主任相談支援員の責務であること
② 　リスクマネジメントは、時間の経過とともに生じる「馴れ」を「緊張」に切り替えるものであること
③ 　リスクマネジメントは、職員間における馴れ合いを戒めるものであること
④ 　リスクマネジメントは、今までに生じた、または生じかけた事案を整理し、次に生じないための教訓として、場面を通じて活かしていくツールであること

などです。

　例えば、ケース記録を訂正する際に、主任相談支援員が確認印を押印するといった細かなことでも、「それが当たり前」ということが職員に定着することで、大きな違いを生みます。リスクマネジメントの成否が組織管理および質の高い相談支援を担保することにもなります。

事例掲載

1 ケースの概要

　Aさん（38歳、男性）は、両親と3人暮らしです。高校を中退後、一時アルバイトを経験したもののすぐに辞めて家にひきこもるようになりました。Aさんは、父親にとって42歳の時の子どもで、一人っ子ということもあり、いい子に育てようとして厳しく育てられましたが、そうしたなかで、次第に親子の会話をなくしてしまいました。

　父親（80歳）は無口で、とても厳格な性格でした。家族とは、食事以外は顔を合わせることもなく、妻とは別室で寝ていました。特に趣味もなく、読書やテレビ視聴など、自分の部屋で過ごし、午後に健康のために散歩するという日課です。晩酌もしないため、お金を使うことは特にない状況です。厚生年金を受給しており、通帳は妻が管理しているため、これで家計が賄われています。

　母親（78歳）は、もともと病気がちで足腰も弱いものの、身の回りのことはある程度対応可能です。しかし、風呂掃除や重い物を持ったりする日常生活の支援が必要な状態にあったため、Aさんが18歳頃から頼るようになり、買い物や風呂掃除などの家事援助でどうにか生活していました。10年前（Aさん28歳頃）に、母親がサンダルを履こうとして右足首を捻挫しました。痛みが増すばかりだったので、整形外科に通院したところ、足首付け根部分の骨にヒビが入っていることがわかりました。その後、3か月の通院とリハビリテーションにより、歩行も杖を使用し、ゆっくりかつ室内程度の移動は可能という状態になりました。最近、高齢による筋力低下によりトイレへの介助や浴室への介助が必要になり、介護保険のサービスを受けることとなりました。地域ケア会議の場において、家族状況（Aさん）についての課題が出され、地域包括支援センターから自立相談支援機関に連絡があり、本制度の支援へとつながることとなりました。

ジェノグラム

父（80）□——┬——○　母（78）

□
A（38）

父親の厚生年金（月額16万円）は、母親が管理し、これが家計の中心になっている。

　以前、Ａさんのことで困っているとの相談を介護支援専門員が母親から受けていた経緯があり、母親から自立相談支援機関の相談支援員が同行訪問するという了解を事前に得ていたので、まず、初回面談は母親から行うことになりました。

　母親は、Ａさんとは毎日会話があり、親なき後の息子のことが心配であることを最近、毎日話すようにしており、息子も「何とかしないといけない」と思うようになってきているという情報が得られました。Ａさんに会えるように、母親にお願いし、Ａさんとの面接のタイミングを図るのに３か月以上かかりました。Ａさんとの初回面接は、Ａさんがいつも話をしている介護支援専門員による母親のモニタリングに同席することから始まりました。慣れた人とは目を合わせて話していましたが、相談支援員を紹介されると突然目を合わせず、会話もなくなりました。ただし、これを契機に介護支援専門員との定期的な同行訪問のきっかけができ、２回目以降もＡさんは会ってくれるようになりました。

　Ａさんは、中学校頃までは父親の言うことを受け入れ、父親の薦める高校に入りましたが、次第に勉強についていけなくなり、中退しています。厳格な父親から押さえつけられるようにして育ったため、成績が落ちて、先生に注意されたりするとすぐに心が折れてしまう傾向がありました。先生の注意が頻繁になりだした頃から不登校になり、結局、２年生の夏休み前に中退となりました。

　高校中退は、父親との関係をさらに悪化させる原因ともなりました。母親に話を聞いたところ、Ａさんは高校を中退後、ひきこもりがちだったので、母親が気分転換にアルバイトを勧めたところ、高校時代によく行っていた飲食店でアルバイトをすることになりました。しかし、２か月後、先輩に怒鳴られ辞めてしまい、このことが、仕事に就くことに前向きになれない要因にもなっているようでした。また、とても繊細で傷つきやすい性格とのことです。

　Ａさんは、アルバイトを辞めてからは、母親の介護や家事をすることで、自分の役割がここにあると思うようになり、特に就職する必要性を感じなくなったと言っていました。

3 | 支援方針

(1) Ａさんの変化の契機

　相談支援員が何度も通い、本人と向き合うなかで、介護への共感やねぎらい、本人

の役割・存在を認めることにしました。また、Aさんの興味や関心のある話題にしたところ、最初は目を合わせなかったのが、少しずつ会話をするようになってきました。

　あるとき、近くにある「男性介護者の会」の話をしたところ、同じ男性で介護をしている人たちの会があることに興味を示し、試しに一度行ってみることになりました。この会では、お互いの苦労をねぎらい、自分の存在を認めてもらえる仲間に出会うことができたこともあり、その後も何度か参加し、会のなかで役割も得て、一緒に活動していくようになっていきました。その結果、ちょうど支援から半年後に、次第に外に出ていくようになっていきました。

　一方、相談支援員は介護支援専門員と連携しながら父親とも話をし、これまで母親の介護を手伝ってきたAさんの存在を認めることの大切さについてはたらきかけを行っていきました。Aさんが外に出かけるようになるなど、徐々に変化していったこともあって、父親の見方もわずかではあるが変わってきており、食事の時は、会話をするようになってきているとのことでした。

⑵ 就労へのステップ

　こうしてAさんは社会参加の機会が増え、父親がAさんを認めるようになってから、徐々に自信を取り戻していきましたが、Aさんと話をしていくなかで、かつて自分がアルバイトしていた飲食業界への関心の高いことがわかりました。しかし、以前の経験が尾を引いていて、なかなか一歩を踏み出すことができない状況でした。

4 ┃ 結果（その後の支援方針とフォローアップ）

　そこで、相談支援員からAさんの就労への動機の変化を引き継いだ就労支援員は、ひきこもりの人などにも理解のある飲食店の店長（自営業）がいないか、「地域連絡協議会」の就労部会で協議したところ、就労部会に参加している商店会から人当たりもよく、面倒見のよい店長を紹介されました。事前に店長にAさんのことを話し、理解を得たので、Aさんに「短い時間でよいので、少しやってみませんか」と尋ねたところ、不安げな面持ちではありましたが、「少しでよいのならやってみようかな」との返事でした。

　しかし、やり始めると、Aさんはすぐに休んでしまい、店長からは「せっかくなのに、すぐ休んじゃうし、やっぱりダメかなぁ」との連絡が入りました。Aさんに話を聞いたところ、「久しぶりで慣れない環境だったので、少し疲れた」とのことでした。けれども、やりがいや面白みは感じているとのことでした。

就労支援員は、店長に「Ａさんは、ちょっと波があるが、やる気はあるので、もう少し長い目でみてほしい」と丁寧に説明したところ、Ａさんの状況を理解してもらうことができました。

その後もときどき休むことがありましたが、休みの回数も減っていき、支援開始から２年が過ぎた現在、半年ほど働いている状況が続いています。今では、父親も息子が働くようになったことを喜んでいます。

いつでも、気づいたことがあったら、状態が悪くなる前に、連絡を入れてもらえるよう就労支援員は店長にお願いしています。特に連絡はありませんが、数か月おきに、通りかかったら声をかけるようにして、アフターフォローをしています。

！ この事例の支援ポイント

● 介護支援専門員を通して地域包括支援センターから自立相談支援機関につながったこと（世帯のアセスメントが専門職間で十分に共有されていたこと）。

● Ａさんとの接点が、Ａさんと話ができる介護支援専門員とのチームアプローチで可能になったこと。

● 本人（Ａさん）がなかなか心を開いてくれないなかで、相談支援員が本人のストレングスを認め、本人に受容的な態度で接しながら本人と向き合い、粘り強く継続的にかかわっていったこと。

● 「男性介護者の会」といった本人と関係性の深い社会資源にうまくつなげながら、本人の自己有用感を高め、次第に社会に出られるように支援していったこと。

● 父親も含む家族全体に対してチームアプローチをしていったこと。

● 本人の経験や意向を考慮しながら、地域連絡協議会の情報によって、適切な事業主を探し、就労に結びつけるとともに、就労の定着に向けて、就労支援員が事業主に理解を求め、就労先との交渉や調整をするなど、状況に応じて適切にフォローを行ったこと。

事例掲載

1 ケースの概要

　Bさんは、×県で生まれ、中学までは大きな問題もなく過ごしていましたが、高校時代にクラブ活動でいじめにあい、同年齢の人間関係を避けがちになりました。そのようなこともあり、県外の専門学校に進学し、卒業後は、遠方の○県の飲食店に住み込み就労しました。県外の専門学校に進学したことで、両親に経済的に負担をかけたという思いがあったようです。

　望んだ仕事に就職できたこともあり、頑張りましたが、半年ほど前に別の店からきた同僚にからかわれたことをきっかけに、無気力になってしまいました。

　その後、職場を無断で休みがちになり、3か月前に解雇されてしまいました。将来のために貯めてきた貯金で、現在住んでいるアパートに移りました。

　雇用保険の失業給付を受給しながら、ハローワークに通いましたが、なかなか就職に結びつかず、しだいに求職活動も途切れるような状態に陥ってしまいました。

　貯金も少なくなり、仕方なく相談に訪れたハローワークから紹介され、自立相談支援機関の相談支援員と会うことになりました。

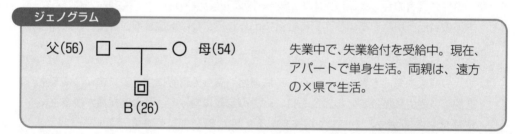

ジェノグラム

父(56) □──○ 母(54)　　失業中で、失業給付を受給中。現在、アパートで単身生活。両親は、遠方の×県で生活。

　　　回
　　B (26)

2 支援の経過

(1) 出会い

　相談支援員は、ハローワークから紹介を受けて、面接日を設定しました。

　設定した時間に少し遅れてBさんはやってきました。相談支援員は、簡単に自己紹介をした後にBさんが困っていること、それを解決するためにどのような支援を求めているかを尋ねました。

Ｂさんは、貯金も少なくなり、このままではゆくゆくはアパートを出ていかねばならず、金銭的な支援が受けられないか相談しにきたと話しました。

　相談支援員は、住居確保給付金の制度について説明しましたが、Ｂさんに生気のなさを感じたため、申請に同行することを提案するとともに、かなり疲れているようなので、心身の休息をとることを勧めました。

　翌日、市役所で待ち合わせをすることができ、申請書を受理してもらうことができました。Ｂさんがやつれた様子だったので、食事や睡眠がとれているか確認すると、睡眠が浅くて、寝つけないことや食欲もないと話しました。そこで、心療内科に受診してみることを提案したところ、Ｂさんはこれを受け入れてその足でクリニックを受診しました。

⑵ アセスメント

　翌日、Ｂさんから電話があり、待ち時間が長かったが、先生はしっかり話を聞いてくれ、7日分の睡眠薬を出してくれたことなどを話し、少し休息をとってから今後のことを相談したいと話しました。

　相談支援員はＢさんの申し出を受け入れ、待つことにしました。

　1週間後、Ｂさんから電話があり、少し落ち着いたので今後のことについて、相談に乗ってほしいと連絡がありました。

　翌日、自立相談支援機関でＢさんと面接を行いました。Ｂさんからは、紹介してもらった心療内科を受診し、住居確保給付金の給付決定書が届いたこともあり、精神的にもかなり楽になったと報告がありました。また、失業給付がもらえる3か月の間に就職しようと焦った結果、悪循環に陥ってしまったと、振り返りました。

　相談支援員は、当面の生活の見通しが立ったことで、Ｂさんの就労への意欲の高まりを感じました。一方で、Ｂさんと家族との関係がどうなっているのかについては、わからないままでした。

　さらに1週間後の面接では、高校時代にクラブ活動でいじめにあい、同年齢の人間関係を避けがちになったことが語られました。「ご家族はどうされていますか？」とたずねてみました。Ｂさんは、小さい頃から落ち着きがないといつも叱られていたことを回想し、「家族には迷惑をかけたくない」と返答しました。

　相談支援員は、医療機関の受診などで心身の回復が図られ、住居確保給付金の受給により当面の生活が保障されたことで、就労への意欲が出てきたと考えました。一方、いじめられた経験があり、それを引きずっていること、家族には頼ることができないとＢさんが感じていることから、焦らず時間をかけて生活を立て直す必要があると考

えました。次回の面接では、一緒にプラン案を作成することとなりました。

3 支援方針

　Bさんは、もとの仕事と同じ飲食業での就労を希望しました。

　相談支援員は、Bさんに調理スキルがあったことから、Bさんの望む飲食業での就労を長期目標として設定することにしました。ただし、就労に向けて、焦らず時間をかけて生活を立て直す必要があると考え、認定就労訓練事業を利用しながら、生活リズムを整え、対人スキルを身につけることを短期目標としたプランを提案しました。

　「他人から強く言われるとどうしてよいかわからなくなることがある」と振り返り、医療機関のケースワーカーも「一気に就労を目指すのではなく、少しずつ就労に向けて取り組んでいくこと」を助言していたこともあり、相談支援員のプランを原案に支援調整会議を開催し、就労支援員とともに支援を行うこととなりました。

　Bさんは、高齢者施設で就労訓練事業を行っているところに通うことになりました。高齢者や障害のある人とかかわることになりましたが、当初は戸惑いがあり、この選択でよかったのかと、ときに捨て鉢になることもありました。就労支援員は、Bさんの傷つきやすさに配慮しながら、本人の言葉を受け止めました。就労訓練事業では、仕事は一生懸命だが、あまり愛想はよくないとの評価でした。

4 結果（変化のきっかけ）

　しばらく、このような状況が続きましたが、施設の行事で、料理をふるまう機会があり、利用者からはとても感謝されました。利用者からまたつくってほしいと頼まれ、Bさんはそれを照れながら喜べるようになりました。また、住み込みの仕事を辞めて、福祉施設で働いていることを思いきって両親に報告したこと、両親にはずっと頼りたくないと思っていたが、頼ってもよいのだと感じたことなどを話しました。

　このころから、Bさんのほうから利用者に声をかけるようになりました。

　住居確保給付金の受給期間が終わろうとしていましたが、就労訓練も雇用型に切り替わり、何とか生活の目処が立とうとしています。現在、Bさんは、自分が人の役に立てるならと生活支援の仕事を希望し、就労の目標を変更し、ヘルパー資格を取るべく準備を進めているところです。

この事例の支援ポイント

- この事例では、ハローワークから自立相談支援機関に適切に紹介がなされています。支援ネットワークにおいて、紹介の方法などをあらかじめ決めておくことが必要です。

- 出会いの場面（インテーク）で相談支援員は、Bさんが困っていること、その解決のために求めている支援を確認しました。その際、主訴の確認だけではなく、相談支援員として、Bさんにとって取り急ぎ解決が必要と思われることも確認しています。

- アセスメントは、本人の全体像をとらえるために行っています。これは、本人が気づいていなかったり、求めてこなかったりするニーズの掘り起こしのためにも必要な作業です。また、本人が抱える課題に無理に気づかせるのではなく、自ら向かい合うことができるように進めることが大切です。

- プラン作成においては、本人がどのような生活を望んでいるかということを長期目標に据えて、その目標をかなえるために、今のBさんにできることを短期目標としたプランを提案しています。

- プランを実行するなかで、プランの見直しが必要になることもしばしばあります。これがモニタリングです。この事例では、本人の強み（ストレングス）を活かす機会があったことがBさんの変化につながりました。このようにプランにない小さなエピソードが、変化を生み出すこともありますが、プランに基づく支援は、こうしたチャンスを活かす土台を提供していると理解できるでしょう。

- なお、施設でBさんが料理をふるまう機会があったのは、就労支援員と施設職員とのコミュニケーションが円滑にいっており、施設職員もBさんのストレングスを理解し協力してくれたからです。こうした点も、見逃せません。

貧困の連鎖防止のケース

1 ケースの概要

　Ｃさん（47歳、男性）は、妻と長女の3人暮らしです。3年前まで、飲食店を経営していましたが、経済不況のあおりを受けて廃業に追い込まれました。現在は、気が向いたときだけ、友人の飲食店を手伝っており、ほぼ毎日パチンコに通っています。Ｃさんは、子どもの頃から料理が好きで、自分の店を構えることを夢としていました。店を廃業に追い込んでしまったことで、目標を失い抜け殻のようになってしまいました。妻からは、パチンコばかりに通い、やる気のない態度を改めるよう注意されますが、妻の忠告を聞く気には一向になれず、家では口論が絶えません。

　妻（46歳）は、3年前までは専業主婦でしたが、夫が仕事を失って以来、家計を支える役割を担うようになり、現在はパートを三つ掛け持ちしています。しかし、収入は少なく生活はいつも苦しい状況です。以前は、塞ぎ込む夫の姿を見て不憫に思い、夫が立ち直るまで自分が頑張ろうと思っていましたが、今は、いつまでも変わろうとしない夫の姿にいら立ちを感じるようになっていました。

　長女（14歳、中学校2年生）は、小学校6年生のときに、父親の飲食店が廃業しています。その当時、同級生から、父親の店が倒産したことをからかわれてしまい、その後、学校に行っても一人で過ごすことが多くなってしまいました。中学校に入学した後は、勉強についていけなくなり、学校を休みがちとなりました。最近では、夜になると遊びに出かけ、明け方に自宅に戻ってくることが増えています。

ジェノグラム

Ｃ（47歳）回 ──┬── 〇　妻（46歳）

〇
長女（14歳）

2 │ 支援の経過

(1) 担任教師による長女との話し合い

　長女の不登校を心配した担任教師が、長女から話を聞きました。長女は、中学校に来ても授業に全くついていけず、心を許して相談できる先生や友人もいないため、学校に来るのがつらくなったと話しました。本人は、高校に進学したいと思っていますが、勉強する習慣すらついていないため、どうしたらよいのかわからないと語りました。

　また、父親がほとんど働かず、母親が朝から晩まで仕事をしているため、家に帰っても一人ぼっちで気持ちを聞いてくれる大人が誰もいないことがつらいと語りました。

(2) 母親からの情報収集

　長女の話を聞いたスクールソーシャルワーカーは、自立相談支援機関の相談支援員の参加を得て、母親から情報を収集することとしました。母親は、パートの昼休みの時間に中学校に駆けつけてきました。

　母親と面接をしたところ、娘の素行が乱れていることを大変心配していました。しかし、三つのパートを抱え、とても忙しい毎日を過ごしているため、自分のことで精一杯だと語りました。また、自宅で夫と口論が絶えないため、その様子を見て娘が自宅にいたくなくなったのだろうと、娘の気持ちを察していました。

　母親は、なるべく自宅での娘の様子について気を配るようにすると語り、可能な限り学校や自立相談支援機関も娘のことを支援してほしいと頼みました。

3 │ 支援方針

　母親から話を聞いた相談支援員は、母親の仕事量を減らす必要があり、そのためには、Ｃさんの就労支援を行う必要があると考えました。また、長女が学校にも自宅にも居場所がない点をまず改善する必要があると考え、子どもの学習支援に通うことを母親に提案し、市役所と調整しました。その結果、市役所と役割分担をしながら、当面は、長女が自分の居場所を見つけられるよう支援するとともに、生活のリズムを取り戻すようはたらきかけることにしました。その後、環境に慣れたら、勉強をする習慣を身につけていく計画を立てました。

⑴ 学習支援の開始

　長女は、当初、子どもの学習支援に通うことに消極的でしたが、相談支援員が一緒に同行すると、穏やかな雰囲気が気に入った様子で、すぐに環境に馴染んでいきました。女子大生がボランティアとして学習支援機関に来ていたため、長女は信頼して話ができるお姉さんを見つけたようでした。大学生のボランティアから、大学の様子や将来の夢について話を聞くなかで、長女も高校に進学して、将来やりたいことを見つけたいと考えるようになりました。また、時には、民生・児童委員が来訪し、子どもたちと語らうなかに混じることも、よい機会となりました。

⑵ Cさんからの情報収集と就労支援

　相談支援員は、Cさんの自宅を何回も訪問して、話がしたいと申し出ましたが、Cさんは頑なに拒否をし続けました。そこで、民生・児童委員が自宅を訪問し、長女が子どもの学習支援に通い徐々に生活リズムを取り戻していることや、信頼する大人や友人を見つけたことを伝えました。そして、相談支援員はCさんに、日頃の娘さんの様子を見に来てほしいと頼みました。Cさんは、最初、学習支援に行くことを嫌がりましたが、長女も父親に、自分の様子を見に来てほしいと頼み、その結果、父親が長女と一緒に学習支援にやってきました。

　相談支援員は、ようやくCさんと話をする機会を得ることができました。相談支援員は、その場で、何気ない立ち話をしながら、Cさんの抱えている課題について情報収集を行いました。Cさんは、飲食店を倒産に追い込んでしまったことで、完全に自信を失い、さらに、年齢的な理由により定職に就くことは難しいと考え悲観的になっていました。しかし、実際には、働きたいという気持ちをもっている様子でした。そこで、相談支援員は、Cさんの気持ちを受容しながらも、Cさんには飲食店を経営した経験があるという強み（ストレングス）があることを支持的に伝えました。そして、Cさんと信頼関係を築けるよう時間をかけてゆっくりと話をしたうえで、自立相談支援機関の役割を丁寧に説明し、就労支援員が支援していくことを伝えました。相談支援員が、自立相談支援機関を来訪してほしいと頼んだところ、Cさんは娘の明るい姿を見て、「自分も頑張らなくてはいけない」と語り、自立相談支援機関の面接予約をその場で取ることができました。

　後日、自立相談支援機関でCさんと面接を行った結果、Cさんは、ハローワークを訪問して自分の思いを伝えることができるか、心配していることが明らかになりました。そこで、就労支援員がハローワークに同行して、職業相談員にCさんの思いやこれまでの経緯を説明することを手伝いました。また、必要に応じて職業相談員の説明

をかみ砕いて、わかりやすくCさんに伝えました。結果として、Cさんには、実際に飲食店を経営した経験があったため、すぐに調理補助の正社員として、就職することができました。将来は、支店の店長になる機会もあるということで、Cさんにも大きな目標ができ、子どもの頃からの夢を実現させようと前向きになっている様子です。

4 結果（その後の支援方針とフォローアップ）

　Cさんが正社員として仕事を開始したことにより、母親はパートを一つに減らすことができ生活に余裕ができたことで、Cさんに対しても優しく接することができるようになりました。また、長女とも一緒に過ごす時間をもつことができるようになり、長女の生活態度は改善されていきました。長女は、担任教師の協力のもと、学校にも通えるようになりました。なお、支援の終結後も、長女は学習支援に通うこととなったため、長女の生活や言動に変化が生じた場合には、その変化を察知し対応できる体制を構築することができました。

この事例の支援ポイント

●支援の対象は、本人だけでなく家族や周囲の環境も含まれます。包括的に支援を行う視点を大切にしましょう。この事例では、支援対象者を、長女にのみに限定してしまい、「不登校支援」として位置づけるのではなく、両親の抱える課題にも着目して包括的に支援を展開しています。

●インテークやアセスメントを行うときには、先入観や固定概念をできる限り取り去り、本人の主訴と主訴に潜む本質的な問題に違いがないか、丁寧に情報収集をしなければなりません。

●初めての場に参加する長女の精神的負担を軽減するために、支援員は学習支援の場に同行しています。また、Cさんがハローワークに行く際にも、支援員が同行し、Cさんが苦手とする状況説明の補助をしました。本人の不安や思いに寄り添う支援を提供するよう、心がけることが大切です。なお、不登校期間や無職期間は、長くなればなるほど、問題が深刻化しやすい傾向があります。早い段階で支援を開始できるよう考える必要があります。

●アセスメントは、必ずしも面接室で行う必要はありません。本人の状況やおかれている環境に応じて、複数の方法や場面を活用しなければなりません。Cさんの場合は、面接室でのアセスメントだけでなく、立ち話などの非構造的な面接形態を活用しています。

●支援を展開する際には、ボランティア、民生・児童委員などの、地域の人々も巻き込み、ネットワークによる支援体制を構築できるように心がけましょう。長女の意欲を引き出したのは、年齢の近い女子大生でした。

●長女が継続的に学習支援に通うようになったことで、支援の終結後も、長女が困ったときに助けを求めたり、生活の変化に気づくことができる体制を構築することができました。目標達成により、支援を終結したとしても、本人や家族の状況に応じて、フォローアップの必要性がないか注意しなければなりません。必要がある場合には、地域の関係機関と協力しながらフォローアップの体制を形成しなければなりません。

緊急支援のケース

1 ケースの概要

Dさん（42歳、男性）は、東北地方のX県Y市出身。東京都内の大学を卒業後、IT関連会社に正社員として就職しましたが、業績悪化により14年勤めた会社をリストラされます。このとき37歳でした。IT関連の職種で仕事を探しましたが採用にはならず、非正規ではありましたが、三つの会社を変えながらもIT関連の仕事を3年間続けてきました。しかし、4年目に入る年度末に、最後の会社から解雇され、次のIT関連の仕事先を半年間探したものの、全く見つからず、今までの貯金も底をついたため、アパートを追い出されます。郷里に戻ることも考えましたが、すでに妹が結婚し、家を継いでいることから、東京で頑張ることを決意します。

出身家庭の状況は、父親（68歳）は、50アールの田と2アールの畑を耕作する兼業農家で、地場産業である仏壇工場に勤めながら、子ども2人を育てました。地元には働き口がないことを考え、息子には安定した仕事に就いてもらいたいという思いで、大学進学を勧め、仕送りも欠かさず送り続けました。60歳で工場は定年退職し、現在は、農業と孫の保育所の送迎が生き甲斐となっていますが、2年前から連絡の取れない息子を心配しています。Dさんが戻ってくることを望むようになっています。

母親（66歳）は、夫と同じ仏壇工場で共働きをしながら、兼業農家を手伝ってきました。60歳で工場は定年退職し、娘夫婦が共稼ぎなので、日中の孫の世話で充実しています。夫と同様に、Dさんが戻ってくることを望むようになっています。

妹（37歳）は、Dさんと仲のよい兄妹でした。まだDさんがリストラされる前の今から6年前に、結婚の話をしたところ、Dさんには、仕事も順調であり、東京で生活するので、家を継いでほしいと願われ、5年前に結婚しました。現在、婿養子の夫とともに市役所に勤務しており、生活は安定しています。妹夫婦もDさんが戻ってくることを望んでおり、その場合は、仕事の世話も考えたいと言っています。

父(68) — 母(66)

(40) — 妹(37)　　D(42)

(2)　　　(4)

父母は厚生年金（月額13万円×2）
妹夫婦は、市役所職員
出身世帯は、Dさんが戻ることを望んでいる

2　支援の経過

　Dさんは、37歳でリストラされ、三つの会社を変えながらIT関連の非正規勤務を3年間続けてきたものの、4年目に入る年度末に解雇され、収入が途絶えます。本人なりにIT関連に絞り、次の仕事を探したものの、仕事が見つからず、9月には預金が底をつき、11月に電気が止められ、12月には家賃滞納により退去催促されました。もはやIT関連にはこだわらないことにし、土木作業やビル掃除などの日雇い労働を始めたものの、1日5〜6000円程度の日払い賃金から食事代を払うと、家賃の支払いには届かず、結局アパートを退去させられました。家財道具をリサイクルショップに売り払い、生活費に充てながら、日雇い賃金でネットカフェを利用する生活になりました。日雇い労働とネットカフェ生活が2年目に入ったとき、便に鮮血がみられ、下痢と便秘の周期的な症状がみられるようになります。その頃から日雇い労働が体力的にきつくなり、すぐに疲れるようになるとともに、不眠傾向になります。そんなときに、ネットカフェの個室で、「生活困窮者の相談支援」についてのパンフレットを目にし、藁^{わら}にもすがる思いで電話したことが、自立相談支援機関に結びつくきっかけとなりました。

　自立相談支援機関の相談支援員が、電話での話を傾聴してくれたので、今までの張り詰めていた心が和らぎ、翌日、日雇いの仕事を終えてから、直接相談窓口に行くことになります。初回面談では、リストラになったときから現在までのことを詳しく説明することで、今までの自分を振り返り、はじめて、今までの思いを話す機会をもてたと、Dさんの目から涙が流れます。かなり、精神的に疲弊している、ギリギリの様子でした。

3 | 支援方針

　Dさんは、健康状態が気になるものの、健康保険料を払っていないことで、無保険状態であったため、病院には行けなかったことを話しました。Dさんは便の鮮血があり、3日間何も食べていないとのことでしたので、福祉事務所につなぎ、生活保護の申請を行いました。その際、相談支援員もDさんの緊急性を福祉事務所に説明しました。また、生活保護が決定になるまでの間の衣食住の提供と健康管理を行うため、一時生活支援事業の手続きをしました。

　1週間後に、生活保護の決定（医療扶助）があり、直ちに病院に行き検査を行いましたが、十二指腸潰瘍と腸炎という診断で、本人は直腸悪性腫瘍を気にしていたので、ホッとした様子でした。

　その安心感が意欲に変わり、一時生活支援事業によって栄養面での改善がみられ、精神面の脆弱性も改善されました。

　Dさんから、「2年前から郷里に全く連絡していないので、両親や妹が心配しているのではないかとても気になっている。電話代もないので、相談支援員から電話してもらえないか」という訴えがあり、Dさんに代わって電話したところ、郷里の家族全員が、「無理せず、戻ってくることを望んでいる」と言っていることを伝え、Dさんにも電話に出るよう促しましたが、Dさんは、なぜか今は電話に出ないと言い、「就職したら自分で電話します」と言いました。

　Dさんが今後のことについて話したいと言ったので、早速、Dさんの話を聞いたところ、

①　職種は特に選ばない。
②　早く生活保護から脱却したい。
③　今まで、さまざまな日雇い労働をしてきたので、どんな仕事でもよいので就職したい。
④　郷里の親を安心させたい。

という前向きな話があり、今までの相談に加え、就労支援員にも入ってもらうことにしました。

4 | 結果（その後の支援方針とフォローアップ）

　Dさんの支援方針について、相談支援員と就労支援員は、一時生活支援事業の3か月間に、

① 体力が十分に就労に耐えられる状況になるまで、あせらずに就労支援を行うこと。

② 一時生活支援中に就労支援からアルバイトにつなぎ、貯蓄すること。

③ 就労支援員が、Ｄさんに適した仕事をコーディネートすること。

④ Ｄさんと仕事のマッチングが図られたら、アルバイトでためた貯蓄でアパートを借りること。

という方針に基づいて、Ｄさんは目的をもって訓練を始め、２週間程度で就労になんとか耐えられる健康状態が回復してきました。就労支援員は、地域連絡協議会の就労支援部会に、Ｄさんの今までの職歴を提供し、アルバイトから始めたい旨を説明しました。部会に出席していた青年会議所の代表者から、パソコン販売とパソコン講習を行う会社が紹介されました。その情報をもとに、Ｄさんに同行して会社の面接に行ったところ、すぐにアルバイトから始めることになりました。Ｄさんは、IT企業での実績が買われ、めきめきと実力を発揮し、少々の残業も引き受けられるまでに改善しました。アルバイト先の社長も、Ｄさんの誠実さと仕事に対する前向きさを評価し、一時生活支援事業の支援期間終了と同時に採用されることになりました。このとき、生活保護（医療扶助）廃止となりました。

　緊急的な支援を必要とする人が、一時生活支援事業を利用してから３か月内に事業が終了するためには、自立相談支援機関の相談支援員と就労支援員の連携はもとより、行政や地域の協議の場という関係機関や地域ネットワークの体制が構築されていることが重要であることが、あらためて関係者に認識されました。

　就職してから３か月後、Ｄさんは職場にも慣れ、生活も安定し、郷里の両親に「心配かけたが、安心していいよ」という電話をすることができたと笑顔で語ってくれました。

　社長や担当課長に、見守りをお願いし、自立相談支援機関の支援を終結したことを支援調整会議に報告しました。

この事例の支援ポイント

- ネットカフェなど、生活困窮者が出入りしそうな関係機関に、自立相談支援機関のパンフレットやチラシを配布し、PR が行き届いていたこと。

- Dさんとの最初の接点で、相談支援員が十分な傾聴を行ったこと。

- Dさんが心配していた病気や食事について、相談支援員が適切に本人の危機感を聞き入れ、選択肢を説明できたこと。

- 緊急性に合ったサービスの手続きができたこと。

- 郷里の家族のDさんに対する深い思いを伝え、心の支えをもつことができたこと。

- 本人の経験や意向を考慮しながら、相談支援員と就労支援員が適切な事業主を探し、就労に結びつけたこと。

- 就職しても、挫折する可能性のある3か月間をしっかりフォローし、確認したこと。

- 一時生活支援事業を利用している期間に通院のため生活保護（医療単給）などの制度を利用しDさんの安心につなげたこと。

事例掲載

1 ケースの概要

　Eさん（32歳、女性）は、北関東のS県T市在住。小中学校時代は、ほとんど勉強にはついていけない状況であり、成績も下位でした。同級生の話によると、からかわれても、状況を理解できていないかのようにEさんは全く気にしていない様子であったとのことです。高校を卒業後、事務の仕事につきました。通常の会話やお客さんへの応対は可能であり、職場にも溶け込んでいましたが、少し複雑な内容の理解や約束などの報告を失念することがたびたびあり、仕事にも影響を与えることもあり、上司や同僚から何度も注意を受けたり、後輩職員からも相手にされなくなり、次第に孤立化していきました。勤務して6年後（24歳）に退社し、コツコツと貯蓄していたお金（200万円）を取り崩しながら、次の仕事を探しました。

　店頭の求人を見て、スーパーのアルバイトをしますが、一度に複数の指示が出るため、理解できず、3か月で辞めました。次に、食堂のアルバイトをしますが、注文を頻繁に間違え、1週間で断られました。Eさんは、なるべく貯金を取り崩したくないという思いが強く、そのためには働かなければならないと仕事を探し続けました。駅のトイレで掃除をしている人から清掃会社を紹介され、アルバイトを開始し、デパートや公園のトイレ掃除を担当しました。6か月で仕事が評価され、社員として採用されました。その後、同じ会社の男性と結婚しますが、会話がかみ合わなかったり、大声で笑ったりするので、夫が「気持ち悪い」と言って8か月で離婚することになりました。清掃会社には7年間順調に勤めましたが、31歳の時に、トイレットペーパーをバッグに入れて持ち帰ろうとしたところを見つかり、解雇されました。それがとてもショックで、それ以来家に閉じこもり、何事にも無気力になり、家の中はごみで足の踏み場もない状況になりました。食事は、近所のスーパーの惣菜や弁当、カップ麺という生活で、その容器が居間や台所、廊下、玄関にまで積まれたままになりました。次第に異臭が強くなり、近所から町内会長に苦情がいくようになりました。

　町内会長が訪問し、玄関を開けた瞬間、あまりのごみの量に驚き、Eさんと話をしたところ、精神的な課題があることが疑われたため、民生委員に連絡し、自立相談支援機関につながりました。

　家族状況は、父親と母親は、Eさんが21歳のときに、父親の居眠り運転で、車が電

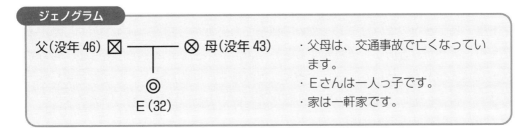

父(没年46) ⊠ ─── ⊗ 母(没年43)
E(32)

・父母は、交通事故で亡くなっています。
・Eさんは一人っ子です。
・家は一軒家です。

柱に衝突し、夫婦とも亡くなっています。Eさんは一人っ子です。

2 | 支援の経過

　民生委員から自立相談支援機関に相談があり、Eさんへの訪問の仕方について協議するため、民生委員、町内会長などの関係者を招いて支援会議を開催しました。

　民生委員と町内会長の2人の共通する考えは、まず2人が顔なじみになっているし、再度訪問することになっている、前に2回訪問しているが、2回とも事務職員だった時から清掃会社の職員だった時までのことを、繰り返し同じように話す、そして、話し終えると、「これからどうしたらよいだろう」と言うので、再び訪問することを伝えているとのことでした。今度は「自立相談支援機関の相談支援員さんにお出でいただくから、その方によく相談したらどうか」と提案をしてみて、そこで了解が得られたら同行訪問するようにしたらどうかとのことでした。このようにして、相談支援員のかかわり方の方針が決まりました。

　翌日、民生委員から、「Eさんが相談支援員にお話ししたいということでした」との連絡がありましたので、相談支援員が今までのEさんの概要を整理し、民生委員と町内会長同行のもと、Eさん宅に訪問することになりました。

　訪問時、玄関に入った瞬間、異臭が鼻を突くという状況であり、Eさんとの初回面接は、座る場所をつくるためにごみを寄せたうえで、町内会長がリードする形で相談支援員に今後の具体的な相談が引き継がれました。

　Eさんは、事務職員時代から清掃会社勤務時代までの話を、いつもと同じように話しました。特に、清掃会社の仕事がとても楽しかったのですが、会社のみんなが普通に持ち帰っていたトイレットペーパーのことで、なぜ自分だけが辞めさせられたのかが納得いかないと、そのことだけを言い続ける状況でした。そのことを今でも引きずっており、何事にも無気力になっている状況がうかがえました。

　面接中に、Eさんがお茶を出していないことに気づきますが、以前使用した茶碗が、ごみのどこにあるかわからない状況であり、これがごみを処理しなければならないと

事例掲載

いう、気づきのきっかけにもなり、相談申込みをしました。

　Eさんは、家中のごみは気にしている様子で、何とかしたいということでした。そこで町内会長が、近所から異臭がするという苦情の件をこの場面で伝えると、初めて近所に迷惑がかかっていたことに気づき、ごみ処分を早急に行うことになりました。

　また、並行して本人のこれからについて、何回かの訪問で話を聞いてみると、

①　働かないとお金がなくなってきているので、生活できない。

②　漢字を書けなかったり、お金の計算が不十分な様子で、中軽度の知的障害がうかがわれる。

③　編み物が得意で、いくつかの作品を見せてもらうと、かなり高度な編み物ができるという強みもわかった。

3 支援方針

　Eさんは、訪問するたびに真剣に自分のことを話します。

　Eさんにとっての最大の問題はごみの処分であり、これからもお世話にならなければならないご近所に、これ以上迷惑はかけられないという思いは強い様子で、「どうしたらよいか」と何度も言っています。

　また、預金の残額が少なくなり、生活できなくなることを、とても気にしており、「早く働きたい」と言います。

　相談支援員は、家計改善支援事業の利用を勧め、家計改善支援員にも介入してもらうことにしました。家計改善支援員が、お金の面から丁寧にアセスメントを行い、ひと月の生活費や、ごみの処分にかかる費用などを具体的に見える化していきました。それにより、数か月は現在の貯蓄で生活ができることが判明しました。

　清掃会社の仕事は自分には合っていたので、別の会社があれば、そういう仕事に就きたいとのことでした。編み物の技術をほめると、小さいときから、友だちがいなかったので、母親から編み物を習っていたら、面白くなり、母親が読んでいた編み物の本を見て、次第に高度なやり方も覚えたとのことです。自分の強みを活かした仕事もよいのではないかと思い、就労支援員とも情報を共有することにしました。

　支援員がEさんに対して、友達がいなかったことについて聞いたところ、「自分は勉強についていけないから、いつも同級生にはかなわなかった。だから、自分から話しかけたりはしなかった」とのことで、小学校のときに、担任の先生から、特別支援学級を勧められたことを話しました。だから、漢字がなかなか書けなくて、就職したとき、恥ずかしい思いを何度もしたと告げました。

今までの相談内容を踏まえ、支援方針を整理すると、

①　大量のごみを早急に処分すること。

②　預金が少なくなってきているので、就労先を探すこと。

③　軽度の知的障害があることについて、Ｅさんも認識しており、療育手帳制度についてわかりやすく説明すること（場合によっては、障害基礎年金が支給されるかもしれないし、さまざまな減免が適用になることなどを説明する）。

　以上の方針を整理し、本人と相談のうえ同意を得ながら進めることにしました。

4　結果（その後の支援方針とフォローアップ）

　支援方針の①については、地域のインフォーマルな支援体制を求めました。町内会長の協力により、町内会の有志６人（苦情の出た隣家も参加）と地域連絡協議会の法人の人々５人、それに赤十字の婦人部３人と近所の農家（２トントラックを出す）の協力を受け、トラック１台分のごみが処理されました。大量のごみは、近所の農家の小屋にいったん預け、３回に分けてごみ収集日に出すことになりました。ごみ収集日の前日19時に、農家の小屋に町内会長と隣家、それにＥさんが集まり、トラックに積み込むことと、収集日当日の朝７時に、収集場所に隣家とＥさんが集まり、ごみを置くことを申し合わせました（地域の福祉力とネットワーク力）。苦情が出た隣家とも、相談支援先や町内会長ときちんと話をしたことは、後の地域での見守りにつながりました。

　さらに、福祉事務所から衛生課に、Ｅさんのごみが、３回に分けて大量に出されることを連絡してもらい、収集業者との間にトラブルが生じないようにしました。

　②については、就労支援員にも手伝ってもらい、地域連絡協議会の就労部会に協議をお願いしたところ、商工会の委員から、市内の毛糸屋さんでは、最近編み物ブームで毛糸が売れているものの、高度な編み方について聞かれることがよくあり、対応が間に合っていないという情報が寄せられました。早速、就労支援員が社長に会い、Ｅさんが編んだ編み物を持参したところ、その技術に驚かれ、体験就労してみることになりました。１か月後、お客さんから、かなり高度な編み方をわかりやすく説明してくれるという評判から、さらに毛糸が売れるようになり、採用されることになりました。

　Ｅさんは、自分の趣味が活かされる仕事が楽しく、編み物を通じた市民との交流にも満足し、友達もできるようになりました。

　３か月間のＥさんの様子を店主に聞いたところ、店員との人間関係もよく、お客さ

んからも慕われているとの評価であり、「Eさんには長く勤めてほしい」と言われました。

③は、何回か面接しているときに、字が書けない場面が多々あり、そのたびに、「学校では、勉強についていけなかったんです。先生にも特別支援学級を利用したらと言われていたが、父親が了解しなかった」という話はしていたので、本人の自尊心には十分に注意を払いながら、手帳制度の話をしたところ、詳しく聞きたいとのことでした。市の障害福祉課で知的障害者向けにわかりやすく作成している制度の冊子から、療育手帳制度と税やJR等の公共交通機関などの減免などを説明すると、手帳申請を希望したので、障害福祉課に同行し、手帳申請をしました。その結果、療育手帳Bに該当し、障害基礎年金の申請も行ったところ、2級に該当しました。

手帳交付により、給与（13万円）に加え、障害基礎年金も支給（月額6万6000円）になり、安定した生活が可能になりました。

店主および民生委員による見守り支援をお願いし、近所との関係も継続して、自立相談支援機関の支援を終結したことを支援調整会議に報告しました。

●自立相談支援機関の存在が、町内会長、民生委員に周知・共有されていたこと。

●支援会議を開催したことで、Ｅさんの同意を得る前から、関係者間で情報の共有と支援方針を決めることができ、支援の初動や連携がスムーズとなったこと。

●自立相談支援員が、Ｅさんへの支援に対する入り方について、顔見知りの関係性からつながりを得たこと。

●家計改善支援事業を利用し、より具体的にお金の動きが見えるようになったことで先の見通しも立ち、Ｅさんの安心感につながったこと。

●自立相談支援機関が、地域の人間関係を知る町内会長と連携し、地域力とネットワークをうまくコーディネートしたこと。

●ごみ処理について、町内体制の連携・連絡を活用したこと。

●Ｅさんの強みをうまく引き出し、チームアプローチと地域の協議の場を活用した情報共有から就労に結びついたこと。この事例のようにうまく就職先が見つからないこともあると思うが、ネットワークを広げることでより多くの選択肢をもつことが可能となる。

●障害施策にうまく結びつけ、他制度活用が図られたこと。

●地域のフォローが確認されたこと。

事例掲載

朝比奈ミカ（あさひな・みか）……………………………………………第3章第1節リード文
市川市生活サポートセンター「そら」主任相談支援員

伊豆丸剛史（いずまる・たかし）……………………………………………第3章第1節9
厚生労働省社会・援護局総務課矯正施設退所者地域支援対策官

上原久（うえはら・ひさし）……………………………………………………第8章第4節
Optim's-pt代表

遠藤智子（えんどう・ともこ）………………………………………………第3章第1節11
一般社団法人社会的包摂サポートセンター事務局長

奥田知志（おくだ・ともし）……………………………………………………第3章第1節8
認定特定非営利活動法人抱樸理事長

垣田裕介（かきた・ゆうすけ）………………………………………………第7章第4節
大阪公立大学大学院生活科学研究科准教授

鏑木奈津子（かぶらき・なつこ）………………………………第4章第5節、第5章第5節
上智大学総合人間科学部准教授

加留部貴行（かるべ・たかゆき）……………………………………………第8章第2節
九州大学大学院統合新領域学府客員准教授

金朋央（きむ・ぷんあん）………………………………………………………第3章第1節10
前特定非営利活動法人コリアNGOセンター東京事務局長

空閑浩人（くが・ひろと）…………………………………………第4章第1節～第4節
同志社大学社会学部教授

櫛部武俊（くしべ・たけとし）…………………………………………………第6章コラム③
一般社団法人釧路社会的企業創造協議会代表理事

佐藤博（さとう・ひろし）……………………………………第3章第3節、第8章第5節
社会福祉法人雄勝なごみ会業務執行理事・事務局長

自立相談支援事業従事者
養成研修テキスト編集委員会………………………第1章、第2章、第3章第4節、事例

新保美香（しんぼ・みか）………………………第6章、第7章第1節・第2節、第8章第1節
明治学院大学社会学部教授

鈴木晶子（すずき・あきこ）………………………………………第3章第1節1・3・6
特定非営利活動法人パノラマ理事

田中明美（たなか・あけみ）…………………………………………………第3章第2節
厚生労働省老健局認知症施策・地域介護推進課地域づくり推進室長補佐

田中千枝子（たなか・ちえこ）………………………………………………第8章第3節
日本福祉大学客員教授

谷口仁史（たにぐち・ひとし）‥‥‥‥‥‥‥‥‥‥‥‥‥‥‥‥‥‥‥‥‥‥‥‥第3章第1節2
認定特定非営利活動法人スチューデント・サポート・フェイス代表理事

仲修平（なか・しゅうへい）‥‥‥‥‥‥‥‥‥‥‥‥‥‥‥‥‥‥‥‥‥‥‥第3章第1節14
明治学院大学社会学部准教授

西岡正次（にしおか・まさじ）‥‥‥‥‥‥‥‥‥‥‥‥‥‥‥‥‥‥‥‥‥第6章コラム④
A´ワーク創造館（大阪地域職業訓練センター）副館長・就労支援室長

野々村光子（ののむら・みつこ）‥‥‥‥‥‥‥‥‥‥‥‥‥‥‥‥‥‥‥第6章コラム②
東近江圏域働き・暮らし応援センター“Tekito―”センター長

原ミナ汰（はら・みなた）‥‥‥‥‥‥‥‥‥‥‥‥‥‥‥‥‥‥‥‥‥‥第3章第1節12
特定非営利活動法人共生社会をつくるセクシュアル・マイノリティ支援全国ネットワーク共同代表理事

原田正樹（はらだ・まさき）‥‥‥‥‥‥‥‥‥‥‥第5章第1節～第4節・第6節～第8節
日本福祉大学社会福祉学部教授

引間由実子（ひきま・ゆみこ）‥‥‥‥‥‥‥‥‥‥‥‥‥‥‥‥‥‥‥‥‥第3章第1節15
一般財団法人全国母子寡婦福祉団体協議会母子部長

日詰正文（ひづめ・まさふみ）‥‥‥‥‥‥‥‥‥‥‥‥‥‥‥‥‥‥第3章第1節4・5
独立行政法人国立重度知的障害者総合施設のぞみの園総務企画局研究部長

森田久美子（もりた・くみこ）‥‥‥‥‥‥‥‥‥‥‥‥‥‥‥‥‥‥‥‥‥第3章第1節13
立正大学社会福祉学部教授

行岡みち子（ゆきおか・みちこ）‥‥‥‥‥‥‥‥‥‥‥第3章第1節7、第7章第3節
グリーンコープ生活協同組合連合会生活再生事業推進室長・常務理事

和田敏明（わだ・としあき）‥‥‥‥‥‥‥‥‥‥‥‥‥‥‥‥‥‥‥‥‥‥‥‥はじめに
ルーテル学院大学名誉教授

渡辺由美子（わたなべ・ゆみこ）‥‥‥‥‥‥‥‥‥‥‥‥‥‥‥‥‥‥‥‥第7章第5節
特定非営利活動法人キッズドア理事長

渡辺ゆりか（わたなべ・ゆりか）‥‥‥‥‥‥‥‥‥‥‥‥‥‥‥‥‥‥‥第6章コラム①
一般社団法人草の根ささえあいプロジェクト代表理事

生活困窮者自立支援法
自立相談支援事業従事者養成研修テキスト　第2版

2022 年 5 月 20 日　初版発行

編　集　自立相談支援事業従事者養成研修テキスト編集委員会

発行者　荘村明彦

発行所　中央法規出版株式会社
〒 110-0016　東京都台東区台東 3-29-1 中央法規ビル
TEL　03-6387-3196
https://www.chuohoki.co.jp/

装幀・本文デザイン　株式会社ジャパンマテリアル

印刷・製本　株式会社太洋社

ISBN978-4-8058-8497-3
定価はカバーに表示してあります。

本書の内容に関するご質問については、下記 URL から「お問い合わせフォーム」にご入力いただきますようお願いいたします。
https://www.chuohoki.co.jp/contact/